Wuppertaler Studienbibel

Wuppertaler Studienbibel

begründet von

Fritz Rienecker

Reihe: Neues Testament

herausgegeben von

Werner de Boor

und

Adolf Pohl

R. Brockhaus Verlag Wuppertal

Die Briefe des Petrus und der Brief des Judas

erklärt von

Uwe Holmer

und

Werner de Boor

R. Brockhaus Verlag Wuppertal

5. Auflage 1986

Printed in Germany
Druck: Breklumer Druckerei Manfred Siegel KG

ISBN 3-417-25118-4 Efalin
ISBN 3-417-25018-8 Paperback

VORWORT

Ursprünglich hatte ich die Auslegung aller drei hier vorliegenden biblischen Bücher übernommen. Es erwies sich jedoch, daß mir das neben der Arbeit an der Bibelschule nicht möglich war. So hat sich der Herausgeber der W. Stb., OKR Dr. Werner de B o o r, entschlossen, den 2. Petrusbrief und den Judasbrief selbst auszulegen. Darüber werden sich alle Leser der W. Stb. freuen. Für ihn freilich bedeutete das noch viel anstrengende Arbeit in seinem letzten, dem 77. Lebensjahr. Ja, bis in die letzten Wochen seines irdischen Lebens hinein hat er am vorliegenden Band gearbeitet. Dieser Einsatz, in dem Mühe und Reichtum des Dienstes für Jesus unlöslich verbunden waren, ist uns zum Vorbild geworden. So dürfen wir nun nach seinen vielen Bänden in der W. Stb. ein letztes Werk von ihm vor uns haben.

Das dringliche Anliegen von Dr. de Boor war es, daß wir unsere eigenen Gedanken und Meinungen über biblische Probleme zurückstellen und hinhören auf das Wort Gottes selbst. Diesen Grundsatz hatte er von Adolf Schlatter übernommen. Es ist geradezu das Kennzeichen der Kommentare Werner de Boors, daß sie das Wort Gottes selbst aufleuchten lassen. So hat er uns zum Hören auf das vom Heiligen Geist eingegebene Wort Gottes gebracht, nicht nur in vielfacher lebendiger Verkündigung, sondern vor allem auch in seinen Büchern. — Am 18. 3. 1976 nahm der HERR ihn von uns. Wir danken Gott für diesen Lehrer und Bruder!

Werner de Boor hat seine Auslegung nicht mehr druckfertig machen können. Die noch nötige Durchsicht und Glättung hat seine langjährige Mitarbeiterin, Fräulein Dorothea Vogt, nach Absprache mit ihm besorgt. Ihr habe auch ich für die Durchsicht des 1. Petrusbriefes viel zu danken. Gemeinsam danken wir Pfarrer Plötner, Lehrer an der Bibelschule in Falkenberg, für seine umsichtige Beratung.

„Willst du die Bibel recht lesen, dann halte oft ein, wundere dich, frage, forsche, entdecke“ (Werner de Boor).

Daß viele Leser sich die dafür nötige Zeit nehmen, daß sie anderes dahinter zurückstellen und dankerfüllt erleben, wie das Wort Gottes ihren Weg hell macht und ihre Herzen erleuchtet (2. Petrus 1, 19), das ist mein Wunsch und Gebet.

Falkenberg/Mark — Uwe Holmer

Richtlinien
für die Benutzer der Wuppertaler Studienbibel

In bezug auf den Bibeltext:

Der Bibeltext ist fett gedruckt. Wiederholungen aus dem behandelten Bibeltext sind fett gedruckt.

Gesperrt nur im Sinne der Verdeutlichung bei Betonung.

In bezug auf die Parallelstellen:

Mit Absicht sind eine große Fülle von Bibelstellen als Parallelen gebracht. Für diese Parallelstellen ist am Rand eine Spalte freigelassen.

In bezug auf die Handschriften:

Zu den wichtigsten vom Text abweichenden Lesarten, die sich im allgemeinen in den Fußnoten finden, sind folgende Zeichen gesetzt, die der Erklärung bedürfen:

Die Handschriften des Neuen Testaments

Bezeichnung	aus Jahrhundert	Namen	Standort: in Bibliothek	
א	IV	Sinaiticus	London	Neutestamentlicher Teil einer Vollbibel. Die romantische Entdeckungsgeschichte, wie sie Tischendorf erzählt, siehe bei Tischendorf. Gregory 348 ff., Gregory 23 ff. 1844 im Katharinenkloster auf Sinai in einem Abfallkorb zum Heizen bestimmt. Genannt sei auch: Schneller: Tischendorf-Erinnerungen.
A	V	Alexandrinus	London	Das NT mit 1. Clemensbrief und den sogen. Psalmen Salomos, in der Bibliothek Alexandrien, 1628 an Karl I. von England geschenkt. Vollbibel mit einzelnen Lücken.
B	IV	Vaticanus	Rom	Einer der größten Schätze der päpstlichen Bibliothek. Vollbibel mit Lücken.
C	V	Ephraemi rescriptus	Paris	In Pariser Nationalbibliothek stehend. Vom Syrer Ephraem überschrieben. 1535 nach Paris gekommen. Bibel mit vielen Lücken.

Diese vier Bibeln des IV. und V. Jahrhunderts dürfen als die wichtigsten Zeugen gelten. — Wenn sie auch auf die Hauptsitze der katholischen und anglikanischen Kirche Rom, Paris, London verteilt sind, so hat doch der deutsche Protestantismus sich um ihre gelehrte Erforschung sehr bemüht.

Die Zusammenfassung der vier Handschriften א A B C zu einer Textgruppe wird die hesychianische oder ägyptische Textform genannt. Hesychius war ein Grieche in Alexandrien. Weil Alexandrien in Ägypten liegt, wird diese Textgruppe auch die ägyptische Textform genannt.

Weitere Handschriften des Neuen Testaments

Bezeichnung	aus Jahrhundert	Namen	Standort: in Bibliothek	
D	VI	Bezae Cantabrigiensis	Cambridge	Enthält die vier Evangelien und die Apostelgeschichte, aber mit großen Lücken.
E	VIII	Basiliensis	Basel	Diese Handschriften enthalten die vier Evangelien.
F	IX	Boreelianus	Utrecht	
G	X	Seidelianus I	London	
H	IX	Seidelianus II	Hamburg	
L	VIII		Paris	H und L enthalten Apostelgeschichte und Briefe.
046	VIII		Rom	046 enthält Offenbarung des Johannes.

Die sogenannte Koine ist diejenige Handschriftengruppe, welche die Zusammenfassung der einzelnen Handschriften E F G H L und 046 bildet.

Es sind also die Handschriften aus dem VIII. bis X. Jahrhundert. Die Koine ist die in Antiochien und später in Konstantinopel zur allgemeinen Verbreitung gekommene Textform. Diese Textform tritt uns, da Erasmus von Rotterdam solche späten Handschriften benutzte, in Luthers Bibelübersetzung entgegen. Luther stützte sich auf diese späte Handschriftengruppe, also auf die sogenannte Koine, die in der Erasmusausgabe vorlag.

Die Erasmusarbeit war eine sehr flüchtige Arbeit.

„Erasmus benutzte höchstens drei Handschriften, die er von den Predigermönchen in Basel entlieh und die heute noch erhalten sind (keine von ihnen ist älter als das 12. Jahrhundert). Sie zeigen, daß Erasmus die Handschriften selbst durcharbeitete und dann als Vorlage in die Druckerei gehen ließ. Für die Offenbarung des Johannes, die in jenen Handschriften fehlte, wurde eine Handschrift aus Maihingen herangezogen; in ihr fehlte der Schluß 22, 16—21; Erasmus übersetzte ihn einfach aus der Vulgata ins Griechische, ohne das irgendwo anzugeben." Michaelis, Einleitung in das NT 1954 Seite 357.

Die Koine-Gruppe, d. i. die Vorlage Luthers, erwähnen wir ebenfalls.

Andere Handschriften werden jeweilig im Text erklärt.

Am Schluß der Studienbibel soll eine Übersicht über die Geschichte der Handschriften folgen.

In bezug auf besondere Urtextwörter:

Schwierige Wörter des griechischen Textes, die die Möglichkeit verschiedener Übersetzungen bieten, sind in den Fußnoten eingetragen. Die griechischen Wörter sind dabei in Klammern oder in Anführung gesetzt und in lateinischen Buchstaben wiedergegeben!

Abkürzungs-Verzeichnis

I. Allgemeine Abkürzungen:

AT = Altes Testament
NT = Neues Testament
atst = alttestamentlich
ntst = neutestamentlich
grie = griechisch
hebr = hebräisch
lat = lateinisch
LXX = Septuaginta, grie Übersetzung des AT, angeblich von 70 gelehrten Juden 200 v. Chr. angefertigt.

II. Literatur-Abkürzungen:

W—B = Walter Bauer: Griechisch-Deutsches Wörterbuch. 4. Aufl. 1952
Bl—De = Blaß—Debrunner: Grammatik des ntst Griechisch 9. Auflage 1954 zitiert n. §§.
Radm = Radermacher: Neutestl. Grammatik 1925. 2. Aufl.
Ki—Th W = Kittel: Theolog. Wörterbuch
NTD = Neues Testament Deutsch Göttingen 1932 ff.
St—B = Strack—Billerbeck: Kommentar zum NT aus Talmud usw. Bd I—IV. München 1922 ff.
W. Stb. = Wuppertaler Studienbibel
LzB = Lexikon zur Bibel, Hrsg. F. Rienecker, 11. Aufl. W'tal 1976
ThBL = Theologisches Begriffslexikon Hrsg. L. Coenen, E. Beyreuther, H. Bietenhard. 3. Aufl. Wuppertal 1972

III. Abkürzungen der biblischen Bücher:

a) Altes Testament

1 Mo usw. = 1. Mose usw.
Jos = Josua
Ri = Richter
Rth = Ruth
1 Sam = 1. Buch Samuelis
2 Sam = 2. Buch Samuelis
1 Kö = 1. Buch der Könige
2 Kö = 2. Buch der Könige
1 Chro = 1. Buch der Chronika
2 Chro = 2. Buch der Chronika
Esr = Esra
Neh = Nehemia
Esth = Esther
Hio = Hiob
Ps = Psalter
Spr = Sprüche
Pred = Prediger
Holi = Hohelied
Jes = Jesaja
Jer = Jeremia
Kla = Klagelieder
Hes = Hesekiel
Da = Daniel
Hos = Hosea
Joe = Joel
Am = Amos
Ob = Obadja
Jon = Jona
Mi = Micha
Nah = Nahum
Hab = Habakuk
Ze = Zephanja
Hag = Haggai
Sach = Sacharja
Mal = Maleachi

b) Apokryphen

Tob = Tobias
1 Makk = 1. Makkabäer
2 Makk = 2. Makkabäer
Sir = Sirach

c) Neues Testament

Mt = Matthäus
Mk = Markus
Lk = Lukas
Jo = Johannes
Apg = Apostelgeschichte
Rö = Römer
1 Ko = 1. Korinther
2 Ko = 2. Korinther
Gal = Galater
Eph = Epheser
Phil = Philipper
Kol = Kolosser
1 Th = 1. Thessalonicher
2 Th = 2. Thessalonicher
1 Tim = 1. Timotheus
2 Tim = 2. Timotheus
Tit = Titus
Phlm = Philemon
1 Pt = 1. Petrus
2 Pt = 2. Petrus
1 Jo = 1. Johannes
2 Jo = 2. Johannes
3 Jo = 3. Johannes
Hbr = Hebräer
Jak = Jakobus
Jud = Judas
Offb = Offenbarung des Johannes

INHALTSVERZEICHNIS

Der 1. Petrusbrief

Der 2. Petrusbrief und der Judasbrief

Der 2. Petrusbrief

Der Judasbrief

Der erste Brief des Petrus

erklärt von

Uwe Holmer

R. Brockhaus Verlag Wuppertal

EINLEITUNG ZUM 1. PETRUSBRIEF

Der 1. Petrusbrief gehört mit dem Jakobusbrief, dem 2. Petrusbrief, den 3 Johannesbriefen und dem Judasbrief zu den sieben „Katholischen Briefen" des NT. „Katholisch" heißt „allgemein". Daher wird der Name gedeutet als Bezeichnung für Briefe, die sich an die ganze Christenheit wenden, im Unterschied zu anderen Briefen des NT, die an einzelne Gemeinden, Gruppen oder Personen gerichtet sind. Man hat dagegen jedoch eingewendet, daß die Katholischen Briefe sich ursprünglich nicht an die ganze Christenheit wenden, sondern an einen begrenzten, wenn auch sehr großen Empfängerkreis. So findet sich auch die andere Deutung: „katholisch" heißen die Briefe deshalb, weil sie schließlich allgemein, d. h. von der gesamten Kirche, als kanonisch anerkannt seien (vgl. Barclay S. 133). Daher werden sie auch „Kanonische Briefe" genannt.

Der Verfasser

„Petrus, Apostel Jesu Christi", so lautet die Angabe über den Verfasser (1, 1). Gemeint ist also der Jünger Simon, dem Jesus den Zunamen *Kephas* (aramäisch) = *Petrus* (griechisch-lateinisch) gegeben hatte mit der Zusage, auf diesen Felsen wolle er seine Gemeinde bauen (Mt 16, 18; Jo 1, 42). In den Evangelien ist er uns anschaulich geschildert. Seine Führungsrolle in der Anfangszeit der Urgemeinde von Jerusalem und die erste Wirksamkeit wird aus der Apostelgeschichte deutlich, die jedoch von Kap. 15, 7 an über ihn schweigt. So erfahren wir aus dem NT über seine weitere Wirksamkeit und sein Lebensende nichts, außer daß er zunächst vor allem unter Juden Mission trieb (Gal 2, 8), daß er von Paulus in Antiochia zurechtgewiesen wurde (Gal 2, 11ff) und daß er bei seinem Missionsdienst seine Frau mitnahm (1 Ko 9, 5). Ein gewisser Hinweis auf sein Lebensende wird in Jo 21, 18 f vorliegen, wo berichtet wird, daß der Auferstandene ihm den (wohl inzwischen eingetretenen) Märtyrertod vorausgesagt hat.

Die Empfänger

„Auserwählte Fremdlinge der Diaspora in Pontus, Galatien, Kappadokien, der Asia und Bithynien" sind die Empfänger. Zu jener Zeit bezeichnen diese alten kleinasiatischen Landschaftsnamen größere römische Provinzen, die alle im Zeitraum zwischen 133 v. Chr. (Asia) und 17 n. Chr. (Kappadokien) entstanden waren. Die römische Provinz Galatien umfaßt außer der alten Landschaft dieses Namens im Zentrum von Kleinasien noch Lykaonien, Pisidien und den Osten Phrygiens. Zur römischen Provinz Asia (Asia proprie dicta) gehörten die Landschaften Mysien, Lydien, Phrygien und Karien. Unter der Voraussetzung, daß Petrus sich an die offiziellen römischen Bezeichnungen gehalten hat, umfassen die angegebenen Namen fast das ganze Gebiet von Kleinasien. Nur Lykien und Pamphylien und Kilikien im äußersten Süden sind nicht genannt. Letzteres ist wahrscheinlich eng mit der Missionsgemeinde Antiochia verbunden gewesen. Waren die Gemeinden in Lykien und Pamphylien zu unbedeutend oder lagen sie außerhalb der Reiseroute des Briefboten oder bestand keine Veranlassung, an dortige Gemeinden zu schreiben, weil deren Lage anders war? Diese Fragen müssen offen bleiben.[1])

Die Empfänger scheinen überwiegend Heidenchristen gewesen zu sein. Denn nur von ehemaligen Heiden kann gesagt werden: ihr Leben ist früher in Unwissenheit von den Lüsten bestimmt worden (1, 14), sie sind erlöst von dem eitlen, von den Vätern überlieferten Wandel (1, 18), sie waren einst „nicht ein Volk", nun aber sind sie Gottes Volk (2, 10) und „es ist genug, daß ihr die vergangene Zeit den Willen der Heiden vollbracht habt" (4, 3 f). Doch gehörten sicher auch Judenchristen zu den Gemeinden, an die Petrus schreibt. Das entspricht ganz dem Bild, das wir schon von der Wirksamkeit des Apostels Paulus in Kleinasien haben. Nur wenige Ausleger (B. Weiß; Kühl) nehmen an, Petrus habe den Brief an Judenchristen geschrieben. Zweierlei ist kennzeichnend für die Empfänger des Briefes: Es sind viele Neubekehrte unter ihnen (2, 2), und sie stehen in mancherlei Leiden und Bedrängnis (1, 6; 2, 12; 3, 14ff; 4, 12ff u. a.).

Abfassungsort

Als Abfassungsort nennt der Brief *Babylon* (5, 13). Wahrscheinlich ist damit *Rom* gemeint. Näheres dazu siehe in der Auslegung von 5, 13.

Abfassungszeit

Für die Abfassungszeit sind vor allem die Angaben der Kirchenväter wichtig. Sie besagen, Petrus sei unter Nero, etwa im Jahre 64, den Märtyrertod

[1] Sollten in 1, 1 doch nur die alten (kleineren) Landschaften gemeint sein, so sind weitere Gebiete ausgenommen. Einige Forscher sind überzeugt, daß dies der Fall ist, so u. a. Michaelis (Einleitung, S. 283 f), der daraus folgert, Petrus habe sich vor allem an Gemeinden gewandt, die Paulus nicht gegründet hat. Die meisten Ausleger denken jedoch bei den angegebenen Namen an das größere Gebiet, das auch von Paulus missionierte Landstriche umfaßt.

gestorben[2]). Danach müßte der Brief Anfang bis Mitte der 60er Jahre geschrieben worden sein. Einer so frühen Datierung entspricht auch die Beobachtung, daß in den Gemeinden, an die der 1. Petrusbrief gerichtet ist, das Amt des „Bischofs" noch nicht so bestimmend gewesen zu sein scheint, wie das in späterer Zeit der Fall war. Die Gemeinden wurden geleitet von „Ältesten" (5, 1). Das deutet auf ein frühes Stadium der Gemeinden (vgl. Apg 20, 17ff). Doch lassen sich aus den Angaben der Kirchenväter und den Beobachtungen im Brief selbst nur Wahrscheinlichkeitsurteile fällen. Schlatter sagt: „Auf der Zeit und dem Ort, wann und wo Petrus seinen Brief geschrieben hat, liegt eine nicht zu beseitigende Unsicherheit" (Einl. in die Bibel S. 487).

Der 1. Petrusbrief und Paulus

Zwei Tatsachen sind im Blick auf diese Frage bedeutsam:

1. Der 1. Petrusbrief hat eine große Nähe zur paulinischen Theologie (besonders zum Römer- und Epheserbrief). Petrus tut seinen brieflichen Seelsorgedienst an den kleinasiatischen Gemeinden ohne irgendeinen erkennbaren Gegensatz zu Paulus.
2. Der 1. Petrusbrief enthält weder einen Gruß von Paulus noch eine andere Notiz über ihn.

Die Beobachtung eines spannungslosen Verhältnisses zwischen Petrus und Paulus wird vertieft durch die Tatsache, daß Petrus mit den ehemaligen Paulus-Mitarbeitern Silvanus und Markus (vgl. Phlm 24; Kol 4, 10; 2 Tim 4, 11) zusammenarbeitet. Auch die Notiz in 2 Pt 3, 15 bezeugt ein gutes Verhältnis zwischen Petrus und Paulus. Wie aber ist es zu erklären, daß der 1. Petrusbrief keinen Gruß von Paulus enthält? Wir müssen daraus wohl schließen, daß Paulus zur Zeit der Abfassung des Briefes nicht mit Petrus am gleichen Ort weilte. Es muß offen bleiben, wo er sich befand. Nach den Pastoralbriefen (Tit 1, 5; 3, 12; 1 Tim 1, 3) muß Paulus aus der in der Apostelgeschichte berichteten römischen Gefangenschaft (Apg 28, 30 f) wieder freigekommen sein und den östlichen Mittelmeerraum besucht haben. Auch besagen einzelne Nachrichten der alten Kirche, daß Paulus noch nach Spanien reisen und dort Missionsdienst tun konnte[3]). Ob Petrus seinen Seelsorgedienst an den Gemeinden von Kleinasien mit Paulus abgesprochen hat, muß offenbleiben.

Die Frage der Echtheit

Der 1. Petrusbrief ist in der alten Kirche verhältnismäßig gut bezeugt. Schon der 2. Petrusbrief hat ihn gekannt (2 Pt 3, 1). Eusebius berichtet, daß

[2] Andere nennen das Jahr 65 oder auch 67, s. Schelkle, S. 7 und 12.

[3] Feine-Behm (S. 250) schreibt: „Wenn 1 Pt in die Zeit der spanischen Reise des Paulus fällt, so kann Petrus Anlaß gehabt haben, anstelle des im fernen Westen weilenden Apostels von Kleinasien den Gemeinden dort ein Wort des Trostes und der Ermahnung zu sagen." Doch bleibt das eine unbewiesene, wenn auch begründete Vermutung.

Bischof Papias von Hierapolis (um 130) den 1. Petrusbrief zitiert, ohne diese Zitate allerdings als solche zu kennzeichnen (Eusebius, Kirchengeschichte III, 39, 16). Bischof Polykarp von Smyrna (gest. 156) übernimmt ganze Sätze aus dem 1. Petrusbrief in seinem Brief an die Philipper. Die alten Kirchenlehrer Irenäus, Clemens von Alexandrien und Tertullian sind von der Echtheit des 1. Petrusbriefes überzeugt. Origenes zählt den Brief zu den allgemein als echt anerkannten Schriften. Dementsprechend finden wir ihn im Kanon des Origenes und des Euseb. Daß er im Kanon Muratori nicht enthalten ist, mag andere Gründe als die der Bezweiflung seiner Echtheit haben.

Dennoch gibt es eine Reihe von Gründen, die etliche Forscher zu der Überzeugung kommen lassen, der 1. Petrusbrief sei nicht vom Apostel Petrus geschrieben, sei also unecht. Folgende Argumente führen sie an:

a. Der Brief ist in gewandtem Griechisch geschrieben. Solch guter Stil könne nur von einem gebildeten Menschen stammen, nicht aber von einem ehemaligen Fischer aus Galiläa. Manche Forscher weisen auch hin auf die Notiz des Papias (bei Eusebius, Kirchengeschichte III, 39, 15), daß Markus „Hermeneut" des Apostels war. Sie verstehen Hermeneut als Übersetzer und schließen daraus, Petrus selbst sei der griechischen Sprache nicht mächtig gewesen.

b. Die schon oben festgestellte Übereinstimmung mit paulinischem Gedankengut deute auf Abhängigkeit von Paulus hin. Der Persönlichkeit des Petrus aber müsse man mehr Eigenständigkeit zutrauen. Deshalb müsse irgendein Paulusschüler der Verfasser von 1 Pt sein. Auch läßt sich manche Übereinstimmung mit dem Jakobusbrief nachweisen. Das kennzeichne den Verfasser des 1. Petrusbriefes ebenfalls als einen wenig eigenständigen Denker.

c. Die atst Zitate entstammen nachweislich der grie Übersetzung des AT, der Septuaginta (LXX). Petrus aber müsse das hebräische AT benutzt haben.

d. Petrus schreibe an verfolgte Gemeinden. Verfolgung aber hat es in größerem Umfang erst unter Nero gegeben (ab Juli 64), wahrscheinlich zunächst noch auf Rom beschränkt. Aus Kleinasien aber sind allgemeine Verfolgungen erst in späterer Zeit bezeugt (Domitian 81—96, Trajan 98—117). Demnach könne der Brief erst unter Domitian oder Trajan geschrieben worden sein, also erst lange nach dem Tode des Apostels.

e. Der 1. Petrusbrief enthält keine Erinnerung an den Umgang mit Jesus während seiner Erdenzeit.

Diese Einwände müssen ernstgenommen und geprüft werden. Denn wenn sie zwingend sein sollten, müßten wir die Verfasserschaft des Petrus in Frage stellen. Aber sind sie das? Bei dem großen Gewicht der positiven Bezeugung könnten nur beweiskräftige Argumente die Echtheit des 1. Petrusbriefes widerlegen. Gerade auf diesem Gebiet muß sehr gewissenhaft geprüft werden, ob die Kritik sich auf zwingende Gründe stützt oder nur auf Bedenken, die auch anderswie erklärt werden können. Somit sind nun die Bedenken gegen die Echtheit des 1. Petrusbriefes zu erörtern:

zu a.: Das Griechisch des Briefes ist tatsächlich gut und gewandt. Aber „schon die Kirchenväter bis Hieronymus haben den Ausdruck ‚Hermeneut' in dem oft verwerteten Papiaszeugnis nicht im eigentlichen Sinne als Dolmetscher verstanden, sondern auf die sachliche Abhängigkeit des Markus von Petrus bezogen" (als Mittelsmann, der den Inhalt der Predigten des Petrus schriftlich überliefert hat, so Feine-Behm, Einleitung S. 60). O. Cullmann (S. 24) zitiert G. Dalman „Orte und Wege Jesu" 1924³, S. 177: „Wer in Bethsaida aufgewachsen war, wird nicht nur Grie verstanden haben, sondern auch durch den Verkehr mit Fremden abgeschliffen und an grie Kultur gewöhnt sein." Wir wissen nichts über die Sprachbegabung des Petrus. Sie kann vorzüglich gewesen sein. Hinzu kommt ein Zweites: In 5, 12 wird bemerkt, der Brief sei „durch Silvanus" geschrieben. Silvanus (oder *„Silas"*) hat als römischer Staatsbürger (Apg 16, 37) und langjähriger Mitarbeiter des Apostels Paulus sicher gut grie gesprochen und geschrieben. So kann es sein, daß Silvanus dem Brief die Sprachgestalt gegeben hat, daß der Inhalt aber von Petrus stammt. Zu dieser Annahme neigen viele Ausleger (s. zu 5, 13). Doch bleibt trotzdem die Möglichkeit offen, daß Petrus auch die Sprachgestalt seines Briefes selbst gestaltet hat.

zu b.: Die Übereinstimmung mit Gedanken aus den Paulusbriefen kann zum Teil daraus abgeleitet werden, daß beide Apostel Anteil haben an dem breiten Strom gemeinsam urchristlichen Erkenntnisgutes. Auch ist es wahrscheinlich, daß Petrus einige Paulusbriefe gekannt hat (vgl. 2 Pt 3, 15) und daß er bei seinem Dienst an von Paulus gegründeten Gemeinden gerade das Gemeinsame betont. Ja, es ist nicht ausgeschlossen, daß Petrus und Paulus im Anfang der sechziger Jahre einigen Austausch miteinander gehabt haben.

zu c.: Die „Bibel" für das gesamte römische Reich war nicht das hebräische AT, sondern die LXX. Daher ist es wahrscheinlich, daß Petrus auch in ihr zu Hause war, ebenso wie die Empfänger des Briefes. Ein Missionar aber benutzt die Bibel, die in dem Missionsland verstanden wird, in diesem Fall also die LXX.

zu d.: Petrus schreibt zwar an Gemeinden in mancherlei Bedrückung und wachsender Bedrohung. An keiner Stelle aber kommt in seinem Brief zum Ausdruck, daß es sich um eine allgemeine Verfolgung größeren Ausmaßes handelt. Begriffe wie *diogmos* (Verfolgung) und *thlipsis* (Drangsal) fehlen noch. So kann Petrus eine sich anbahnende Verfolgung, sich mehrende Übergriffe, eine gefährliche Stimmung gegen die Christen im Auge haben. Dieses aber wird für einzelne Orte schon aus der Zeit des Stephanus (Apg 8, 1; vgl. auch Apg 12, 1—4) und der paulinischen Evangelisationen sichtbar (Apg 13, 50; 14, 5 f. 19; 17, 5—8 u. a.). So ist es denkbar, daß sich eine solche Stimmung mit weiterer Ausbreitung der Gemeinden verbreitete und allgemeiner wurde. Deshalb brauchen wir die Abfassung des Briefes noch nicht mit einer der offiziellen Verfolgungszeiten zu verbinden. Die Lage, die in 1 Pt deutlich wird, kann durchaus **vor** der neronischen Verfolgung, also zu der Zeit der Wirksamkeit des Petrus, bestanden haben.

zu e.: Gewiß, der Brief enthält keine Erinnerung an Erlebnisse mit Jesus während seiner Erdenzeit. Wie wenig jedoch derartige Bedenken besagen, zeigt der 2. Petrusbrief. Dort wird sehr deutlich an Jesu Erdenzeit erinnert (1, 16ff). Und gerade das wird nun wieder von manchen als ein Zeichen für die *Un*echtheit angesehen. Petrus konnte überzeugt davon sein, daß die Gemeinden über das Leben und Wirken des Herrn allgemein gut im Bilde gewesen sind. Das mag ihm Grund genug gewesen sein, darüber nicht noch einmal neu zu berichten.

Wir können abschließend feststellen, daß sich alle Einwände, die gegen die Verfasserschaft des Apostels Petrus zu sprechen scheinen, ohne Willkür entkräften lassen. Die im allgemeinen zuverlässige altkirchliche Tradition scheint uns stärker zu sein als die gegen die Echtheit erhobenen Bedenken. Deshalb meinen wir, den 1. Petrusbrief als einen Brief dessen lesen zu können, nach dem er genannt ist.

Ziel und Inhalt des 1. Petrusbriefes

Petrus selbst gibt Ziel und Zweck seines Briefes an: die Gemeinden von Kleinasien zu ermahnen und zu bezeugen, „daß dies die wahre Gnade Gottes ist, in die ihr euch stellen sollt". Er will in den Empfängern die Erkenntnis ihres Heils befestigen, und ihnen die Größe ihrer gegenwärtigen und zukünftigen Errettung zeigen, damit sie die Kraft haben, in den Bedrohungen ihrem Herrn und Erretter treu zu bleiben. Diesem Anliegen ist der erste Abschnitt gewidmet (1, 1—2, 10). Der zweite Abschnitt soll den Empfängern helfen, ihren Alltag vom Glauben her zu bestehen, ja tiefer in diese Gnade einzudringen, um sich in allen Lagen in der Welt als Jünger Jesu bewähren zu können (2, 11—4, 6). Im Schlußabschnitt geht es um das Verhältnis der einzelnen zur Gemeinde (4, 7—5, 14). In der Gemeinde erfährt man Stärkung, und in ihr hat jeder seine Aufgaben. Daher stärkt Petrus seine Brüder dadurch, daß er ihnen hilft, sich recht in die Gemeinde einzuordnen.

Die Eigenart des 1. Petrusbriefes

Schlatter weist auf das apostolische Sendungsbewußtsein hin, das den Verfasser kennzeichnet: „Der, der hier spricht, redet nicht zu den Brüdern als einer der ihrigen ... Der Redende nimmt das Botenamt für sich in Anspruch ..." (Petrus und Paulus, S. 17). Diese Autorität des Apostels, die gewiß ist, bei den Empfängern Gehör zu finden, und das Ziel, die leidenden

Christen von Kleinasien zu stärken, gibt dem Brief sein Gepräge. Daher sind die Worte „Errettung" (1, 5.9.10; 2, 2; 3, 21), „Hoffnung" (1, 3.13.21; 3, 15) und „Herrlichkeit" (1, 11.21; 4, 13.14; 5, 1.4.10) Hauptbegriffe des Briefes. Aber auch die Mahnung, der Unwissenheit der Umwelt mit konsequentem Gutestun zu begegnen (2, 12.15.20; 3, 9ff.16; 4, 15), zieht sich als starke Linie durch den Brief. Besonders auffällig ist seine Verwurzelung im Zentrum biblischer Lehre, in Kreuz und Auferstehung Jesu Christi: Die Mahnung zu rechtem Wandel wird ausführlich begründet mit dem Leiden Christi (1, 17ff; 2, 21ff; 3, 18ff). Sein Leiden für uns und sein Leiden vor uns, sein Vorbild, gibt Kraft zu gutem Wandel, auch unter Leiden. „Weil nun Christus am Fleisch gelitten hat, so wappnet euch auch mit demselben Sinn" (4, 1)! Menschliche Wärme, verbunden mit dem Mut, zum Leiden um Jesu willen zu mahnen und auch das eigene Leiden auf sich zu nehmen, kennzeichnen den 1. Petrusbrief, dazu seelsorgerliche Anteilnahme und apostolische, wachsame Fürsorge. Dabei ist der ganze Brief bestimmt von der Freude über das Heil, das in Jesus den Gemeinden widerfahren ist. Mit alledem bekommt der 1. Petrusbrief auch für unsere Zeit neu eine aktuelle Bedeutung.

LITERATURHINWEISE

William Barclay:	Briefe des Jakobus und Petrus, Aussaat Verlag, Wuppertal
J. T. Beck:	Erklärung der Briefe Petri, Gütersloh 1896
Friedrich Hauck:	Die Kirchenbriefe, NTD, Göttingen 1954
Ernst Kühl:	Die Briefe Petri und Judae, Göttingen 1897
Heinr. Rendtorff:	Getrostes Wandern, Eine Einführung in den ersten Brief des Petrus, Furche Verlag 1951
K. H. Schelkle:	Die Petrusbriefe. Der Judasbrief, Freiburg 1963, Leipzig 1966
Adolf Schlatter:	Die Briefe des Petrus. Erläuterungen zum NT, Berlin 1953
Adolf Schlatter:	Petrus und Paulus nach dem Ersten Petrusbrief, Stuttgart 1937
Eduard Schweizer:	Der Erste Petrusbrief, Zürich 1972
H. v. Soden:	Briefe des Petrus. Handkommentar zum NT, Freiburg 1899
G. Wohlenberg:	Der erste und zweite Petrusbrief. Kommentar zum NT, hrg. von Theod. Zahn, Leipzig 1923
Hermann Cremer:	Bibl.-theol. Wörterbuch der ntst. Grācität, Gotha 1889
Oscar Cullmann:	Petrus. Zürich, Berlin 1961
Paul Feine / Joh. Behm:	Einleitung in das NT, Leipzig 1951
Wilhelm Michaelis:	Einleitung in das NT, Bern 1954
Adolf Schlatter:	Einleitung in die Bibel, Calw 1894
Carl Weizsäcker:	Das Neue Testament übersetzt, Freiburg 1898
Benseler:	Griechisch-Deutsches Wörterbuch, Leipzig 1962
W. Pape:	Griechisch-Deutsches Handwörterbuch, Braunschweig 1888
Gottfried Steyer:	Handbuch für das Studium des ntst. Griechisch, 2 Bde, Berlin 1968

Der erste Brief des Petrus

Eingangsgruß

1. Petrus 1, 1—2

1 **Petrus, Apostel Jesu Christi, den auserwählten Fremdlingen
der Diaspora von Pontus, Galatien, Kappadokien, der Asia**
2 **und von Bithynien, * nach der Vorsehung Gottes des Vaters,
in der Heiligung durch den Geist, zu Gehorsam und Besprengung durch das Blut Jesu Christi. Gnade und Friede werde euch vermehrt.**

Zu Vers 1:
Ps 39, 13
Jo 7, 35
Phil 3, 20
Hbr 11, 9. 10. 13
Jak 1, 1
Zu Vers 2:
2 Mo 24, 3—8
2 Th 2, 13
Rö 8, 29
1 Jo 1, 7
Hbr 12, 24

1

Für das Verständnis eines Briefes ist es wichtig zu wissen, wer ihn geschrieben hat und an wen er gerichtet ist. Ein antiker Brief war in der Form einer Briefrolle geschrieben. Eine Unterschrift wäre also nicht gleich zu lesen gewesen. Daher war es damals üblich, daß schon der Briefanfang die Angabe des Absenders, des Empfängers und ein Grußwort enthielt. Auch Petrus richtet sich nach dem Briefstil seiner Zeit. **Petrus, Apostel Jesu Christi,** so bezeichnet sich der Absender. **Petrus** heißt „Fels". Das ist der neue Name, den Jesus selbst seinem bekannten Jünger Simon gegeben hat (Jo 1, 42; Mt 16, 18; Näheres s. Einleitung). Als Auferstandener hatte er ihm den Auftrag erteilt: Weide meine Schafe (Jo 21, 17). Die Stärkung der Gemeinde, das Weiden der Herde Jesu ist darum auch das Grundanliegen dieses Briefes. Petrus nennt sich **Apostel**: das heißt Botschafter, Gesandter. Ein **Apostel Jesu** hat deshalb so hohe Bedeutung, weil hinter ihm die Macht und Autorität seines himmlischen Herrn steht. Zugleich sind einem Apostel in seinem Dienst feste Grenzen gesetzt. Er hat nicht seine eigenen Ansichten zu bringen, sondern nur die Botschaft seines Herrn auszurichten. Ein Botschafter, der die ihm aufgetragene

Botschaft nach eigenem Gutdünken verändert, wird unbrauchbar.[1]

Der Auftraggeber, der seine Apostel aussendet, ist **Jesus Christus.** Reaktion auf das Wort der Apostel ist also Antwort auf den Anruf des Herrn selbst. Deshalb ist das Wort eines Apostels so ernst zu nehmen. Das wird noch deutlicher, wenn wir uns klarmachen, daß das Wort „Christus" eigentlich nicht, wie wir es heute empfinden, ein Name ist, sondern ein Titel, und daß es *der Gesalbte* heißt (hebr. *maschiach,* der *Messias).* Petrus ist also ein Apostel des Messias Jesus. Gerade der Gekreuzigte ist von Gott zum Herrn und Messias erhöht worden (Apg 2, 36), damit er den Vollendungsplan Gottes mit der Welt durchführe und gleichzeitig jedes einzelnen Menschen Schicksal bestimme (Apg 10, 42). Dessen bevollmächtigter Botschafter ist der Absender.

Er schreibt an die **auserwählten Fremdlinge der Diaspora von Pontus, Galatien, Kappadokien, der Asia und von Bithynien.** Es empfiehlt sich, diese Namen auf der Karte aufzusuchen. Sie bezeichnen wahrscheinlich die von den Römern geschaffenen Provinzen. Fast alle kleinasiatischen Landschaften waren in solche größeren Provinzen eingegliedert, wobei hier der äußerste Süden von Kleinasien (Lycien, Pamphylien, Cilicien) nicht erwähnt ist. Wir haben also einen Rundbrief an fast alle Gemeinden von Kleinasien vor uns[2]. Nur in einem Teil dieses großen Gebietes hatte Paulus evangelisiert, und es ist nichts darüber bekannt, daß das übrige Gebiet durch andere Apostel missioniert worden ist. So scheinen die dortigen Gemeinden durch den Zeugendienst unbekannter Jünger aus der Urgemeinde entstanden zu sein. Außer den paulinischen Gemeinden gab es in Kleinasien schon einzelne Christen, die Pfingsten Jesus angenommen hatten (Apg 2, 9 f). Es war für die ersten Christen offenbar selbstverständlich, daß Christsein missionarische Existenz bedeutet. Nun sagt Petrus von den Empfängern, sie seien dort in der **Diaspora** = Zerstreuung. Dieses Wort wird in der LXX häufig gebraucht und bezeichnet dort die Judenschaft, die außerhalb von Judäa und Galiläa als Minderheit in heidnischer Umgebung lebte. Manche Ausleger meinen deshalb, Petrus schreibe an Judenchristen, die in einer solchen jüdischen Diaspora, nämlich der von Kleinasien, zu Jesus ge-

[1] Zu dem Begriff „Apostel" vgl. W. Stb zu 2 Ko 1, 1 sowie LzB, ThBL und Ralf Luther, Neutestamentl. Wörterbuch.

[2] Vgl. Einleitung über „Die Empfänger".

kommen sind. Das ist jedoch unwahrscheinlich. Die Empfänger werden wohl überwiegend Heidenchristen gewesen sein (siehe Einleitung). Es ist nämlich durchaus denkbar, daß das Wort *diaspora* schon damals auf die Lage der Jesusgemeinden bezogen worden ist. Sie lebten ja ebenfalls in einer überwiegend andersgläubigen Umgebung. Eben dies ist die Not derer, an die der Brief gerichtet ist: Sie leben in der Zerstreuung als einzelne, oft auch Einsame unter vielen Andersgläubigen. Sie dürfen wissen: der Herr kennt ihre schwere Lage. Aber es ist sicher nicht nur an ihre Lage in der *Zer*streuung gedacht. **Diaspora** meint nämlich zugleich auch Ausstreuung, Aussaat[3]. Die Lage dieser einzelnen Jesusjünger in Kleinasien ist also zugleich auch sehr hoffnungsvoll. Sie sind die „Aussaat" Gottes, die ausgestreut werden muß. So gehören sie in die Diaspora.[4]

Warum nennt Petrus die Empfänger hier **Fremdlinge**, warum nicht einfach Brüder, Heilige o. ä.? Damit wird der Grund des Unverständnisses aufgezeigt, das ihnen von der Welt her begegnet und mancherlei Anfechtung und Verfolgung einschließt. Sie sind Kinder Gottes geworden und haben eine Heimat bei Gott bekommen (Jo 14, 3; 2 Ko 5, 6 u. 8)[5]. Fremdling sein ist ihr schweres und gleichzeitig herrliches Los. Das Fremdlingsdasein wird von Petrus voll bejaht, weil es unlöslich mit der Zugehörigkeit zu Jesus zusammenhängt. Wen er aus der Welt herausgerufen und zu seinem Eigentum erwählt hat, wird damit zwangsläufig für die Welt ein Fremdkörper (vgl. Jo 15, 19!). So bedeutet es eine entscheidende Hilfe für alle, die unter Verkennung und Spott leiden, wenn sie aus Freude über ihre Gotteskindschaft ein Ja zu ihrer Fremdlingsschaft finden. Damit finden sie das rechte Verhältnis zur Welt, zu deren Drohungen und zu der Versuchung, sich ihr anzupassen.

[3] Es stammt von dem grie Wort *diaspeirein* = aussäen, ausstreuen.

[4] Petrus hatte es selbst erlebt, wie solche notvolle Diaspora-Situation zu einer großen Chance werden kann: Die in Jerusalem verfolgte und vertriebene Gemeinde zerstreute sich über Samaria hinaus bis nach Antiochien, und dadurch brach an vielen Orten geistliches Leben auf (Apg 8, 1ff und 11, 19ff). Voraussetzung dafür ist allerdings, daß der ausgestreute „Same" keimkräftig ist. Sind die Christen geistlich gesund, daß durch sie in ihrer Umgebung neues Leben entstehen kann? Petrus setzt in unserem Brief alles daran, um die Gemeinden für diesen Auftrag zu rüsten.

[5] Besonders eindrücklich hat Paulus das dargelegt in Phil 3, 18—21: Viele (hier sogar Glieder der Gemeinde!) sind Feinde des Kreuzes Christi, ihr Ende ist das Verderben, ihr Gott ist ihr Bauch, sie sind irdisch gesinnt. Im Gegensatz dazu ist „unser Bürgertum" in den Himmeln!

Daß Petrus ihre Fremdlingsschaft nicht bedauert, weil sie einer hohen Berufung entspringt, drückt er durch das Beiwort **auserwählt** aus: Wir machen leicht ein Problem daraus und bleiben bei der Frage der Vorherbestimmung stehen[6]. Nicht so die Apostel. Ganz unproblematisch bezeugen sie denen, die durch ihre Umkehr nun Rettung gefunden haben: ihr seid von Gott erwählte Leute. Wir finden solche Aussagen über die göttliche Erwählung in der Bibel immer erst, nachdem jeweils die Entscheidung für Jesus gefallen ist. An dieser Entscheidung lesen die Apostel gleichsam die göttliche Erwählung ab. Das Wort vom Erwähltsein steht für sie im Dienst der Seelsorge. Es soll den Christen zeigen: Nicht eure Entscheidung hat eure Errettung geschaffen, sondern diese ruht ganz fest in Gottes Erwählen. Bei dem Wort „auserwählt" klingt ein weiteres mit: die staunende Freude über den unausdenkbar hohen Stand, zu dem die Empfänger des Briefes berufen worden sind (s. 2, 9; Kol 3, 12 u. a.)[7]. Sie sind durchaus nicht etwa bedauernswerte, sondern **auserwählte** Fremdlinge und sie haben damit einen unverdienten Vorzug. Wer das im Glauben erfaßt, kann seine Fremdlingsschaft dankbar annehmen. Nur die herrlichen Realitäten Gottes können angefochtene Christen letztlich wirklich trösten und froh machen[8].

2 Die Präpositionen in Vers 2 („nach", „in" und „zu") sind sicher mit Bedacht gewählt. Dieser Halbsatz zeigt in prägnanter Zusammenfassung, ja in geradezu klassischer Kürze den Heilsweg auf, den die Empfänger geführt worden sind. Erwählte Fremdlinge sind sie **nach** (oder: **ausgehend von**) Gottes Vorsehung, verwirklicht wurde die Erwählung **in** der Heiligung durch den Geist, und der Zweck des Ganzen liegt darin,

[6] Bei der Vorherbestimmung oder Prädestination geht es um die Frage, ob Gott einen Teil der Menschheit zur Errettung und ob er gar einen andern Teil zur Verdammnis vorherbestimmte. Damit hängt die Frage zusammen, ob der Mensch dann überhaupt die Möglichkeit einer freien Entscheidung hat. Wir werden das Problem nie ganz lösen können. Hier steht vor uns ein Paradoxon, das seinen letzten Grund in der Unbegreiflichkeit Gottes hat. Unsere Errettung ist ganz in unsere Entscheidung gestellt, und wir sind voll verantwortlich für sie. Andererseits aber beruht unsere Errettung ganz auf Gottes Vorherwahl, auf seiner unbegreiflichen Güte gegen uns in Jesus Christus. Vgl. dazu auch W. St. zu Rö 8, 28 und Eph 1, 4.

[7] Daß das Wort „auserwählt" auch diese Bedeutung hat, zeigt ein Blick auf 2, 4: Jesus ist „auserwählt", kostbar, erlesen.

[8] In seiner Schrift „Von der Freiheit eines Christenmenschen" gibt Martin Luther einen treffenden Vergleich: Der Auserwählte ist einer armen Hure gleich, die von einem Königssohn zur Braut genommen wird. In sich selbst nichts — in Jesus zur höchsten Würde erwählt! Das ist der Stand der Christen.

daß sie sich **zu** dem nötigen Gehorsam führen lassen und die Besprengung mit dem Blut Jesu ständig in Anspruch nehmen. **Nach** (oder: ausgehend von) **der Vorsehung Gottes** sind sie erwählt. Das grie Wort *prognosis* = Vorsehung beinhaltet auch „Vorherbestimmung"[9], eigentlich sogar „Vorhererkennen"[10] in dem Sinne, daß Gott den einzelnen Menschen schon vor dessen Erdenzeit zur Gemeinschaft mit sich bestimmt hat. Wie auch immer man *prognosis* übersetzt, man darf den Begriff jedenfalls nicht im Sinne eines unpersönlichen Schicksals verstehen. Gottes vorzeitlicher Liebesratschluß sowie seine Weisheit und Macht, mit der er den Weg seiner Kinder lenkt, — das alles ist in dem Begriff mit enthalten. Weil die Leser in ihrer Diaspora-Situation mit Verfolgung und Leiden in gefährliche Anfechtung kommen können, sollen sie wissen: Gott hat einen weisen und liebevoll vorher ersehenen Plan für ihr Leben, der ihr Heil und ihren Lebensweg umfaßt: sie sind auserwählte Fremdlinge ... **nach der Vorsehung Gottes.** Dieser Gedanke wird unterstrichen durch die Kennzeichnung Gottes als **des Vaters.** Wo auch immer die Empfänger stehen, was ihnen auch widerfahren mag: über ihnen waltet Gottes liebevoll vorhersehender Vaterwille.

Durch Gott den Vater vorherersehen zu auserwählten Fremdlingen der Diaspora — dieser Plan wurde Wirklichkeit **in der Heiligung durch den Geist.** Heilig, auf den Menschen bezogen, heißt „Gott zugehörig"[11]. **Heiligung** bedeutet beides, das Geheiligtsein und das Heiligwerden[12]. Heiligung ist im NT einerseits die Inanspruchnahme, die Indienstnahme eines Menschen für Gott, wie schon im AT ein Gegenstand oder eine Person geheiligt wurde und damit nur noch für den Dienst Gottes da war. So vollzieht sich Heiligung in der Umkehr, in der bewußten Übereignung des Menschen an Gott. Andererseits setzt sich Heiligung nach der Umkehr im Leben fort und meint dann die Umgestaltung der ganzen Person und ihres

[9] Eine Verdeutlichung für Gottes Möglichkeit, den Weg seiner Kinder vorherzusehen und vorherzubestimmen, gibt E. Modersohn in seinem Buch „Wiedergeburt", Bibl. Betrachtungen über 1 Pt 1 + 2: Ein Beobachter auf dem Gipfel eines Gebirges sieht lange voraus, was dem Wanderer begegnen wird, der sich auf dem verschlungenen Gebirgspfad um den Aufstieg müht. Gott aber hat den Weg seiner Kinder nicht nur vorhergesehen, sondern auch geschaffen und ihn damit zugleich vorherbestimmt als Weg zum Leben.

[10] Vgl. 1 Mo 4, 1: Adam erkannte sein Weib, d. h. er hatte Gemeinschaft der Liebe mit ihr.

[11] Vgl. dazu ThBL und Ralf Luther, Ntst Wb Artikel „heilig".

[12] Das ist abgeleitet von dem grie Tätigkeitswort *hagiazein* = heilig machen, heiligen, weihen. Vgl. auch Rendtorff z. St.

ganzen Lebens von dem Tatbestand her, daß der Mensch geheiligt, für Gott mit Beschlag belegt worden ist. Entsprechend sagt Paulus im Römerbrief 12, 2: „Verändert euch durch die Erneuerung des Sinnes!" Heiligung ist also Heiligwerden im Sinne des Verwandeltwerdens mit dem Ziel, daß die Erlösten dem Sohne Gottes gleichgestaltet werden (Rö 8, 29; 2 Kor 3, 18; Gal 4, 19). Daher können die Apostel alle Gläubigen einerseits schon gegenwärtig Heilige nennen (2 Ko 1, 1; Eph 1, 1 u. ö.) und ihnen zusagen: „ihr seid geheiligt" (1 Ko 6, 11). Andererseits ist die Aufforderung nötig: „Jaget nach der Heiligung, ohne die niemand den Herrn sehen wird" (Hbr 12, 14). Und Petrus sagt: Wie der, der euch berufen hat, heilig ist, werdet auch ihr heilig im ganzen Wandel (V. 15).

Die Heiligung geschieht **durch den** (Heiligen) **Geist**[13]. Heiligung ist also nicht unsere Leistung, sondern sowohl als erstmalige Beschlagnahme wie auch als andauernde Umgestaltung allein Werk des Heiligen Geistes. Unsere Aufgabe und Verantwortung liegt lediglich darin, dem Wirken des Geistes Raum zu geben.

Die Aussagen in V. 2 zeigen, daß hier ein Mann schrieb, der das AT gut kannte und solche Kenntnis auch bei den Empfängern des Briefes voraussetzte[14]. Er bezieht sich auf 2 Mo 19—24, den Bericht vom Bundesschluß. Als Gott mit dem Volk Israel seinen Bund geschlossen hatte, ließ er es heiligen (2 Mo 19, 10.14), zum Gehorsam verpflichten (2 Mo 19, 8; 24, 7) und mit dem Blut des Bundes besprengen (2 Mo 24, 7 f). Indem Petrus diese Worte auf die durch Jesus Geretteten bezieht, kommt zum Ausdruck, daß an ihnen das Gleiche geschehen ist, jedoch durch das Blut Jesu Christi, d. h. auf der Ebene des Neuen Bundes. Auch sie sind geheiligt und Gottes Volk geworden. Damit aber wurden auch sie **zum Gehorsam** gerufen. Und auch sie wurden mit dem Blut des Lammes besprengt und stehen auch weiterhin unter dessen Schutz. Daß wir uns

[13] Einige übersetzen „in der Heiligung des Geistes" und beziehen das auf den Geist des Menschen. Diese Übersetzung ist sprachlich in Ordnung (genitivus objectivus), aber der Deutung steht entgegen, daß Gott nie nur unsern Geist heiligt, sondern immer den ganzen Menschen. Unsere Übersetzung „in der Heiligung durch den Geist" ist sprachlich ebenso korrekt (gen. subjectivus). Sie wird von den meisten Auslegern bevorzugt, weil sie der Theologie des NT entspricht.

[14] Das ist bemerkenswert, weil es zeigt, in welch starkem Maße auch Heidenchristen im AT zu Hause waren. Und doch ist es auch nicht verwunderlich, da ja das AT für die Urgemeinde, auch für Paulus und die Heidenchristen, „die Bibel" und als solche das prophetische Zeugnis von ihrem Messias Jesus war (V. 11; Rö 1, 2; 1 Ko 15, 3 f u. a.).

in der Umkehr grundsätzlich zum Gehorsam gegenüber Gottes Willen entschlossen haben, war Voraussetzung und Grundlage für unsere Heiligung. Gleichzeitig gilt aber auch, was im Text steht: unser Geheiligtsein hat den Zweck, daß wir **zu** konkretem **Gehorsam** im Alltag fähig werden und uns in solchem Gehorsam bewähren. In V. 14 wird die Bedeutung des Gehorsams für unser Leben noch besonders betont werden. Es darf ja nie vergessen werden, daß Adams Ungehorsam der Ausgangspunkt für alles Unheil war, das über die Menschheit gekommen ist und bis heute auf ihr liegt. So entscheidet sich an der Frage des Gehorsams das Schicksal jedes einzelnen[15]. Und wo wir zu Gott und damit in den **Gehorsam** zurückgekehrt sind, haben wir die Geborgenheit wiedergefunden, die durch den Sündenfall verlorengegangen war.

Die Worte „zu Gehorsam und **Besprengung durch das Blut Jesu Christi**“ lassen das Zentrum des AT aufklingen und führen zugleich hinein in das Zentrum des NT. Man kann diese Grundlinie biblischer Theologie nur verstehen, wenn man die Heiligkeit Gottes und die Verlorenheit des Menschen ganz ernst nimmt. Vom Sündenfall an zieht sich durch das ganze AT als roter Faden die Frage nach dem, der die Sünde überwindet und damit den Verlorenen die Gemeinschaft mit Gott zurückbringt. Und das NT ist die Antwort, ist die Kunde von dem Lamm Gottes, das der Welt Sünde hinweg trägt, das sein Blut am Fluchholz vergossen hat zur Sühne der Sünde, und das dem Volke Gottes Anteil gibt an der Sühnung in der Besprengung durch sein Blut.

2 Mo 24, 7—8 lautet: „Und Mose nahm das Buch des Bundes und las es vor den Ohren des Volkes. Und sie sprachen: Alles, was der Herr gesagt hat, wollen wir tun und darauf hören. Da nahm Mose das Blut und besprengte das Volk damit und sprach: Seht, das ist das Blut des Bundes, den der Herr mit euch geschlossen hat auf Grund aller dieser Worte.“ Ein allein auf Gehorsam gegründeter Bund wäre längst an der Übertretung des Menschen zerbrochen. Deshalb gab Gott sowohl dem Alten Bund wie auch dem Neuen Bund eine andere Basis: **das Blut** des Lammes und die Vergebung, die ständig dadurch bewirkt wird. Dabei wird von der Forderung Gottes, das Gute

[15] Auch Paulus stellt uns vor das unerbittliche Entweder-Oder: entweder wir dienen „der Sünde zum Tode“ oder wir stellen uns Gott zur Verfügung für den „Gehorsam zur Gerechtigkeit“ (Rö 6, 16 b). Ja, er sieht geradezu den Zweck seines Apostolats darin, Gehorsam des Glaubens aufzurichten (Rö 1, 5; 16, 26).

zu tun, von der Notwendigkeit des Gehorsams nichts zurückgenommen. Andererseits weiß Gott um die Sündhaftigkeit des Menschen, daß er dem Willen Gottes zuwider handeln und die Gebote Gottes übertreten wird. Das aber ist keine Kleinigkeit, sondern jedesmal eine Mißachtung Gottes, die seinen Zorn herausfordert (Rö 1, 18ff). Dieses vor Gott schreckliche Geschehen muß durch ein ebenfalls schreckliches Geschehen gesühnt werden, nämlich durch Blutvergießen. „Ohne Blutvergießen geschieht keine Vergebung", sagt die Schrift (Hbr 9, 22). Auf Sünde steht der Tod. Das ist göttliches Recht. Nur durch Tötung kann Sünde gesühnt werden. Die **Besprengung durch das Blut Jesu Christi** gibt völlige Vergebung und Gewißheit des Heils. **Zu** Gehorsam und Besprengung drückt eine Zielsetzung Gottes aus: Gott hat den Erlösten ein Leben zugedacht, das vom Gehorsam gegen seinen Willen geprägt und dadurch reich erfüllt ist. Gott will weiter, daß sie in der immer wieder neuen Vergebung durch das Blut Jesu leben und, gegründet auf dieses Blut, die frohe Gewißheit haben, mit ihm im unverbrüchlichen Bunde zu stehen.

So haben wir einen sehr gefüllten Briefeingang vor uns. Der Apostel erhellt darin gleich zu Anfang die Existenz der Empfänger. Sie müssen wissen, wer sie sind, was Gott an ihnen getan hat und was er von ihnen erwartet.

Gnade und Friede werde euch vermehrt, so lautet das Grußwort. Es entspricht der antiken Grußform (vgl. W Stb zu Rö 1, 7 und 2 Ko 1, 2 und die Anmerkung). Das Besondere an diesem Gruß ist, daß es bei **Gnade und Friede** nicht um „fromme Wünsche" geht, sondern um beglückende Wirklichkeit. Sie soll ihnen **vermehrt** zuteil werden. Sie haben zwar bereits Gnade und Frieden empfangen, aber Gott will es ihnen immer weiter mehren, auch mit diesem Brief.

Wiedergeboren zu lebendiger Hoffnung!

1. Petrus 1, 3—9

Zu Vers 3:
1 Pt 23
Eph 2, 4—6
Zu Vers 4:
Eph 1, 11
Kol 1, 5. 12

3 **Gepriesen sei der Gott und Vater unseres Herrn Jesus Christus, der uns nach seinem großen Erbarmen neugeboren hat**
zu lebendiger Hoffnung durch die Auferstehung Jesu Christi
4 **aus** (den) **Toten * zu einem unvergänglichen und unbefleckten und unverwelklichen Erbe, das in den Himmeln ver-**

5 **wahrt wird für euch, * die ihr in Kraft Gottes bewacht wer-**
det durch Glauben zur Errettung, die bereitliegt, enthüllt
6 **zu werden in der letzten Zeit. * Darüber** (oder: darin) **froh-**
lockt (ihr), **die ihr jetzt ein wenig, wenn es sein muß, betrübt**
7 **worden seid in vielerlei Prüfungen, * damit das Echte eures**
Glaubens viel wertvoller erfunden werde als vergängliches
Gold, das durch Feuer bewährt wird zu Lob und Herrlichkeit
8 **und Ehre bei der Enthüllung Jesu Christi! * Ihn liebt ihr,**
obgleich ihr ihn nicht gesehen habt, auf ihn setzt ihr euer
Vertrauen, obgleich ihr ihn jetzt nicht seht, ihm jubelt ihr
mit unaussprechlicher und verherrlichter Freude entgegen,
9 *** die ihr das Ziel eures Glaubens davontragt, die Errettung**
der Seele.

Zu Vers 5: Jo 10, 28; 17, 11 1 Ko 2, 5
Zu Vers 6: 1 Pt 4, 12 f; 5, 10 2 Ko 4, 17 Jak 1, 2
Zu Vers 7: Spr 17, 3 Mal 3, 3 Rö 2, 7. 10; 5, 2; 1 Ko 1, 7 Jak 1, 3
Zu Vers 8: Jo 20, 29 2 Ko 5, 7 Eph 6, 24 2 Tim 4, 8
Zu Vers 9: Rö 6, 22 Hbr 10, 39

3

Gepriesen sei der Gott und Vater unseres Herrn Jesus Christus[16]. Auch im 1. Petrusbrief fällt auf, was wir ebenso bei den paulinischen Briefen feststellen können (außer im Brief an Titus und im Galaterbrief wegen der besonderen Situation dort), daß die Apostel ihre Briefe mit Dank oder Lob beginnen. Sie folgen darin jüdischer Sitte. In Israel begann man möglichst alles mit Gebet. Die Apostel verachten nicht gute fromme Sitte, sondern füllen sie mit dem Evangelium. Die unausdenkbaren Wohltaten Gottes fordern zum Dank auf, auch wenn viele Sorgen und Anliegen das Herz bewegen. Dieser Dank macht das Denken der Christen gesund. Petrus beginnt hier bewußt und betont mit: **gepriesen**[17] sei Gott. Den Lobpreis Gottes kann und soll man nicht nur für sich im Herzen behalten. Er wird laut, wird zur Anbetung, zum Zeugnis oder Lied. Wo das Lob Gottes echt ist, wird der Christ das, was er sein soll: ein Lob der herrlichen Gnade Gottes (Eph 1, 6.12). Und zugleich wird er ein unüberhörbarer Zeuge in dieser Welt. Wir empfinden kaum noch die Aktualität und Spannung, die in diesen Worten liegt. Die Juden sagten: Gepriesen sei der Gott Abrahams, Isaaks und Jakobs! Und nun bekennt die Gemeinde Jesu: **Gespriesen sei der Gott und Vater unseres Herrn Jesus Christus.** Das mußte einen Juden erregen. Denn das besagt ja: Gott hat sich über Abraham, Isaak und Jakob hinaus

[16] So wörtlich auch bei Paulus in 2 Ko 1, 3 und Eph 1, 3.
[17] Man kann auch übersetzen „gelobt", „gerühmt". Das grie *eulogein* heißt wörtlich „gut reden von". Wo Menschen von Gott „gut reden", muß man mit „loben" oder „preisen" übersetzen. Dasselbe Wort wird in der Bibel auch umgekehrt gebraucht: Gott „redet gut" zum Menschen, sagt dem Menschen Gutes. Das ist dann mit „segnen" zu übersetzen, denn Gottes „Gut reden" ist zugleich ein „Gutes tun". Vgl. ThBL Artikel „Segnen".

endgültig offenbart, in dem Jesus, den die Juden verworfen haben. Gott ist **der Gott und Vater,** der sich an Jesus herrlich erzeigt hat. Nun ist er nur noch in Jesus zu finden. Es ist uns heilsam, die gewisse Fremdheit zu spüren, die in der wörtlichen Übersetzung dieses Verses durchklingt: Gott ist also nicht zunächst und selbstverständlich unser Gott und Vater. Er ist Jesu Gott und Vater und unser Vater in Jesus, wenn dieser **unser Herr ist.** Wie leicht werden diese zwei Wörter „unser Herr" überlesen, und doch hängt alles daran! Alle, die Jesus als ihren Herrn aufgenommen haben, sind „in Christus", und dann haben sie alles mit ihm gemeinsam. Sein Gott und Vater ist nun auch ihr Gott und Vater. Sein Tod ist nun ihr Tod (2 Ko 5, 14—15), sein Leben ist nun ihr Leben geworden (Kol 3, 4). Sie haben den Geist des Sohnes bekommen (Gal 4, 6) und sind Miterben Christi (Rö 8, 17). Sein Heil und Erbe ist nun ihr Erbe. Das bedeutet umgekehrt: Wer Jesus nicht als Herrn hat, hat weder Gott zum Vater noch den im folgenden dargelegten Reichtum des neuen Lebens[18]. Wer Gott preisen will, muß wissen und aussagen können, was er an ihm hat.

Allem voran steht wie bei Paulus in Eph 2, 4 das **große Erbarmen Gottes.** Der Grund für die Wohltaten Gottes liegt nicht in uns, sondern in Gottes Erbarmen. Das ist zu rühmen. Solches Rühmen und Loben aber schließt jegliches Eigenlob aus, denn es weist hin auf den Zustand des Menschen. Wer das Erbarmen rühmt, bezeugt damit, daß er vorher elend, verloren, hilflos war. Gottes Urteil lautet sogar: tot in Sünden und Übertretungen (Eph 2, 1; Lk 15, 32; Joh 5, 24—25).

Und nun nennt Petrus das Grundgeschehen, das entscheidende Ereignis in seinem Leben und in dem seiner Empfänger: Sie sind **neugeboren zu lebendiger Hoffnung durch die Auferstehung Jesu Christi aus** (den) **Toten** (oder: neugeboren zu einer Hoffnung, die durch die Auferstehung Jesu Christi aus Toten eine lebendige ist). Die Ausleger sind unterschiedlicher Meinung über die Frage, in welchem Sinne hier das Wort **neugeboren** zu verstehen ist. Die einen verstehen es ganz im Sinne von V. 23 und Jo 3 als Wiedergeburt zum Leben aus Gott. Diese beruhte auf der Auferstehung Jesu. Eine lebendige Hoffnung könne es für die Christen nur geben, weil sie neugeboren sind. Die anderen sagen, Petrus gebrauche das

[18] Deshalb ist die entscheidende Frage für jeden Menschen, ob er Jesus schon ganz persönlich, in freiem Willensentschluß, als seinen Herrn angenommen hat mit allen Konsequenzen. Das ist die wichtigste, ja heilsnotwendige Entscheidung im Leben eines Menschen.

Wort „neugeboren" hier in einem andern Sinne. Die Auferstehung Jesu habe den Jüngern eine lebendige Hoffnung gegeben. Das sei auch eine Art von Wiedergeburt[19].

Bei diesem unterschiedlichen Verständnis erscheint es ratsam, die Formulierung **neugeboren zu lebendiger Hoffnung,** nicht auseinanderzureißen, sondern die Begriffe in ihrer Zuordnung zu verstehen. Dabei wird deutlich, daß die Betonung auf der Hoffnung liegt. Sie ist der Zielpunkt der Aussage. Daher formuliert Petrus: „neugeboren **zu** lebendiger Hoffnung". Hier wird das seelsorgerliche Anliegen des 1. Petrusbriefes spürbar. Er ist gerichtet an angefochtene und verfolgte Christen. Wer ihnen durch solche Notzeiten hindurchhelfen will, muß ihre Hoffnung stärken. Der Wanderer in der Wüste, der die Hoffnung verliert, wird auf den „Durststrecken" nicht durchhalten können. Deshalb stärkt Petrus die Bedrängten in Kleinasien nicht durch einen Appell an ihre menschliche Standhaftigkeit, sondern durch die Erinnerung an den unausdenkbaren Reichtum, in dem sie schon stehen und der noch auf sie wartet. Die Wiedergeburt ist der Beginn eines nie endenden Lebens aus Gott und bei Gott. Sie ist der Anfang eines Lebens mit ungeahnten Perspektiven. Die Empfänger des Briefes in Kleinasien sind **neugeboren zu lebendiger Hoffnung.** Nur die Hoffnung, die auf das in Jesu Auferstehung offenbar gewordene ewige Leben gegründet ist, ist **lebendig**. Jede andere, auf Irdisches gerichtete Hoffnung ist wesensmäßig eine vergehende, eine tote[20]. Das grie Wort für Hoffnung meint nicht nur einen Vorgang im Inneren des Menschen, sondern ist zugleich im Sinne von „Hoffnungsgut" zu verstehen. Es meint eine Hoffnung aufgrund des gegenwärtigen Heils, das erst in der Zukunft vollends offenbar wird. Die Wiedergeburt zu einer lebendigen Hoffnung erfolgte durch die Auferstehung Jesu Christi **aus den Toten.** Das NT sagt nicht „vom" Tode. Jesus ist nicht nur wieder lebendig geworden, ist also nicht

[19] In V. 23 bezeugt Petrus es den Christen in Kleinasien ausdrücklich, daß sie neugeboren sind und alle das göttliche Leben durch das lebendige Wort erhalten haben. Es ist unwahrscheinlich, daß er von diesem grundlegenden Ereignis der Wiedergeburt absieht, wenn er in unserem Vers die Hoffnung der Christen darstellt. Doch braucht diese Frage hier nicht weiter erörtert zu werden, das geschieht in der Auslegung von V. 23.

[20] Es ist heilsam, einmal darüber nachzudenken, wie viele Hoffnungen in unserem Leben enttäuscht wurden bzw. tot sind. Und wenn die Zeit, die man überdenkt, nur genügend lang ist (was hat sich erfüllt von den Hoffnungen der Menschen vor 300 Jahren, was würde aus unsern Hoffnungen in 300 Jahren geworden sein?), so geht einem auf: jeder sterbliche Mensch hat auch nur sterbliche Hoffnungen. Wie groß ist da die Tatsache, daß Gott eine lebendige Hoffnung in sterbliche Menschen gibt durch ewiges Leben!

nur der Macht „des Todes“ entnommen. Er hat als Erster das Gefängnis der Toten durchbrochen und zieht sie nun zu ihrer Zeit nach sich. Petrus sagt: **Auferstehung Jesu Christi.** Im NT heißt es im allgemeinen: Gott hat Jesus **auferweckt.** Der Ausdruck „auferweckt“ betont das Handeln Gottes an Jesus. In der Auferweckung hat Gott den von den Menschen verklagten und hingerichteten Jesus von Nazareth für gerecht erklärt und die Menschen für schuldig. Zugleich hat er ihn damit als Messias bestätigt, zum Herrn aller Herren gemacht, zu dem, der der Welt das Leben gibt, das Urteil (Apg 10, 42) und die Vollendung. Der Ausdruck **Auferstehung Jesu Christi** enthält das alles auch. Er betont jedoch die Siegesmacht Jesu, seine Todesüberwindung, die Unmöglichkeit, daß der Tod ihn halten konnte (Apg 2, 24). Doch wird noch ein anderer Punkt dafür maßgeblich gewesen sein, daß im NT verhältnismäßig häufig von der **Auferstehung** Jesu Christi die Rede ist: die Prägung des Begriffes durch das Judentum. In der jüdischen Hoffnung auf die endzeitliche Vollendung nahm die Auferstehung eine zentrale Stellung ein. Wer da hinein die „Auferstehung“ Jesu verkündigte, bezeugte damit: was von den Juden erwartet wird, ist in Jesus da. „Jesus Christus hat den Tod zunichte gemacht und Leben und Unvergänglichkeit ans Licht gebracht“ (2 Tim 1, 10). Dieses Leben beginnt für den Menschen in der Neugeburt. Es hat aber seinen Grund in dem neuen Leben Jesu, in seiner Auferstehung. Wie wird ein Mensch neugeboren zu einer lebendigen Hoffnung? Petrus antwortet: „**Durch** die Auferstehung Jesu Christ aus den Toten.“ Diese Antwort gibt scheinbar den „Objektivisten“ recht, denen, die alles vom objektiven Heil erwarten, von dem, was Gott getan hat, und nichts vom Menschen. Die Frage ist nur die, ob man einem Menschen, der wie Nikodemus fragt: wie mag solches zugehen? — und die Frage muß der Mensch doch stellen! — nach 1 Pt 1 sagen kann: Jesus Christus ist auferstanden, und damit bist du neugeboren. Petrus hat so nicht geantwortet. Er sagt, Gott hat **uns** wiedergeboren zu einer lebendigen Hoffnung, also die Christen. Er weiß wohl, daß es noch viele gibt, die nicht wiedergeboren sind trotz der Auferstehung Jesu, ja, die noch im „wüsten, unordentlichen Wesen“ leben und sogar lästern (4, 4). Wie kann Gott durch ein für alle geltendes kosmisches Ereignis, die Auferstehung Jesu, einen Teil der Menschen wiedergeboren werden lassen und einen anderen Teil nicht? Die Antwort auf diese Frage liegt in den obigen Worten: **unseres Herrn**. Alle, die Jesus als Herrn haben, sind von neuem geboren, weil sie „in Christus" sind; und die, die ihn nicht als Herrn haben, „haben das Leben nicht" (1 Jo 5, 12) trotz der Auferstehung Jesu. Jesus ist völlig das Schicksal der Seinen, so sehr, daß Jesu Leben ihr Leben ist, daß sein Lebendigwerden und Auferstehen auch ihr Lebendigwerden in der Wiedergeburt ist[21].

In V. 3 wurde deutlich, daß mit der lebendigen Hoffnung 4
nicht nur ein innerliches Hoffen, sondern wirkliches Hoffnungsgut gemeint ist. Dementsprechend werden die Worte „neugeboren zu lebendiger Hoffnung" jetzt näher bestimmt: **zu einem unvergänglichen und unbefleckten und unverwelklichen Erbe.** Das Wort **Erbe** macht die Hoffnung real, denn ein Erbe existiert nicht in Gefühlen, sondern in Realität. Dieser Ausdruck hat in der Bibel eine wichtige Bedeutung. Schon im AT ist das „Erbteil" Ziel der Verheißungen Gottes, zunächst auf das Land Kanaan bezogen (1 Mo 12, 7; 50, 24; 4 Mo 16, 14; 5 Mo 9, 5 f; 35, 4; Jos 22, 19) und sodann auf Gottes himmlische Welt (Dan 12, 13). Im NT finden wir das Wort besonders bei Paulus (Rö 8, 17; Gal 4, 7; Kol 3, 24; Tit 3, 7; Apg 20, 32). **Erbe** besagt: die Erlösten haben als Kinder Gottes noch Großes vor sich, nämlich die Vollendung ihrer Existenz und Anteil an der himmlischen Welt Gottes. Paulus nennt sie „Miterben des Christus" (Rö 8, 17). An allem, was ihm gehört, erhalten sie Anteil. Das Wort **Erbe** ist besonders treffend: Man kann heute schon Erbe sein und doch das Erbteil noch nicht „haben". „Schon" Erben und doch „noch nicht" völlige Besitzer — das kennzeichnet die Lage der Wiedergeborenen. Unser geistliches Selbstverständnis und unsere Eschatologie (Lehre von den letzten Dingen) ist nur dann gesund, wenn wir beides zugleich sehen. Ein Erbe muß ganz nüchtern das „Noch nicht" erfassen, damit

[21] Wir können das anschaulich am Leben des Petrus aufzeigen: Als Jesus am Kreuz gestorben war, war alle Hoffnung des Petrus dahin, und er hatte keinerlei berechtigte Aussicht auf eine Zukunft bei Gott, auf ewiges Leben und Herrlichkeit bei ihm. Der Tod Jesu war auch der Tod der Hoffnungen des Petrus. Als Jesus auferstanden war, brachte dieses Ereignis die entscheidende Wendung für Petrus und alle andern Jünger. Ihr Herr lebte, und mit ihm bekamen auch sie das Leben, weil sie zu ihm gehörten. Sie waren verbunden gewesen mit Jesus, sie hatten seine Verheißung: Ich lebe und ihr sollt auch leben. Sie hatten alle ihre Hoffnungen auf ihn gesetzt, aber allein die Auferstehung Jesu ist die „Garantie" dafür, daß dies alles nicht Illusion, sondern Wirklichkeit ist. Erst durch die Auferstehung wurde Jesus ermächtigt, seinen Jüngern den Heiligen Geist mitzuteilen und ihnen damit geistliches Leben zu geben. So ist die Auferstehung Jesu das Grundgeschehen, auf dem die Wiedergeburt zu einer lebendigen Hoffnung ruht — für die, die Jesus gehören.

er nicht verzagt, wenn er noch viel Armut an sich entdeckt. Und ein Erbe muß ebenso das „Schon jetzt“ begreifen, um ein Mensch der Freude und der Hoffnung zu sein[22].

Wie kann man das Erbe näher beschreiben? Dafür reicht die menschliche Vorstellungswelt und Sprache nicht aus. Darum wird das Erbe durch negative Ausdrücke näher bestimmt: **unvergänglich** und **unbefleckt** und **unverwelklich**[23]. Diese negativen Beifügungen drücken die wunderbare Überlegenheit des himmlischen Erbes über jedes irdische Gut aus. Trotz des treffenden Vergleiches mit einem irdischen Erbe ist das himmlische doch letztlich unvergleichlich. Im Gegensatz zu jedem irdischen Erbe ist dieses **unvergänglich** oder auch „unverderblich“, unzerstörbar. Das ist der entscheidende Makel an jedem irdischen Erbe, daß es irgendwann einmal vergeht. Auch kann es ggf. gestohlen oder zerstört werden. Unser Erbe aber vergeht nie! Ein irdisches Erbe ist leicht befleckt dadurch, daß es durch Unrecht zusammengebracht wird. Das Erbe hingegen, das Jesus uns erwarb, ist **unbefleckt**, makellos. Und nie wird es durch Neid oder Streit der Miterben befleckt, sondern je mehr Miterben, desto mehr Mitfreude bei allen Gotteskindern. Auch an Jer 27 könnte gedacht sein, wo es in der LXX heißt: „Und ihr gingt hinein (nach Kanaan) und beflecktet mein Land, und mein Erbe machtet ihr zum Greuel ...“. Das kann beim himmlischen Erbe nicht geschehen. **Unverwelklich** deutet darauf hin, daß auf Erden alles Schöne seine Frische verliert, jede Blume, jeder Siegeskranz, jedes Gut. Auch jede Freude über ein irdisches Erbe wird matt und verwelkt, zumindest, wenn der Erbe selbst „verwelkt“. Im Gegensatz dazu behält das ewige Erbe unvergängliche Frische und bleibenden Wert. Außerdem wird es **in den Himmeln**[24] **verwahrt für euch**[25]. Wenn es auch noch verborgen ist, so liegt es doch jetzt schon bereit. Verborgen bleibt es nur solange, bis es in der Parusie offenbar wird, aber es ist sicher und gewiß[26]. Es wartet gleich-

[22] Vgl. 1 Jo 3, 2: Wir sind nun schon Gottes Kinder, und es ist „noch nicht“ erschienen, was wir sein werden. Wir wissen aber, wenn es erscheinen wird, daß wir ihm gleich sein werden, denn wir werden ihn sehen, wie er ist!

[23] Es wird kein Zufall sein, daß diese drei Adjektive im Buch der Weisheit Salomos als Aussagen über die himmlische Welt gebraucht sind: Weish 12, 1 und 18, 4; 4, 2; 6, 13.

[24] Die Bibel redet vom Himmel meist im Plural und deutet damit an, daß er mehrere Dimensionen hat (vgl. 2 Ko 12, 2).

[25] Oder: auf euch hin, mit Bestimmung für euch.

[26] Vgl. ähnliche Aussagen des NT über die Verborgenheit, aber auch Geborgenheit der Heilsgüter in den Himmeln: der Lohn (Mt 5, 12), der Schatz (Mt 6, 20), das Bürgerrecht (Phil 3, 20), das Leben (Kol 3, 3).

sam auf den Erben. Und daß es **in den Himmeln** aufbewahrt wird, macht das Erbe vollkommen sicher. Unmöglich kann es jemand von dort wegnehmen. Darum lohnt sich für dieses Erbe jeder Einsatz, auch das Leiden! Wer die unvergleichliche Größe dieses Erbes erfaßt hat, wird es nicht um irdischer Vorteile willen aufs Spiel setzen[27].

Aber nicht nur in den Himmeln wird das Erbe bewahrt, son- 5
dern auch auf Erden werden diejenigen bewahrt, denen das Erbe zugedacht ist. Sie werden **in Kraft Gottes bewacht durch Glauben zur Errettung, die bereitliegt, enthüllt zu werden in der letzten Zeit.** Große Dinge stehen der Welt noch bevor. Starke Gottesgerichte werden kommen. Denn anders kann Gott das Anwachsen der Sünde und der Auflehnung gegen ihn nicht beantworten. Seine Heiligen sind mitten dazwischen, aber sie besitzen eine **Errettung**, die — wie das Erbe — jetzt schon **bereitliegt.** Die Bibel redet von Errettung in zweifacher Weise: einerseits von einer bereits geschehenen — „ihr seid errettet"! (Eph 2, 8) — und andererseits von einer zukünftigen. Wer durch Jesus von seinen Sünden errettet ist, darf wissen, daß er auch von dem kommenden Zorn Gottes errettet werden wird (1 Th 1, 10; Rö 8, 24). Die Errettung der Auserwählten ist schon perfekt, von Gott bereitet. Aber gerade weil sie jetzt noch verborgen ist, wird sie dann **enthüllt** werden, wenn es darauf ankommt, nämlich **in der letzten Zeit**. Im Grie gibt es für **Zeit** zwei Ausdrücke: *chronos* ist die gleichmäßig ablaufende, meßbare Zeit, hingegen ist *kairos* die gefüllte, von bestimmten Ereignissen geprägte Zeit, der von Gott bestimmte Zeitpunkt, der Termin, die Frist. An unserer Stelle steht *kairos.* Der Begriff kann im NT geradezu eschatologischer Terminus für den Tag der Parusie und des Gerichtes sein, also für die endgültige und totale Durchsetzung der Gottesherrschaft (vgl. Lk 21, 8; 1 Pt 5, 6; Offb 1, 3; 11, 18). Diese Sinngebung des Begriffs beginnt bereits in LXX: 1 Mo 6, 13; Hes 22, 3; 7, 12; Klagel. 1, 21; 4, 18[28]. Es wird den Glaubenden gehen wie der Hure Rahab (Jos 2 und 6, 22ff): Als die große Not über die Stadt Jericho kam, wurde Rahab errettet. Im Lager der Sie-

[27] Welche Kraft hat der Blick auf dieses Erbe den Märtyrern der ersten Jahrhunderte gegeben! Für sie waren das Realitäten. Welche Kraft zum Zeugnis (*martyria*) werden auch wir empfangen, wenn wir auf dieses Erbe bei Jesus blicken! Es gibt ein Lied, das unter uns wieder neu bekannt werden sollte: „Erbe des höchsten Herrn, Erbe der Kron', warum noch traurig sein, Gott ist dein Lohn . . .".

[28] Vgl. zu „kairos" W. Stb. Johannes I S. 229; zu Rö 3, 26 Anm. 70 und 1 Th 5, 1.

ger war diese Errettung vorher schon beschlossene Sache. So ist die Errettung der Kinder und Erben Gottes schon festbeschlossene Sache im Himmel. Petrus macht hier die gewissesten Aussagen, um ja keinen Zweifel an der Errettung aufkommen zu lassen. Ja, **in Kraft Gottes werden sie bewacht durch Glauben** zur Errettung. Das ist kein Synergismus[29]. Es ist ganz Gottes Kraft, die die Erben des Himmels bewacht zur Errettung; sie ihrerseits aber vertrauen sich dieser Kraft Gottes an, die sie durchträgt. Das heißt: durch Glauben. So erfahren sie die Verheißung ihres Herrn: „und niemand wird sie mir aus meiner Hand reißen“ (Jo 10, 27 f.).

6 **Darüber** (oder: darin) **frohlockt** (ihr), **die ihr jetzt, wenn es sein muß, ein wenig betrübt worden seid in vielerlei Prüfungen.** Der Imperativ „frohlockt“ kann auch ein Indikativ sein: „ihr frohlockt“. So gibt es drei Übersetzungsmöglichkeiten: darin frohlockt ihr ..., oder: darüber frohlockt ihr ..., oder: darüber frohlockt! Das Wort **darüber** meint das ganze in V. 3—5 geschilderte Heil. **Frohlocken** meint Freude, die sich ausdrückt in Freudenbezeigungen bis zum Hüpfen. Luthers Lied: „Nun freut euch, lieben Christeng’mein, und laßt uns fröhlich springen ...“ entspricht diesem **Jubel.** Das Wort wird gern verwendet, um die Freude über Gottes Heil, meist in der Vollendung, auszudrücken (Ps 96, 11—13, Jes 55, 12f; Mt 5, 12; Offb 19, 7 u. a.). Schon die Satzkonstruktion ist so gewählt, daß „jubeln“ und „betrübt werden“ nicht gleichgewichtig nebeneinander stehen; der Ton liegt auf dem Jubeln. Der Apostel zeigt uns die Größe des Heils, um uns darüber zur Freude zu führen. In der Freude über die Errettung und die kommende Vollendung bekommen wir die Kraft, die damit verbundenen Nöte zu ertragen. Heilsfreude ist Gottes Wille, ist Ziel biblischer Ermahnung, ist echte Glaubens- und Lebenshilfe[30]. Petrus hat von den Bedrängnissen gehört, in denen seine Brüder in Kleinasien stehen. So zieht sich durch seinen ganzen Brief das seelsorgerliche Anliegen, ihnen zu helfen: und zwar zunächst dadurch, daß er sie die Größe des Heils neu sehen und die Leiden, in denen sie stehen, richtig sehen lehrt. In starker Bedrängnis braucht man Hilfe von außen,

[29] Synergismus heißt Zusammenwirken und bezeichnet die falsche Lehre, die besagt, die Errettung des Menschen sei nur zum Teil Gottes Werk, den übrigen Teil müsse der Mensch selber beitragen, Gott und Mensch müßten also zusammenwirken.

[30] Es wird hier deutlich, daß Gott frohlockende, sich freuende Christen will. Der Blick auf Gottes Heilshandeln ist der Weg dazu.

da sich dem Leidenden leicht das Leid so übergroß darstellt, daß sich sein Blick trübt. Da wird ihnen gesagt: **Jetzt seid ihr** nur **ein wenig betrübt worden** und auch nur dann, wenn es sein muß. **Jetzt** deutet einen vorübergehenden Zustand an, im Gegensatz zu einem Später der kommenden Vollendung, auf die alles abzielt. **Ein wenig** kann sich im Grie entweder auf die Zeitspanne beziehen, also „eine kleine Zeit", oder auf die Bedrängnis, also „ein wenig betrübt". „Eine kleine Zeit" — das können, irdisch gerechnet, Monate oder gar Jahre sein, und doch ist es eine kleine Zeit im Blick auf die Ewigkeit. „Ein wenig" — das können sehr heftige Leiden sein, und doch ist es im Blick auf die Größe der Herrlichkeit, um die es geht, „wenig". Damit sollen die Leiden keineswegs verharmlost werden — das ist nie eine Hilfe für Angefochtene —, wohl aber ins rechte Licht treten, nämlich ins Licht Gottes. So sagt auch Paulus (2 Ko 4, 17 f.): Wir richten unsern Zielblick nicht auf das Sichtbare, Vorübergehende, sondern auf das jetzt noch Nicht-Sichtbare, Ewige. Deshalb können wir die Drangsal sehen als „augenblickliches Leichtgewicht[31]". Nur wer auf das einstweilen noch Unsichtbare sieht, auf das neue Leben und das herrliche Erbe, der schätzt die bedrückenden Prüfungen dieser Zeit richtig ein. So können die Apostel nur als solche schreiben, die selbst durch viele Leiden gegangen sind (Apg 5, 40 f; 2 Ko 11, 23 ff u. a.) und die auch weiter zum Leiden bereit sind. Echte Seelsorge ist, auch für den Seelsorger, verbindlich.

Die Leiden kommen aber nur dann, **wenn es sein muß.** Schon über dem Leiden des Herrn hatte dieses göttliche Muß gestanden (Mt 16, 21; Mk 8, 31; Lk 22, 37; 24, 44; Jo 3, 14 u. a.). Nun steht es auch über dem Leiden seiner Gemeinde. Die Leiden werden hier **Prüfungen** oder auch „Erprobungen" genannt. Das Wort „Prüfung" zeigt an, daß diese Leiden nicht sinnlos sind, sondern daß sie in Gottes Plan hineingehören, daß eine göttliche, liebende Absicht dahintersteht. Darin liegt ein großer Trost. Sicher ist für die urchristliche Anschauung von der Prüfung oder Versuchung das Hiob-Buch wichtig. Danach gestattet Gott es, daß Satan den Gläubigen versucht, um dessen Glauben an Gott zu erproben. Und Gott selbst bestimmt dabei Maß und Grenze der Prüfungsleiden, auch wenn er sie nicht

[31] Vgl. W. Stb. 2 Ko 1 S. 109ff.

selbst vornimmt, so dient sie, wenn sich der Glaube bewährt, der Ehre Gottes, obwohl Satan sie in böser Absicht ausführt[32].

7 Und nun wird der Zweck der Prüfungen dargestellt: **Damit das Echte eures Glaubens viel wertvoller erfunden werde als vergängliches Gold, das durch Feuer bewährt wird zu Lob und Herrlichkeit und Ehre bei der Enthüllung Jesu als Messias.** Unserem Vers liegt ein in der Bibel häufiger Vergleich zugrunde (Ps 12, 7; Spr 17, 3; 27, 21; Mal 3, 3). Um zu klären, ob Gold echt ist, muß es im Feuer geschmolzen werden. Dem Gold schadet das nichts, aber alles Unreine wird dabei abgestoßen und **das Echte**[33], das eigentlich Wertvolle, tritt rein hervor. Weil der Glaube sich oft vermischt mit manchen unlauteren Beimengungen, darum muß Gott den Schmelzprozeß vornehmen. So wie die Läuterung des Goldes ist auch das Leiden als Prüfung des Glaubens positiv zu sehen. Diese Sicht kann in Bedrängnis entscheidend helfen. **Damit das Echte eures Glaubens wertvoller erfunden werde.** Warum ist der Glaube wertvoll? Weil er uns Herzensfrieden oder Lebenshilfe gibt? Das Größte an ihm ist, daß er Gott ehrt: **Zu Lob und Herrlichkeit und Ehre.** Ohne Glauben ist's unmöglich, Gott zu gefallen (Hbr 11, 6). Und ohne Glauben ist's unmöglich, Gott zu ehren und ihm zu dienen. Das aber ist die eigentliche Sinnerfüllung unseres Lebens, daß wir „etwas seien zum Lob seiner Herrlichkeit" (Eph 1, 12). Schon einen Menschen ehrt es, wenn man ihm vertraut. Das gilt auch Gott gegenüber: Das Geschöpf ehrt seinen Schöpfer, das Gotteskind seinen Vater, indem es ihm vertraut. Wenn aber der Glaube Gott ehren soll, muß er echt sein. So muß er um der Ehre Gottes willen geprüft werden. Dies alles bekommt noch ein besonderes Gewicht durch die **Enthüllung**

[32] Dazu gehört die Aussage von Mt 4, 1: „Da wurde Jesus vom Geist in die Wüste geführt, daß er vom Teufel versucht würde." Auch Jak 1, 13: „Gott versucht selbst niemand" ist von hier aus zu verstehen (vgl. W. Stb. z. St.). Die Bitte „führe uns nicht in Versuchung" (oder Prüfung) steht dem nicht entgegen.

[33] Das grie *dokimion* ist in seiner Bedeutung nicht klar zu bestimmen. Es gibt zwei Möglichkeiten es zu verstehen, nämlich als Prüfungsmittel (so Schlatter u. a.) oder als Prüfungsergebnis. Schelkle sagt zur Stelle: „*Dokimion* bedeutet in der klassischen Gräzität wie in der LXX (Spr 27, 21) das Prüfungsmittel. 1 Pt 1, 7 aber bedeutet es als substantiviertes Neutrum des Adjektives das Geprüfte, das Echte . . .". So wird man sagen können, *dokimion* ist das, was beim Läuterungsprozeß als ganz echt und rein zurückbleibt, das Echte. Aber auch „Echtheit" (W-B), „Bewährtheit" kommt als Übersetzung in Frage. Die Elberfelder Bibel übersetzt: „Damit die Bewährung eures Glaubens viel köstlicher erfunden wird als die des vergänglichen Goldes, aber durch Feuer erprobt wird . . .". Das Tätigkeitswort *dokimazein*, in unserem Vers mit „bewährt" wiedergegeben, beinhaltet den Vorgang des Prüfens, schließt aber oft das positive Ergebnis ein, wie ja auch wir unser deutsches „bewähren" verstehen.

Jesu als Messias. Das ist der Zielpunkt, auf den alles zuläuft. Das ist das nächste große Ereignis im Ablauf der Heilsgeschichte: Der verachtete Nazarener wird in seiner messianischen Würde enthüllt werden[34]. Jetzt ist er noch verborgen. Wenn aber Jesus sichtbar wird, wird auch das Echte des Glaubens seiner leidenden Gemeinde erst richtig sichtbar werden. Und das wird zu Gottes Ehre geschehen. Wenn auch der Teufel sein ganzes Interesse darauf richtet, die Menschen von Gott weg in seine antigöttliche Rebellion hineinzuziehen, so wird sich an jenem Tage doch herausstellen, daß ihm das bei unzählig vielen Menschen nicht gelungen ist (Offb 7, 9 f). Auffällig ist, daß der Text die Frage offen läßt, wem eigentlich das Lob und die Ehre zuteil werden. Sicherlich mit Bedacht. Denn die Verherrlichung des Erlösers bei seiner Enthüllung ist zugleich die Enthüllung und Verherrlichung seiner Erlösten (Rö 8, 17; 1 Joh 3, 2), und in dem allen wird dem Vater selbst Lob und Herrlichkeit und Ehre zuteil. Denn Gottes Ehre ist das Ziel (1 Ko 15, 28). Dazu wird Jesus kommen, um „verherrlicht zu werden in seinen Heiligen und bewundert zu werden in allen, die zum Glauben kamen" (2 Th 1, 10). „Wenn aber der Messias, unser Leben, sich offenbaren wird, dann werdet auch ihr zusammen mit ihm offenbar werden in Herrlichkeit" (Kol 3, 4).

Ihn liebt ihr, ohne ihn gesehen zu haben, auf ihn setzt ihr 8
euer Vertrauen, obwohl ihr ihn jetzt nicht schaut, ihm jubelt ihr mit unaussprechlicher und verherrlichter Freude entgegen. So tritt den Briefempfängern ihre unerhörte, menschlich unbegreifliche und scheinbar widersinnige Haltung deutlich vor Augen, ohne daß sie dadurch verwirrt und unsicher werden. Wie können sie einem Unsichtbaren ihre ganze Liebe und

[34] Die Worte „Enthüllung" *(apokalypsis)* und Offenbarung *(phanerosis)* sind andere biblische Ausdrücke für die Wiederkunft bzw. genauer: Ankunft *(parousia)* Jesu. Das Sieghafte, das Machtvolle seiner Rückkehr (Apg 1, 11) wird gerade an dem Begriff „Parusie" deutlich. Wie in der Antike ein siegreicher Feldherr seine Parusie, seine machtvolle prächtige Ankunft veranstaltete, so wird Jesus einmal seine Parusie auf *dieser* Erde — also vor den Augen einer Menschheit, die ihn ausgestoßen und bis heute auch seine Jüngerschar verachtet und verfolgt hat — als der Sieger erleben. Dann wird er in Macht und Herrlichkeit erscheinen (2 Th 2, 8; Offb 19, 11 ff) und sein Messianisches Reich in Gerechtigkeit kraft der ihm von Gott verliehenen Vollmacht aufrichten. Doch drückt die Bibel dieses Geschehen nicht nur mit dem Wort *Parusie* aus. Es könnte sonst der Eindruck entstehen, als ob Jesus jetzt ferne sei. Nein, er ist schon jetzt gegenwärtig, schon jetzt der Herr. Seine Parusie ist eigentlich nur seine herrliche Enthüllung und die Offenbarung seiner Macht. So ist das ntst Wort „Enthüllung" eine sachlich notwendige Ergänzung zu dem Wort „Ankunft", es bezeichnet aber das gleiche Ereignis.

ihr ganzes Vertrauen entgegenbringen? Weil er sich als der lebendige Herr ihnen offenbart hat und sie ihn dadurch persönlich kennengelernt haben. So wenig ihre leiblichen Augen ihn jetzt schon zu schauen vermögen, so gewiß sind ihnen doch durch den Heiligen Geist die Herzensaugen aufgegangen (Eph 1, 18 a), so daß ihr Blick voll Staunen auf den Gekreuzigten und Auferstandenen fiel. Und seitdem geht ihr bewundernder Blick immer wieder zu ihm, ihrem gegenwärtigen Herrn. Je mehr sie ihn aber anbetend betrachten und seine Liebe im Blickfeld haben, desto mehr wird ihr Herz entzündet zu dankbarer Gegenliebe und desto leichter fällt es ihnen, ihm in allen Situationen kindlich und rückhaltlos zu **vertrauen.** Gleichzeitig aber bricht in ihnen eine **Freude** durch, die mit keiner irdischen Freude zu vergleichen ist. Petrus kann sie nur in starken Ausdrücken beschreiben: **jubeln** mit als **unaussprechlicher und verherrlichter Freude, in Herrlichkeit getauchte** Freude. Es fällt auf sie schon etwas von der Herrlichkeit des wiederkommenden Herrn. Es ist also nicht nur die „Freude am Herrn" (Neh 8, 10 c), sondern gleichzeitig auch die Freude *auf* den Herrn, nämlich die Vorfreude auf sein zu erwartendes Erscheinen in der Siegesgewalt seines Vaters. Diesem großen Tag, da sie ihm begegnen dürfen in der Luft (1 Thess 4, 17), **jubeln** sie **entgegen.** Und in dieser Freude haben sie ihre Stärke gefunden.

Zugleich ist dieses erstaunliche Verhalten ein Zeugnis vor der Welt. Daran, daß die Christen ihren unsichtbaren Herrn über alles liebhaben, ihm vertrauen und ihm entgegenjubeln, wird eine Realität spürbar, die die Welt sonst gar nicht erkennen könnte[35].

9 **... die ihr das Ziel eures Glaubens davontragt, die Errettung der Seelen.**

Die Heilsgeschichte hat ihr nächstes Ziel in der Enthüllung der einstweilen noch verborgenen Herrlichkeit des Gekreuzigten. So hat auch der Glaube ein **Ziel**: die Errettung der Seelen. Das grie Wort für **Ziel** heißt zugleich auch „Ende". Wenn das Ziel des Glaubens erreicht ist, dann geht der Glaube ins Schauen über. Der Herr will, daß wir auf das Ziel schauen,

[35] Die grie Satzkonstruktion legt auch die Übersetzung nahe: „auf ihn hin ... frohlocket ihr". Das entspricht inhaltlich dem Hoffen der Christen. So gleicht der Dreiklang lieben, glauben, frohlocken, dem des Paulus in 1 Ko 13, 13: Glaube, Hoffnung, Liebe, auch in 1 Th 1, 3; 5, 8; Kol 1, 4 f; Eph 1, 18—19. Es wird deutlich, welche große Bedeutung die Apostel einmütig diesen Kennzeichen gesunden Glaubenslebens beigemessen haben.

also zielgerichtet leben. Nur wenn wir das Ziel fest im Auge haben, werden wir die Gegenwart im richtigen Licht sehen. Das wird unterstrichen durch den Ausdruck: **davontragen.** Es kann dem Wort noch etwas von seiner ursprünglichen Bedeutung anhaften, nämlich das Erlangen eines Ertrages aufgrund von Kampf, Mühe oder Anrecht, wie man eine Beute erlangt, einen Lohn oder einen Verdienst o. ä. (vgl. Kap. 5, 4; 2 Ko 5, 20; Kol 3, 25; Eph 6, 8). Es geht um einen Endertrag, auf den alles Glauben und die damit verbundenen Mühen und Leiden hinzielen. Die Gegenwartsform („**davontragt**") zeigt an, daß dieses zukünftige Geschehen die Gemeinde schon jetzt bestimmt, daß es schon in die Gegenwart hineinragt. Das Ziel des Glaubens oder der Ertrag wird beschrieben als **Errettung der Seelen**. Dieser Ausdruck ist nur scheinbar der grie Philosophie entnommen. In Wahrheit entspricht er der Verkündigung des Herrn, der angesichts von Verfolgung und Todesbedrohung gesagt hatte: „Fürchtet euch nicht vor denen, die den Leib zwar töten, aber die Seele nicht zu töten vermögen" (Mt 10, 28). Das klingt zwar nach grie Anthropologie (Lehre vom Menschen), entspricht aber in Wirklichkeit ganz der biblischen Schau und ist von der grie grundverschieden. Die Griechen hielten die Seele für das einzig Wertvolle am Menschen: war ihnen doch die Erlösung der Seele aus der Kerkerhaft des Leibes das wichtigste Ziel, und so ersehnten sie sich eine vom Leib gelöste Existenz der Seele. Auch die Bibel spricht zwar von dem unvergleichlichen Wert der Seele (Mt 16, 26) und weiß um deren Existenz ohne den Leib (Mt 10, 28; Offb 6, 9; vgl. auch 1 Pt 3, 19). Aber der Leib ist nach der Bibel keineswegs Kerker der Seele, sondern er macht mit der Seele und dem Geist zusammen überhaupt erst den ganzen Menschen aus. Leiblosigkeit der Seele ist nach der Bibel alles andere als ein Ideal, sondern wird als schmerzlicher Zustand der Unvollkommenheit gesehen (vgl. 2 Ko 5, 4; 1 Th 4, 13). Vollendet wird die Gemeinde erst dann sein, wenn sie den neuen geistlichen Leib hat, den sie bei der Parusie Jesu erhält. So erwartet sie nicht Befreiung der Seele vom Leib, sondern sie erwartet ihres Leibes Erlösung (Rö 8, 23). Immerhin ist das Ziel ihres Glaubens zunächst **die Errettung der Seelen,** das Hindurchgetragenwerden der eigentlichen Person durch die Endzeitnöte im Sinne von Mt 10, 28. Die Errettung der Seele ist nach der Bibel abhängig vom Verhältnis des Menschen zu Gott. So ist die biblische Anthropologie nicht von der grie

Philosophie geprägt, sondern von der biblischen Theologie und Eschatologie (Lehre von den letzten Dingen). Hätte Petrus das Wort „Seele“ in unserem Vers gemieden und einfach von „eurer Errettung“ gesprochen, so hätte die Gefahr des Mißverständnisses nahe gelegen. Die Empfänger hätten denken können, Petrus verheiße ihnen, daß sie am Leben bleiben. Das hätte sie vielleicht sicher gemacht. Letztlich geht es ja nicht um die Bewahrung des irdischen Leibes, der doch vergehen muß (1 Ko 15, 50). Denen, die im Leiden stehen, denen vielleicht sogar der Märtyrertod droht, wird zugerufen: Es gibt etwas, was euch Menschen nicht nehmen können: die Seele, (zu der auch der Geist gehört, vgl. Lk 23, 42; Jo 19, 30; Apg 7, 59), das Zentrum der Persönlichkeit, der „innere Mensch“ (2 Ko 4, 16). Daß eure Seele gerettet wird, soll eure Freude und Gewißheit sein. Und daß die errettete Seele bei der Parusie vollendet werden wird mit dem neuen, dem geistlichen Leib — das ist die Verheißung des NT.

Begreift die Größe eurer Errettung!

1. Petrusbrief 1, 10—12

Zu Vers 10:
Mt 11, 13;
13, 17
Lk 10, 24
Zu Vers 11:
Ps 22
Jes 53
Zu Vers 12:
Apg 2, 2—4
Eph 3, 10

10 **Über diese Errettung suchten und forschten Propheten, die**
über die auf euch (gekommene) **Gnade geweissagt haben,**
11 * **forschend, auf welche oder was für eine Zeit hin der**
Geist Christi in ihnen Offenbarung gab (wörtlich: offenbarte, kundtat), **als er die auf Christus** (zukommenden) **Lei-**
den und die nach diesen folgenden Herrlichkeiten voraus-
12 **bezeugte. * Ihnen wurde enthüllt, daß sie nicht sich selbst,**
sondern euch das zudienten, was euch nun verkündigt worden ist durch die, die euch das Evangelium brachten im Heiligen Geist, der vom Himmel gesandt ist — was Engel zu erspähen begehren.

10 Wie groß ist die Errettung, um die es geht! Diejenigen aber sind arm, die den Reichtum, den sie haben, nicht begreifen.

Es gibt Christen, die die Größe der ihnen geschenkten Gottesgnade nicht erfaßt haben. Sie führen nur ein müdes Glaubensleben und sind in Gefahr, den Verlockungen oder Drohungen der Welt zu erliegen. Das gegenwärtige Heil, das die Gemeinde besitzt, lag schon im Blickfeld der Männer Gottes im Alten Bund. **Propheten,** ja sogar Engel (V. 12) haben ausgeschaut nach der **Errettung**, in der ihr steht! Das Wort „Errettung" bezieht sich auf solche, die in einem Zustand tödlicher Gefahr waren. Seit dem Sündenfall ist die Menschheit verloren, weil sie Gott verloren hat. Seitdem ist das Hauptthema der Heilsgeschichte, auch des AT, ihre Errettung, ihre Heimkehr zu Gott. Ohne die Einsicht, daß die Sünde die Grundnot der Welt ist, weil auf ihr der Zorn Gottes liegt, ist die ganze Bibel überhaupt nicht zu verstehen. Wer in ihr ein anderes Thema findet als des Menschen Verlorenheit und Errettung, mißversteht sie und wird die Größe der geschenkten Gottesgnade nie begreifen. So haben bereits die Propheten über diese **Gnade geweissagt. Gnade** ist hier die Zusammenfassung all dessen, was uns in Jesus geschenkt ist. Sie umfaßt die Errettung und alles, was daraus folgt[36]. Die Propheten **suchten und forschten** nach dieser Rettung. Der Text besagt: Sie schöpften alle Mög-
lichkeiten aus, zu suchen und zu forschen. Das heißt: Die 11
Propheten forschten, **auf welche oder was für eine Zeit hin der Geist Christi in ihnen Offenbarung gab.** Sie suchten den von Gott festgesetzten Zeitpunkt (grie *kairos,* siehe zu V. 5) und die näheren Umstände der Heilszeit zu erforschen. Alles, was diese Zeit betrifft, war ihnen wichtig. Ihre Gedanken bewegten sich oft um das „Wann" und das „Wie" dieser ihnen offenbarten Heilszeit. Und jetzt kommt eine der interessantesten und erstaunlichsten Aussagen unseres Briefes. **Der Geist Christi in ihnen bezeugte die auf Christus** (zukommenden) **Leiden und die nach diesen** (folgende) **Verherrlichung voraus.** Zeigte uns schon die Tatsache, daß die Propheten das messianische Heil brennend ersehnten, die enge Zusammengehörigkeit von NT und AT, so vollends dieses Wort. Der **Geist Christi** war schon in den Propheten des alten Bundes heilsvorbereitend wirksam und daraus ergibt sich die kontinuierliche heilsgeschichtliche Linie vom AT zum NT. Die Schrift bezeugt, daß der Christus sogar schon bei der Schöpfung der Welt mitbeteiligt war (Joh 1, 3; Kol 1, 16) und auch

[36] Näheres über „Gnade" siehe zu V. 13

beim Zug des Volkes Gottes durch die Wüste: „sie tranken nämlich aus einem geistlichen Felsen, der sie begleitete; der Fels aber war der Messias" (1 Kor 10, 4). Daß in diesem Vers 11 der Begriff *christos* beide Male im Sinn von „der Messias" gebraucht wird, kann aus dem Zusammenhang erhoben werden. **Der Geist Christi in den Propheten** — wer diese Wahrheit annimmt, kann zwar auch noch reden von der „Theologie des Jesaja" oder der des Jeremia o. ä., um sie in ihrer Eigenart voneinander zu unterscheiden. Er ist aber überzeugt, daß letztlich alle an der Abfassung des AT Beteiligten vom Geiste des Christus inspiriert waren. Das ist die Grundlage heilsgeschichtlichen Denkens. Der Geist des Christus hat **die auf Christus** (zukommenden) **Leiden** und die danach folgende Verherrlichung **vorausbezeugt.**

Es gibt in der ganzen Menschheitsgeschichte nur eine einzige letztlich entscheidende Frage: Wer kann die Schuld wegnehmen, um die Menschen mit Gott zu versöhnen? Auf diese Frage gibt es nur eine einzige Antwort: Christus ist das Lamm Gottes, welches der Welt Sünde hinwegträgt. Deshalb kann man von Christus nicht anders reden, als daß man von seinen **Leiden** und von seiner Verherrlichung danach redet. Deshalb bezeugt schon der Geist Christi in den Propheten den leidenden Gottesknecht. Und die ntst Boten haben kein anderes Wissen zu bezeugen als Jesus, den Messias, und zwar eben diesen als Gekreuzigten (1 Ko 2, 2). Ein Zweites gehört ganz eng dazu: die nach den Leiden **folgenden Herrlichkeiten.** Sie folgen dem Leiden des Messias nicht nur zeitlich, sondern auch ursächlich. Waren doch seine Leiden die Grundlage und Ursache für seine darauf folgende Verherrlichung. Auch Paulus betont diesen Zusammenhang ganz stark, wenn er von Jesus sagt: „er erniedrigte sich selbst und ward gehorsam bis zum Tode, ja zum Tode am Kreuz. Darum hat ihn auch Gott erhöht" (Phil 2, 6—11). Die Verherrlichung folgt aus den Leiden Jesu, die Erhöhung aus der Erniedrigung. Die beiden Worte **Leiden und Herrlichkeiten** stehen hier im Plural. Damit ist angedeutet, daß das Leiden Christi vielfältig ist, daß es sich nicht auf Golgatha beschränkte, sondern schon im Stall von Bethlehem begann und sich durch sein ganzes Erdenleben hindurch fortsetzte, um sich schließlich am Karfreitag zu vollenden (vgl. Hb 5, 8: gerade auf diesem ununterbrochenen Leidensweg von der Krippe bis zum Kreuz hat er — obwohl er doch der Sohn war! — den Gehorsam gelernt, um dann als der auf diesem Weg Vollendete für uns alle der Urheber ewigen

Heils zu werden)[38]. Aber auch seine Verherrlichung ist eine vielseitige und mehrfache. Die Auferstehung ist Herrlichkeit, ebenso aber auch die Himmelfahrt, die Parusie, die Aufrichtung des Messianischen Reiches, die Durchführung des Weltgerichts vor dem Großen Weißen Thron und schließlich die Vollendung im Neuen Jerusalem.

Den Propheten wurde **enthüllt, daß sie nicht sich selbst,** 12
sondern den Gemeinden des Neuen Bundes **dienten** mit dem Vorausbezeugten und das ist ihnen — den Gemeinden — nun verkündigt worden durch die, die ihnen das Evangelium in dem vom Himmel gesandten Heiligen Geist brachten. Der Prophetendienst zielte auf spätere Zeiten ab, auf **euch,** d. h. auf die Berufenen des Neuen Bundes. Diese sind das Ziel der Heilsvorhaben Gottes. Die Propheten **dienten** ihnen das Heil **zu,** schon lange vor Christi Erdenzeit. **Nun** aber ist Gott weiter am Werk. Das Heil wird verkündigt durch die, die das Evangelium bringen. **Verkündigen** des Heils ist zugleich Anbieten des Heils. In der Verkündigung ist das Heil so nahe, daß man es nur noch anzunehmen braucht. Verkündigen ist ein „Mitteilen" im Sinn von „weiterreichen". Dabei wird das Evangelium wohl auf vielfältige Weise und durch verschiedene Boten nach Kleinasien gekommen sein, weithin aber durch den Dienst des Apostels Paulus. So ist dieser Vers eine brüderliche Anerkennung und Bestätigung von dessen Missionsarbeit durch Petrus. Andere Gemeinden sind durch den Dienst anderer Boten oder auch ganz unbekannter Zeugen entstanden, oft durch das Gespräch von Mann zu Mann. Alles das gilt als **evangelisieren** und geschieht auf vielfältige Weise als notwendiger Dienst der Gemeinde, durch den Gott immer neu Menschen zum ewigen Leben erweckt. Grundlegend wichtig für alles Evangelisieren ist der in V. 11 geschilderte Inhalt: die Botschaft von der Errettung durch die Leiden Christi. Mögen die Boten auch sehr verschieden gewesen sein, klug oder schlicht, in großem oder kleinem Rahmen wirksam, sie alle konnten nur evangelisieren **durch den vom Himmel gesandten Heiligen Geist.** Nur der kann wirksam evangelisieren, der es nicht in eigener Kraft und Weisheit tut, sondern in der Vollmacht des Heiligen Geistes und in der Abhängigkeit von ihm, durch den Gott selbst an Sündern handelt. Nur dann ist evangelisieren nicht Menschenwerk. Die Aussage **vom Himmel gesandt** macht noch einmal deutlich, daß es wirklich um den

[38] Vgl. dazu de Boor „So ist Jesus", S. 100 f.

Geist Gottes geht und nicht um etwas, was von der Erde oder vom Menschen stammt. Die Formulierung drückt eine abgeschlossene Handlung aus. Der Heilige Geist ist da[39].

Und noch ein Aspekt kommt hinzu: **Was Engel zu erspähen begehren.** Die Engel wissen viel, sie sind Gott nahe und sehen in den Himmeln allezeit sein Angesicht (Mt 18, 10). Es ist Freude vor den Engeln Gottes, über einen einzigen Sünder, der umkehrt, mehr als über neunundneunzig Gerechte, die kein Bedürfnis nach Umkehr haben (Lk 15, 7.10) und doch wissen Engel nicht alles. Sie wissen z. B. nicht Tag und Stunde der Parusie (Mk 10, 32). Wie der Herr aus verlorenen Sündern in der gegenwärtigen Weltzeit sich seine herausgerufene Gemeinde sammelt, heiligt, zubereitet, sendet und schließlich vollenden wird, — das ist ein so unvergleichliches Geschehen, daß die Engel brennend daran interessiert sind. Sie spähen und lauschen (der grie Ausdruck meint ein intensives, fast neugieriges Schauen). Aber auch die Engel können es erst dann erkennen, wenn es geschieht. Und siehe: Jetzt geschieht es! Jetzt soll „den Mächten und Gewalten in den Himmeln die vielgestaltige Weisheit Gottes kundgetan werden durch die herausgerufene Gemeinde" (Eph 3, 10). Wenn sogar die Engel so interessiert an unserer Errettung sind, dann sollten auch wir sie nicht gering achten![40]

[39] Es ist demnach unbiblisch zu erwarten, daß er noch einmal vom Himmel gesandt wird. Das NT sagt, er ist „ausgegossen". Das drückt aus: Er ist bleibend auf der Erde, und zwar reichlich (Apg 2, 33; 10, 45; Tit 3, 6).

[40] Als Konstantin von Tischendorf im Papierkorb des Klosters am Sinai ganz alte Schriftrollen fand, wollte er sie brennend gern haben. Erst sein großes Interesse an diesen bisher unbeachteten und daher bereits fürs Feuer vorgesehenen Pergamenten weckte die Aufmerksamkeit der ahnungslosen Mönche und brachte ihnen zum Bewußtsein, was für einen unvergleichlichen Schatz sie in ihren alten Mauern beherbergten, erwies er sich doch als die wertvollste Bibelhandschrift, die je entdeckt worden ist: der inzwischen weltberühmt gewordene sogen. *Codex Sinaiticus* — ein Schatz also, den das Katharinenkloster seit Jahrhunderten besessen hatte, ohne seinen unermeßlichen Wert zu ahnen.
(Vgl. D. Ludwig Schneller, Tischendorf-Erinnerungen, Neuhausen-Stuttgart 1975).

Lebt eurer Hoffnung entsprechend

1. Petrus 1, 13—21

13 **Deshalb habt als solche, die die Lenden ihres Denkens be-**
gürtet haben und nüchtern sind, völlig eure Hoffnung
gesetzt auf die Gnade, die euch (mit-)**gebracht wird in** (der)
14 **Enthüllung Jesu als Messias. * Als Kinder des Gehorsams**
gleicht euch nicht den früheren Lüsten in eurer Unwissen-
15 **heit an, * sondern entsprechend dem Heiligen, der euch**
berufen hat, werdet auch ihr heilig im ganzen Wandel,
16 *** denn es steht geschrieben: „Ihr sollt heilig sein, denn ich**
17 **bin heilig.“ * Und wenn ihr den als Vater anruft, der ohne**
Ansehen der Person richtet nach eines jeden Werk, wandelt
18 **in Furcht während der Zeit eurer Fremdlingsschaft, * wis-**
send, daß ihr nicht mit vergänglichen Dingen, Silber oder
Gold, losgekauft seid aus eurem nichtigen[41] Wandel, von
19 **den Vätern überliefert, * sondern mit dem kostbaren Blut**
Christi als eines fehlerlosen und fleckenlosen Lammes,
20 *** der zwar vorhererersehen ist vor Gründung der Welt, aber**
(erst) **zum letzten Teil der Zeiten offenbart worden ist um**
21 **euretwillen, * die ihr durch ihn gläubig seid an Gott, der**
ihn auferweckte aus (den) **Toten und ihm Herrlichkeit gab,**
so daß euer Vertrauen auch Hoffnung auf Gott ist (oder: so
daß euer Glaube und eure Hoffnung auf Gott gerichtet
sind).

Zu Vers 13: 1 Pt 5, 8 Lk 12, 35. 36 Apg 15, 11 1 Ko 1, 7
Zu Vers 14: Rö 12, 2 Eph 2, 2; 4, 17. 18
Zu Vers 16: 3 Mo 11, 44; 19, 2; 20, 7 Mt 5, 48
Zu Vers 17: Mt 6, 9 Rö 2, 11 2 Ko 5, 11; 11, 15 Phil 2, 12
Zu Vers 18: 1 Pt 4, 3 Jes 52, 3 1 Ko 6, 20; 7, 23
Zu Vers 19: Jes 53, 7 Jo 1, 29 Apg 2, 23 Hbr 9, 14
Zu Vers 20: Rö 16, 25. 26; Eph 1, 4 2 Tim 1, 9. 10 Hbr 1, 2
Zu Vers 21: Rö 4, 24 Kol 1, 27

In unserem Abschnitt folgen wichtige Mahnungen, die die Lebensführung der Berufenen betreffen. Es ist bedeutsam, daß sämtliche Briefe des NT darauf ausgerichtet sind, die Gemeinden zu stärken und zu ermahnen zu einem heiligen Leben vor Gott und den Menschen. Selbst diejenigen Briefe, die von ihrem Anlaß her mehr lehrhaft ausgerichtet sind (Römer- und Galaterbrief), haben beträchtliche ethische Abschnitte. Daß die Heiligen auch heilig leben, — darauf kommt es entscheidend
an! Wenn ihr Leben nicht dem entspricht, „der sie berufen **13**
hat“ (V. 15), so stimmt ihr Verhältnis zu Gott und den Menschen nicht; damit ist aber auch ihre Glaubwürdigkeit vor der Welt in Frage gestellt. Deshalb haben die Apostel geradezu gerungen um ein heiliges Leben der ihrer Seelsorge anver-

[41] oder auch: eitel, vergeblich, inhaltsleer, sinnlos.

trauten Gemeinden. (Vgl. z. B. auch Apg 20, 31; Rö 12, 1 f; 1 Th 2, 11 f.)

Deshalb — schon an diesem Wort wird die Beziehung der beiden Abschnitte zueinander deutlich. Unser Abschnitt ist die Folgerung aus dem vorigen. Diese Verse 3—12 sind bestimmt von dem Indikativ, der den neuen Tatbestand im Leben der Wiedergeborenen „anzeigt" und feststellt. Die Verse 13 ff dagegen sind bestimmt vom Imperativ, der Aufforderung. Solcher Imperativ ist jedoch nur möglich, weil und wenn der Indikativ vorausgeht. Anders gesagt: Man kann Menschen nur dann auffordern zu einem heiligen Lebenswandel, wenn sie vorher wiedergeboren wurden. Wenn sie es aber sind, dann folgt daraus die Notwendigkeit einer neuen Lebensgestaltung. Wer zum Glauben gekommen ist, muß unbedingt auch zu einem dem Glauben entsprechenden Leben angeleitet werden[42].

Habt als solche, die die Lenden ihres Denkens umgürtet haben und nüchtern sind, völlig eure Hoffnung gesetzt auf die Gnade, die euch (mit-)**gebracht wird in der Enthüllung Jesu als Messias.** Die Übersetzung versucht, den Text so genau wie irgend möglich wiederzugeben. Sie hält Nebensatz und Hauptsatz auseinander, um aufzuzeigen, worauf der Ton liegt. Dabei soll möglichst auch die typisch grie Zeitform des Aorist

[42] Wie wichtig ist das für uns heute! Im Lichte unseres Briefes erweist sich die Predigtpraxis, die wir weithin vor Augen haben, als unbiblisch: noch nicht wiedergeborene Menschen werden unaufhörlich zu christlicher Lebensführung ermahnt. Der Erfolg: sie werden „christlich" nach dem Augenschein, vielleicht auch „fromm" in der eigenen Einbildung, aber es ist ein freudloses, kraft- und lebloses Gesetzeschristentum. Solche Praxis hat keine Verheißung. Vgl. das Wort Luthers: „Gute, fromme Werke machen nimmermehr einen guten, frommen Mann, sondern ein guter, frommer Mann macht gute fromme Werke" („Von der Freiheit eines Christenmenschen"). Doch trifft unser Text noch eine andere Not der Christenheit heute: Wir legen großes Gewicht auf Evangelisation mit dem Ziel, daß Menschen sich bekehren. Danach wird oft der Wandel der Christen trotz Wiedergeburt eine recht ruhige Angelegenheit. Die Umwälzung aber, die Christus im Blick auf den Lebenswandel bewirken will, bleibt aus, wird auch meistens gar nicht genug in der Verkündigung und Seelsorge betont.

berücksichtigt werden[43]. Sie drückt aus: Die Angesprochenen haben damals, als Gott ihr Leben für sich beschlagnahmte (V.2), **die Lenden ihres Denkens begürtet** und ihre **Hoffnung** neu orientiert. Jetzt sollen sie das festhalten und im täglichen Leben realisieren. Vorher Geschehenes und Gegenwärtiges — beides bezeichnet der Imperativ des Aorist, und daher entspricht er genau der Lage der Berufenen. Sie leben in einer neuen Wirklichkeit, die mit ihrer Wiedergeburt begann; aber nun gilt es, sie ständig neu zu erfassen, mit ihr zu rechnen und sie auszuleben. Weil ihre ganze Existenz damals eine neue Basis bekommen hat, deshalb sind sie jetzt frei und dazu in der Lage, die neue Zielrichtung ihres Lebens mit allem Ernst und Nachdruck heute im Tun festzuhalten.

Alle neue Lebensgestaltung beginnt mit unserem **Denken**. Das grie *dianoia*[45] ist mehrdeutig. Gemeint ist: Denkkraft, Verstand, Gesinnung, Gedanke, aber auch Gemüt oder Gedankenwelt — all das ist in dem Ausdruck enthalten. In der LXX ist *dianoia* meist Übersetzung für „Herz". Wir müssen berück-

[43] Der Imperativ des Aorist ist in 1 Pt verhältnismäßig häufig (V. 15.17.22; 2, 2.13; 2, 17; 3, 16; 4, 1.7; 5, 2.5.6.8.9.12). Er eignet sich besonders gut zur Ermahnung derer, die das neue Leben empfangen haben. Wir müssen den Aorist hier als einen komplexiven verstehen: eine zeitlich gedehnte Handlung wird zusammengerafft in einen entscheidenden Punkt. Der entscheidende Punkt ist das Jetzt, der Moment, in dem die Mahnung des Apostels die Herzen trifft. Der komplexive Aorist drückt ein Doppeltes aus: die Dauer eines Zustandes und seine Zusammenfassung in einer heute entscheidenden Mahnung. „Daher finden wir den Imperativ des Aorist in einer Reihe von Fällen, wo uns die Dauer oder Wiederholung ein wesentliches Moment der Handlung zu sein scheint" (Steyer, 42 M). „Im Aorist stehen besonders gern kategorische Verbote" (oder auch strikte Gebote, Bl-De § 337, 2).
Die Übersetzer geben unseren Vers meist präsentisch wieder: „begürtet die Lenden eures Denkens ... und setzt eure Hoffnung auf ..." Doch sollte man beachten, daß diese Mahnung Ausdruck einer bereits vorhandenen Wirklichkeit ist und daß sie „kategorisch", betont, gemeint ist. Der Aorist darf jedoch auch nicht überbetont werden. Es gibt Fälle, in denen es schwer ist, ihn vom Präsens zu unterscheiden (etwa 2, 17: alle habt in Ehren, Aorist ..., den König ehrt, Präsens). „Die Wahl eines präsentischen oder aoristischen Imperativs hängt zum Teil auch vom individuellen Belieben ab (Moulton S. 274)", so Ludwig Radermacher in „Neutestamentliche Grammatik. Das grie NT im Zusammenhang mit der Volkssprache", S. 155, Tübingen 1925.

[45] Es wird abgeleitet von dem Tätigkeitswort *dianœomai:* sich etwas durch den Sinn gehen lassen.

sichtigen, daß nicht nur das klare, rationale Denken gemeint ist, sondern auch das mit dem Unbewußten verbundene Wunschdenken. Denn nicht nur die Gedanken gehen durch unseren Sinn. Weil unser Denken eine ganze „Gedankenwelt" ist, unser Trachten, Wünschen und Träumen einbezogen, ist es nötig, dessen **Lenden begürtet** zu **haben**. Dieser Ausdruck ist für modernes Sprachempfinden fast unmöglich. Er entspricht orientalisch-bildhaftem Denken. In der Antike war es nötig, die langen flatternden Gewänder aufzuschürzen. Sie hätten sonst bei der Arbeit gestört und beim Kampf gehindert. Darum umgürtete der antike Mensch seine Lenden und steckte die Zipfel des Gewandes unter den Gürtel. Auch wir werden leicht gehindert an zielstrebigem Arbeiten und Leben, und zwar durch „flatterhafte Gedanken", durch unkonzentriertes Denken, durch Träumen, Wünschen und Phantasieren. Dabei klingt ein Wort des Herrn auf, der ja gesagt hat: „Eure Lenden seien umgürtet und eure Lampen brennend, und so solltet ihr gleich sein Menschen, die ihren Herrn erwarten ..." (Lk 12, 35.36a). Dabei ist zu erinnern an die denkwürdige Nacht des Auszugs der Israeliten aus Ägypten; damals hatte Gott für das Passahmahl folgendes angeordnet: „So sollt ihr es essen: die Lenden umgürtet, die Schuhe an den Füßen und den Stab in der Hand" (2. Mos 12, 11). Das sollte heißen: jederzeit zum Aufbruch bereit! Dasselbe meint Jesus: seine Jünger sollen jederzeit für die Parusie ihres Herrn gerüstet sein — bereit zum Aufbruch, nämlich zur Entrückung (1 Th 4, 17). In diesem Sinn meint sicher auch Petrus seine Mahnung, zumal er ja im gleichen Satz am Schluß auf die zu erwartende Parusie des Herrn mit starker Betonung hinweist. Die Mahnung könnte modern heißen: Konzentriert euer Denken, Fühlen, Wollen! Alles geistliche Leben beginnt mit klarer Gedankenausrichtung. Zerstreute Leute leisten nichts Großes. Wer gar die Zerstreuung sucht, wird unbrauchbar für Gottes Arbeit. Diese Mahnung hat Konsequenzen für unsere Lebensgestaltung! Ergänzt wird diese Aussage durch das Wort **nüchtern.** Petrus könnte damit schwärmerisches Wesen treffen wollen. Schwärmerei beginnt damit, daß Christen die Grenzen nicht beachten, die unserer diesseitigen Existenz noch gesetzt sind. Sie überbetonen das „Schon" unserer geistlichen Existenz und übersehen das „Noch nicht" (vgl. 1 Jo 3, 2 und die Auslegung zu dem Wort „Erbe" in V. 4. S. 33). Nüchtern sind die, die sowohl das „Schon" als auch das „Noch nicht" beachten. Gerade der,

der nüchtern das „Noch nicht“ erkennt, der darunter leidet, daß die Christen, das Reich Gottes und die Welt noch so unvollendet sind, der wird mit starkem Sehnen nach der Zukunft Jesu Christi ausschauen. Diese Spannung muß im Beten, Glauben und Warten durchgehalten werden. Sie darf nicht überspielt werden dadurch, daß die Grenzen unserer leiblichen Existenz, Vergänglichkeit, Krankheit und dgl. geleugnet werden. **Seid nüchtern** kann auch gegen Trunkenheit durch Alkohol oder allgemein gegen jede Art von Berauschung der Sinne gerichtet sein. Aber dies Wort hat auch in noch anderer Hinsicht Bedeutung. Wer konzentriert auf eine Arbeit oder einen Kampf ausgerichtet ist, versagt sich bewußt Dinge, die zwar erlaubt sind, die aber unnötig Kräfte beanspruchen. So bedeutet der Hinweis auf das Nüchternsein eine Mahnung, die Jagd nach dem Wohlstand und den vielen Zerstreuungen nicht mitzumachen und statt dessen das ganze Denken und Trachten zu konzentrieren auf das große Ereignis der Zukunft. Dies ist der Hauptgedanke und steht deshalb im Hauptsatz: **Habt völlig eure Hoffnung gesetzt auf die Gnade, die euch gebracht wird in** (der) **Enthüllung Jesu als Messias.** Dies Ereignis ist der nächste Zielpunkt aller Heilsgeschichte und auch alles Weltgeschehens. Während des jetzigen Äons — zwischen Karfreitag und Parusie — wird Jesus aus Nazareth vom Gros der Menschheit noch verkannt und übersehen, im allgemeinen nur als Mensch betrachtet und vielleicht gerade noch als zwar edler und vorbildlicher, aber eben doch mit seinen Plänen gescheiterter Mensch eingestuft. Erst durch sein Erscheinen in Herrlichkeit wird er in seiner messianischen Stellung und Siegesgewalt offenbar. Deshalb schreibt Petrus mit Betonung „in der Enthüllung Jesu **als Messias**“: dann erst tritt Jesus, der verachtete und verkannte Nazarener, in seiner göttlichen Sendung und messianischen Würde als der **Gesalbte,** der göttliche Heilskönig, hervor. Bis dahin sind auch die Nachfolger des Gekreuzigten noch verachtete, übergangene und sogar verfolgte Leute. Wenn aber Jesus als Messias enthüllt wird, dann bringt er ihnen das Mit-enthüllt-Werden in Herrlichkeit mit. Dann bekommen sie den neuen geistlichen Leib und sind endlich vollendete Menschen in Gemeinschaft mit Gott. Dieser Tag bringt die Vereinigung der Gemeinde als des Leibes mit Christus dem Haupt. Das bedeutet den Beginn der Vollendung auf den neuen Himmel und die neue Erde hin. Das alles aber heißt: **die Gnade, die euch gebracht wird in (der) Enthüllung**

Jesu als Messias[46]. **Gnade** bezeichnet in umfassender Weise alles, was Gott den Erlösten in Jesus schenkt, hier im besonderen die zukünftige Vollendung, die Darreichung des in den Himmeln aufbewahrten Erbes. Gnade ist unverdientes Geschenk. Nun geht es darum, ganz ausgerichtet zu sein auf die Enthüllung Jesu Christi und damit auf die Gnade, auf das unverderbliche Erbe, das Jesus ihnen mitbringt. Es heißt hier: **Habt eure Hoffnung gesetzt ...**[47]. Wer seine Hoffnung auf die Gnade setzt, setzt damit auch sein Vertrauen auf sie. Das Wort **völlig** macht die Sache noch radikaler. Wer dem Gekreuzigten mit Entschiedenheit nachfolgt, lebt sehr einseitig.

14 Die sich von Jesus haben rufen lassen, sind ganz auf seine Ankunft ausgerichtet. Aber das erlaubt ihnen nicht, die Gegenwart zu verträumen. Wer sich ganz auf die Parusie ausrichtet, wird seine Lebensführung (V. 15) hier und jetzt besonders ernstnehmen. Das ist das Anliegen unseres Abschnittes. Wie kann das geschehen? Zunächst durch klare Bindung an den Herrn **als Kinder des Gehorsams.** Heiliges Leben beginnt mit Gehorsam (vgl. zu V. 2). Im Gehorsam findet die Bindung des Menschen an Gott ihren Ausdruck. Deshalb gehört Glaube mit Gehorsam eng zusammen (Jo 3, 36; Rö 1, 5). Nur im Gehorsam kann die Berufung erfüllt werden, Kind Gottes und Diener Gottes zu sein. „Kinder des Gehorsams" ist eine semitische Redewendung. Sie bedeutet so viel wie: Menschen, die ganz und gar vom Gehorsam geprägt werden. So wie ein „Kind des Todes" vom Tode, ein „Kind des Zornes" vom Zorn (Eph 2, 3) geprägt ist[48], so werden „Kinder des Gehorsams" vom Gehorsam geprägt. Wer gehorchen will, muß

[46] Die Enthüllung Jesu bringt zwar auch Gericht und Verderben, nämlich für den Antichrist und seine Anhänger (2 Th 1, 6 f). Es ist ein Doppelereignis. Doch darum geht es in unserem Zusammenhang nicht. Dem Apostel liegt hier nicht an dogmatisch vollständiger Darstellung, sondern an seelsorgerlicher Hilfe für angefochtene Gemeinden. Da ist die Betonung des positiven Aspektes der Enthüllung wichtig und ausreichend. Gelegentlich trifft man die Auffassung, hier sei die gegenwärtige oder die schon in der Bekehrung empfangene Gnade gemeint. Dem steht jedoch entgegen, daß „Enthüllung Jesu Christi" nicht Ausdruck für Jesu gegenwärtiges Sich-Offenbaren, sondern für die zukünftige Parusie ist. Wörtlich heißt es in unserem Vers: „... gesetzt auf die euch gebracht werdende Gnade in der Enthüllung ..." Hier ist Gleichzeitigkeit ausgedrückt. Die Gnade wird gleichzeitig mit der zukünftigen Enthüllung gebracht. Es handelt sich also um zukünftige Gnade.

[47] Das grie Wort *elpizein* heißt zwar zunächst einfach „hoffen", kann aber auch in intensiverem Sinn gemeint sein: seine Hoffnung, sein Vertrauen auf etwas setzen. Das wird besonders deutlich in der LXX, wo das hebr Wort *batach* in der Bedeutung von „sein Vertrauen auf etwas setzen" mit *elpizein* übersetzt wird (Ps 62, 11 und 119, 42 = 61, 11 und 118, 42 LXX).

[48] Vgl. auch Apg 13, 10; Eph 2, 2; 5, 6; 1 Th 5, 5; 2 Th 2, 3.

hören. Nur durch Hören und Gehorchen kommt das Offensein für Gott und die Bereitschaft zustande, von ihm geprägt und zu heiligem Leben angeleitet zu werden. Dieser positiven Aussage folgt die negative: **... gleicht euch nicht (wieder) den früheren Lüsten in eurer Unwissenheit an.** Hier wird davor gewarnt, wieder ins alte Leben zurückzusinken, bei dem die Lüste und Begierden das prägende „Schema", die Norm sind. Das ist offenbar möglich. Wer die Umkehr vollzog, hat zwar das Geschenk des Heiligen Geistes bekommen (Apg 2, 38; Eph 1, 13) und hat sein Leben der Herrschaft dieses Geistes unterstellt, um es nun durch ihn gestalten zu lassen. Aber er ist auch noch im Fleische. Aus dem Fleisch, d. h. aus dessen Bedürfnissen und Regungen entspringen mancherlei Lüste und Begierden[49]. Gemeint ist dabei durchaus nicht nur die sexuelle Lust, die Eßlust oder die Vergnügungslust, sondern alle Gier und Sucht wie Geldgier, Rachgier, Ruhmsucht, Klatschsucht u. ä. **Früher** war diese Haltung normal, denn vor der Umkehr regierte ohnehin die Selbstsucht und Selbstherrlichkeit. Nun aber sind die Leser daraus gerettet. Früher kannten sie in ihrer **Unwissenheit** nichts anderes als ein Leben nach den Lüsten. Jetzt aber sind sie Wissende. Sie haben „geschmeckt die Kräfte der zukünftigen Welt" (Hbr 6, 5). Lebensgestaltung nach der Norm der Lüste wäre Rückfall und Handeln wider besseres Wissen.

Vers 15 zeigt nun positiv die Norm für das neue Leben auf: 15
... sondern entsprechend dem Heiligen, der euch berufen hat, werdet auch ihr heilig im ganzen Wandel. Gott wird hier genannt als der, **der berufen hat.** Gott wird an seinem Tun erkannt[50]. Das Wort „berufen" bezeichnet jenen vollmächtigen, schöpferischen Ruf Gottes (1 Mo 1, 3; Ps 33, 9), der das Nichts zum Sein, die Toten zu Lebendigen, die Verlorenen zu Geretteten macht. Wenn der heilige Gott seine Berufung er-

[49] Siehe zu 2, 11.

[50] So heißt es z. B. schon im AT beim ersten Gebot: „Ich bin Jahwe, dein Gott, der dich aus Ägypten, dem Land, wo ihr Sklaven wart, weggeführt hat" (2 Mo 20, 2); und später das Gegenstück dazu in Jer 23, 7 f: „Darum fürwahr, es kommt die Zeit — ist der Spruch Jahwes —, da wird man nicht mehr sagen: ‚so wahr Jahwe lebt, der die Israeliten aus Ägypten hergeführt hat', sondern: ‚so wahr Jahwe lebt, der die Angehörigen des Hauses Israel aus dem Nordland und aus allen Ländern, wohin ich sie verstoßen hatte, hergeführt und heimgebracht hat, daß sie wieder auf ihrem Boden wohnten!'" Dazu zwei ntst Beispiele solcher Relativsätze, durch die das Heilshandeln Gottes bezeugt wird: „Gott, der da sprach: ‚Aus der Finsternis soll das Licht hervorleuchten'" (2 Ko 4, 6) und „der uns mit sich selbst durch den Messias versöhnte" (2 Ko 5, 18). Vgl. auch den übernächsten Satz in unserem Kapitel: „der ohne Ansehen der Person richtet" (V. 17).

gehen läßt, dann werden sündige Menschen zu Heiligen. Deshalb der ernste Aufruf: **Entsprechend dem Heiligen, der euch berufen hat, werdet auch ihr heilig im ganzen Wandel.** Unser konkretes Alltagsleben soll nicht so ichhaft-sündig bleiben, wie es vor unserer Berufung war, sondern es soll heilig werden[50a]. **Heilig im ganzen Wandel** heißt, daß kein Gebiet davon ausgenommen ist. Zwei Grundzüge ntst Ethik leuchten hier auf. Zunächst: der Maßstab des neuen Lebens ist **der Heilige**, von dem der Ruf kam. Kein anderer als dieser radikale Maßstab wird anerkannt. Nicht bürgerliche Anständigkeit, nicht edles Menschentum kann Maßstab für das neue Leben sein, nicht einmal die Gerechtigkeit aus dem Gesetz (Phil 3, 6), sondern der heilige Gott selbst! Deshalb haben die Apostel ihren Gemeinden nie ein anderes Ziel vor Augen gestellt als ein dem heiligen Gott entsprechendes heiliges Leben, wobei ihnen ohne Zweifel immer das Wort ihres Herrn vor Augen stand: „Ihr sollt vollkommen sein, wie euer himmlischer Vater vollkommen ist“ (Mt 5, 48). Auch wir dürfen nicht aus Angst vor dem Perfektionismus[51] ein niedrigeres Ziel haben. Wie schwer hat hier eine zu niedrige, falsche Zielsetzung der Christenheit geschadet! Und ein weiterer Grundzug ntst Ethik wird in unseren Versen offenbar: nicht jedermann wird zu heiligem Leben aufgefordert — die Apostel wußten, daß das für die Welt wie für nicht wiedergeborene Fromme nichts als Krampf und Gesetz wird —, sondern nur solche, die sich zur Gemeinschaft mit dem Heiligen haben rufen lassen. Weil ihr aber **berufene Heilige** geworden seid (1 Ko 1, 2), darum wandelt nun heilig! Es heißt wörtlich (wenn man den Aorist berücksichtigt): „Seid heilig geworden!“ — wiederum ein Hinweis darauf, daß das Entscheidende bereits bei der Umkehr durch die Wiedergeburt in der Vergangenheit geschehen ist und demnach in der Gegenwart des Geschehens nur noch realisiert zu werden braucht, und zwar nicht nur gelegentlich, sondern: **in allem Wandel**, wohl gemerkt: „in“, nicht „durch“! Heilig sind sie durch Gottes Berufung und Heiligung. Und nun sollen sie auch tatsächlich heilig werden **in** allem Wandel, aber auch wirklich in allem!

Ist das nicht doch ein zu hohes Ziel? Nein, schon die Bibel

[50a] Das hebr Wort *kadosch* (heilig) bedeutet ursprünglich: abgesondert vom Profanen, siehe auch ThBl., Art. „heilig“.

[51] Das ist die unbiblische Lehre, daß der Mensch auf Erden schon sündlos, „perfekt“ werden könne.

der Urgemeinde, das AT, läßt dieses Ziel aufleuchten: **Denn es** 16
steht geschrieben: Ihr sollt heilig sein, denn ich bin heilig spricht der Herr. Wir sahen schon in V. 10 f, daß die ersten Gemeinden das AT heilsgeschichtlich gelesen haben. So konnten die Aussagen, die zunächst das Volk des Alten Bundes betreffen, auf die ntst Gemeinde übertragen werden — der Alte Bund zielt auf den Neuen Bund und bekommt in ihm überhaupt erst seine Erfüllung. Unser Text findet sich wörtlich in 3 Mo 19, 2. Dort ist das Wort eine zusammenfassende Überschrift über vielerlei Gebote für das alltägliche Leben. Petrus braucht die vielen Einzelgebote nicht mehr aufzuzählen, denn die Befreiten des Herrn stehen ja nicht mehr unter dem Gesetz, sondern unter der Gnade (Rö 6, 14). Wichtig aber bleibt dieses Grundwort. Wer das begriffen hat, wird den rechten Blick haben für die jeweilige Lage und Aufgabe[52].

Und nun wird die Notwendigkeit eines heiligen Lebens wei- 17
ter ausgeführt: **Und wenn ihr den als Vater anruft, der ohne Ansehen der Person richtet nach eines jeden Werk, wandelt in Furcht während der Zeit eurer Fremdlingschaft.** Das **Wenn...** ist kein zweifelndes, sondern ein argumentierendes, etwa so: Als solche, die Gott als Vater anrufen, steht ihr ihm besonders nahe; dann müßt ihr euch aber auch klarmachen, wem ihr nahe seid (dem, der recht richtet) und was das für Konsequenzen hat (in Furcht wandeln). Der Brief geht nicht an besonders ausgewählte, sondern an alle Glieder der Gemeinden. Es ist sicher, daß alle den Vater **anrufen**, daß sie beten. Hat man sie doch geradezu als solche bezeichnet, „die den Namen des Herrn anrufen" (Apg 9, 14.23; 22, 16). Nun heißt es: „wenn ihr den **als Vater** anruft...". Jesus hatte seine Jünger gelehrt, Gott als „Vater" anzurufen (Mt 6, 9). Allerdings geht das nur „im Namen unseres Herrn Jesus"[53], nur auf Grund seines Opfers, durch das „wir den Zugang, die Hinzuführung zum Vater haben" (Eph 2, 18). Durch ihn, den Sohn, werden dessen Jünger zu Söhnen Gottes und empfangen den Geist der Sohnschaft, durch den sie rufen können: „Abba, Vater!" (Rö 8, 14—15; Gal 4, 6).

So nahe also sind sie dem heiligen Gott gekommen, daß sie ihm gegenüber dieselbe Anrede — *Abba* — gebrauchen dür-

[52] Statt „Ihr sollt" kann auch futurisch übersetzt werden: „Ihr werdet heilig sein..." Das gibt dem Satz den Klang eschatologischer Verheißung: Gott wird dafür sorgen, daß wir einmal wirklich ganz heilig sein werden.

[53] Vgl. Jo 14, 6.13.14; 15, 16; 16, 23.24!

fen wie der Sohn. Im gleichen Atemzug aber fügt Petrus hinzu: **der ohne Ansehen der Person sein Urteil spricht nach eines jeden Werk.** Diese Aussage ist vorgebildet im AT (Ps 89, 27; Mal 1, 6; Jer 3, 19; Ps 62, 13; Spr 24, 12 — besonders deutlich in der LXX). Schon im AT wie auch hier soll dieses Wort warnen vor Selbstsicherheit und Leichtfertigkeit im Blick auf die Sünde. Manche könnten denken, sie ständen Gott besonders nahe, über ihnen walte nur noch die Güte des Vaters und nicht mehr der Ernst des Richters. Sünden bei ihnen könnten nicht mehr Gottes Zorn bewirken, da sie ja unter der Gnade stehen. Wer so denkt, hat Gott verhängnisvoll mißverstanden. Gott ist der, der **ohne Ansehen der Person** richtet. Gott hat wohl Kinder, aber keine Günstlinge. Und er kann die Sünde auch bei seinen Kindern nicht leicht nehmen, sondern er richtet sie. Gott richtet **nach eines jeden Werk.** Auch seine Gotteskindschaft kann der Christ nicht vorbringen, wenn Gott das Leben ansieht. **Eines jeden Werk** ist gefragt[54]. Das trifft zunächst die Ungläubigen, die unentschuldbar sind, weil sie „Gott kannten und ihn nicht als Gott geehrt, noch ihm gedankt" haben (Rö 1, 21). Es trifft aber auch die Gläubigen, deren Lebenswerk noch offenbar werden muß vor den Augen des Christus (2 Ko 5, 10): daher die Einzahl: „eines jeden **Werk**". Der Gläubige kommt zwar nicht in das Gericht (Jo 5, 24)[54a] — er ist ja gerettet durch den Glauben an Jesus (1 Ko 3, 15; Jo 3, 18) — aber seine Arbeit

[54] Es erhebt sich die Frage, wie sich dieses Wort zu den andern Aussagen der Schrift verhält, zu der Gerechtigkeit allein aus Glauben ohne des Gesetzes Werke (Rö 3, 28) und zu dem Worte Jesu aus Jo 5, 24: „Wer mein Wort hört und glaubt dem, der mich gesandt hat, der hat das ewige Leben und kommt nicht in das Gericht . . .". Widerspricht es nicht dieser Botschaft Jesu und des Apostels Paulus? Nein, die gleiche Aussage, daß Gott nach den Werken richtet ohne Ansehen der Person, finden wir auch bei Paulus, und zwar gerade da, wo er den Grund des Evangeliums legt (Rö 2, 6.11). Diese Botschaft ist grundlegende Botschaft der ganzen Heiligen Schrift, ist Hintergrund für die Gerechtigkeit allein aus Glauben. Sie zeigt, wie ernst es ist, dem heiligen Gott zu begegnen, wie notwendig, die Gerechtigkeit Christi zu gewinnen, und treibt geradezu hin zu dem, der gesagt hat: „. . . wer glaubt . . ., kommt nicht in das Gericht" (Jo 5, 24). Jesus reißt den aus dem Gericht, der an ihn glaubt. Aber das Wort vom Richten Gottes bleibt bestehen für den, der noch ungläubig ist, und den, der als Christ die Sünde leicht nimmt und in ein Sündenleben zurückfällt. So soll das Wort des Petrus „Gott richtet ohne Ansehen der Person nach eines jeden Werk" dem Christen zeigen, wie ernst er seinen Wandel nehmen muß.

[54a] Zur Unterscheidung von Weltgericht vor dem großen weißen Thron (Offb 20, 11—15) und dem Gericht über das Werk der Gläubigen siehe W. Stb. zu 1 Ko 3, 12—15 und 2 Ko 5, 10. *„baema"* in 2 Ko 5, 10 muß nicht ausschließlich als „Richterstuhl" verstanden werden. Es ist allgemein der erhöhte Amtssitz sowohl zum Richten wie auch zum Reden, wie auch zum Beurteilen einer Sache. Daher nennen manche das in 1 Ko 3 und in 2 Ko 5 bezeichnete Gericht über die Werke der Gläubigen auch „Preisgericht".

muß doch noch durch das erprobende Feuer hindurch (1 Ko 3, 12—15)[55].

Wandelt in Furcht während der Zeit eurer Fremdlingschaft. Im Grie stehen die Worte „in Furcht" betont voran. Der Wandel in Furcht Gottes ist vom Satzbau und vom Sinn her Zentrum und Ziel der Verse 17—21. Gemeint ist damit „Ehrfurcht" im eigentlichen Sinn des Wortes, eine Haltung also, die Gott als Vater und Richter ehrt und fürchtet. Es ist nicht so sehr die Furcht vor der Strafe (1 Jo 4, 18), wohl aber die Furcht vor dem Vater, die Scheu, ja nicht seinen Zorn zu erregen. Wandelt in Furcht heißt: Nehmt es genau mit eurem Leben als einem Leben vor Gott! Ebenso wird auch bei Paulus deutlich, daß die „Furcht des Herrn" Grundvoraussetzung zu heiligem Leben ist[56]. Warum dieser Ernst? Weil die Lage ernst ist: **... während der Zeit eurer Fremdlingschaft.** Für **Zeit** steht hier *chronos,* denn es ist die ablaufende, vergehende Zeit. Wer sich klarmacht, daß er Fremdling ist, achtet mit Vorsicht darauf, daß er durch alle Gefahren der Fremde hindurch die Heimat erreicht.

Wissend, daß ihr nicht mit vergänglichen Dingen, Silber 18
oder Gold, losgekauft seid von eurem nichtigen Wandel, von den Vätern überliefert. Wohlgemerkt heißt es nicht: Ihr dürft hoffen, daß ihr einmal selig werdet —, sondern: Ihr wißt, daß ihr losgekauft seid. Aus der Erfahrung des Erlöstseins erwächst Gewißheit. Erlösungsgewißheit, Heilsgewißheit ist aber nicht selbstsicheres Pharisäertum, sondern frohmachendes Geschenk Gottes an den, der die reale Befreiung durch Jesus erlebt hat. Und rechter Wandel wird dort möglich, wo man **wissend** ist, wieviel die Erlösung gekostet hat. Warum kein Rückfall ins alte Leben, warum Wandel in Furcht? Weil die Erlösung vom alten Wandel einen unendlich hohen Kaufpreis gekostet hat. Anschaulich ist hier der Vergleich mit dem antiken Sklavenhandel. Ein Sklave wurde aus der Gewalt eines Zwingherrn für hohes Lösegeld losgekauft, um für den neuen Herrn

[55] Das hier verwendete grie Wort für „richten" (*krinein*) läßt das Ergebnis offen. Es ist kein bloßes *anakrinein* (ausfragen, beurteilen, einen Tatbestand feststellen), aber auch nicht von vornherein ein *katakrinein* (verurteilen). Petrus stellt hier einfach die Tatsache fest, daß unser Werk und Wandel immer in Beziehung zu Gott steht, daß wir von ihm gerichtet werden.

[56] Vgl. dazu: Rö 3, 18: 11, 20; 2 Ko 5, 11; 7, 1; Phil 2, 12.

zu leben. So hat Jesus uns am Kreuz **losgekauft**[57] **aus dem nichtigen Wandel, von den Vätern überliefert.** In der lat Bibel, der Vulgata, heißt es: losgekauft von ... der väterlichen Tradition.

Alle Menschen stehen von Natur in der Tradition ihrer Väter. Während nun die ältere Generation meist überzeugt ist, sie überliefere der Jugend so gute Ausgangswerte, daß man mit Recht ein sinnvolles, zuchtvolles Leben erwarten könne, sagt die Bibel es ganz anders: Die Väter überliefern der Jugend auch nur, was sie schon übernommen haben, nämlich einen nichtigen Wandel. Was nichtiger Wandel letztlich heißt, macht sich der von Gott gelöste Mensch meist nicht klar. Ja, er kann dieses Leben nur deshalb ertragen, weil und solange er sich das nicht in letzter Konsequenz klarmacht. Denn unter das Urteil **nichtig** fällt selbst vieles, von dem der Mensch meint, es bleibe „ewig". Dazu kommt ein weiteres: Moderne Wissensgebiete wie die Vererbungslehre, die Psychologie, die Pädagogik und Soziologie machen uns deutlich, welch eine Macht für den Menschen der von Vater und Mutter überlieferte Lebenswandel ist. Erbanlagen und die Erziehung der ersten Lebensjahre prägen den Menschen für das ganze Leben. Wenn nun der Vater noch in Unglauben und Heidentum lebt, gestalten seine Verlorenheit und seine Sünden vom ersten Augenblick an das Leben der Kinder. Ein Blick in das alte und neue Heidentum zeigt, wohin es führt, wenn Menschen Generationen hindurch gesetz- und gottlos leben. Es bildet sich ein Lebensstil heraus, ein **Wandel von den Vätern überliefert,** dem sich der einzelne kaum entziehen kann. Dieser Lebensstil und die Sinnlosigkeit solchen Wandels legt sich wie eine Zwingherrschaft auf das Leben der Kinder. Aus diesem von Vätern tradierten Wandel kann sich der Mensch nicht selbst heraushelfen. Nur Loskauf hilft ihm.

[57] Erlöst „von allen Sünden, vom Tode und der Gewalt des Teufels, auf daß ich sein eigen sei", so sagt Luther in der Erklärung zum zweiten Artikel. Es gibt allerdings keine Bibelstelle, in der es ausdrücklich steht: Jesus hat uns „von der Gewalt des Teufels" losgekauft. Das könnte mißverstanden werden, als hätte Jesus dem Teufel für unsere Sünden Zahlung geleistet. Nein, der Teufel ist kein rechtmäßiger Herr, dem eine Zahlung zusteht. Daher entfaltet das NT das Bild von dem Loskauf nicht weiter. Es spricht einfach von der „Erlösung durch Jesus Christus" (Rö 3, 24) oder der „Erlösung durch sein Blut" (Eph 1, 7). Oder es sagt: Christus hat uns losgekauft „von dem Fluch des Gesetzes" (Gal 3, 13), „von aller Gesetzlosigkeit" (Ti 2, 14), „von den Übertretungen" (Hbr 9, 15). Diese Zurückhaltung, die das Bild vom Sklavenloskauf nicht ausmalt, lehrt uns, daß der Ausdruck „losgekauft", „erlöst" zwar eine Hilfe ist, um den Tod Jesu zu verstehen, daß es aber nichts gibt, was dem Tode Jesu völlig vergleichbar ist. zum Begriff „Erlösung" vgl. Mt 20, 28; 1 Kor 1, 30; 6, 20; 7, 23; Hbr 9, 12; Offb 5, 9.

Was hat aber dieser Loskauf Gott gekostet? **Nicht vergängliche Dinge, Silber oder Gold.** Das sind die üblichen Zahlungsmittel. Man konnte Sklaven damit loskaufen. Der Loskauf aber, den die versklavte Menschheit nötig hatte, ist unvergleichlich viel schwerwiegender! Silber und Gold, auf Erden die höchsten Zahlungsmittel, sind zu gering, um aus dem alten Wandel zu befreien und den neuen zu ermöglichen. Obwohl von hohem Wert, sind sie doch vergänglich wie die Erde. Jedoch, „was Gott an uns gewendet hat", ist unvergleichlich
wertvoller; deshalb heißt es hier: **losgekauft ... mit dem kost-** 19
baren Blut Christi als eines fehlerlosen und fleckenlosen Lammes. Weder Silber noch Gold vermag einen Menschen aus der Zwingherrschaft des nichtigen Wandels zu befreien. Wohl aber hat **das kostbare Blut des Christus** die Kraft, Menschen so zu befreien und umzuwandeln, daß ihr ganzes Leben neu wird. Hier wie anderswo erscheint wieder das grie *christos* keineswegs nur als Name, sondern mit dem vollen Klang des atst Hoheitstitels und bedeutsamen Hoheitsprädikats für den von Gott längst schon **ausersehenen** und dementsprechend durch die Propheten verheißenen **Gesalbten** Jahwes. Das geht in ganzer Klarheit sowohl aus dem beigefügten Bildwort „Lamm" hervor, das ja, wie wir gleich noch sehen werden, an die messianische Weissagung aus Jes 53 und an die im atst Opferdienst enthaltene Messias-Prophetie erinnert, wie auch aus dem folgenden Relativsatz (V. 20). Und eben deshalb, weil der Messias als der einziggeborene Sohn das Wertvollste ist, was der Vater im Himmel überhaupt besitzt, ist dessen Blut so **kostbar.** Dabei wird er **als fehlerloses und fleckenloses Lamm** bezeichnet. Das ist im NT nicht nur ein Vergleich, sondern er „ist" wirklich das Lamm Gottes. In Jo 1, 29 wird er das Lamm Gottes genannt, das die Sünde der Welt hinwegträgt und damit fortschafft, für immer beseitigt. Ja, bis in die Ewigkeit hinein wird Jesus, unser Herr, auch im Himmel als „das Lamm" gerühmt und angebetet werden. Heißt es doch ausdrücklich im Lobgesang der Myriaden von Engeln: „Würdig ist das Lamm, das sich opfern ließ ..."[58] (Offb 5, 12). Die Ausleger sind sich zwar nicht einig in der Frage, ob Petrus außer

[58] Die übliche Übersetzung von *to esphagmenon* mit „geschlachtet" oder „erwürgt" ist völlig unangemessen, weil dabei überhaupt nicht zum Ausdruck kommt, daß dieses einmalige Lamm — im Unterschied von allen „geschlachteten" Lämmern! — sein Leben *freiwillig* hingegeben hat. Denn niemand hätte es ihm entreißen können, sagt der Herr selbst mit großer Betonung (Jo 10, 18).

an Jes 53, 7 auch noch an das Passahlamm (2 Mo 2, 12) und an atst Opfervorschriften (etwa 2 Mo 29, 1; 3 Mo 22, 17—25) denkt, aber sicher ist dies der Fall. In dem Gekreuzigten haben wir das Lamm Gottes vor uns, in dem nicht nur die messianische Weissagung von Jes 53 sich verwirklicht hat, sondern auch die prophetische Bedeutung des Passahlammes ebenso zur Erfüllung gekommen ist wie die aller Opfer, die je im Tempel zu Jerusalem dargebracht worden sind[59]. Daß hier an Jes 52/53 zu denken ist, macht schon 52, 3 deutlich: „Ihr werdet nicht mit Silber losgekauft werden[60]". Andererseits geht die Formulierung **fehlerloses und fleckenloses Lamm** über Jes 53 hinaus und weist ohne Zweifel hin auf die allgemeinen Opferbestimmungen des AT, nach denen nur fehlerlose Tiere geopfert werden durften. Die Urgemeinde hat sich überhaupt nicht auf einzelne Bibelstellen festgelegt, sondern ganz allgemein den atst blutigen Opferdienst als Typos, als Vorschattung auf Jesus Christus hin gesehen. „Ohne Blutvergießen geschieht keine Vergebung", so kann der Sinn des Opferdienstes zusammengefaßt werden (Hbr 9, 22). Warum aber so schreckliche Opfer und solches Blutvergießen? Weil der Mensch durch die Sünde sein Leben vor Gott verwirkt hat. Die Folge davon war, daß er sein eigentliches „Leben" tatsächlich eingebüßt hat (1 Mo 2, 17). Denn das wahre Leben kann der Mensch nur in der Gemeinschaft mit seinem Schöpfer, der Quelle des Lebens, haben. Getrennt vom Schöpfer gibt es für das Geschöpf nur den Tod (Rö 5, 12, 6, 21 b. 23 a). In dieser Lage sollten die Tieropfer des AT für den Menschen eine ständige Erinnerung an seine Hauptnot, die Sünde als Trennung von Gott, sein — und gleichzeitig messianische Prophetie: Hinweis und Vorbereitung auf den Verheißenen, der einmal endgültig die Sünde der Menschen wegtragen würde. So ist Jesus als das Lamm Gottes die Offenbarung des heiligen Zornes Gottes über die Sünde und

[59] Es trifft auch auf Petrus das zu, was W. de Boor zu Jo 1, 29 von Johannes am Jordan sagt: „Ob der Täufer bei dem ‚Lamm Gottes' an das Passahlamm dachte oder an die beiden Lämmer, die nach 4 Mo 28, 3—4 täglich als Opfer im Tempel bluteten, oder ob er einfach von Jes 53 geleitet war, das wissen wir nicht. Aber jedenfalls *ist* Jesus die ‚Erfüllung' dessen, was die Opferlämmer Israels nur vorausdeuten konnten und was der Prophet voraussah ... Er ist das Lamm, das Gott selbst darbringt in der Erfüllung alles dessen, was ‚Opfer' im Gesetz und in der ganzen Welt heißt." (W. Stb., Johannes-Evangelium, 1. Teil, S. 69).

[60] Jes 53 hat der Urgemeinde überhaupt ganz allgemein vor Augen gestanden, wenn sie die Kreuzigung Jesu deutete. Das hat H. W. Wolff aufgezeigt in „Jesaja 53 im Urchristentum", Berlin 1952.

zugleich die Offenbarung der wunderbaren Liebe Gottes, die nicht mit ansehen kann den Tod des Sünders. Diese Botschaft ist Zentrum der Bibel. Deshalb sagt Paulus: „Ich entschied mich dafür, nichts unter euch zu wissen als nur Jesus Christus, und diesen als Gekreuzigten" (1 Ko 2, 2).

Wer ist dazu fähig, Erlösung von Sünde für andere zu schaffen? Was für Qualitäten muß das Lamm haben? Petrus ergänzt die atst Forderung **fehlerlos** (2 Mo 29, 1; 3 Mo 22, 17—25; Hes 43, 22) durch die weitere: **fleckenlos**. Während nämlich im AT eine reine körperliche Fehlerlosigkeit des Opfertieres nötig war, mußte das Lamm des Neuen Bundes frei sein von jedem Flecken. „Flecken" (grie *spilos,* auch Schmutz- oder Schandfleck) ist im NT geistlich, sittlich verstanden, nicht körperlich, wie Eph 5, 21 zeigt. **Fleckenloses Lamm** heißt also: das Lamm Gottes durfte nicht einen einzigen Flecken, nicht eine einzige Sünde haben, als es an die Stelle der Menschen treten, sich für sie opfern und sie loskaufen wollte. Jesus allein erfüllt diese Bedingung. Er allein konnte die Menschheit erlösen, der einzig Reine und Sündlose. Er hat sein kostbares Blut für uns gegeben. Soviel hat er getan, um uns loszukaufen zu neuem Leben! Das begründet die Aufforderung: Nehmt es genau mit eurem Leben, wandelt in Furcht! Wißt, daß es teuer bezahlt ist. Man geht sorgsam um mit dem, was viel gekostet hat!

Christus, das Lamm Gottes, ist **zwar vorherersehen vor** 20
Gründung der Welt, aber in dem letzten Teil der Zeiten offenbart worden um euretwillen. Durch diesen ganzen Abschnitt zieht sich das **Um euretwillen**. Daß er **in dem letzten Teil der Zeiten offenbart** worden ist, geschah **um euretwillen.** Gott hat den Messias **vorher ersehen,** wörtlich „vorhererkannt" **vor Gründung der Welt**[61]. **Zwar vorher ersehen,** aber jetzt erst **offenbart** — darin liegt die Spannung dieses Verses. Diese Worte zeigen deutlich, daß es einen Heilsplan Gottes gibt. Alles zielt in diesem Heilsplan Gottes auf die Offenbarung des Christus. Schon vor der Erschaffung der Welt hat Gott auf Christus geschaut, der das Lamm werden sollte, und nur, weil

[61] Zum Vorhererkennen Gottes ist Näheres unter V. 2 gesagt. „Vor Gründung der Welt" war Gott schon da, aller Immanenz-Theologie, allem Diesseitigkeits-Denken zum Trotz; vgl. Jo 1, 3; Eph 1, 4 f. *Katabolae* = „Gründung" oder „Grundlegung" — wir möchten es gern treffender übersetzen, wenn wir es nur könnten! Die deutschen Ausdrücke sind dem Mißverständnis eines primitiven Weltbildes fast noch mehr ausgesetzt als der grie Begriff. Wörtlich übersetzt heißt er: „Niederwurf". Wirklich, die Schöpfung der Welt war ein „großer Wurf".

der Sohn bereit war, das Lamm Gottes zu werden, hat die Welt nach dem Sündenfall überhaupt noch Sinn und Bestand behalten[62]. Es ist völlig unbiblisch, ja geradezu lästerlich, zu sagen, Jesu Kreuzestod sei die Katastrophe seines edlen Lebens gewesen. Nein, sein Leben und Sterben ist längst **vorher ersehen,** ist Sinn und Ziel der ganzen Heilsgeschichte. Deshalb wartete alles darauf, daß dieser Vorherersehene endlich erscheint, daß er **offenbart** wird. Offenbart wird etwas, was zwar da ist, was aber noch verborgen ist. So macht die Aussage, Christus ist in dem „letzten Teil der Zeiten **offenbart** um euretwillen", deutlich: Jetzt ist die große Zeit, auf die alles hinzielt. Jetzt ist Gott in Jesus aus der Verborgenheit herausgetreten und hat sich der Menschen heilbringend angenommen. Deshalb erscheint dieses Wort auch an anderen wichtigen Stellen des NT, wo es um das die Menschheit betreffende Wirken Gottes geht. Rö 1, 17: im Evangelium wird **offenbart** die Gerechtigkeit Gottes; 1, 18: es wird offenbart der Zorn Gottes; 3, 21: nun aber ist die Gerechtigkeit Gottes offenbart worden. Die jetzige Zeit wird der **letzte Teil der Zeiten** genannt oder auch „die letzte der Zeiten, das Ende der Zeiten".

21 Nun wird das „Um euretwillen" näher erklärt: „... **die ihr durch ihn gläubig seid an Gott, der ihn auferweckte aus (den) Toten und ihm Herrlichkeit gab, so daß euer Vertrauen auch Hoffnung auf Gott ist** (oder: so daß euer Vertrauen und eure Hoffnung auf Gott gerichtet sind)". Damit sind die Heilsempfänger klar bezeichnet und zugleich abgegrenzt. Wer gläubig ist, an dem erfüllt sich die Heilsabsicht Gottes, an den übrigen nicht. Die Apostel haben so unterschieden zwischen denen, die im Glaubensgehorsam stehen, und denen, die ihn verweigern. Das ist die biblische und notwendige Unterscheidung der Menschen. Wer diesen fundamentalen Unterschied verwischt und übergeht, handelt nicht aus Liebe, sondern entweder aus Blindheit oder aus Menschengefälligkeit. Glaube entsteht **durch ihn.** Glaube kommt von Jesus. Er entzündet sich an seiner Person, an seinem Opfer für uns. Ja, er ist es, der den Glauben in uns durch den Heiligen Geist wirkt. Da aber der Sohn

[62] Bewegend hat Paul Gerhardt das ausgedrückt, indem er das „Gespräch" zwischen Gott dem Vater und dem Sohn schildert, in dem es um die Erlösung der Menschen geht: „Geh hin, mein Kind, und nimm dich an der Kinder, die ich ausgetan zur Straf und Zornesruten; die Straf ist schwer, der Zorn ist groß, du kannst und sollst sie machen los durch Sterben und durch Bluten." „Ja, Vater, ja von Herzensgrund, leg auf, ich will dirs tragen; mein Wollen hängt an deinem Mund, mein Wirken ist dein Sagen." (Aus dem Liede: „Ein Lämmlein geht und trägt die Schuld ...").

und der Vater eins sind, ist an Jesus entstandener und auf ihn gerichteter Glaube zugleich Glaube **an Gott**. Jo 12, 44: „Wer an mich glaubt, der glaubt nicht an mich, sondern an den, der mich gesandt hat." Noch in einem weiteren Sinne ist Gläubiggewordensein durch Jesus **gläubig sein an Gott:** In der Auferweckung seines Sohnes ist Gottes Einssein mit Jesus und zugleich seine Macht zu erkennen. Wer daher durch Jesus zum Glauben kommt, glaubt damit an den, der ihn **auferweckte aus (den) Toten.** Der Punkt, an dem sich alles entscheidet, ist die Auferweckung Jesu. Sie ist keineswegs nur eines unter vielen Heilsereignissen, sondern das grundlegende. In der Auferweckung bestätigt Gott den sieghaften Ausruf des Gekreuzigten: „Es ist vollbracht!". Er bestätigt damit den Kreuzestod des Sohnes als Sühnopfer für die Sünden der Menschen. Ohne das Ereignis von Ostern gäbe es keine Vergebung: dann wären wir noch in unseren Sünden (1 Ko 15, 17), und es gäbe keine lebendige Hoffnung für uns (1 Ko 15, 3). Auferweckt **aus** den **Toten** heißt: aus der Menge der Toten ist der „Hirte der Schafe, der groß ist durch das Blut eines ewigen Bundes" — als der Erstling (1 Kor 15, 23) und damit als der „Bahnbrecher zum Leben" (Apg 3, 15) — herausgeführt worden (Hbr 13, 20)[63].

Gott hat den Gekreuzigten auferweckt und **ihm Herrlichkeit gegeben.** Das Wort **Herrlichkeit** (grie *doxa)* kommt in 1 Petr besonders häufig vor (9 mal). Das erklärt sich daraus, daß er an leidende Gemeinden gerichtet ist, deren Hoffnung gestärkt werden soll. *Doxa*[64] bedeutet zunächst: „Lichtglanz" und gewinnt dann den Sinn von „Ehre, Majestät"; es ist Ausdruck für die Lichtfülle und Macht, die Gott umgibt, gleichzeitig für die Siegesgewalt, die er ausübt. Gott hat dem Sohn **Herrlichkeit** gegeben. Damit bekam Jesus Anteil an der Herrlichkeit Gottes. So wie Jesu Auferweckung der Grund dafür ist, daß auch die, die ihm gehören, auferweckt werden, so ist Jesu Verherrlichung der Grund dafür, daß auch die Seinen Herrlichkeit erhalten werden. Das heißt, **daß Vertrauen** auf Christus gleichzeitig auch **Hoffnung auf Gott bedeutet**. Unsere Übersetzung wird von einer beträchtlichen Anzahl von Auslegern (s. Kühl S. 127, auch Weizsäcker, Menge, Hauck) bevorzugt. Dabei ist zu bedenken, daß es ja das Anliegen des Apostels ist,

[63] In Phil 3, 11 spricht Paulus von seiner eigenen „Aus-Auferstehung" aus den Toten; diese wird allen Gläubigen bei der Parusie zuteil (1 Th 4, 16).

[64] Vgl. ThBL Artikel „Ehre"; Ralf Luther, Ntst Wb., Art. „Herrlichkeit".

die **Hoffnung** der angefochtenen Gemeinden von Kleinasien zu stärken. Jedoch übersetzen auch viele, besonders die neueren Ausleger, im Sinne der LÜ: „so daß euer Glaube und eure Hoffnung auf Gott (gerichtet) ist", d.h. sich auf Gott richten kann. Rein sprachlich ist das nicht zu entscheiden. Auch letztere Übersetzung hat ihren guten Sinn. Man braucht sie nicht als unnötige Verdoppelung zu dem „gläubig an Gott" vom Anfang des Verses aufzufassen. Es kann folgendes bedeuten: Durch die Auferweckung Jesu und die ihm gegebene Herrlichkeit ist euer Glaube und eure Hoffnung nicht subjektive, leere Empfindung, sondern hat objektiven Grund in Gott. Jesu Verherrlichung garantiert auch unsere Verherrlichung und bewirkt, daß unser Glauben und Hoffen auf das Heilshandeln Gottes gegründet ist.

Habt einander von Herzen beharrlich lieb!

1. Petrus 1, 22—25

Zu Vers 22:
Jo 13, 34
Rö 12, 10
1 Th 4, 9
1 Jo 3, 18; 5, 1
Zu Vers 23:
Jo 1, 13; 3, 5
Jak 1, 18
Zu Vers 24:
Jes 40, 6—8
Jak 1, 10. 11
Zu Vers 25:
Mt 13, 6
Hbr 4, 12

22 **Nachdem ihr eure Seelen gereinigt habt im Gehorsam gegen**
die Wahrheit zu ungeheuchelter Bruderliebe, habt einander
23 **von Herzen beharrlich lieb, * als die da neugeboren sind**
nicht aus vergänglichem Samen, sondern aus unvergänglichem, durch das lebendige und bleibende Wort Gottes.
24 *** Denn „alles Fleisch ist wie Gras und alle seine Herrlichkeit wie des Grases Blume. Verdorrt ist das Gras und die**
25 **Blume ist abgefallen; * das Wort des Herrn aber bleibt in**
Ewigkeit." Das ist aber das Wort, das an euch als gute Botschaft ergangen ist.

Die Hauptsache steht im Hauptsatz. Er lautet: **Habt einander von Herzen beharrlich lieb.** Es geht in diesem Abschnitt um die Bruderliebe. Ehe Petrus auf sie zu sprechen kommt, zeigt
22 er die Voraussetzung auf: **Nachdem ihr eure Seelen gereinigt habt im Gehorsam gegen die Wahrheit.** Die Satzkonstruktion macht deutlich: Der Bruderliebe geht die Reinigung der Seele voraus, und zwar so, daß sie nicht ein für allemal geschehen ist, sondern immer neu geschehen muß, um immer neu die Bruderliebe zu ermöglichen. Diese im Text angedeutete Reihenfolge ist auch praktisch sehr wichtig: Wo es in der Ge-

meinde an Bruderliebe mangelt, muß mit der Reinigung begonnen werden. Die Reinigung geschieht an der **Seele**. Das Wort „Seele" findet sich verhältnismäßig häufig im 1 Pt (5mal). Die Seele ist der Sitz des Lebens, umfaßt aber auch das ganze natürliche Sein mit dem Denken, Fühlen und Wollen[65]. Die Seele wird leicht „unrein", weil sie nicht nur vom Geist, sondern auch vom Leib, ja auch vom „Fleisch" beeinflußt wird. Zorn, Zank, Neid, Egoismus und Mißtrauen ist Unreinheit, die die Seele vergiftet und die Bruderliebe blokkiert. Diese Unreinigkeit soll niemand bei sich dulden. Das heißt nicht nur, daß man sich „beherrscht". Nein, die Unreinigkeit muß heraus! Deshalb geht es um den **Gehorsam gegenüber der Wahrheit**. Die **Wahrheit** ist mich treffendes Wort, ist das, was ich aus Gottes Wort als Wahrheit über mich erkannt habe. Sie deckt meinen Haß und Neid, meine Zuchtlosigkeit, Ichsucht und dgl. auf. Doch reinigt sie mich erst dann, wenn ich ihr gehorche. Es gibt keine Reinigung und Heiligung ohne konsequenten Gehorsam. So ist **Gehorsam gegenüber der Wahrheit** der Weg zur Reinigung der Seele. Nur, wenn die Seelen gereinigt sind in solchem Gehorsam, ist der Weg frei **zu ungeheuchelter Bruderliebe.** Hier leuchtet eine biblische Grundwahrheit auf. Das hat Jesus seinen Jüngern veranschaulicht, als er ihnen in Demut die Füße wusch (Jo 13, 15). Nur eine von Hochmut und jeglicher Unreinigkeit gereinigte Seele ist zur Bruderliebe fähig (vgl. 1 Jo 3, 11 f)[66]. Das beigefügte Adjektiv **ungeheuchelt** (vgl. Rö 12, 9; 2 Ko 6, 6) zeigt die Gefährdung der Bruderliebe auf. Wenn es an der Bruderliebe fehlt, kann man zwar in christliche Umgangsformen, die nach Liebe aussehen, flüchten, aber das Leben wird zum frommen Selbstbetrug. Freundliches Benehmen, zuvorkommende Höflichkeit — damit wird in der Gemeinde oft Liebe nur vorgetäuscht. Das ist dann geheuchelte Liebe. Heuchelei aber ist so gefährlich, weil sie den Mangel an Bruder-

[65] Vgl. ThBL Art. „Seele" und hierzu V. 9

[66] Amy Carmichael, die in Indien ein Rettungswerk für Tempelkinder aufbaute, schreibt in den Grundsätzen für ihre Hausgemeinschaft: „Wenn die Liebe unter uns zu schwinden droht, wenn es möglich wird, den leisesten Schatten eines lieblosen Wortes zu dulden, dann fängt unsere Gemeinschaft an zu sterben. Lieblosigkeit ist tödlich, sie ist gefährlicher als eine Kobra. Gerade so, wie ein winziger Tropfen des Kobragiftes sich schnell in dem ganzen Körper dessen verbreitet, dem es eingespritzt wurde, so genügt ein Tropfen galliger Lieblosigkeit in meinem oder deinem Herzen, daß er sich in furchtbarer Macht in unserer ganzen Familie ausbreitet; denn wir sind ein Leib ... Wenn du irgendwo Lieblosigkeit entdeckst, laß alles liegen und bringe es in Ordnung, wenn möglich sofort!". Aus „Amy Carmichael von Dohnavur", S. 85/86.

liebe verdeckt und unser Verhältnis zu Gott und dem Bruder vergiftet. Könnten wir nicht heucheln, so würden wir viel eher erschrecken über unseren Mangel an Liebe und offen mit dem Bruder reden. Wie manche Gemeinde ist durch das Fehlen ungeheuchelter Bruderliebe gelähmt! Wie ernst hat Jesus vor der frommen Heuchelei gewarnt (Mt 6, 5.16; 7, 5; Lk 12, 1)! Und Petrus wird es noch einmal in Kap. 2, 1 tun.

Nun folgt der Hauptsatz: **Habt einander von Herzen beharrlich lieb.** Nur durch die Bruderliebe wird das Grundverhältnis der Jünger untereinander eindeutig gekennzeichnet. Das wird deutlich an Bibelworten wie Jo 13, 34 f; 15, 12; 17, 26; 1 Th 3, 12; 4, 9 f. **Habt einander lieb**[67] muß überzeitlich verstanden werden. Die Hörer[68] in Kleinasien stehen zwar schon in der Bruderliebe, aber sie will täglich neu praktiziert werden. Man hat sie nicht ein für allemal. Daher die erneute Mahnung: **habt einander von Herzen lieb.** Die beiden Ausdrücke **von Herzen** und **beharrlich** machen den Ernst und Nachdruck der Mahnung deutlich. Wo Bruderliebe **von Herzen** kommt, entkrampft sie das Verhalten und macht frei. Da benimmt man sich nicht anders, als man im Herzen denkt. **Beharrlich** (eigentlich „angespannt") deutet an, daß Bruderliebe nicht immer leicht ist. Ichsucht, schwierige Verhältnisse oder auch unsympathisches Wesen des Bruders können das Lieben schwer machen. Da gilt es, beharrlich zu lieben, d. h. die Bruderliebe gegen allen Widerstand festzuhalten.

23 In Vers 23 wird eine zweite, die grundlegende Voraussetzung für die Bruderliebe aufgezeigt: **... als die neugeboren sind.** Wieder geht wie in V. 13 der Imperativ (habt einander lieb) aus dem Indikativ (ihr seid neugeboren) hervor. Es ist geradezu das Wesen apostolischer Ermahnungen, daß sie keine gesetzlichen, moralischen Anweisungen für ein gottgemäßes Leben enthalten. Der Mensch kann ja aus seiner Natur keine geistliche Haltung hervorbringen. Deshalb beruhen die Ermahnungen auf Tatsachen, die Gott im Leben der Seinen geschaffen hat. Hier also: sie **sind neugeboren** (von neuem

[67] Wieder Imperativ des Aorist (Vgl. Anm. zu 1, 13).
[68] Wir müssen uns klarmachen, daß die apostolischen Briefe von den Empfängern nicht gelesen, sondern gehört wurden, indem man sie ihnen vorlas.

geboren oder wiedergeboren)[69]. **Neugeboren** ist nicht nur ein Bild, sondern meint eine Realität: Gott hat ein neues, göttliches Leben geschenkt. Größeres gibt es nicht, Geringeres aber hilft dem Menschen nicht. Um ewige Gemeinschaft mit Gott zu haben, braucht der Mensch Leben aus Gott. Dieses Leben erhält er in der Wiedergeburt. Jesus betont: Wenn jemand nicht von neuem geboren ist, kann er die Königsherrschaft Gottes nicht sehen (Jo 3, 3)[70]. Es ist nur eine andere Formulierung, aber die gleiche Wirklichkeit, wenn es im Johannes-Evangelium heißt: „Wer an den Sohn glaubt, der hat das ewige (das neue) Leben" (3, 36). In 1 Jo 5, 11 ist die gleiche Sache in gleicher Gewißheit ausgedrückt: „Das ist das Zeugnis, daß uns Gott das ewige Leben gegeben hat, und solches Leben ist in seinem Sohn." Und Paulus sagt in 2 Ko 5, 17: „Ist jemand in Christus — das bedeutet Neuschöpfung (der Persönlichkeit)." An der Formulierung ... **als die neugeboren sind,** fällt auf: Die Wiedergeburt ist offenbar keine unsichere Sache, sondern ein nicht zu leugnendes Faktum. Weiter fällt auf, daß die Wiedergeburt als ein zurückliegendes Geschehen erscheint; sie ist ein perfectum, kein futurum. Und schließlich ist bemerkenswert, daß Petrus die Neugeburt von sich und jedem Christen in Kleinasien bezeugt. Er weiß nichts von Christen, die „nur glauben", aber noch nicht wiedergeboren sind. Auch das übrige NT kennt diese Unterscheidung nicht. Entweder man ist Christ, dann ist man auch wiedergeboren, oder man ist noch nicht wiedergeboren, dann ist man auch noch nicht wirklich Christ[71]. Der Hinweis auf die Wiedergeburt ist die tiefste Begründung der Bruderliebe. Mit der Wiedergeburt sind die Christen Brüder und Schwestern geworden, ob sie einander

[69] Rendtorff sagt zur Stelle: „Das grie Wort hat einen vielfältigen Gehalt. Es meint einen neuen Anfang in der Zeit, einen Anfang von vorne zum zweiten Mal; es meint aber zugleich einen Anfang von einer anderen Art als das alte Leben, einen Anfang von oben, aus einer anderen Welt heraus" (S. 20).

[70] In Jo 3 steht zwar nicht der gleiche Ausdruck (s. WStb. zu dieser Stelle), aber beide Ausdrücke sind eng verwandt und meinen die gleiche Sache.

[71] Die Klassifizierung der Christen in Wiedergeborene und Nicht-Wiedergeborene schafft theologische Unklarheit. Sie entsteht dadurch, daß man die Wiedergeburt auf innere Erlebnisse gründet. Es ist immer gefährlich, theologische Lehrsätze aus der inneren Erfahrung zu erheben, statt aus Gottes Wort. Ebenso deutlich, wie wir betonen müssen: „nur der", der von Herzen an Jesus glaubt, hat den Heiligen Geist (Eph 1, 13) und ist wiedergeboren zu einem Kinde Gottes, ebenso deutlich müssen wir auch betonen: „Jeder", der an Jesus gläubig ist, hat den Heiligen Geist und ist wiedergeboren.

sympathisch sind oder nicht. Das gleiche Grundereignis, ja die gleiche göttliche Lebenskraft verbindet die Christen: als die wiedergeboren sind **nicht aus vergänglichem Samen, sondern aus unvergänglichem durch das lebendige und bleibende Wort Gottes.** Für **Samen** steht im Grundtext *spora;* das bedeutet — wie unser Wort „Saat" — zugleich auch den Vorgang des Aussäens. Daher kann die Übersetzung auch lauten: „... wiedergeboren nicht aus vergänglichem Säen, sondern aus unvergänglichem durch das Wort Gottes." In dieser Übersetzung kommen die Präpositionen **aus** und **durch** mehr zur Geltung: wiedergeboren **aus** dem Vorgang des Säens **durch** die Lebenskraft des Wortes Gottes. So zeigt der V. 23 nicht nur die fundamentale Bedeutung des Wortes Gottes, sondern zugleich auch die seiner Verkündigung. Wie der Same gesät werden muß, muß auch die Botschaft Gottes weitergegeben werden, um wirksam zu sein. Im Gegensatz zum Säen auf dem Ackerfeld aber wird das Wort Gottes zu **unvergänglicher** Wirksamkeit gesät: es wirkt Wiedergeburt und ewiges Leben.

Aber ebenso muß das andere gesagt werden: auf den **Samen** kommt es an, auf das Wort Gottes selbst. Verkündigung, die ewiges Leben schafft, kann es nur geben **durch das lebendige und bleibende Wort Gottes.** „Der Same ist das Wort Gottes", so sagt es Jesus im Gleichnis vom vierfachen Ackerfeld (Lk 8, 11). Weil dieser Same lebendig und bleibend ist, schafft er auch lebendige und bleibende Frucht. Es muß für jeden Verkündiger klar sein, daß er durch kein anderes Mittel Frucht seines Säens erreichen kann, als durch **das lebendige und bleibende Wort Gottes.** Der grie Satz kann auch anders übersetzt werden: „durch das Wort des lebendigen und bleibenden Gottes." Ein Grieche konnte also aus der Formulierung beides heraushören: Das Wesen Gottes, des lebendigen und ewigen, bestimmt die Qualität dieses Wortes — und: die Qualität des Wortes Gottes bestimmt wiederum die der Aussaat und der Wiedergeburt.

Wir müssen die Größe und Herrlichkeit des Wortes erkennen, um zu begreifen, was es Großes bedeutet, daß dieses Wort als „lebendiges" uns erreichte, d. h. als persönlicher Anruf des gegenwärtigen Gottes uns traf und in uns ein bleibendes, göttliches Leben wirkte. Das ist der Sinn von V. 24/25.
24 Da wird Jes 40, 6 ff zitiert: **Alles Fleisch ist wie Gras und alle seine Herrlichkeit wie des Grases Blume.** Mit dem Ausdruck **Alles Fleisch** sind alle Menschen gemeint. **„Fleisch"** bezeichnet

den natürlichen Menschen[72]. Wie groß erscheint der Mensch mit seiner Macht und Weisheit, mit seiner Kultur und Wissenschaft! Und doch ist das alles nur „Fleisch", auch in seinen schönsten und edelsten Blüten. Und dessen Schicksal ist gekennzeichnet durch die Worte: **verdorrt ist das Gras und die Blume ist abgefallen.** Die Vergangenheitsform besagt: Das ist nicht nur Vorhersage der Zukunft, sondern millionenfache Erfahrung. Zugleich ist es aber auch „prophetisches Perfekt", eine prophetische Aussage, die so gewiß über jedem jetzt noch lebenden Menschen steht, wie wenn es sich um etwas schon Geschehenes handeln würde.

Davon hebt sich nun die wunderbare Tatsache ab, daß es 25
etwas gibt, das **in Ewigkeit bleibt, nämlich das Wort des Herrn**[73]. Für **Wort** steht hier im Grie nicht *logos,* sondern *rhæma* = das unmittelbar Gesprochene, die Rede. Im NT ist es das vom lebendigen Gott gesprochene und damit zugleich auch wirkende Wort. So ist es das mich treffende, lebendige Wort des gegenwärtigen Herrn. *Rhæma* entspricht dem häufig in der Schrift vorkommenden Satz: Es geschah das Wort des Herrn. Es ist ein Gottesgeschehen, wenn dieses Wort als **gute Botschaft** verkündigt wird. Im Grie steht hier *euangelizesthai* = evangelisieren, eine Freudennachricht überbringen. **Das ist aber das Wort, das an euch** ergangen ist. Damals griff der lebendige Gott nach ihnen durch sein Wort und wirkte bei ihnen Wiedergeburt und ewiges Leben. Wer das erlebt hat, der kann die Brüder lieben. Leben aus Gott wirkt sich aus im Lieben, denn Gott ist Liebe (1 Jo 4, 8).

[72] Siehe Jer 17, 5: „Verflucht ist der Mann, der sich auf Menschen verläßt und hält Fleisch für seinen Arm." Dasselbe versteht auch Paulus unter „Fleisch" (Gal 1, 16; Rö 8, 3 b u. a.).

[73] Hier ist Jes 40, 8 zitiert. Dort heißt es: „das Wort Gottes". Petrus wandelt es ab in „das Wort des Herrn". Die Juden scheuten sich je länger desto mehr, den Namen Gottes, *Jahwe,* auszusprechen. Sie sagten dafür „Herr" (hebr. *adonaj,* in der LXX: *kyrios).* Es war dann eine gewaltige Sache, daß die Urgemeinde ihr Bekenntnis zu Jesus in die Worte faßte: *KYRIOS JESOUS,* Herr ist Jesus. So identifizierte sie das Herr-Sein Jahwes mit dem Herr-Sein des Auferstandenen. Sie konnte das, weil Jesus es bezeugt hatte: Ich und der Vater sind eins (Jo 10, 30). Das hatte sie in seiner Auferstehung und Erhöhung bestätigt gefunden (vgl. auch Phil 2, 6—11).

Aufgebaut als lebendige Steine

1. Petrus 2, 1—10

Zu Vers 1:
Jak 1, 21
Eph 4, 22. 31
Zu Vers 2:
Mt 18, 3
1 Ko 3, 2
Hbr 5, 12 f
Zu Vers 3:
Ps 34, 9
Zu Vers 4:
Ps 118, 22
1 Ko 3, 11;
10, 4
Zu Vers 5:
Mt 16, 3. 18
Rö 12, 1
Eph 2, 21 f
Hbr 3, 6;
13, 15 f
Zu Vers 6:
Jes 28, 16
Rö 9, 33
Zu Vers 7:
Mt 21, 42
Apg 4, 11
Zu Vers 8:
Lk 2, 34
Zu Vers 9:
2 Mo 19, 5. 6
Jes 43, 20 f
Mt 5, 16
Jo 12, 46
Apg 26, 18
Eph 5, 8
Phil 2, 15
Kol 3, 12
2 Pt 1, 3
Offb 1, 6
Zu Vers 10:
Hos 1, 6. 9
Rö 9, 24—26

1 **Legt nun ab alle Schlechtigkeit und alle Verschlagenheit**
2 **und Heuchelei und Neid und alle üble Nachrede, * seid**
vielmehr als (oder: wie) **eben geborene Kinder begierig**
nach der vernünftigen, unverfälschten Milch, um durch sie
3 **zu wachsen zur Rettung, * da „ihr ja geschmeckt habt,**
4 **daß der Herr gütig ist“. * Zu ihm herzukommend, dem le-**
bendigen Stein, der von (den) **Menschen zwar verworfen,**
5 **bei Gott aber auserwählt und kostbar ist, * laßt auch ihr**
selbst euch als lebendige Steine aufbauen zu einem geist-
lichen Hause, zu einer heiligen Priesterschaft, um geistli-
che Opfer darzubringen, die Gott wohlgefällig sind durch
6 **Jesus Christus. * Deshalb steht in der Schrift: „Siehe,**
ich setze in Zion einen auserwählten Stein, einen kost-
baren Eckstein, und wer an ihn glaubt, wird nicht zu-
7 **schanden.“ * Euch nun, den Glaubenden,** (wird) **die Kost-**
barkeit (zuteil). **Den Ungläubigen aber** (gilt): **„der Stein,**
den die Bauenden verworfen haben, dieser ist zum Eckstein
8 **geworden“ * und „ein Stein des Anstoßes und Fels des**
Ärgernisses“. Sie stoßen sich, weil sie dem Wort nicht ge-
9 **horchen — wozu sie auch gesetzt sind. * Ihr aber** (seid
das) **auserwählte Geschlecht,** (die) **königliche Priesterschaft,**
(das) **heilige Volk,** (das) **Volk zum Eigentum, damit ihr weit**
hinaus verkündigt die Machttaten dessen, der euch aus der
Finsternis herausgerufen hat in sein wunderbares Licht.
10 **Die ihr einst „nicht Volk“** (waret), **nun aber Volk Gottes**
(seid), **die ihr nicht begnadigt** (waret), **nun aber begnadigt**
(seid).

Durch das **nun** ist dieser Abschnitt mit dem vorigen verbunden. Er baut auf ihn auf, ist aber deutlich ein neuer Abschnitt mit neuer Zielrichtung[74]. Der Schlüssel zum Verständ-

[74] Treffend bemerkt Beck a.a.O. S. 109: „Überhaupt haben wir als Eigentümlichkeit des Stils in unserem Brief erkennen können, wie sich Satz in Satz, Gedanke in Gedanken verwebt, rückwärts und vorwärts.“
Eigentümlich, aber sachentsprechend ist auch die Verbindung von Partizipialsatz und Hauptsatz in 1, 13; 1, 22 und an unserer Stelle. Die Hauptaussage steht im Hauptsatz (habt eure Hoffnung gesetzt; habt euch lieb; seid begierig). Dem ist jeweils ein Partizipialsatz vorangestellt, der sachlich dazu gehört, weil er die Voraussetzung bildet (begürtet habend; gereinigt habend; abgelegt habend). Abgelegt habend . . . seid begierig — diese Zuordnung von Nebensatz und Hauptsatz sollte nicht übersehen werden, da sie sehr aussagekräftig ist.

nis liegt in den Worten: **als eben geborene** (oder: **neugeborene) Kinder** (V. 2)[74a]. Dieser Ausdruck entspricht dem „wiedergeboren“ von Kap. 1. Ein neugeborenes Kind wird man durch Geburt, ein neugeborenes Gotteskind, das ist hier gemeint, durch Wiedergeburt. **Eben geborene Kinder** ist eigentlich kein Vergleich, sondern meint den neuen wirklichen Tatbestand. Christen sind wirklich Kinder, nämlich Gottes Kinder. Deshalb steht hier das griechische Wort *hos,* das beides ausdrückt: **als** und **wie** soeben geborene Kinder. **Eben geboren** besagt: viele der Briefempfänger sind erst vor kurzer Zeit Christen geworden, sind also noch jung im Glauben. Es ist wohl anzunehmen, daß zu jener Zeit, als Petrus schrieb, eine Erweckungsbewegung durch das kleinasiatische Land ging. Durch den Vergleich von jungen Gotteskindern mit neugeborenen Menschenkindern leuchten in unserem Abschnitt wesentliche Grundlinien gesunden Gemeindelebens auf. Zunächst fällt auf, wie die Apostel um junge Christen gerungen haben. Jung Bekehrte sind nicht „fertig“. Es steht mit ihnen genauso wie mit Säuglingen: Sie bedürfen sorgfältiger Pflege[75]. Von der Pflege hängt es ab, ob ihr geistliches Leben sich gesund entwickelt oder aber langsam abstirbt. Die Apostel waren um diese Pflegebedürftigen mit Eifer bemüht „wie eine Mutter“ und „wie ein Vater“ (1 Th 2, 7.11).

Vers 1 zielt grammatisch auf Vers 2. So wird wohl das Bild 1
von V. 2 schon den ersten Vers bestimmen. Zur rechten Pflege

[74a] Der Ausdruck „eben geborene Kinder“ hat manche Forscher vermuten lassen, es handle sich im 1 Pt um eine Taufansprache, also die Ermahnung an eben getaufte Christen. Die Urgemeinde habe die Taufe als Wiedergeburt verstanden und Neugetaufte als eben geborene Kinder Gottes. Ein weiterer Hinweis darauf liege in der Erwähnung der Taufe in Kap. 3, 21 vor. Der eigentlichen Taufrede, die von Silvanus stammen könnte (5, 12), sei eine Einleitung vorangestellt und ein Schlußabschnitt angefügt. So sei alles zu einem Brief ausgeweitet worden. Für das Verständnis des 1 Pt trägt diese Hypothese nicht viel ein. Ihr scheint eine Überbewertung der Taufe zugrunde zu liegen, eine zu selbstverständliche Identifizierung von Wiedergeburt und Taufe. Auch sind wir letztlich durch kein Argument genötigt, dem 1 Pt abzusprechen, daß er von vornherein als Brief geschrieben worden ist.

[75] Zuweilen findet sich in der Gemeinde das Mißtrauen gegenüber den jung Bekehrten, ob deren Bekehrung auch echt sei. Erst wenn genügend Früchte der Umkehr zu sehen sind, ist man bereit, die Echtheit anzuerkennen. Diese Haltung kannten die Apostel nicht. Eine Mutter sieht nicht mißtrauisch darauf, ob das Leben ihres Kindes echt ist. Auch erwartet sie von ihm noch keine großen Leistungen, sondern nimmt es voll Dank an und pflegt es. Genau das ist die Haltung der Urgemeinde gegenüber den eben geborenen Kindern Gottes.

kleiner Kinder gehört die Reinigung; ebenso bei den Gotteskindern. **Nachdem ihr alle Schlechtigkeit und alle Verschlagenheit und Heuchelei und Neid und alle üble Nachrede abgelegt habt**[76]. **Schlechtigkeit** ist ein sehr allgemeines Wort. Das betrifft jeden Bereich des Lebens. **Verschlagenheit** (oder auch „List", „Betrug") meint eine Gesinnung, die auf eigenen Vorteil sinnt, und zwar auf Kosten anderer. **Heuchelei** (wie auch **Neid** und **üble Nachrede**) steht im Plural; damit wird angedeutet, daß es vielerlei Versuchungen zur Heuchelei gibt. Es besteht die Gefahr, etwa das Fasten, Beten und Opfern nicht um Gottes willen zu tun, sondern um der Menschen willen; nicht von Herzen, sondern um vor den Menschen in gutem Licht dazustehen. Die Heuchelei vergiftet unsere Frömmigkeit, wie man an den Pharisäern und z. B. an Ananias und Saphira (Apg 5, 1—11) sehen kann. Alles, was man tut, um vor den Menschen als fromm zu erscheinen, ist Heuchelei. Ja, in manchem christlichen Kreis wird der fromme Schein geradezu erwartet. Dadurch aber wird der Mensch zur Heuchelei gedrängt und verführt. Es ist auch Heuchelei, wenn ein Mensch heimlich Sündengedanken nährt und äußerlich noch den frommen Schein wahrt. So begann der Abweg des Judas Ischariot. Heuchelei bietet dem Menschen die Möglichkeit, innere Unwahrhaftigkeit durchzuhalten unter dem Anschein von Frömmigkeit. Deshalb kann man einem Heuchler so schwer helfen. Und deshalb hat Jesus so ernst vor der Heuchelei gewarnt (Lk 12, 1)[77]. Und Petrus sagt nun: Legt alle Heuchelei ab, das heißt, gebt allen frommen Anschein auf. **Neid** kommt aus der Ichsucht und vergiftet die Nächstenliebe. Neid setzt sich das Ziel, auch haben zu wollen, was der andere hat. Damit stellt der Neid falsche Lebensziele vor Augen. Der Plural könnte wiederum auf die vielen Versuchungen zum Neid hinweisen. Schließlich sind hier noch die **üblen Nachreden** genannt, die besondere Gefahr der Gotteskinder! Je mehr Gemeinschaft man hat, desto besser kennt man sich, und

[76] Wörtlich „abgelegt habend". Wieder steht sowohl hier wie auch im Hauptsatz der Aorist, was andeutet, daß die Mahnung nichts Neues, nichts jetzt erst Beginnendes meint. Petrus fordert auf, an dem festzuhalten und das neu zu ergreifen, was schon früher bei ihrer Bekehrung begonnen hat.

[77] Es kommt die Stunde, da alle vor Gott offenbar werden müssen. Wie einem Heuchler dann zumute sein wird, sagt die Schrift in Jes 33, 14: „In Zion sind die Sünder erschrokken, Zittern hat die Heuchler befallen, und sie sprechen: Wer ist unter uns, der bei verzehrendem Feuer wohnen kann? Wer ist unter uns, der bei ewiger Glut wohnen kann?"

desto mehr weiß man vom andern zu erzählen. Nichts aber vergiftet die Gemeinschaft so sehr wie die üble Nachrede. Genau betrachtet sind das „Wesenssünden", aus denen Tatsünden erwachsen. Sie sind ein Zeichen unserer verdorbenen, fleischlichen Art, die auch nach unserer Wiedergeburt noch da ist. Zugleich aber zeigt Petrus hier, daß ein Christ sich damit nicht abfinden und diese Dinge nicht bei sich dulden darf. Was hier aufgezählt wird, sind nicht etwa nur Schönheitsfehler, sondern tödliche Gefahren für das geistliche Leben. Wie ist dem zu begegnen? **Nachdem ihr abgelegt habt,** sagt Petrus. Er sagt nicht: Kämpft dagegen an! Das würde nicht etwa nur Krampf werden, da es sich ja um unsere tiefsitzende fleischliche Gesinnung handelt. Die wird dadurch erst noch gereizt, und wir werden in Zerissenheit getrieben. „Legt ab", sagten auch Jakobus (1, 21) und Paulus (Rö 13, 12; Eph 4, 22.25; Kol 3, 8—14). In Kol 3, 9 nennt Paulus die Voraussetzung: Sie haben einmal grundsätzlich in ihrer Glaubenshingabe an Jesus den alten Menschen ausgezogen und in den Tod Christi mit hineinnehmen lassen. Wenn also Jünger Jesu daran erinnert werden, daß sie den alten Menschen ausgezogen und damit alle Schlechtigkeit und Bosheit abgelegt haben, dann heißt das: jetzt geht es nicht mehr um den früheren aussichtslosen Kampf gegen die Sünde, nicht mehr um moralische Anstrengung, nicht mehr um geistliche Klimmzüge, durch die man sich zu bessern sucht. Statt dessen gilt es, im Glauben einfach damit zu rechnen, daß die Erlösten tot sind für die Sünde (Röm 6, 11), weil die Sünde auf Grund des Opfers Jesu keinen Rechtsanspruch mehr an sie hat.[79] Dementsprechend schließt die grie Formulierung (wörtl.: abgelegt habend ... seid begierig geworden) nicht aus, sondern ein, daß das Ablegen der Schlechtigkeit je und je neu im Leben des Gläubigen zu geschehen hat, daß hier also eine betonte Mahnung für die Gegenwart vorliegt.

Üble Nachrede, Heuchelei und dgl. sind oft ein Zeichen dafür, daß dem geistlichen Leben die positive Richtung fehlt. 2
Daher nennt Petrus nun die Lebenskräfte, die dem Glaubensleben den positiven Inhalt geben. Es geht in V. 2 um die geistliche Ernährung **der neugeborenen Kinder.** Neugeborene Kinder werden mit **Milch** ernährt. Damit ist das Wort Gottes ge-

[79] Vgl. W. de Boor zu Röm 6 (WStb.)

meint. Das Wort ist die Kraft, die ihnen das Leben gab (1, 23). Es ist auch die Kraft, die das Leben nährt[80]. **Milch** wird näher bestimmt durch **vernünftig** und **unverfälscht. Vernünftig** hat nichts mit dem zu tun, was wir unter Vernunft (lat. *ratio)* verstehen, sondern eher mit dem, was wir „logisch" oder auch „sachentsprechend" nennen. Die Nahrung muß dem neugeborenen Gotteskind entsprechen. **Vernünftig,** grie *logikos,* begegnet uns auch in Rö 12, 1. Dort dient der Ausdruck zur Übertragung atst Begriffe auf das Leben im Neuen Bund: den Leib Gott zum Opfer geben — das ist der vernünftige, der „logische", dem neuen Stand der Christen entsprechende Gottesdienst. Ebenso wird *logikos* auch hier zu verstehen sein. Der Ausdruck soll andeuten, es handle sich nicht um wirkliche Milch, sondern um Milch im übertragenen, geistlichen Sinn. Da *logikos* von *logos* („Wort") abgeleitet ist, mag das zugleich ein Hinweis darauf sein, daß die Milch der Kinder Gottes aus dem Wort kommt. **Unverfälscht** deutet darauf hin, daß nicht jede Milch gut ist und nicht jedes Wort das geistliche Wachstum der Kinder Gottes fördert. Milch kann verpanscht oder sogar vergiftet werden. Ebenso kann auch das Wort Gottes durch Menschenmeinung oder satanische Absicht verfälscht werden. Der Christ soll nicht kritiklos alles in sich aufnehmen, er soll vielmehr nur nach unverfälschtem Gotteswort Verlangen haben. Das erfordert eine aus dem Umgang mit der Bibel gewonnene Urteilskraft.

Die entscheidende Aussage dieses Satzes lautet: **Seid begierig,** habt Verlangen! Dieser Ausdruck entspricht dem gesetzesfreien Evangelium. Die geistliche Nahrungsaufnahme wird nicht an ein festgesetztes Maß, an Zeit oder Form gebunden. Wer begierig geworden ist, sucht Gelegenheiten, sein Begehren zu stillen. Wem aber dieses Verlangen fehlt, der hat ständig anderes zu tun und hat nie Zeit für Gottes Wort. Man kann solches Verlangen und Bedürfnis nicht befehlen, aber der Appetit kommt beim Essen. Es ist ein geistliches Lebensgesetz, daß der, der das Wort Gottes in sich aufnimmt, von geistlicher Lebenskraft erfüllt wird. Und das bedeutet geistliches Wachstum und wachsende Freude an Jesus. Wenn man das Verlangen danach auch nicht befehlen kann, so kann man doch die Notwendigkeit, nach Gottes Wort begierig zu sein, einsehen: **um . . . zu wachsen zur Rettung.** Es ist die Sorge jeder

[80] Vgl. dazu 1 Ko 3, 2 und Hbr 5, 12 f.

rechten Mutter, daß das Kind wächst. Und ebenso ist es die Sorge jedes rechten Seelsorgers, daß die geistlichen Kinder **wachsen.** Wo keine Nahrungsaufnahme erfolgt, bleibt das Leben nicht nur stehen, sondern geht zurück und endet im Sterben. Die beste Sicherung dagegen ist Nahrungsaufnahme und Wachstum. Wo das vorliegt, ist **Rettung**. So ist es auch bei den Kindern Gottes. Immer ist ihr Leben gefährdet. Kinder Gottes sind errettet (Eph 2, 5). Es ist aber nötig, daß sie auch heute aus den Gefährdungen ihres geistlichen Lebens errettet werden. Und nur wenn ihr geistliches Leben erhalten wird, werden sie die Errettung in den zukünftigen Gottesgerichten erleben (s. zu K 1, 5). **Um durch sie zu wachsen zur Rettung** besagt: Haupterfordernis ist, daß die Kinder Gottes wachsen. Dann darf man der Rettung gewiß sein.

Einen weiteren Anreiz, begierig nach dem Wort zu sein, 3
fügt Petrus an: **da ihr ja geschmeckt habt, daß der Herr gütig ist.** Damit sollen die Leser angereizt werden, konsequent zu leben, etwa in dem Sinn: Wenn ihr schon geschmeckt habt... dann seid doch ganz konsequent und fahrt fort, Verlangen zu haben. Es ist wahrscheinlich, daß Petrus auch hier noch an das Bild vom Säugling gedacht hat, der die Nahrung **geschmeckt hat.** Ein Säugling, der die Nahrung geschmeckt hat, will nicht wieder aufhören, bis er satt ist. Daß er geschmeckt hat, verstärkt sein Verlangen. Wer in der Wiedergeburt Leben aus Gott empfing, der hat **geschmeckt, daß der Herr gütig ist,** als er begnadigt wurde. Im Wort haben sie geschmeckt, daß der Herr gütig (oder freundlich) ist (zitiert aus Ps 34, 9). Im Wort, das sie nährt, werden sie es immer wieder erfahren. Es ist zu beachten, daß auch dieser Vers Verlangen wecken will, statt Vorschriften über das Bibellesen und den Bibelstundenbesuch zu machen.

In V. 4 ist das alte Bild verlassen. Ein neues leuchtet auf, 4
das Bild vom **lebendigen Stein.** Inhaltlich ist V. 4 jedoch eng mit dem vorigen verbunden. V. 3 blickte auf den gütigen Herrn. Das gibt V. 4 den hellen Hintergrund: hinter der Mahnung zur Gemeinschaft steht die gemeinsame Erfahrung der Güte des Herrn. **Zu ihm,** dem gütigen Herrn, **herzukommend ... laßt auch ihr selbst euch aufbauen!** Wenn man die Satzkonstruktion beachtet, wird folgendes Sinngefälle deutlich: Laßt auch ihr selbst euch aufbauen zum geistlichen Hause, in dem ihr zu eurem gütigen Herrn kommt, ihm näher rückt. Aller notwendigen Brudernähe muß die Christusnähe voraus-

gehen. Zum Herrn **herzukommen** (Jud 20; Hebr 7, 25) ist immer wieder nötig. Nur dadurch kann er als der Herr ständig seine Gemeinde bestimmen. Das Bild vom Stein in V. 4 ist schon auf V. 5 bezogen, auf das Bild von den vielerlei Bausteinen, die das geistliche Haus bilden. Der Herr selbst, wie auch seine Jünger (V. 5) werden **lebendige Steine** genannt. Es geht um lebendige Grundelemente eines geistlichen Gebildes. Christus ist **lebendiger Stein** in dem Sinn, daß er das Leben ist und zugleich lebendig macht. Dasselbe sagt der Evangelist Johannes, wenn er von ihm bezeugt: In ihm war das Leben, und das Leben war das Licht der Menschen (1, 4). Der Grundstein, Christus, ist **von den Menschen verworfen** (wörtlich: weggeschätzt, d. h. geprüft und als untauglich befunden), **bei Gott aber auserwählt und kostbar.** Der ganze Brief, besonders aber unser Abschnitt ist voll von atst Theologie. Das zeigt sich schon in den wörtlichen Zitaten (1, 24; 3, 10—12), vor allem aber in frei wiedergegebenen atst Redewendungen und Begriffen. Der Verfasser war offensichtlich im AT ganz zu Hause[81]. Deshalb war seine Botschaft und Sprache vom AT her geprägt, und zwar von dessen ntst messianischer Deutung. In unserem Vers leuchten Ps 118, 22 und Jes 28, 16 auf. Jesus selbst hatte Ps 118, 22 auf sich gedeutet mit den Worten: „Habt ihr nie gelesen in den Schriften: ‚Der Stein, den die Bauleute verworfen hatten, gerade der ist zum Eckstein geworden. Vom Herrn ist dies geschehen, und wunderbar ist Er in unseren Augen'? Deswegen sage ich euch: Gottes Herrschaft wird von euch genommen und einem Volk gegeben werden, das deren Früchte bringt. Und wer über diesen Stein zu Fall kommt, der wird zerschmettert werden; auf wen er aber fällt, den wird er zermalmen.“ (Mt 21, 42—44.) Erst recht nach Ostern sah die Urgemeinde in diesen atst Worten die Kreuzigung und Auferstehung Jesu dargestellt. Die Kreuzigung Jesu ist seine Verwerfung durch die Menschen, nicht nur durch die Juden, son-

[81] Das gilt jedoch auch von den Empfängern des Briefes. Petrus braucht ihnen das Bild nicht zu erklären. Bestimmte, grundlegende Abschnitte des AT waren Allgemeingut der Gemeinde des ersten Jahrhunderts. Das hat H. W. Wolff speziell für die messianische Deutung von Jes 53 gezeigt. Er weist nach, daß Jes 53 wesentlich den Wortschatz der Urgemeinde geprägt hat (Jesaja 53 im Urchristentum, Berlin 1952 S. 99 f). Das erklärt auch die starken Anklänge des 1 Pt an andere ntst Schriften (besonders Eph und Rö). Nur wer das sieht, kann trotz mancher Gemeinsamkeiten die Originalität der einzelnen Apostel erkennen. Nicht literarische Abhängigkeit muß man aus der Übereinstimmung der Briefe schließen, sondern echte, sachliche Koinonia, Gemeinsamkeit in der messianischen Deutung des AT!

dern auch durch die Heiden. Und nach seiner Auferweckung las die Urgemeinde aus Ps 118, 22 das Urteil Gottes, sein alles umkehrendes „Dennoch“ heraus. Jesus ist **von den Menschen zwar verworfen, bei Gott aber auserwählt und kostbar. Verworfen** steht im Perfekt, das seine Bedeutung für die Gegenwart behält. Das macht deutlich, dieser Gegensatz geht seitdem durch alle Zeiten hindurch. Auch heute noch verwerfen Menschen diesen **lebendigen Stein** und stehen damit im Gegensatz zu Gottes Urteil: **Bei Gott aber auserwählt und kostbar.** Wer zu ihm kommt, ist sofort hineingenommen in diesen Gegensatz. Wer sich auf die Seite dieses Messias Jesus stellt, muß bereit sein, das Mit-verworfen-werden durch die Menschen in Kauf zu nehmen.

Laßt auch ihr selbst euch aufbauen als lebendige Steine zu 5
einem geistlichen Hause, zu einer heiligen Priesterschaft. Würde Petrus das Bild von V. 1—3 beibehalten haben, müßte er jetzt von der Wärme oder Nestwärme reden, die ein Kind Gottes zu seiner Entwicklung braucht[82]. Es ist jedoch bedeutsam, daß er in V. 5 das Bild vom Säugling verlassen hat. Das Wort von der „Nestwärme“ ist nämlich auch gefährlich. Es könnte den Eindruck erwecken, als ginge es nur um die Pflege der Gläubigen. Nein, es geht um das **geistliche Haus** und damit um Gottes Ehre und seinen Dienst. Es geht um die Aufgabe, die die Kinder Gottes haben. Das **geistliche Haus** ist der Tempel, die Offenbarungsstätte Gottes in dieser Welt. Es umfaßt die ganze Gemeinde aller Jahrhunderte auf der ganzen Erde. Wozu Gott selbst den Grund gelegt hat (V. 6). Das heißt auch, daß er den geistlichen Bau geplant hat und nun ausführt. Soviele Jesus als Herrn aufgenommen haben, sind **lebendige Steine**. Es liegt an ihnen, sich in das geistliche Haus einbauen zu lassen. **Laßt auch ihr selbst euch aufbauen** (oder: erbauen, ein-

[82] Erfahrene Seelsorger führen das Bild vom Säugling gern konsequent durch. Sie sagen: der Säugling braucht vier Dinge: Atmung, Reinigung, Wärme, Nahrung. Entsprechend braucht der Christ zur gesunden Entwicklung Gebet, Reinigung, Gemeinschaft und Wort Gottes. Das sind Grundelemente geistlichen Wachstums. Wir finden sie etwa in Apg 2, 42, sie blieben aber beständig in der Apostel-Lehre, in der Gemeinschaft, im Brotbrechen und Gebet. Der Apostel-Lehre entspricht die „Milch“ des Wortes Gottes, Gemeinschaft findet ihre Entsprechung im „sich bauen zum geistlichen Hause“ und Gebet entspricht den „geistlichen Opfern“ unseres Textes.

bauen) **als lebendige Steine zu einem geistlichen Haus**[83]. Haben sich die Leser dem einen lebendigen Stein, dem auferstandenen Herrn angeschlossen, dann sind sie selber lebendige Steine geworden, die gemeinsam ein geistliches Haus, nämlich den „heiligen Tempel" der ntst Gemeinde bilden (Eph 2, 21 f). **Geistlich** bezeichnet nicht nur den Gegensatz zu einem stofflichen Gebäude, sondern weist auf den göttlichen Geist, der dieses Haus erfüllt (vgl. 1 Kor 3, 16). Alle, die diesem Haus Gottes eingefügt sind, haben ihre verschiedenen und besonderen Aufgaben an dem jeweiligen Platz, an dem sie wie Steine getragen werden und gleichzeitig selber tragen. So sind sie in ihrer Gesamtheit ein Instrument der Offenbarung Gottes, durch das es Fernstehenden möglich wird, den Weg zu Gott zu finden. Aber nicht nur **ein geistliches Haus** sind sie, sondern auch — und damit wird das Bild personhafter — **eine heilige Priesterschaft.** Das Vorbild ist die atst Priesterschaft. Hochbedeutsam war ihr Dienst[84]. Es war ein Vorrecht, zur heiligen Priesterschaft des Alten Bundes gehören zu dürfen. Wir heutigen Heidenchristen haben im allgemeinen zu wenig Verständnis für die Größe des von Gott selbst verordneten atst Priestertums. Darum können wir so schwer die Bedeutung dieser Verse begreifen. Atst Ämter hatten ihre Herrlichkeit, aber sie waren doch begrenzt und vorläufig (vgl. 2 Ko 3, 11). Die eigentliche Herrlichkeit leuchtet jetzt erst auf in Christus, im Neuen Bund an der Gemeinde[85]. Jedes lebendige Glied in

[83] Es gibt hier drei Übersetzungsmöglichkeiten: bauet euch, werdet gebaut und laßt euch bauen. Letzteres entspricht am besten dem Sinn unseres Abschnittes, da hier weder ein rein aktiver noch ein rein passiver Vorgang gemeint ist. Es geht darum, daß der Christ sich von Gott in den geistlichen Bau, in die Gemeinde Gottes dort einbauen läßt, wohin Gott ihn haben will.

[84] Ihre Aufgabe war es, vor Gott einzustehen für das Volk und umgekehrt zu stehen vor dem Volk im Auftrag Gottes. Sie hatten dem Volk Versöhnung zu vermitteln (vgl. 3 Mo 16) durch den Opferdienst, hatten das Recht und die Weisung des Herrn zu verkündigen (das Gesetz), und sie hatten das Volk zu segnen: „Ihr sollt meinen Namen auf die Kinder Israels legen, daß ich sie segne" (vgl. 4 Mo 6, 22—27).

[85] Leonhard Goppelt hat in seinem Buch „Typos" (1939) die typologische Deutung des AT im NT untersucht. Für die typologische Auslegung des AT im NT ist kennzeichnend: ein ntst Antitypos wird in Vergleich gesetzt mit einem atst Typos. Dabei wird in der „typologischen Steigerung" die Überlegenheit des ntst Antitypos über den atst Typos festgestellt. Der Priesterschaft des Alten Bundes entspricht die Priesterschaft des Neuen Bundes (typologische Entsprechung). Wenn nun schon die atst Priesterschaft eine große Sache war, so ist die ntst noch viel größer. Im NT sind die Priester wirklich heilig, nämlich geheiligt durch Christus. Im Neuen Bunde sind nicht mehr nur Einzelne Priester, sondern alle. Die ntst Priesterschaft bringt nicht fleischerne, sondern geistliche Opfer (typologische Steigerung). Gerade in der typologischen Steigerung liegt die besondere Aussagekraft der typologischen Auslegung des AT im NT.

ihr ist jetzt zum Priester berufen. Eine heilige Priesterschaft, um **geistliche** (vom Geist gewirkte) **Opfer darzubringen,** das ist sachlich und grammatisch der Höhepunkt der Verse 4 und 5. **Opfer darzubringen** ist die eigentliche Tätigkeit des Priesters. Damit wird nun im NT die Aufgabe der Gemeinde beschrieben. Im Opferdienst geht es um Gott. Er ist der Mittelpunkt allen Priestertums. Theozentrisch denkt die ganze Bibel. Von dieser Sicht her kann man auch den Menschen richtig sehen. **Geistliche Opfer** bedeutet: vom Geist gewirkte Opfer. Denn echte Opfer, die vor Gott etwas bedeuten, sind nur möglich durch den Heiligen Geist. Gleichzeitig unterscheidet die Bezeichnung **geistlich** sie von den atst Tieropfern. Der Ausdruck für **Opfer** bezeichnet eigentlich „Schlachtopfer". Damit ist wohl angedeutet: echte geistliche Opfer können nur da gebracht werden, wo gestorben wird. Der Heilige Geist wirkt, daß jeder seinen Leib zur Verfügung stellt als ein Opfer, das da lebendig, heilig und Gott wohlgefällig ist (Rö 12, 1). Unter geistlichem Opfer ist das Gebet zu verstehen (Ps 141, 2; 119, 108; Offb 5, 8; 8, 3 f) ebenso wie der Dank (Ps 50, 14; V. 23; 116, 17), Lob und Bekenntnis des Namens Jesu (Hbr 13, 15; Ps 27, 6), wie auch das Wohltun und Mitteilen (Hbr 13, 16; Phil 4, 18); wo dem Herrn priesterlich gedient wird, kommt es stets auch zu diakonischer Verantwortung. Ebenso ist der priesterliche Dienst am Evangelium (Rö 15, 16; Phil 2, 17) ein Darbringen geistlicher Opfer. Die atst Opfer dagegen, wenn sie als Werkfrömmigkeit verstanden werden, gefallen Gott nicht, denn so spricht der Herr: „Und wenn ihr mir auch Brandopfer und Speisopfer darbringt, so habe ich kein Wohlgefallen daran" (Am 5, 22 f). Von den geistlichen Opfern aber darf man wissen, daß sie **Gott wohlgefällig sind.** Was alle Religionen mit großen Mühen — und dabei doch vergeblich — zu erreichen suchen, das besitzt die Gemeinde des Herrn! Sie kann Gott wohlgefälliges Opfer darbringen, und zwar **durch Jesus Christus.** Damit ist durch Jesus etwas errungen, was keine Religion kennt, nicht einmal der Alte Bund in voller Wirklichkeit. Die Formulierung macht deutlich, wozu die heilige Priesterschaft überhaupt da ist. Die vom Geist gewirkten Opfer sind der Lebenszweck der Gemeinde Jesu. Wo ihre Glieder diese Aufgabe versäumen, da ist ihr Dasein verfehlt, und es gilt ihnen das furchtbare Wort ihres Herrn über die fruchtlosen Reben (Joh 15, 6).

Deshalb steht in der Schrift: „Siehe, ich setze in Zion einen 6

auserwählten Stein, einen kostbaren Eckstein, und wer an ihn glaubt, wird nicht zuschanden." Das ist Zitat aus Jes 28, 16. Dort wird berichtet, daß die Obersten dem Volk von Jerusalem Rettung schaffen wollten dadurch, daß sie mit dem Tode und mit der Lüge einen Bund machten. Dem setzt Gott sein Rettungshandeln entgegen: „Siehe, ich gründe einen Stein in Zion . . ., einen kostbaren Eckstein." Schon im Judentum wurden diese Worte auf den Messias gedeutet. Die Apostel sahen in ihnen das Ostergeschehen geweissagt. Durch **Siehe** soll die Aufmerksamkeit geweckt werden: Achtung! Hier geschieht etwas, was niemand ohne Schaden übergeht. Im Ostergeschehen ist Gott dem Verwerfungsurteil der Menschen entgegengetreten, hat das Urteil der Menschen korrigiert und ein Heil geschaffen, das der ganzen Welt gilt. Die Wortwahl sowie das Bild vom festgegründeten Eckstein drückt das souveräne, machtvolle Handeln Gottes so massiv aus, daß man spürt: wer das nicht respektiert, wer sich dem widersetzt, steht gegen Gottes entschiedenen Willen und wird daran zugrunde gehen.

Jedoch **wer an ihn glaubt, wird nicht zuschanden.** Dieser Fels der Geschichte, dieser Eckstein des ganzen Heilsgeschehens ist der Auferstandene — er allein! An ihn glauben heißt, auf ihn sich gründen. In der hebr Grundsprache haben die Worte „glauben" und „gründen" die gleiche Sprachwurzel: *aman.* Daran wird deutlich, daß Glauben nicht nur mit den Gedanken geschieht, sondern mit dem ganzen Leben. Weil es um die zeitliche und ewige Existenz geht, ist die Zusage so wichtig: Wer sich auf den von Gott gesetzten Eckstein „gründet", ihm sich anvertraut, der **wird nicht zuschanden.**

7/8 An diesem Eckstein fällt die Entscheidung für jeden Menschen. **Euch nun, den Glaubenden,** (wird) **die Kostbarkeit** (zuteil)[86]. **Den Ungläubigen aber** (gilt): **Der Stein, den die Bauenden verworfen haben, dieser ist zum Eckstein geworden,** und **ein Stein des Anstoßes und ein Fels des Ärgernisses** (Zitat aus Ps 118, 22 und Jes 8, 14). **Sie stoßen sich, weil** (oder: **indem) sie dem Wort nicht gehorchen — wozu sie auch gesetzt sind.** Der grie Text enthält in V. 6 (*timios* = kostbar) und V. 7 (*timae* = Kostbarkeit) den gleichen Wortstamm. Das sollte auch in der Übersetzung zum Ausdruck kommen, denn V. 7 nimmt das in V. 6 zitierte atst Gotteswort auf und wendet es auf die

[86] Im Grie steht kein Verb, so daß man auch übersetzen kann: „Euch . . . ist er die Kostbarkeit, den Ungläubigen aber ist er . . ."; oder „Euch . . . gilt . . ., den Ungläubigen aber gilt . . ."

Empfänger an. Das grie *timae* heißt: Wert, Ehre, Ehrenstellung, hier am besten **Kostbarkeit** entsprechend dem „kostbar" in V. 6. V. 6 sprach vom kostbaren Eckstein, und V. 7 f macht deutlich: den Gläubigen wird das Kostbare, die Ehre dieses Ecksteins zuteil, die Ungläubigen aber haben gerade den verworfen, den Gott zum Eckstein gemacht hat. Damit ist der Gekreuzigte für sie zu einem Stein geworden, an dem sie sich stoßen, und zu einem Felsen, über den sie stolpern. So hat also der gleiche Stein ganz entgegengesetzte Wirkung, je nachdem die Menschen sich im Glauben oder Unglauben ihm stellen. Die Ausdrücke **Kostbarkeit** (Ehre), **Anstoß** und **Ärgernis** sind von den atst Zitaten her geprägt. Sie beinhalten mehr, als es zunächst scheint. Die Kostbarkeit und Ehre umfaßt Rechtfertigung, Gemeinschaft mit Gott und ewige Herrlichkeit. Aber auch die Worte **Anstoß** und **Ärgernis** haben schicksalsschwere Bedeutung. „Stein des Anstoßes" meint einen Steinblock, gegen den man anrennt und an dem man sich Schaden holt. Das wird unterstrichen durch den Ausdruck **Fels**, der zu Fall bringt[87]. Es geht nicht nur um ein „Ärgernis", sondern um den Sturz, den Zusammenbruch der ganzen Existenz, der sich für alle ergibt, die Jesus, den alleinigen Retter, abweisen. Es soll somit die vernichtende Folge der Gottesgegnerschaft und der ewigen Gottesferne zum Ausdruck kommen.

Euch nun, den Glaubenden ... den Ungläubigen aber — das sind die beiden Möglichkeiten, wie man sich dem Heilsangebot Gottes in Christus gegenüber verhalten kann. Nach dem NT ist nur dieser Unterschied letztlich bleibend und entscheidend. Dabei wird deutlich, daß es beim Glauben um die Stellungnahme zu dem Christus geht, den Gott als Eckstein in die Völkerwelt hineingestellt hat und durch den er nun jeden Menschen zur Entscheidung veranlaßt. .... **den Ungläubigen**[88] **aber gilt: Der Stein, den die Bauenden verworfen haben, dieser ist** zum Eckstein geworden, und **ein Stein des Anstoßes und ein Fels des Ärgernisses.**

„Sie stoßen sich, weil sie dem Wort nicht gehorchen — wozu sie auch gesetzt sind." „Das Wort" als Botschaft von Jesus Christus ist nicht bloßes Menschenwort, sondern Heilsangebot Gottes. Man muß darauf reagieren und eine Entscheidung fällen.

[87] Grie *skandalon*: eigentlich „Falle" oder auch „das, was zu Fall bringt".

[88] Einige Handschriften sagen: „Ungehorsame". Im NT wird Unglaube häufig Ungehorsam genannt (Jo 3, 36; Apg 14, 2; 1 Pt 4, 17 u. a.). Das drückt den Entscheidungscharakter aus, der im Unglauben liegt.

Die einzig richtige Reaktion ist Glaube, der sich auf Gehorsam festlegt. Unglaube ist in den meisten Fällen ein Ausdruck des Nicht-gehorchen-wollens. Das ist keineswegs vor allem eine Frage des Verstandes, sondern des gesamten Lebens. Daher wird auch hier wieder der Unglaube Ungehorsam genannt: **„sie stoßen sich, weil sie dem Wort nicht gehorchen.“** Ob der kostbare Eckstein dem Menschen Kostbarkeit ist oder Anstoß zum Fallen wird, das kommt nicht schicksalhaft über ihn, sondern hat seine Ursache im Glauben oder im Ungehorsam gegenüber dem **„Wort“**. **„Wozu sie auch gesetzt sind“**, darf nicht auf „weil sie dem Wort nicht gehorchen“ bezogen werden, sondern auf „sie stoßen sich“. Die Bibel lehrt nicht, daß Gott Menschen zum Ungehorsam oder zum Unglauben gesetzt hat[89]. Wohl aber hat Gott die Menschen, die ungehorsam sind, gesetzt, sich zu stoßen und zu fallen. Die Bibel erörtert nicht das Problem der Prädestination (Vorherbestimmung). Sondern denen, die bereits glauben, wird gesagt: Gott hat euch erwählt (1 Th 1, 4; Eph 1, 4 u. a.) und den Ungehorsamen: dazu seid ihr gesetzt. Gott stellt den Menschen in die Entscheidung, und dann gibt er zur Entscheidung des Menschen seine göttliche Willensbestätigung. Es geht um Gottes Gottheit. Kein Gläubiger darf sich einbilden, seine Entscheidung bringe ihm das Heil. Nein, Gott hat ihn erwählt. Und kein Ungläubiger darf meinen, seine Willensentscheidung stehe am Ende trotzig und sieghaft da. Gott stellt sich dem Trotz des Menschen entgegen: Du willst nicht, nun sollst du auch nicht. Auch die Ungehorsamen können Gottes Plan nicht durchkreuzen. **„Wozu sie auch gesetzt sind“** heißt, Gott baut sie in seinen Plan ein.

9 Mit den Worten **Ihr aber** wird noch einmal der Gegensatz zwischen den Gläubigen und Ungläubigen aufgegriffen, der schon in V. 7 deutlich geworden war. Die Glaubenden haben durch Christus einen unvergleichlichen Stand. Das zu wissen ist nicht Hochmut, sondern biblischer Realismus. Es gibt ein echtes, notwendiges Standesbewußtsein. Damit sie nicht in ihren Schwachheiten und Verfolgungen verzagen, oder aber in der Welt groß zu werden suchen, müssen sie wissen, wie beglückend ihr Stand und ihre Aufgabe in Christus ist. **Ihr aber**

89 Auch Rö 11, 32 „Gott hat alle beschlossen unter den Unglauben“ ist nicht so zu deuten, denn es folgen unmittelbar die Worte „auf daß er sich aller erbarme“.

(seid das) **auserwählte Geschlecht,** (die) **königliche Priesterschaft,** (das) **heilige Volk,** (das) **Volk zum Eigentum**[90].

Hier wird Jes 43, 20 f und 2 Mo 19, 6 zitiert, allerdings wieder sehr frei, wahrscheinlich auswendig. Beim Bundesschluß am Sinai hatte Gott Israels eigentliche Bestimmung erklärt: ihr sollt mein Eigentumsvolk sein, eine königliche Priesterschaft, ein heiliges Volk. Und in Jes 43, 10 f hatte Gott von dem aus Babel zurückzuführenden Volk gesagt: es ist „mein auserwähltes Geschlecht, mein Volk, welches ich mir bereitet habe, meine Wohltaten zu erzählen" (nach LXX). Gottes Volk im AT hatte eine andere Bestimmung als die übrigen Völker, die „Nationen". Nun aber gilt die Israel gegebene Würde und Aufgabe — in dem Messias Jesus — dem ntst Volk Gottes. Es ist heilsgeschichtlich bedeutsam, daß für die Berufung zur Gemeinde des Neuen Bundes nun nicht mehr Volkszugehörigkeit entscheidet, sondern Glaube! Zwar behält Israel einen Sonderstand der Völker- und Heilsgeschichte (Rö 9—11), aber der eigentliche Unterschied vor Gott ist aufgehoben. (Eph 2, 14.) Nun kann den durch Jesu Blut Erlösten zugerufen werden: **Ihr aber seid das auserwählte Geschlecht.** Geschlecht bedeutet gemeinsame Abstammung, bei Israel eine natürliche, hier aber eine durch geistliche Geburt entstandene (1, 3 und V. 23). Auserwählt sind sie durch Gottes Wahl. Diese beruht allein auf der Güte Gottes (Eph 1, 5—6). Außer der Gnadenwahl klingt in dem grie Wort *eklektos* „auserwählt" auch der auserlesene hohe Stand an, in den die göttliche Wahl erhebt. **Königliche Priesterschaft:** im Hebr steht in 2 Mo 19, 6 „ein Königreich von Priestern". Israel sollte, anders als die Nationen, nicht eine politische, sondern eine priesterliche Aufgabe in der Welt haben (vgl. 1 Mo 12, 3). Damit, daß in Israels Denken immer mehr das „Königreich" statt der Priesteraufgabe in den Vordergrund gerückt war, hatte es, zumindest für den jetzigen Äon, seine eigentliche Priesteraufgabe in der Welt verloren. Im NT werden die Akzente deutlicher auf die Priesterschaft gelegt: **eine königliche Priesterschaft.** Eine Priesterschaft für diese Welt — das ist Stand und Aufgabe der Gemeinde Jesu (s. auch V. 5 und Offb 1, 6; 5, 10). **Königlich** ist sie, weil sie der Königsherrschaft Gottes angehört und auf sie hin lebt. Trotz Bedrängnis und Verachtung ist sie dennoch königlich frei, weil sie gebunden ist an Gott. **Heilig** ist ein

[90] Wörtlich heißt es im Grie: „Ihr aber: auserwähltes Geschlecht, königliche Priesterschaft, heiliges Volk, Volk zum Eigentum!"

Volk, das Gott gehört, das ausgesondert ist für dessen Dienst. Die so Berufenen leben unter den Völkern und sind doch ein Volk, zusammengehörig durch Christus, ausgesondert für seinen Dienst (vgl. Jo 17, 15—19). Zum rechten Selbstverständnis wird ein vierter Ausdruck gebraucht, sie sind **Volk zum Eigentum**. Das grie Wort für Eigentum kann auch „Erhaltung" und „Erwerbung" bedeuten. Gemeint ist ein Eigentum, das Gott selbst für sich erworben hat. Niemand anderes kann Besitzanspruch auf dieses Volk erheben als allein Gott. Auch nicht für sich selbst ist dieses Volk da, sondern nur für Gott (vgl. Tit 2, 14). „**Zum** Eigentum" mag andeuten, daß dieses Eigentumsverhältnis nicht auf die Gegenwart beschränkt ist, sondern sich erst noch in Herrlichkeit vollenden wird.

Das Ziel der göttlichen Berufung lautet: **Damit ihr weit hinaus verkündigt die Machttaten dessen, der euch aus der Finsternis herausgerufen hat in sein wunderbares Licht.** Wenn es nicht zu diesem Verkündigen kommt, dann ist die Berufung verfehlt. Gottes Volk ist dazu da, daß es **weit hinaus verkündigt.** Hier steht im Grie ein Wort, das ein betontes ausrufendes Verkündigen meint. Das Gottesvolk des Neuen Bundes hat Grund, weit hinaus zu verkündigen die **Machttaten** seines Herrn. Das grie Wort für Machttat (*aretæ*) ist sehr vielschichtig. Die alte LÜ hat „Tugend", aber das ist zu moralisch. Die rev. LÜ hat „Wohltat", das ist richtig, wenn wir es nicht auf das Gebiet des äußeren Lebens beschränken, sondern als machtvolle Heilstat verstehen. Das hier zitierte Wort aus Jes 43, 21 meint im Hebr. Verherrlichung, Lobgesang, Ruhm, Ruhmestat *(tehilah)* und im Grie Tugend, göttliche Machttat, Wunder. Man muß den Zusammenklang der Bedeutungen hören. Gottes Volk hat Gottes Machttaten zu verkündigen[91]. Zu der objektiven Seite der Taten Gottes gehört jedoch auch die subjektive (die vom einzelnen persönlich erlebte). Gott ist ja der, **der euch aus der Finsternis herausgerufen hat in sein wunderbares Licht.** Wer Gottes rettendes Eingreifen in sein Leben erfahren hat, kann davon nicht schweigen, weiß er sich doch herausgerissen aus dem Machtbereich der Finsternis und versetzt unter die befreiende Herrschaft des Auferstandenen (Kol 1, 13). **Finsternis** ist Gottesferne (Mt 22, 13; vgl. auch Jo 1, 5; 12, 46), ist Bezeichnung des teuflisch Bösen (Lk 22, 53:

[91] Nämlich die objektiven Tatsachen der Heilsgeschichte und nicht menschliche Meinungen über Gott!

dies ist die Macht der Finsternis). Der Mensch in der Gottesferne lebt in der Finsternis (1 Jo 1, 6) und tut Werke der Finsternis (Eph 5, 11). Wo Gott nicht geehrt und ihm nicht gedankt wird, werden die Herzen verfinstert (Rö 1, 21). Für die Menschheit ergibt sich daraus der erschütternde Zustand: „Finsternis bedeckt die Erde und Dunkel die Völker“ (Jes 60, 2). Gott aber ruft heraus aus der Finsternis — hinein in **sein wunderbares Licht.** Hier ist vom **Licht** als von einem Bereich gesprochen, nämlich dem der Nähe Gottes. Licht ist sein Kleid (Ps 104, 2), sein Reich ist von Licht geprägt, und er wohnt in einem Licht, da niemand zukommen kann (1 Tim 6, 16). Ja, sein Licht ist so intensiv, daß man ihm nicht ohne weiteres nahen kann: „Wer ist unter uns, der bei ewiger Glut wohnen kann“ (Jes 33, 14)? Wenn ein Mensch dem Ruf Gottes zum Licht folgt, bedeutet das für ihn Gericht über alle Finsternis in seinem Leben. Dabei bringt er die Sünde an das Licht, wird wahr vor Gott (Joh 3, 19—21) und kehrt um zu einem Leben in Gottes Nähe. Auf diesem Wege sind die Empfänger des Briefes neue Menschen geworden[92]. Und auch heute gibt es dazu keinen anderen Weg als den, daß einem die Augen aufgehen und man sich daraufhin bekehrt von der Finsternis zum Licht und von der Gewalt Satans zu Gott (Apg 26, 18). Dieses siegende Licht ist wahrhaftig **wunderbar**: welch ein Unterschied zwischen der Finsternis, in der man vorher lebte, und dem jetzigen Licht Gottes im neuen Leben! Es übersteigt alle menschlichen Begriffe von Licht, vollends alle Vorstellungen im Blick auf die kommende Herrlichkeit.

Die Berufung in das Licht Gottes erscheint erst recht wun- **10**
derbar, wenn die Berufenen bedenken, wer sie vorher waren: **Die ihr einst „nicht Volk“** (waret), **nun aber Volk Gottes** (seid), **die ihr nicht begnadigt** (waret), **nun aber begnadigt** (seid). Damit klingen Worte des Propheten Hosea auf. Dort wird deutlich: „nicht Volk Gottes sein“ ist für Israel äußerstes Gericht (1, 6.9). Für die Heiden aber war das bisher „Normalzustand“. Begnadigt und Gottes Volk sein bedeutet Heil und Frieden (Hos 2, 3.25). Im Leben der Empfänger ist deutlich zu unterscheiden zwischen **einst** und **jetzt.** Es gab eine Zeit in ihrem Leben, in der sie nicht begnadigt waren (wörtlich: ohne Erbarmen), sondern noch unter dem Zorn Gottes (Rö 1, 18 ff) und

[92] Die Berufung aus der Finsternis zu dem Licht Gottes und das persönliche Ins-Licht-Kommen kann durch nichts ersetzt werden. Die Sakramente sollen die persönliche Annahme des Heils nicht überflüssig machen, sondern bestätigen.

daher preisgegeben an die Verderbensmächte. **Nun aber** sind sie begnadigt und stehen unter dem Erbarmen Gottes. Das macht sie dankbar und heilsgewiß. In solchem Wissen können sie Zeugen der Wohltaten Gottes sein.

Führt einen guten Wandel!

1. Petrusbrief 2, 11—12

Zu Vers 11:
Ps 39, 13
Gal 5, 24
Zu Vers 12:
Jes 10, 3
Mt 5, 16
Jak 3, 13

11 Geliebte, ich ermahne euch, als Beisassen und Fremdlinge
euch fernzuhalten von den fleischlichen Begierden, welche
12 gegen die Seele streiten, * indem ihr euren Wandel unter
den Heiden gut führt, damit sie in dem, worin sie euch als
Übeltäter verleumden — von den guten Werken her schau-
end —, Gott preisen am Tage der Heimsuchung.

11 **Geliebte** ist im NT eine häufig gebrauchte Anrede. Sie zeigt die Grundatmosphäre unter denen, die Jesus in seine Liebe aufgenommen hat. „Wir wissen, daß wir aus dem Tode in das Leben gekommen sind, denn wir lieben die Brüder" (1 Jo 3, 14). Zugleich ist mit dieser erneuten Anrede angedeutet, daß ein neuer Abschnitt beginnt. **Ich ermahne euch als Beisassen und Fremdlinge.** „Auserwählte Fremdlinge" hieß es in 1, 1. Aus dem Wissen, daß sie **Beisassen und Fremdlinge** sind, eröffnet sich ihnen die rechte, nämlich realistische Sicht für ihre Lage. Das ist Voraussetzung zum rechten Leben. Schon die Glieder des atst Volkes Gottes werden Beisassen und Fremdlinge genannt. Im hebr Text vom Ps 39, 13 heißt es: Ein Fremdling bin ich mit dir, (ein Fremdling „mit Gott"!), ein Beisasse wie alle meine Väter. „Fremdling und Beisasse" sind dort einfach parallele Ausdrücke, wie ja das Hebr parallele Formulierungen liebt. Im Grie bezeichnet **Beisasse** *(paroikos)* den, der ohne Heimat- und Bürgerrecht an einem fremden Ort wohnt, und **Fremdling** *(parepidæmos)* mehr den, der sich vorübergehend irgendwo aufhält oder als Reisender oder Pilger unterwegs ist. Die Glieder des ntst Gottesvolkes sollen als Beisassen und Fremdlinge (s. zu 1, 1) die Ungesichertheit und Vorläufigkeit ihrer irdischen Existenz kennen, bejahen und von daher alles richtig bewerten, was ihr Leben betrifft. Ihre Fremdlingschaft vollzieht sich unter den Heiden (V. 12). Man

kann daher den folgenden großen Abschnitt (2, 11 bis 4, 19) auch unter das Thema stellen: „Des Christen Leben unter den Heiden"[93]. Die Mahnung zum **guten Wandel** hat in den apostolischen Briefen größtes Gewicht. Ganz ähnlich wie Paulus in Rö 12, 1—2 beginnt Petrus als Einleitung in den ethischen Teil (die Lebensführung betreffend) seines Briefes damit, daß er einige wichtige Grundlinien aufzeigt. Er will einleitend sagen: Denkt daran, daß ihr Fremdlinge seid. Sorgt dafür, daß euer eigenes geistliches Leben geordnet ist, daß ihr nicht von den Lüsten regiert werdet. Törichte oder böswillige Vorurteile der heidnischen Umgebung können am wirkungsvollsten überwunden werden durch einen **guten Wandel.**

Die Apostel überlassen Leben und Lebensentscheidungen der Gläubigen nicht dem inneren Wirken des Heiligen Geistes allein. Auch ordnen sie deren Lebensführung weder durch das Gesetz, noch lassen sie die Gemeinden in falscher Freiheit ihren Weg gehen. Statt dessen geben sie ihnen Lebensanweisung in Form von Mahnungen. Das apostolische **ich ermahne euch** regiert den nun folgenden ethischen Teil des Briefes bis zum Schluß. Es entspricht einerseits der Freiheit vom Gesetz und andrerseits der Gebundenheit an Jesus als Herrn. Es zwingt nicht und ist doch verbindlich. Das grie Wort für „ermahnen" *(parakalein)* bedeutet auch *zusprechen, ermutigen, trösten.* So ist biblisches Ermahnen zugleich Ermutigen und Trösten. Es entspringt der liebenden Sorge um den Bruder[94].

Ich ermahne euch, ... euch fernzuhalten von den fleischlichen Begierden, welche gegen die Seele streiten. Fleisch bezeichnet zunächst die Beschaffenheit des Menschen, seine Kreatürlichkeit. Der Mensch ist als vergängliches Wesen von Fleisch und Blut geschaffen. Da er sich aber von Gott gelöst hat, bezeichnet „Fleisch" zugleich auch seine Trennung von Gott, das Gestellt-Sein auf sich selbst, ja die Selbstbehauptung des Menschen gegenüber Gott, sein bewußtes Gott Widerstreben. Die **fleischlichen Begierden** (oder: „fleischlichen Lüste") sind daher die natürlichen Triebe, etwa der Selbsterhaltungs-

[93] „Heiden" sind Menschen, die Gott nicht wirklich kennen. Im Alten Bund meint der Ausdruck „Heiden" alle Völker außer Israel, also die „Nationen". Dieses Verständnis des Wortes hat die Gemeinde Jesu von den Juden übernommen.

[94] Dieses Ermahnen im ermutigenden Sinn, diese Sorge um den Bruder ist geradezu das eigentliche Kennzeichen des 1 Pt. Wer das Ermahnen lernen will, muß hier in die Schule gehen. Die heutige Christenheit resigniert weithin vor vielen Gemeindenöten, weil sie die innere Kraft zum Ermahnen verloren hat, weil weder die Wahrheit noch die Liebe bei ihr stark genug ist.

trieb mit seinem Verlangen nach Essen, Trinken und Schlafen, der Geschlechtstrieb mit seinem Verlangen nach dem anderen Geschlecht, der Mitteilungstrieb, der sich im Reden ausdrückt, wie auch der Sammeltrieb, der besitzen will. Dieses natürliche Begehren ist nicht an sich schon Sünde. Es ist dem Menschen mit seinem Fleisch mitgegeben. Da sich aber der Mensch von Gott getrennt hat, liegt in allem Begehren des Fleisches das Verlangen, sich gegen Gott zu behaupten, unabhängig von Gott zu sein und in der Befriedigung des natürlichen Begehrens Inhalt und Ziel des Lebens zu finden. Zudem liegt es im Wesen des fleischlichen Begehrens, daß es unersättlich ist. Bekommt es die Freiheit sich zu entfalten (Gal 5, 16), so endet das in den „Werken des Fleisches", die Paulus mit großem Ernst in Gal 5, 19—21 aufzählt. Daher hat der Begriff „Begierde" im NT meist einen negativen Klang (Rö 7, 7.8; 13, 14; Kol 3, 5 u. a.)[95]. Der Plural „die Begierden, die Lüste" ist immer negativ gemeint (Rö 1, 24; 6, 12; Eph 2, 3; Tit 12). Wer sich aber in der Bekehrung der Herrschaft Gottes unterstellt hat, lebt nun nicht mehr sich selbst und seinen Begierden, doch behält er seinen Leib von Fleisch und Blut und damit auch das naturhafte fleischliche Begehren[96]. Von den Begierden heißt es nun: sie streiten **gegen die Seele.** Der Begriff „Seele" bezeichnet hier die eigentliche Person, die den Tod überdauert (vgl. Mt 10, 28: fürchtet euch nicht vor denen, die den Leib töten und doch die Seele nicht töten können)[97]. Weil die Seele den Tod überdauert, weil sie bestimmt ist zur Gemeinschaft mit Gott, kommt alles darauf an, daß sie in dieser Gemeinschaft bleibt und die Gefährdungen übersteht. Die fleischlichen Begierden nämlich **streiten** (oder „kämpfen") gegen die Seele. Wenn sie siegen, wir also nach diesen Begierden leben, kann das den geistlichen Tod bedeuten. Paulus sagt: „Wenn ihr nach dem Fleisch lebt, so werdet ihr sterben müssen"

[95] Mit positiver Bedeutung ist das Wort „Begierde", „Begehren" gebraucht in Lk 22, 15 und Phil 1, 23.

[96] Auch Paulus rechnet mit dieser Tatsache, wenn er sagt: Wandelt im Geist, so werdet ihr die Lüste des Fleisches keinesfalls vollbringen (Gal 5, 16). D. h., die Begierden des Fleisches sind auch im neuen Leben immer wieder da, aber es geht darum, sie nicht zu vollbringen.

[97] Zu dem Begriff „Seele" siehe zu V. 9. Vgl. weiter das ThBl S. 1118: „Es geht um dic Seele in ihrem Gegenüber zu Gott. Gegen sie, gegen ihren Willen und Gehorsam streiten die fleischlichen Begierden (1 Pt 2, 11). Die Seele als Trägerin des Glaubens und der Heiligung ist zur Teilnahme an Gottes Leben, zur Erbschaft der göttlichen Zukunft bestimmt."

(Rö 8, 13)[98]. Es ist wichtig, wie man sich zu den fleischlichen Begierden stellt, ob man sich von ihnen oder aber vom Geist Gottes beherrschen läßt (Rö 8, 13b; Gal 5, 16). So gilt es sich **fernzuhalten** von den fleischlichen Begierden, d. h.: sich nicht mit ihnen beschäftigen, ihnen den Rücken kehren und sich etwas anderem zuwenden. Das Gegenteil wäre, auf die Begierden eingehen, ihnen nachgeben. Aber auch das mühsame Ankämpfen gegen sie ist verhängnisvoll. Denn dadurch beschäftigt man sich zu viel mit ihnen. Und so reizt man sie erst recht. Das führt nur in Verkrampfung[99]. Sich fernhalten von ihnen steht in enger Beziehung zu einem guten Wandel. Die
Satzkonstruktion macht das deutlich: **Indem ihr euren Wandel** 12
unter den Heiden gut führt. Gemeint ist das konkrete alltägliche Verhalten. Jeder Mensch, ob er will oder nicht, muß sein Leben irgendwie gestalten. Da gilt es, den Wandel zu einem guten zu formen, denn er vollzieht sich **unter den Heiden.** Darin liegt für uns Verantwortung und Chance zugleich. Die „Heiden" beobachten, oft mit Vorurteil und getroffenem Gewissen, das Leben der Christen. Es ist eine biblische Erfahrung, in der Gemeinde immer neu bestätigt: Wenn Zeugen Gottes das Gewissen der Heiden treffen, dann ist Abwehr deren erste Reaktion. Diese wenden sich meist zuerst gegen die Zeugen: das erlebten schon die Propheten des AT, dann auch Jesus selbst (Mt 11, 19) und nun die Zeugen Christi. So rechnet Petrus wie selbstverständlich damit, daß gegen die Christen von Kleinasien Böses geredet wird, wie wenn sie **Übeltäter** wären. Wie aber sollen sie darauf antworten? Mit **gutem Wandel.** Das ist die beste und einzig verheißungsvolle Antwort auf Verleumdungen: **Damit sie in dem, worin sie euch als Übeltäter verleumden — von den guten Werken her schau-**

[98] Das zu betonen, war wohl nie wichtiger als heute, wo ein Leben nach den fleischlichen Begierden auch in christlichen Kreisen als natürlich, modern, frei und gesund für Leib und Seele hingestellt wird. Wer sich einbildet, ungestraft seinen Lüsten frönen zu können, lebt in einem gefährlichen Selbstbetrug. Paulus schreibt an Wiedergeborene! Und er meint mit „sterben müssen" nicht den zeitlichen Tod, sondern den anderen, den zweiten Tod (vgl. Adolf Pohl zu Offb 20, 14 und 21, 8 in der WStb.).

[99] Wie auch immer man sich seinen fleischlichen Begierden nähert, sie werden dadurch nur stärker. Sich fernhalten von ihnen, bei etwas anderem, Positivem, Geistlichem sein, in der Arbeit für Jesus und den Nächsten — das ist die Hilfe. In der Erkenntnis, daß der Zwiespalt zwischen den Begierden und dem Willen Gottes die Seele schädigt, ist die Bibel mit der modernen Menschenkunde einig. In der Frage der Hilfe aber brechen entgegengesetzte Standpunkte auf. Freiheit für die Triebe, haltet euch fern von den Geboten, sagt die Welt. Freiheit für den Geist Gottes, haltet euch fern von den Begierden, läßt Gott uns sagen.

end — Gott preisen am Tage der Heimsuchung[100]. Petrus verbindet hier grammatisch und inhaltlich die Verleumdungen eng mit der Ehre Gottes. Durch die Verleumdungen richtet sich das Augenmerk der Öffentlichkeit auf die umstrittenen Jesusjünger. Wenn nun aber gute Werke bei ihnen sichtbar werden und sich die Anklage als Verleumdung erweist, kann es dahin kommen, daß die Heiden Gott preisen. So können die Verleumdungen zur Ehre Gottes beitragen. Beck sagt zur Stelle: „Eben in derselben Sache, in welcher die Heiden euch als Übeltäter anklagen, sollen sie infolge der guten Werke bei näherer Einsicht Gott Ehre geben müssen." Diese wunderbare Veränderung der Lage hängt aber daran, daß die Geschmähten ihren **Wandel unter den Heiden gut**[101] **führen,** daß **gute Werke** ihr Kennzeichen sind. Von daher beginnen die **Heiden** erst richtig zu sehen, und zu ihrer Beschämung geht ihnen auf, daß ihr Urteil über die vermeintlichen Übeltäter auf purer Verleumdung beruhte. So sind die guten Werke unbedingt nötig, damit die Heiden aufmerksam werden und Durchblick bekommen. Petrus weist hier dem Wandel der Christen eine entscheidende Bedeutung für die Mission unter Heiden zu.

Das Ziel ist dabei nicht, daß die Verleumdeten ihr Recht bekommen, sondern daß Gott geehrt wird: **... damit sie,** die Heiden, **Gott preisen,** (oder: **Gott die Ehre geben).** Die erste Bitte aus dem Gebet des Herrn leuchtet auf: „Geheiligt werde dein Name" und Eph 1, 12: „Daß wir etwas seien zum Lob seiner Herrlichkeit" — als Ziel der Erlösung. Wenn aber der Heide beginnt, Gott zu preisen, dann muß der lebendige Gott in sein Leben getreten sein. Das kann zu seiner Errettung führen, wiederum Gott zum Preis. Allerdings hängt das letztlich an dem Wirken Gottes, der den **Tag der Heimsuchung** heraufführt. Petrus rechnet damit, daß das geschieht. „Tag der Heimsuchung" ist der Tag des göttlichen Eingreifens, nicht als Tag des letzten Gerichtes, sondern als Tag des Eingreifens in

[100] Die Übersetzung ist schwierig, da wir die gedrängte grie Formulierung im Deutschen nicht nachvollziehen können (*en ho* muß wohl verstanden werden als *en touto, en ho,* ebenfalls wie in 3, 16; Rö 2, 1; 2 Ko 11, 21; Hbr 2, 18). Unsere Übersetzung folgt Beck und Wohlenberg. Schlatter übersetzt ähnlich: „... damit sie das, worüber sie euch als Übeltäter verlästern, durch die löblichen Werke sehen und Gott ... preisen." Das Wort, das wir mit „schauen" wiedergegeben haben (*epopteuein*) findet sich auch in 3, 2 und bedeutet: anschauen, betrachten, beobachten, wahrnehmen (Weizsäcker). Es meint ein nachdrückliches und zum Verstehen gelangendes Hinsehen.

[101] Oder auch: löblich, tadellos, einwandfrei.

das Leben eines einzelnen oder des Volkes (Jes 10, 3; Jer 6, 15; Hes 34, 11; Lk 19, 44). Heimsuchung bedeutet für den, der in gutem Wandel lebte, Tröstung durch Gott und oft auch Rechtfertigung vor den Heiden. Für den Ungläubigen aber ist Heimsuchung Zerbruch seiner falschen Lebenshaltung und Lebensstützen. Wenn das alles zerbricht, dann kann es dazu kommen, daß er Gott die Ehre gibt. Er hat sehen gelernt durch das vorbildliche Leben derer, die zu Jesus gehören. Das kann dem, der danach verlangt, daß Gott geehrt werde, Ansporn genug sein zu eigenem geheiligten Leben. So sind die Verse 11 und 12 eine grundlegende Einführung in den ethischen Teil des Briefes.

Rechtes Verhalten gegenüber jedermann

1. Petrusbrief 2, 13—17

13 **Seid untergeordnet jedem menschlichen Geschöpf um des**
14 **Herrn willen, es sei dem König als Obersten * oder den**
Statthaltern als denen, die durch ihn gesandt werden, zur
Bestrafung der Übeltäter, zur Belobigung aber derer, die
15 **Gutes tun. * Denn so ist es der Wille Gottes, daß ihr** (oder:
wir) **durch Gutes tun den Unverstand der törichten Menschen**
16 **zum Verstummen bringt, * als Freie und nicht als solche,**
die die Freiheit als Deckmantel der Schlechtigkeit haben,
17 **sondern als Gottes Knechte. * Allen erweist Ehre, die**
Bruderschaft liebt, Gott fürchtet, den König ehrt.

Zu Vers 13:
Rö 13, 1—7
Tit 3, 1
Zu Vers 15:
1 Pt 3, 16
Tit 2, 8
Zu Vers 16:
Gal 5, 13
2 Pt 2, 19
Zu Vers 17:
Spr 24, 21
Mt 22, 21
Rö 12, 10

Seid untergeordnet ist in unserer Übersetzung bevorzugt
worden (gegenüber „seid untertan"), weil im grie Verb an- 13
klingt: sich unter eine Ordnung stellen. Es geht nicht um willenloses Untertansein, nicht um blinden Gehorsam, sondern um ein bewußtes Sicheinfügen in eine Ordnung. Zur Verbform (Aorist) vgl. die Anmerkung zu 1, 13. Seid untergeordnet **jedem menschlichen Geschöpf um des Herrn willen.** Was bedeutet **menschliches Geschöpf?** Das grie *ktisis* heißt „Schöpfung" in dem Sinne, daß es den Vorgang des Schaffens bezeichnet, aber auch das Ergebnis. Daher heißt *ktisis* auch „Geschöpf"[102]. Für

[102] In letzterem Sinn verstehen Schlatter und Schweizer unsere Stelle, ebenso auch Kittels ThWb., s. Artikel *ktizein* von Foerster, insbesondere die Anmerkung am Schluß.

die meistens gebrauchte Übersetzung: „jeder menschlichen Ordnung" findet sich in der grie Literatur kein Beleg. Zwar ist „Ordnung" naheliegend, weil Schöpfung auch Ordnung ist. Aber dem Begriff Ordnung fehlt ein wichtiger Gesichtspunkt, der in *ktisis* = Geschöpf enthalten ist: die Beziehung zu Gott. „Jede menschliche Ordnung" könnte als „Ordnung der Menschen" mißverstanden werden. **Jedes menschliche Geschöpf** aber hat in Gott seinen Ursprung und seine Begrenzung[103]. Auch legt die Fortsetzung des Verses es nahe, daß hier nicht Ordnungen, sondern Personen gemeint sind (König, Statthalter). Daher also die Übersetzung: **Seid untergeordnet jedem menschlichen Geschöpf um des Herrn willen.** Es geht darum, sich einzuordnen in jede Ordnung, in der uns ein menschliches Geschöpf übergeordnet ist. Das „Seid untergeordnet" regiert grammatisch den ganzen Abschnitt 2, 13 bis 3, 7. Die Verse 18 ff und 3, 1 ff sind durch seine Partizipialkonstruktion abhängig gehalten von dem Hauptverb in 2, 13. So liegt es nahe, daß die Herren in V. 18 und die Ehemänner in 3, 1 mit gemeint sind. Petrus sagt, daß wir uns ihnen unterzuordnen und ihnen Ehre zu erweisen haben, weil und sofern sie uns übergeordnet sind (vgl. V. 17). Aber er scheint noch einen Schritt weiterzugehen: auch 3, 8 ff wird noch zu unserem Abschnitt gehören, wo der Blick nun wirklich auf jedes **menschliche Geschöpf** gerichtet ist. Auch für das dort geforderte Verhalten zu den Brüdern und zur Welt ist Ein- und Unterordnung unter jedes menschliche Geschöpf nötig. Man braucht bei dieser Aufforderung keine unbiblische Abhängigkeit von Menschen zu fürchten. In V. 17 heißt es: allen erweist Ehre. Das entspricht genau der Forderung von V. 13[104]. Doch ist bemerkenswert, daß es nicht heißt: Unterwerft euch „jedem Menschen". Wir sollen die Menschen nicht losgelöst von Gott sehen, sondern wissen: jeder Mensch ist Geschöpf, hat seinen Platz und Stand vom Schöpfer angewiesen bekommen. Damit hat jedes menschliche Geschöpf eine vom Schöpfer verliehene Würde erhalten. Indem wir jeden Menschen als Geschöpf achten, respektieren wir

[103] Im NT wird das Wort „Schöpfer" nur von Gott gebraucht, und was zur Schöpfung gehört, stammt nur von Gott. Nie wird menschliches Schaffen mit diesen Worten ausgedrückt!

[104] Paulus schreibt der Gemeinde in Philippi: „In Demut achte einer den andern höher als sich selbst" (2, 3; vgl. Eph 5, 21). Luther erklärt in seiner Schrift „Von der Freiheit eines Christenmenschen": „Ein Christenmensch ist ein dienstbarer Knecht aller Dinge und jedermann untertan" — durch die Liebe. Allerdings muß man auch den anderen Satz in derselben Schrift hören: „Ein Christenmensch ist ein freier Herr über alle Dinge und niemand untertan."

den Schöpfer. **Um des Herrn willen** ordnen wir uns jedem menschlichen Geschöpf unter. Der Herr, der jedem Menschen seine geschöpfliche Würde gegeben hat, will, daß diese Würde gewahrt wird. Doch muß noch in einem weiteren Sinn bedacht werden, daß jeder uns übergeordnete Mensch Geschöpf ist. Ihm steht Unterordnung nur als einem Geschöpf zu, nicht als einem selbstherrlichen Wesen. Wenn er sich zum absoluten Herrn macht, zum Herrn auch über den Schöpfer, über dessen Gebote und über die Gewissen der Menschen, so gilt das Wort aus Apg 5, 29: „Man muß Gott mehr gehorchen als den Menschen." So fordert V. 13 Unterordnung um des Herrn willen und bewahrt dadurch vor falscher Unterordnung, vor bedingungslosem und verantwortungslosem Gehorsam.

Seid untergeordnet **dem König als dem Oberhaupt oder** 14
den Statthaltern als denen, die durch ihn gesandt werden, zur Bestrafung der Übeltäter, zur Belobigung aber derer, die Gutes tun. Der **König** zu damaliger Zeit war der Kaiser in Rom. „König" meint also das jeweilige **Oberhaupt**, wie sein Titel auch sei und welche Regierungsform ein Land auch besitzt. Dabei spielt es keine Rolle, ob das Oberhaupt auch genügend organisatorische und moralische Fähigkeiten besitzt oder ob er rechtmäßig an die Macht gekommen ist. Einfach die Tatsache, daß er das Oberhaupt ist (oder auch, daß er „die Obergewalt hat"), macht ihn zu einer Obrigkeit, der man sich unterzuordnen hat.

Das Oberhaupt kann seine Macht **Statthaltern** übertragen, die dann **gesandt** sind **zur Bestrafung der Übeltäter, zur Belobigung aber derer, die Gutes tun.** Von dieser Aufgabe her erhält die Obrigkeit ihre Daseinsberechtigung. Keine Obrigkeit kann auf die Dauer existieren, wenn sie dem Bösen freie Entfaltung läßt. Sie muß in ihrem eigenen Interesse so handeln, daß sie die Übeltäter bestraft und die, die Gutes tun, belobigt. Damit aber dient sie dem welterhaltenden Willen Gottes, ob sie es weiß und will oder nicht[105]. Daher sieht die Bibel

[105] Gewiß kennt die Geschichte viele Ausnahmen von dieser Regel, viele Beispiele dafür, daß Obrigkeiten anders gehandelt haben. Dennoch bleibt diese Wahrheit als Regel bestehen. Die Geschichte kennt auch viele Beispiele dafür, daß die Erkenntnis sich durchgesetzt hat, es sei notwendig, das Gute zu fördern und das Böse zu hindern, selbst bei ursprünglich unmoralischen Obrigkeiten. Und auch dafür gibt es Beispiele, daß Obrigkeiten daran zugrunde gegangen sind, daß sie dem Bösen freien Lauf ließen. Dietrich Bonhoeffer sagt in diesem Zusammenhang „Es ist einfach in dieser Welt so eingerichtet, daß die grundsätzliche Achtung der letzten Gesetze und Rechte des Lebens zugleich der Selbsterhaltung am dienlichsten ist." (Aus „Widerstand und Ergebung" unter der Überschrift „Immanente Gerechtigkeit").

in der Obrigkeit und in ihrer Aufgabe eine göttliche Schöpfungsordnung zum Wohl des Menschen[106]. **Gesandt zur Bestrafung der Übeltäter, zur Belobigung aber derer, die Gutes tun,** das zeigt nicht nur die Aufgabe, sondern auch die Grenze der obrigkeitlichen Macht. Wenn die Obrigkeit Böses gut nennt und Gutes böse (Norm dafür ist Gottes Wort), wenn sie Anspruch auf Kontrolle von Gewissen und Glauben erhebt, gilt das Wort Jesu: „Gebt dem Kaiser, was des Kaisers ist, und Gott, was Gottes ist" (Mt 22, 21). Der Christ wird sich der Aufforderung der Obrigkeit, Gutes zu tun, unterordnen, denn Gutes tun ist auch sein Anliegen. So ist die Basis zu einem positiven Verhalten der Christen gegenüber der Obrigkeit gegeben. In der Aufgabe der Obrigkeit, Gutes zu belobigen, das heißt öffentlich anzuerkennen, liegt eine echte Chance der Christen, denn sie wollen ja Gutes tun.

15 **Denn so ist es der Wille Gottes, daß ihr durch Gutestun den Unverstand der törichten Menschen zum Verstummen bringt.** Das grie Zeitwort heißt eigentlich: einen Maulkorb anlegen, den Mund stopfen und daher zum Schweigen bringen. **Unverstand** meint nicht einen intellektuellen Mangel, sondern fehlendes Verständnis für das Wesen einer Sache. Die Ungläubigen haben von ihrer weltlichen Existenz her weltliche Urteile, verständnislose Vorurteile. Sie sind damit **törichte Menschen,** d. h. Leute, die die Erlösung aus eigener Erfahrung nicht kennen und sich deshalb falsche Urteile über die Erlösten bilden. Das alles gilt auch von den Regierenden. Die Andersartigkeit der Jesusjünger weckt bei ihnen Mißtrauen. Die Christen sind auf Gottes zukünftige Welt ausgerichtet. Das nennen die Ungläubigen weltfremd, weltuntüchtig und weltflüchtig. Die unbedingte Entschlossenheit dazu, Gott mehr zu gehorchen als den Menschen, nennen sie widerspenstig. „Einer ist Kyrios, Herr, nämlich Jesus", so rief die junge Christenheit aus! Die unwissenden Menschen aber folgerten: das Christentum ist gegen die Autorität der Obrigkeit. Und wenn sie hörten, daß vor Gott alle gleich seien, dann folgerten sie: das Christentum hetzt die Sklaven und die Frauen auf. So sah die Welt die Christen als gefährliche Sektierer an, die Ungehorsam bewirkten und bestehende Ordnungen umstürzen wollten. Die Heiden haben gemerkt, daß im Evangelium eine Kraft enthalten ist. In ihrer Unwissenheit meinen sie, es sei eine gegen die bestehenden Ordnungen gerichtete Sprengkraft. Es ist jedoch eine Kraft

[106] Vgl. Rö WStb. zu 13, 1—2

zum Gutestun, zur Bewahrung auch der weltlichen Ordnungen. Das muß durch die Tat erwiesen werden. Petrus sagt: Es ist der Wille Gottes, **daß ihr durch Gutestun den Unverstand der törichten Menschen zum Verstummen bringt.** Diese allgemeine Formulierung paßt auf alle Verhältnisse und Zeiten. Dem Unverstand der Ungläubigen mit Gutestun zu begegnen, ist **der Wille Gottes** (vgl. zu V. 12). Darum ist es nicht in das Belieben des einzelnen gestellt, ob er Gutes tut oder nicht. Man darf im Glauben damit rechnen, daß, wenn überhaupt etwas, dann Gutestun den Unverstand der törichten Menschen zum Verstummen bringt — **als Freie und nicht als solche, die**
die Freiheit als Deckmantel der Schlechtigkeit (oder Bosheit) 16
haben, sondern als Gottes Knechte. Es besteht also die Gefahr, Schlechtigkeit zudecken zu wollen mit dem Deckmantel der Freiheit. So würde die Freiheit mißbraucht. Denn wahre Freiheit ist Freiheit zum Guten, zum Gehorsam Gott gegenüber, Freiheit von der Sünde und Bosheit. Und Schlechtigkeit unter dem Deckmantel der Freiheit ist neue Knechtschaft, eine ständige Gefahr für das Christenleben[107]. Und auch heute erklingt die Parole durch die Gemeinden: „Wir sind frei, wir lassen uns nicht durch die alte biblische Moral knechten." Hier wird die Freiheit zum „Deckmantel der Bosheit". Die wahre Freiheit der Kinder Gottes zeigt sich darin, daß sie frei von der Knechtschaft der Sünde sind und **Gottes Knechte.** An ihnen soll das Wesen ihres Herrn zu merken sein, der das Böse haßt, der keine Gemeinschaft mit der Schlechtigkeit haben kann. So bleiben die „Sklaven Gottes" die wahrhaft Freien, gerade auch weil sie sich der Obrigkeit unterordnen im Gutestun.

Petrus faßt zusammen: **Allen erweist Ehre, die Bruderschaft**
liebt, Gott fürchtet, den König ehrt. Von entscheidender Be- 17
deutung für unsere Haltung und unser Tun ist, daß wir zu jedem das rechte Verhältnis finden. **Allen erweist Ehre:** in jedem Menschen soll Gottes Geschöpf, die zur Gemeinschaft mit Gott bestimmte Persönlichkeit gesehen werden. Nichtachtung des Mitmenschen ist Verneinung dieser seiner Würde und Zerstörung unseres Verhältnisses zu ihm. Wir müssen ein Empfinden für den Wert jedes einzelnen Menschen bekommen. Das verschafft uns das rechte Verhältnis zu ihm, zu jedem, auch dem uns eigentlich lästigen Menschen. Mit so positiver Sicht

[107] Auch Paulus hat dem Mißbrauch der Freiheit entgegentreten müssen, weil sich in Korinth Sünde ausgebreitet hatte, verharmlost durch das Schlagwort „mir ist alles erlaubt" (1 Ko 6, 12 ff und dazu WStb.).

haben wir einen guten Einfluß auf unsere Umgebung. **Die Bruderschaft liebt.** Schlatter übersetzt: „Die Brüderschaft habt lieb." Das bringt zum Ausdruck: nicht nur die brüderliche Gesinnung ist zu pflegen, auch nicht allgemein die bruderschaftliche Gruppe, sondern wirklich die ganze Schar der Brüder ohne Ausnahme soll unsere Liebe erfahren, wobei die Schwestern stillschweigend dazugerechnet werden. Wer mein Bruder ist, hat Anspruch auf meine Liebe. Gewiß sollen auch die Feinde geliebt werden (Mt 5, 44; Lk 6, 35) und sicher auch die anderen Menschen. Aber es findet sich keine pauschale Aufforderung im NT, jedermann zu lieben. Liebe ist persönliche, aktive Zuwendung. Deshalb sagt das NT zwar „liebe deinen Nächsten" (Mt 19, 19 u. a.), wobei auch der Feind mein Nächster sein kann. Aber Liebe zur Bruderschaft ist „Familienliebe", gehört zum Wesen ihrer Gemeinschaft (Jo 13, 35; vgl. auch zu 1, 22). **Den König ehrt,** das faßt diesen Abschnitt zusammen. Es drückt das positive Verhältnis zur Obrigkeit aus und zugleich die Grenze: nie darf der König das fordern, was allein Gott gebührt, sondern nur das, was dem Menschen zusteht: Ehre, Achtung und Anerkennung. Wer nach diesen Anweisungen lebt, wird das rechte Verhältnis zu allen finden. **Gott fürchten** (vgl. Apg 9, 31; Rö 3, 18; 2 Ko 5, 11; 7, 1; Eph 5, 21) ist die angemessene Haltung des Menschen seinem Gott gegenüber. Nur wer Gott fürchtet, kann ihn auch recht lieben und ihm vertrauen, ohne daß die Liebe zu Gott falsche Vertraulichkeit wird. Wer Gott lieben will, ohne ihn zu fürchten, hat nicht den Gott der Bibel vor sich. Selbst die höchsten Engel bedecken ihr Angesicht vor dem dreimal Heiligen. (Jes 6, 2). Und gerade an den Menschen, denen Gott besonders nahe kam, ist zu erkennen, daß Gottes Nähe heilige Furcht auslöst (Jes 6, 5; Mt 17, 6; Offb 1, 17). Wer Gottes Wesen begriffen hat, wird ihn fürchten. Und die Furcht Gottes wird das ganze Glaubens- und Alltagsleben gesund machen, dadurch wird die Liebe zu Gott, die Buße, das Beten, die Arbeit und das Denken geläutert (vgl. auch zu 1, 17). Denn „die Furcht des Herrn ist der Anfang der Erkenntnis" (Spr 1, 7). Doch muß auch das andere gesagt werden: „Furcht ist nicht in der Liebe, sondern die völlige Liebe treibt die Furcht aus" (1 Jo 4, 18). Wer versöhnt ist mit Gott, wird Gott zwar fürchten, aber keine Angst vor ihm haben, vor seinem Zorn, vor seinem Gericht, vor der Begegnung mit ihm, denn er ist ganz und gar umgeben von der Liebe Gottes, seines Vaters.

Rechtes Verhalten gegenüber den Vorgesetzten

1. Petrusbrief 2, 18—25

18 **Ihr Diener, seid untergeordnet in aller Furcht den Herren,**
nicht nur den guten und freundlichen, sondern auch den
19 **verkehrten, * denn das ist Gnade, wenn jemand wegen**
des Gewissens vor Gott Schmerzen erträgt, sofern er zu
20 **Unrecht leidet. * Denn was ist das für ein Ruhm, wenn ihr**
als solche aushaltet, die sündigen und (dafür) geschlagen
werden? Aber wenn ihr aushaltet, indem ihr Gutes tut und
21 **leidet, das ist Gnade bei Gott. * Denn dazu seid ihr be-**
rufen. Denn auch Christus hat gelitten für euch, euch ein
Vorbild hinterlassend, damit ihr seinen Fußspuren nach-
22 **folgt. * Welcher keine Sünde getan hat und in dessen Mund**
23 **keine Arglist gefunden wurde. * Welcher nicht wieder-**
schmähte, als er geschmäht wurde, nicht drohte, als er litt.
24 **Er übergab es aber dem, der gerecht richtet. * Welcher un-**
sere Sünden selbst hinaufgetragen hat an seinem Leibe auf
das Holz, damit wir, den Sünden gestorben (oder: von den
Sünden losgeworden), **für die Gerechtigkeit leben. Durch**
25 **dessen Strieme wurdet ihr geheilt. * Denn ihr wart wie**
die irrenden Schafe, aber ihr habt euch nun bekehrt zu
dem Hirten und Betreuer eurer Seelen.

Zu Vers 18: Eph 6, 5; Kol 3, 18—4, 1; Tit 2, 9
Zu Vers 19: Rö 13, 5
Zu Vers 20: Mt 5, 10; 26, 67; Lk 6, 32 f
Zu Vers 21: Mt 16, 24; Jo 13, 15
Zu Vers 22: Jes 53, 9; Jo 8, 46; 2 Ko 5, 21
Zu Vers 23: Jer 11, 20; Mt 5, 39; Jo 8, 50
Zu Vers 24: Jes 53, 4. 5. 12; Rö 3, 24 f; 6, 11. 18; 1 Jo 3, 5; Hbr 9, 28
Zu Vers 25: Jes 53, 6; Hes 34, 5; Mt 9, 36; Jo 10, 11 f

Es ist ein Zeichen der Liebe und des Glaubensmutes der Apostel, daß sie die tiefen Nöte der Gemeindeglieder nicht übergangen haben, daß sie ihre Mahnungen nicht auf den frommen Bereich des inneren Menschen beschränkten. Sie wußten, daß das geistliche Leben krank ist, wenn das Alltagsleben nicht bewältigt wird. Dabei hatten sie den Mut, auch schwierige Fragen anzusprechen und Ermahnungen zu geben, die dem Empfinden des natürlichen Menschen widersprechen.

Ihr Diener, seid untergeordnet in aller Furcht den Herren, nicht nur den guten und freundlichen, sondern auch den verkehrten. Das Stichwort von V. 13, **seid untergeordnet,** ist hier wiederaufgenommen. Der grie Ausdruck *oiketai* = **Diener** (ableitet von *oikos* = **Haus**) bezeichnet Hausgenossen, Haussklaven; auch freigelassene Sklaven eines Hauses wurden so bezeichnet. Dieser Abschnitt betrifft also antike Haus- und Dienstverhältnisse, ist aber offen für Dienstverhältnisse aller Zeiten. Die für den Sklaven typische Bezeichnung *doulos* ist hier nicht ge- 18 braucht. Daher kann man von unserem Abschnitt keine grundsätzliche Stellungnahme zur Sklavenfrage erwarten. Petrus gibt keine Bestätigung der Sklaverei, sondern nur eine Weisung für alle einem Übergeordneten Unterstellten, Sklaven und Freie. Unterwerft euch **in aller Furcht den Herren.** Auf wen bezieht sich **Furcht?** Nur auf den menschlichen Herrn und dessen Strafe? Es gilt, hinter den Verhältnissen stets Gott zu sehen und ihn zu fürchten (V. 17). So wird hier die Gottesfurcht gemeint sein. Sie gibt dem Dienst Gewissenhaftigkeit auch gegenüber irdischen Herren. Daß hier nicht Menschenfurcht oder gar Sklavenfurcht gemeint ist, zeigt ein Blick voraus auf den Eheabschnitt (3, 2), wo sich das Wort „Furcht“ wiederum findet und dort erst recht nicht in erster Linie auf den Ehemann, sondern ebenfalls auf Gott bezogen werden muß. Petrus greift eines der schwersten Probleme seiner Zeit auf. Sicher hat er manchmal in der Gemeindeversammlung Striemen auf den Gesichtern der **Diener** gesehen und in der Seelsorge Klagen über die **Herren** gehört. Da lautet seine Mahnung: **Seid untergeordnet den Herren, nicht nur den guten und freundlichen, sondern auch den Verkehrten.** *skolios* = **verkehrt** heißt eigentlich krumm, verdreht. Darin liegt eine Wertung. Der Apostel zeigt mit dieser negativen Beurteilung, daß er das Unrecht, das seinen Brüdern widerfährt, nicht übersieht.

19 **Denn das ist Gnade, wenn jemand wegen des Gewissens vor Gott Schmerzen erträgt, sofern er zu Unrecht leidet.** Mit diesen Worten stellt Petrus die notvolle Lage der Unfreien in ein neues Licht. Er will bei diesen Bedrückten Brüdern und Schwestern, deren Not er äußerlich nicht ändern kann, eine positive innere Einstellung erreichen, damit sie ihre Lage durchstehen und zur Ehre ihres Gottes leben können. Nur wenn sie in ihrer Rechtlosigkeit mit einer das Leiden überragenden Kraft erfüllt werden, können sie vor schwächendem Selbstmitleid und verkrampfender Erbitterung bewahrt bleiben. Eine solche Leidensbewältigung **ist Gnade.** Nicht das Leiden ist Gnade, sondern **wenn jemand die Schmerzen erträgt. Schmerz** *(lypæ)* ist nicht so sehr Leid, wie vielmehr Leidensempfindung, Trauer, Kummer. Denn das ist Gnade, wenn jemand **wegen des Gewissens vor Gott** Schmerzen erträgt. Das grie *syneidæsis* (Gewissen) heißt auch Bewußtsein, Mitwissen, Gewißheit. Eine Reihe von Auslegern übersetzt: „wegen des Bewußtseins Gottes“. Das kann als Bewußtsein der leidenden Menschen von Gott verstanden werden, auch als Wissen Got-

tes um sein leidendes Kind. Danach ist es Gnade, wenn jemand die Schmerzen erträgt, weil er um Gott weiß, oder weil er um Gottes Mitwissen weiß. Doch hat das Wort *syneidæsis* im Laufe der grie Sprachentwicklung immer mehr die Bedeutung dessen erhalten, was wir unter **Gewissen** verstehen, des Wissens um mich selbst und meine Taten in der Verantwortung vor Gott[108].

So wird es in unserem Vers um die Gewissensbindung an Gott gehen. Sie kann die Ursache für mancherlei Leiden sein, die die gläubigen Diener zu ertragen haben. Sie ist aber auch Kraft zum Ertragen der Schmerzen. So wird die Lage des Jüngers und Sklaven nicht losgelöst von Gott gesehen. Selbst in dessen schwere Situation hinein kann Gott noch Gnade schenken[109].
Gnade kann allerdings nur dann aus dem Leiden werden, wenn **zu Unrecht gelitten wird.** Das erklärt der nächste Vers.

Denn was ist das für ein Ruhm, wenn ihr als solche aus- 20
haltet, die sündigen und (dafür) **geschlagen werden?** Das betrifft alle unter Willkür leidenden Brüder in den Gemeinden. Es gab sicher manches heldenmütige Aushalten in Leiden. Die Gemeinde wird oft mit Hochachtung davon gesprochen haben. Aber es muß doch unterschieden werden. Manches Leiden hat ja mit Christus nichts zu tun, ist selbstverschuldet und mithin kein gottgewolltes Zeugnis. Wer Unrecht getan hat, kann keinen Ruhm aus seinem Leiden erwarten. **Aber wenn ihr aushaltet, indem ihr Gutes tut und dann leidet, das ist Gnade bei Gott** — damit richtet sich der Blick auf Gott, auf seine Durchhilfe und sein Urteil (vgl. 3, 4 kostbar „vor Gott"). Im grie Text heißt es wörtlich: „aber wenn ihr Gutes tuend und leidend aushaltet." Diese allgemeine Formulierung trifft auf die verschiedensten Verhältnisse zu. Einige leiden, obgleich sie Gutes tun, andere sogar, weil sie Gutes tun. In jedem Falle gilt es, nicht nur geduldig zu leiden, sondern im Tun des Guten durchzuhalten, auch unter Leiden.

Nur wenn wir es so verstehen, wird auch deutlich, warum 21

[108] Vgl. Cremer, S. 346: „Wo Kenntnis und Erkenntnis Gottes ist, da wird das Gewissen eben dadurch bestimmt" 1 Pt 2, 19. Zum Begriff „Gewissen" vgl. auch zu 3, 16.

[109] Daß das nicht Theorie ist, sondern daß die Apostel wirklich Leidenssituationen als Gnade ansehen konnten, zeigt Phil 1, wo Paulus seine eigene Lage im Gefängnis unter positivem Gesichtspunkt schildert und außerdem im Blick auf die Gläubigen von Philippi schreibt: „Euch ist die Gnade gegeben in bezug auf Christus, nicht allein an ihn zu glauben, sondern auch für ihn zu leiden" (V. 29). Daß Petrus darin auch Erfahrung hatte, wissen wir u. a. aus Apg 5, 40 ff

es so betont heißt: **denn dazu seid ihr berufen.** Gemeint ist wohl nicht Berufung zum Leiden, sondern zum Tun des Guten auch unter Leiden. Wie kühn, den Leidenden so zuzusprechen! Und wie helfend, wenn die Leser das erfassen können, wenn sie noch unter schwerem Leiden die Berufung von Gott her erkennen können! Damit ist aller Schuld und Not der Welt eine neue Gesinnung entgegengesetzt, die alles überwindet. Zu dieser neuen Gesinnung aber kann es nur kommen, wenn sie tief genug vom Zentrum des Glaubens und der neuen Existenz her begründet ist. Darum wird den Abhängigen anschaulich **Christus** vor Augen gemalt, besonders die Züge, die in diesem Zusammenhang wichtig sind. **Denn auch Christus hat gelitten für euch, euch ein Vorbild hinterlassend, damit ihr seinen Fußspuren nachfolgt.** Hier sind im Grie Ausdrücke verwendet, die auf genaue Nachahmung abzielen: **Vorbild,** eigentlich Schriftvorlage, Muster. **Seinen Fußspuren nachfolgen** verlangt genaues Beachten und Befolgen. Manche wollen nur das Leiden Jesu „für uns", aber Christus als Vorbild, dem nachzufolgen ist, vergessen sie. Andere preisen ihn als Vorbild, aber sein Leiden „für mich" meinen sie nicht zu benötigen. Wir brauchen aber beides: das Vorbild Jesu, damit wir wissen, wie wir zu leben haben, und seine Kraft, die uns zum neuen Wandel befreit. **Auch Christus hat gelitten für euch.** Was haben wir doch für einen Herrn! Andere Herren lassen die Knechte für sich leiden. Hier leidet der Herr für seine Knechte. Gerade dieses Leiden ist an Jesus das Größte, das Vorbildliche. Es ist wichtig, daß wir in unserem Abschnitt das doppelte **damit** beachten: Christus hat für euch gelitten . . . **damit ihr seinen Fußspuren nachfolgt** (V. 21). Und er selbst hat unsere Sünden auf das Holz getragen, **damit wir für die Gerechtigkeit leben** (V. 24). Es geht um das Leben, um das rechte Verhalten im Leiden, im Alltag. (vgl. 3, 18; 4, 1; Phil 2, 5 ff).

22 **Welcher keine Sünde getan hat und in dessen Mund keine Arglist gefunden wurde.** Die Anknüpfung an V. 21 (welcher . . .) macht deutlich, daß Petrus hier bereits Bekanntes vor Augen stellt. Seelsorge besteht zum großen Teil nicht aus Verkündigung von neuen Heilswahrheiten, sondern aus Erinnern[110] an schon bekannte, jetzt gerade wichtige Dinge. Petrus zitiert Jes 53, 9. Jedoch hat er das jüdische Wort „Gesetzlosigkeit" in Jes 53 durch das allgemeine Wort **Sünde** er-

[110] Vgl. zu 2 Pt und Jud

setzt oder, besser gesagt, übersetzt, verdeutlicht. Wörtlich heißt es, Jesus **hat Sünde nicht getan.** Das ist eine gewaltige Aussage[111]. In Jo 8, 46 sagt Jesus: „Wer von euch kann mich einer Sünde überführen“[112]. An der Tatsache, daß Jesus **keine Sünde getan hat,** hängt alles. Es ist die Ursünde des Menschen, sein zu wollen wie Gott (1 Mo 3, 5). Jesus aber wollte keine Selbständigkeit, wollte keine eigene Größe neben Gott darstellen. Er war völlig abhängig von seinem Vater, ihm gehorsam untergeordnet bis zum Tod am Kreuz (Phil 2, 8). Und nur weil Jesus sündlos war, konnte sich Gott ganz zu ihm stellen. Und nur deshalb kann Jesus für uns vor Gott eintreten, denn nur ein Unschuldiger kann stellvertretend für andere sühnen. Ein Schuldiger muß ja seine eigene Schuld tragen. Jesus aber **hat keine Sünde getan, und es wurde in seinem Munde keine Arglist gefunden.** Immer hängen sündige Tat und listige, verschlagene Rede zusammen. Wenn die Entrechteten dem Vorbild ihres Herrn nachleben, werden sie bis in ihr Reden hinein dessen klare, lautere Art widerspiegeln. In unserer Welt der Unaufrichtigkeit und des Mißtrauens ist das von großer Wirkung.

Welcher, als er geschmäht wurde nicht wieder schmähte, 23
nicht drohte, als **er litt. Er übergab es aber dem, der gerecht richtet.** Die Antwort des natürlichen Menschen auf Schmähung und Leiden ist Vergeltung. Zwar wird kein Diener laut vor seinem ungerechten Herrn wieder schmähen, wohl aber in seinem Herzen und hinter dessen Rücken. Ob nun aber Schmähung ins Gesicht oder hinter dem Rücken, die Wirkung ist immer Vergiftung der Herzen und feindliche Atmosphäre. Jesus hat dieser Normalreaktion des Menschen eine neue Haltung gegenübergestellt. Auch als er ungerechterweise von den Führern des Volkes geschmäht wurde, „schmähte er nicht wieder“. Das bestaunt der Christ und ist doch empört, wenn er selber im Alltag ungerechterweise beschimpft wird. Christus **litt, und doch drohte er nicht.** Davon soll auch unsere Haltung im Alltag geprägt sein! V. 23b zeigt, daß Nichtschmähen und Nichtdrohen nicht als reine Passivität, als Reaktion der Schwäche

[111] Sie ist so groß, daß wir Bultmanns Anstoß an diesem Zeugnis der Heiligen Schrift verstehen können. („Neues Testament und Mythologie“, veröffentlicht in *„Kerygma und Mythos“* Bd 1, 1960[4] S. 20). Wer die Aussage von der Sündlosigkeit Jesu für selbstverständlich hält, hat noch gar nicht gründlich darüber nachgedacht. Und doch dürfen wir dankbar und gewiß an dieser Wahrheit festhalten. Gerade sie ist durch Gott in der Auferweckung Jesu bestätigt worden.

[112] Vgl. zu 1, 19 sowie auch zu Mt 4, 1 ff und 2 Ko 5, 21

mißverstanden werden darf: **Er übergab es aber dem, der gerecht richtet.** Das ist die Hilfe. Ungerechtes Leiden verletzt das Gerechtigkeitsgefühl, verursacht Schmerz und Gegnerschaft und verfinstert das Herz. Christus übergab das alles Gott und behielt es nicht in seinem Herzen. Das entlastet und befreit. Das ist aktives Handeln, geistliche, sieghafte Reaktion. Sie ist nur dem möglich, der mit Gott rechnet, der immer Herr der Lage bleibt, und zu seiner Zeit eingreifen wird. Gott ist der, **der gerecht richtet.** Wieder ist Gott hier gekennzeichnet durch sein Tun (vgl. zu 1, 17). Richten heißt nach biblischem Verständnis nicht nur Urteilen, etwa am Ende der Tage, sondern immer auch eingreifen, machtvoll handeln. **Der gerecht richtet,** das ist der gerechte und allmächtige Gott. Ihm hat Jesus seine Sache übergeben. Und nun ist er der Anwalt der Seinen und will, daß auch sie alles ihm übergeben. Er ist so mächtig, daß er aus Kreuz Sieg machen kann. Er kann so „mit Joseph sein" (1 Mo 39, 2. 21), daß sich die Notlage wunderbar ändert. Solange er die Lage aber nicht ändert, gibt er jedenfalls seinen Auserwählten die Kraft, das Unrecht ohne Schaden zu tragen. Schon allein dadurch, daß sie keinen Zorn gegen den andern im Herzen behalten, wird die Lage wunderbar entschärft.

24 **Welcher unsere Sünden selbst hinaufgetragen hat an seinem Leibe auf das Holz, damit wir, den Sünden gestorben, für die Gerechtigkeit leben.** Petrus zitiert hier — wieder in freier Form — Jes 53. Dort ist von dem leidenden Gottesknecht die Rede, der unsere Krankheit und Schmerzen trug, auf dem unsere Strafe liegt, durch dessen Strieme wir geheilt wurden (V. 4f. 12). Die Gemeinde sieht darin prophetisch das Leiden des Messias Jesus geschildert und gedeutet. Er ist der Knecht, der stellvertretend für alle litt. Sein Leiden ist unvergleichlich. Kein anderes Leiden kann Vorbild dafür sein. Wohl aber kann Jesus nun Vorbild sein für alle Dienenden und damit für alle Christen. Er hat unsere Sünden selbst **hinaufgetragen** an seinem Leibe auf das Holz. In diesen Worten ist Jesu unausdenkbare Liebe und das wunderbare Geheimnis der Stellvertretung ausgedrückt. Kein Lamm war imstande, die Sünden der Welt zu tragen. Und nicht wir selbst sollten die ewige Strafe für unsere Sünden erleiden, sondern **er selbst** hat sie an unserer Statt getragen. **Hinauftragen** bedeutet in der Opfersprache „ein Opfer darbringen". Das mag in unserem Vers anklingen. Aber die wörtliche Bedeutung ist

hier vor allem zu hören: Wie ein Sklave Lasten schleppt und darunter zerschunden wird, so hat Jesus sich abgeschleppt mit unseren Sünden. Wie ein Sklave mußte Jesus sein Hinrichtungsinstrument **hinauftragen,** wie ein Sklave wurde er auf das Marterholz erhöht. So hat er unsere Sünden selbst hinaufgetragen **an** (oder: **mit**) **seinem Leibe.** Wer die Sünden der Menschheit tragen will, kann sie sich nicht vom Leibe halten. Er muß sich mit ihnen identifizieren. Das bedeutet, daß der Leib das Gericht Gottes über die Sünde miterleidet, so daß er dabei zerschunden und zerbrochen wird. **Auf das Holz** meint „auf das Kreuz". **Holz** war ein Ausdruck für Hinrichtungsgeräte, Pfahl, Galgen oder Kreuz. Wer an das Holz gehängt wurde, war damit von der Menschheit ausgestoßen, in Israel sogar auch von Gott verflucht: 5 Mo 21, 23; Gal 3, 13: „Verflucht ist jeder, der am Holz hängt"[113]. **Damit wir, den Sünden gestorben, für die Gerechtigkeit leben. Damit** drückt ein Ziel aus. Wird bei Christen dieses Ziel nicht erreicht, so war für sie das Opfer Jesu vergeblich. Das Ziel lautet: damit **wir, den Sünden gestorben, für die Gerechtigkeit leben. Gestorben** ist ein radikaler Ausdruck. Ein Gestorbener ist nicht mehr ansprechbar. Der Plural — **den Sünden** — wird die vielen alltäglichen Anläufe der Sünde ausdrücken. Paulus sagt: „Die wir gestorben sind für die Sünde, wie sollen wir noch in ihr leben" (Rö 6, 2). Die grie Wendung „den Sünden gestorben" kann auch bedeuten „von den Sünden losgeworden". Es ist eine biblische, durch vielfache Erfahrung bestätigte Wahrheit: nur wenn Menschen von den Sünden befreit, sie losgeworden und für die Sünden gestorben sind, sind sie frei in ihrem Verhältnis zu Gott, in ihrem Gewissen und in ihrem Verhältnis zum Nächsten. Nur dann können sie **für die Gerechtigkeit leben. Die Gerechtigkeit** ist fundamentaler, wesenhafter Gegensatz zu den Sünden. Man kann nur entweder in dem einen oder in dem anderen leben. Wie Sünde das Grundprinzip der gefallenen, von Gott gelösten Welt ist, so ist Gerechtigkeit das

[113] Das müssen wir bedenken, wenn vom Kreuz Jesu die Rede ist. Es ist das Fluchholz, an dem er an unserer Statt der Verfluchte wurde. Es ist nicht ein „Schmuckzeichen", sondern ein Zeichen grauenvoller Menschenquälerei und Gottverlassenheit. Jesus hat sich den Sündern gleichgemacht, um uns vom Fluch der Sünde, aus der ewigen Gottesferne zu befreien. Und er hat den Fluch auf sich genommen, um uns freizumachen. Nun ist keine Not so groß, daß Jesus sie nicht kennte und daß er nicht helfen könnte. Wer das im Glauben erfaßt hat, dem wird das Kreuz zum Zeichen des Sieges und unerschöpflichen Trostes. Wer deshalb das Zeichen des Kreuzes trägt, sollte es nicht einfach „als Schmuck", sondern als Bekenntnis zu Jesus, dem für ihn Gekreuzigten tragen.

Grundprinzip Gottes. Gott ist unbedingt gerecht, so daß er auch bei seinem eigenen Volk die Ungerechtigkeit nicht erträgt. Der Sohn hat Gott mit: „Gerechter Vater" angesprochen (Jo 17, 25). Paulus sagt, Gott ist gerecht und macht gerecht den, der aus dem Glauben Jesu (lebt): Rö 3, 26. Gerechtigkeit ist Grundvoraussetzung ebenso für die Erneuerung des Menschen (das wird besonders deutlich im Römerbrief) wie für die Erneuerung von Himmel und Erde. „Wir erwarten neue Himmel und eine neue Erde, in welchen Gerechtigkeit **wohnt"** (s. zu 2 Pt 3, 13)! **Für die Gerechtigkeit leben** heißt gerecht leben. Aber es heißt auch, für die gerechte Herrschaft Gottes leben. Dieser Ausdruck ist sehr umfassend und allgemein. In jeder Lage, bei jeder Arbeit ist zu fragen, was jetzt der Gerechtigkeit entspricht. Der Antrieb zu solch einem Leben für die Gerechtigkeit liegt im Kreuz Jesu, darin, daß er unsere Sünden selbst hinaufgetragen hat an seinem Leibe auf das Holz.

Wenn Menschen den Sünden gestorben sind und nun für die Gerechtigkeit leben, dann trifft auf sie das Wort Jes 53, 5 zu: **durch dessen Strieme wurdet ihr geheilt.** Die **Strieme** ist die durch Schläge hervorgerufene Wunde. Das ist die Paradoxie der Stellvertretung. Das ist die Paradoxie der Stellvertretung durch Jesus: der Gesunde wurde wund, und durch die Wunde wurden die Kranken heil. Das gilt für alle Christen, muß aber hier besonders für die Diener aufleuchten. Auch sie hatten manche Striemen zu tragen. Aber Jesu Strieme heilt auch zerschlagene Sklaven. Sie dürfen wissen, daß sie wahre Heilung haben, auch wenn sie von Menschen zerschunden sein sollten. Diesen harten Trost für die Sklaven kann nur verstehen, wer mit Petrus konsequent theozentrisch, von Gott her, denkt und weiß: krank macht letztlich die Sünde. Wer Vergebung hat, ist geheilt vor Gott. Deshalb steht das ganze Leben der Christen, auch das der glaubenden Sklaven und Diener, unter einem alle Not umkehrenden positiven Vorzeichen.

25 **Denn ihr wart wie irrende Schafe, aber ihr habt euch nun bekehrt zu dem Hirten und Betreuer eurer Seelen.** Vorbild für diesen Vers ist wiederum Jes 53 (V. 6). Der Prophet hat dort die Not, für die der Gottesknecht leiden mußte, zusammengefaßt in den Worten: „Wir irrten alle umher wie Schafe." Ein verirrtes Schaf hat seinen Beschützer verloren und ist damit selbst verloren. Das ist die Grundnot des von Gott gelösten

Menschen. Auf sich selbst gestellt ist er einsam den Verderbensmächten preisgegeben. Ohne Jesus hat man hoffnungslos das Verderben durch Sünde, Tod und Gericht vor sich. Unser Vers ist ein Mischzitat. Petrus schildert nur die negative Seite mit Worten aus Jes 53. Die positive Wendung, die jetzige Geborgenheit der Christen, formuliert er mit eigenen Worten in Anlehnung an Hes 34 (11f. 23): **... aber ihr habt euch nun bekehrt zu dem Hirten und Betreuer eurer Seelen.** Die Christen, auch die Sklaven unter ihnen, sind nun nicht mehr irrende Schafe, hilflos ausgeliefert gefühllosen Verderbensmächten. Sie haben einen Hirten, der sich ihrer persönlich annimmt. Zugleich damit sind sie nicht mehr zerstreut, sondern haben nun Brüder und Schwestern. Die große Wendung in ihrem Leben kam für sie durch das Ereignis: **„ihr habt euch bekehrt“**[113a].

In unserer Übersetzung wird deutlich, daß Bekehrung keine passive Sache ist. Sie ist zwar auch nicht rein aktiv, nur Handeln des Menschen, weil sie nämlich Antwort auf Gottes Ruf ist. Aber die Antwort des Menschen auf Gottes Ruf ist eben doch aktives Handeln. Der Mensch wird nicht gegen seinen Willen bekehrt. Er ist gerufen, sich in freier Willensentscheidung von einem Leben in der Irre zu einem Leben unter dem guten Hirten zu bekehren. Der Christenstand beginnt mit dieser Entscheidung. Nur, wo die Bekehrung klar ist, kann das ganze Christenleben echt werden. Die Bekehrung ist der entscheidende Einschnitt, der das Leben der Christen von Kleinasien in zwei Epochen teilt: ihr waret wie die irrenden Schafe — ihr habt euch bekehrt zu dem Hirten und Aufseher eurer Seelen. Man beachte, mit welcher Gewißheit das von den Christen damals gesagt wird.[114]. Auch die andere Beobachtung ist wichtig: von *allen* Gemeindegliedern wird die Bekehrung als Tatsache festgestellt. Man kann das entscheidende Ereignis zwar mit verschiedenen Ausdrücken bezeichnen, Wiedergeburt (von Gott

[113a] Die meisten Übersetzer formulieren: ihr wurdet bekehrt. Doch weist W. Bauer (Griechisch-Deutsches Wörterbuch, „epistrepho“, unter Punkt 2.) nach, daß die Verbform hier wie oben dargeboten übersetzt werden muß (ebenso Pape, Benseler, Wohlenberg, Hauck, Weizsäcker). Das wird unterstrichen durch Stellen wie Mk 5, 30; 8, 33 und Jo 21, 20, wo die gleiche Form nur aktiv übersetzt werden kann (vgl. auch Mt 5, 42 und 2 Tim 1, 15).

[114] Was würde eigentlich geschehen, wenn Petrus in eine heutige Gemeinde hinein die Frage stellen würde: Seid ihr bekehrt? Wie würden die Leiter der Gemeinden reagieren, wie die Gemeindeglieder? Viele reagieren sehr betreten und problemerfüllt auf diese Frage. Für die Christen des NT war die Sache klar. Glaubensgewißheit und Zeugnisfreude entstehen immer da, wo ein Mensch weiß: Ich ging in die Irre — nun bin ich bekehrt zu Jesus.

her gesehen) oder Bekehrung (vom Menschen her gesehen), gläubig werden u. a. Entscheidend aber ist, daß einmal auf den Ruf Gottes hin in bewußter Glaubensentscheidung eine persönliche Verbindung mit Jesus entstand, dem **Hirten und Betreuer eurer Seelen**[115].

Im AT wird Gott oft als **Hirte** bezeichnet (1 Mo 48, 15; 49, 24; Ps 23, 1; 80, 2; Jes 40, 11; Hes 34). Das Bild drückt besonders treffend Fürsorge und Macht Gottes aus, aber auch Hilflosigkeit der Menschen und Geborgenheit in Gottes Nähe. In Hes 34 heißt es: Ich will ihnen einen einzigen Hirten erwekken, der sie weiden soll, nämlich meinen Knecht David (V. 23). Das deutet hin auf den Messias aus Davids Stamm. Entsprechend dieser messianischen Verheißung bezeichnet sich Jesus als den guten Hirten (Jo 10, 11. 14). Und der Hbr nennt Jesus den „großen Hirten der Schafe" (13, 20). Der **Betreuer,** grie *episkopos* (unser Wort „Bischof" ist davon abgeleitet) hat die Aufgabe, über das Wohl einer Gruppe zu wachen. **Betreuer** betont besonders die Wächterfunktion des Hirten: er achtet genau auf die Schafe. Deshalb übersetzen einige „Hirte und Hüter". Bewahrung ihres Leibes kann Petrus seinen Lesern nicht zusagen, wohl aber Bewahrung ihrer Person, **der Seele.** Er wird sich an ein Wort erinnert haben, das Jesus seinen Jüngern bei ihrer Aussendung mitgegeben hatte: „Fürchtet euch nicht vor denen, die wohl den Leib töten, aber die Seele nicht zu töten vermögen" (Mt 10, 28; vgl. auch zu 2, 11). Dieses Entscheidende kann den Briefempfängern niemand nehmen, selbst nicht ein tyrannischer Herr[116].

[115] Einige Ausleger streiten darum, ob hier Gott oder Christus gemeint ist (Kühl S. 185, von Soden S. 141). Das scheint uns müßig. Die Theologie des NT ist bestimmt von dem Satz: „Ich und der Vater sind eins" (Jo 10, 30). Vgl. auch Anm zu 1, 25.

[116] Griechisch-römische Gelehrte haben behauptet: Sklaven haben keine Seele. Barclay (a. a. O. S. 200): Varro, ... unterteilt das landwirtschaftliche Inventar in drei Gruppen, in die Gruppe des artikuliert sprechenden, des unartikuliert sprechenden und des stummen Inventars: „Zur ersten Gruppe gehören die Sklaven, zur zweiten das Vieh, zur dritten die Fuhrwerke." Mit dieser Anschauung ließ sich die Unterdrückung des Sklaven gut rechtfertigen. Welch ermutigende und befreiende Wirkung mußte da, besonders für die Sklaven, die Botschaft von Jesus, dem Hirten und Aufseher der Seelen haben!

Rechtes Verhalten gegenüber dem Ehepartner

1. Petrusbrief 3, 1—7

**1 In gleicher Weise ihr Frauen, seid untergeordnet euren Ehe-
männern, damit sie, auch wenn einige dem Wort nicht
gehorchen, durch den Wandel der Frauen ohne Wort ge-
2 wonnen werden, * wenn sie euren in Furcht reinen Wan-
3 del beobachten. * Euer Schmuck soll nicht der äußer-
liche sein, Flechten der Haare und Anlegen von Gold-
4 schmuck, oder Anziehen von Gewändern, * sondern der ver-
borgene Mensch des Herzens in dem unvergänglichen
(Schmuck) des sanftmütigen und stillen Geistes — das ist
5 sehr kostbar vor Gott. * Denn so haben sich einst auch die
heiligen Frauen, die ihre Hoffnung auf Gott setzten, ge-
schmückt, indem sie sich ihren Ehemännern unterordneten,
6 * wie Sara Abraham gehorchte, indem sie ihn Herr nann-
te. Deren Kinder seid ihr geworden, wenn ihr das Gute tut
7 und vor keiner Einschüchterung erschreckt. * In gleicher
Weise ihr Männer, wohnt mit Erkenntnis bei ihnen und gebt
(ihnen) als einem schwächeren, dem weiblichen Gerät Ehre,
als die auch Miterben der Gnade des Lebens sind, damit eure
Gebete nicht gehindert werden.**

Zu Vers 1:
Eph 5, 22
1 Ko 7, 16
Tit 2, 5
Zu Vers 3:
Jes 3, 18—24
1 Tim 2, 9—1
Zu Vers 4:
1 Ko 14, 25
Eph 3, 16
Zu Vers 6:
1 Mo 18, 12
Zu Vers 7:
1 Ko 7, 5
Eph 5, 25
Kol 3, 19
1 Th 4, 4

In gleicher Weise ihr Frauen, seid untergeordnet euren Ehemännern. Die Anknüpfung **in gleicher Weise** (kürzer gesagt „ebenso") zeigt, daß unser Text in den Zusammenhang des vorigen Abschnittes hinein gehört (2, 13 ff). Auch hier geht es also um Unterordnung unter ein „menschliches Geschöpf", und zwar in der Ehe[117]. Mit seiner Mahnung an die Frauen steht Petrus nicht allein. Auch Paulus mahnt die Frauen, wo immer er dieses Thema anspricht, mit den gleichen Worten (Eph 5, 22. 24; Kol 3, 18; Tit 2, 5). Wieder muß die Grundbedeutung des Wortes beachtet werden. Es geht nicht um ein willenloses Untertansein, sondern um die rechte Zuordnung von Mann und Frau und damit um Bestand und Funktion der Ehe. Die Mahnung, sich unterzuordnen, bedeutet keinen Gegensatz zu der Gleichberechtigung der Geschlechter, die für gläubige Eheleu- 1

[117] Auch grammatisch wird die Zusammengehörigkeit mit dem vorigen Abschnitt deutlich. Das Partizip des Aorist (wörtlich „untergeordnet seiend") ist abhängig von dem Hauptverb in 2, 13a und erhält von dort die Bedeutung der Befehlsform.

te selbstverständlich sein sollte[118]. Gewiß könnte der Mann die Mahnung an die Frau mißbrauchen im Sinne der Rechtfertigung von unterdrückendem, tyrannischem Wesen. Aber dieses Wort ist ja an Christen gerichtet, und dem christlichen Mann ist durch V. 7 jede Unterdrückung seiner Frau verwehrt. **Euren Ehemännern,** wörtlich heißt es „euren eigenen Männern". Die Griechen sagten im allgemeinen einfach „eure Männer", wie auch wir. „Eigene Männer" will jedes Mißverständnis ausschließen (ebenso Paulus in Eph 5, 22). **Damit sie, auch wenn einige dem Wort nicht gehorchen, durch den Wandel der Frauen ohne Wort gewonnen werden.** Das ist eine häufige Erscheinung: Frauen kommen zum Glauben, und die Männer gehen den Weg nicht mit. Durch ihre Frauen haben sie den Anspruch Jesu an ihr Leben vernommen. Da man aber dem Worte Gottes gegenüber nicht neutral bleiben kann, bedeutet nicht glauben soviel wie Ungehorsam. Eine solche Ehe kann nur unter starken Spannungen durchgehalten werden. Das Ziel der gläubigen Frau kann nur sein, daß der Mann **gewonnen** wird, nämlich: für Gott. Denn der, der seinen Partner wirklich liebt, wünscht vor allem, daß er für Gott gewonnen und damit errettet wird. Wenn das aber geschieht, ist er zugleich auch erst im vollen Sinne für den Ehepartner gewonnen. Es gibt für die Frau, die einen ungläubigen Mann hat, keine feste Zusage, daß sie den Mann gewinnen wird (1 Ko 7, 16). Wohl aber wird ihr der Weg gezeigt, den sie gehen soll, um möglichst dieses Ziel zu erreichen: durch ihr Verhalten. Heiliges Leben ist eine wirksame Möglichkeit sogar dort, wo das Wort Gottes abgelehnt wird. Allerdings heißt es ausdrück-

[118] „Sich unterordnen", dieses Wort trifft das Wesen von Mann und Frau. Sie sind gleichberechtigt, aber nicht gleichartig. Es ist einfach eine Tatsache, daß die Frau ein natürliches Anlehnungsbedürfnis hat. Und zwar ist es ihr so arteigen, daß die gesund empfindende Frau nur einen Mann wirklich lieben kann, an den sie sich anlehnen, dem sie sich anvertrauen kann. Das ist weder erniedrigend noch minderwertig. Hier geht es überhaupt nicht um den Wert, sondern um die Art. Der Schöpfer hat dem Mann und der Frau eine verschiedene Veranlagung gegeben, um ein festes Zueinander und ein inniges Miteinander zu bewirken. Ihre Art ergänzt sich. Ständig brauchen sie sich gegenseitig, dauernd sind sie aufeinander angewiesen. Sie haben, bei voller Gleichberechtigung, verschiedene Aufgaben zum Wohl der Ehe, entsprechend ihrer Veranlagung. Wer diese Verschiedenartigkeit übersieht, wird dem Wesen von Mann und Frau nicht gerecht. Und wer den Unterschied von Mann und Frau einebnen will, macht die Ehe langweilig und nimmt ihr etwas von ihrer Eigenart, ihrer inneren Dynamik und Schönheit. Recht verstandenes Sich-Unterordnen kann der Frau geradezu helfen, die ihr arteigenen Wesenszüge zu entfalten. Das Wesen von Mann und Frau, ihre Gleichwertigkeit und Verschiedenartigkeit kommt zum Ausdruck in dem Satz: Der Mann ist das Haupt und die Frau das Herz der Familie.

lich:[119] **ohne Worte.** Damit wird auf den Hauptfehler mancher Frauen hingewiesen. Viele Worte reizen nur zu Widerspruch und Verhärtung, vor allem dann, wenn ein Widerspruch klafft zwischen frommen Worten und lieblos-selbstsüchtigem Verhalten.

Hören die Männer nicht auf die Worte der Frau, so sehen 2
sie doch auf ihr Leben. Sie **beobachten** ihren **in Furcht reinen** (oder: heiligen oder: keuschen) **Wandel. Beobachten** drückt ein längeres genaues Hinsehen aus. Ein in **Furcht heiliges Leben** nimmt Gott ernst, und wo man es damit vor Gott genau nimmt, da beeindruckt das den Partner und gewinnt ihm Achtung und Vertrauen ab.

Euer Schmuck soll nicht der äußerliche sein, Flechten der 3/4
Haare und Anlegen von Goldschmuck oder Anziehen von Gewändern, sondern der verborgene Mensch des Herzens in dem unvergänglichen (Schmuck) **des sanftmütigen und stillen Geistes — das ist sehr kostbar vor Gott.** Eine Frau ist darauf angelegt, dem Mann zu gefallen, daß es ihn immer wieder hinzieht zu seiner Frau. Das ist ganz sicher in einer spannungsreichen Ehe besonders nötig. Die Frau darf durchaus das Ihre dazu tun und ihre Schönheit unterstreichen durch **Schmuck.** Aber die Frauen sollen ihren eigentlichen **Schmuck** doch nicht in **äußerlichen** Dingen, im **Flechten der Haare, im Anlegen von Goldschmuck, im Anziehen von Gewändern sehen**. Allzu leicht fesselt das die Gedanken und macht das Wesen des Menschen oberflächlich, ichbezogen und kalt. Was wirklich schmückt, ist der **verborgene Mensch des Herzens.** Nicht auf den äußeren, sondern auf den **verborgenen Menschen** kommt es an, auf den inneren, auf das eigentliche Wesen des Menschen. Damit wird nicht einer Vernachlässigung des Äußeren, einer Verachtung des Leibes das Wort geredet, aber vor einer verhängnisvollen Überbewertung des Äußeren gewarnt. **Mensch des Herzens** soll die Frau sein, d. h. ein Mensch, der vom Herzen her geprägt wird. Solch ein Mensch ist warmherzig, fürsorglich und treu. Ihn kennzeichnet nicht vor allem berechnender Verstand, sondern das mitfühlende Herz. Wenn der verborgene Mensch des Herzens sich entfaltet, so wird das im Hause spürbar durch viel Liebe, Wärme und Verstehen, wie für die Kinder und Gäste, so ganz bestimmt auch für den

[119] Dafür gibt es viele überzeugende Beispiele u. a. auch bei J. E. Adams: „Befreiende Seelsorge“, besonders S. 204/205 Gießen und Basel 1974.

Mann. Eine solche Frau wird dann auch ihren Schmuck **haben,** und zwar **den unvergänglichen** (Schmuck) **des sanftmütigen und stillen Geistes.** Das Wort **unvergänglich** drückt die Überlegenheit solchen Schmuckes gegenüber den Äußerlichkeiten von V. 3 aus. Unvergänglich ist dieser Schmuck, weil er aus einem **sanftmütigen und stillen Geist** kommt, der nicht vergeht. Hier ist der Geist der Frau gemeint, der aber unter der Herrschaft des Heiligen Geistes steht und von ihm geprägt wird. In dieser Richtung „sanftmütig" (das grie Wort kann auch „freundlich" heißen) und „still" will der Heilige Geist den Geist der Frau formen. Gemeint ist nicht etwa ein passives Wesen. Geist ist immer etwas Aktives[120]. Nicht das Herz allein soll eine Frau prägen, sondern auch der Geist, mit dem sie ihre Aufgaben durchdenkt, der Zucht und Ordnung hält, der aber auch den Geist des Mannes und der Kinder anregt und ihnen ein notwendiges Gegenüber ist. Der Geist schließt bewußtes Denken und Wollen ein. Gerade deshalb wird er auch auf den Willen anderer stoßen, besonders auf den des Mannes. Nur ein sanftmütiger und stiller Geist wird Streitigkeiten mit dem Mann ausweichen, Verständigung zwischen Familiengliedern suchen und Kinder mit Wärme erziehen. Damit hat sie eine wirkliche, innere Schönheit und übt einen mächtigen Einfluß aus, auch über die Familie hinaus[121].

... das ist sehr kostbar vor Gott[122]. Christen fragen nicht zunächst, was den Menschen gefällt, sondern was Gott recht und wohlgefällig ist. Biblisch orientierte Christen denken theozentrisch, d. h. auf Gott hin ausgerichtet. Weil der verborgene Mensch des Herzens in dem unvergänglichen Schmuck des

[120] Man bedenke, welch eine Aktivität in Spr 31, 10 ff der rechten Frau und Mutter zugeschrieben wird! Sie vollbringt eine unschätzbare Leistung und erntet die dankbare Anerkennung ihres Mannes und ihrer Kinder (V. 28—31).

[121] Es wäre viel gewonnen, wenn die gläubigen Frauen wieder begriffen, daß sie durch solches Verhalten viel eher und fester den Mann gewinnen können. Wir unterschätzen meistens den Einfluß einer echt weiblichen Frau. Sie kann oft auch harte Männerherzen bewegen.
Das gilt nicht erst für die Ehefrau, sondern auch für die noch nicht Verheiratete. In seinem Buch „Heiraten oder nicht" (jetziger Titel: „Heiraten, warum nicht?") stellt Walter Trobisch dar, welche wichtige Rolle die weibliche Zurückhaltung, und im Blick auf verfrühte sexuelle Gemeinschaft ihr Widerstand, für das Reifen der gemeinsamen Liebe hat. „Gerade die Verbindung von Attraktivität (Anziehung) und Zurückhaltung macht den Liebreiz aus, durch den das Mädchen für den wirklich Liebenden um so liebenswerter wird, so daß er schließlich gern bereit ist, die große Leistung des Wartens zu vollbringen" (S. 80).

[122] So übersetzt beziehen sich die Worte auf den ganzen Vers 4. Die Übersetzung kann aber auch lauten: „... der vor Gott sehr kostbar ist". Das würde sich auf den sanftmütigen und stillen Geist beziehen.

sanftmütigen und stillen Geistes vor Gott sehr kostbar ist, darf diese Tatsache der christlichen Frau mit apostolischer Autorität nahegelegt werden. Es ist wunderbar, daß rechtes Verhalten vor Gott genau dem entspricht, was auch im Zusammenleben von Mann und Frau das beste ist.

Ging es in den ersten Versen dieses Abschnittes zunächst 5
und besonders um die gläubigen Frauen, deren Männer noch ungläubig waren, so geht es jetzt immer mehr um die Ehe unter Gott überhaupt. Das zeigen die folgenden Beispiele und vollends V. 7. **Denn so haben sich einst auch die heiligen Frauen, die ihre Hoffnung auf Gott setzten, geschmückt, indem sie sich ihren Ehemännern unterordneten.** Das gesamte häusliche Leben wird letztlich von der Gottesbeziehung der Ehepartner bestimmt. Wir sahen es schon in Vers 4. Auch in Vers 5 wird das deutlich: **heilige Frauen, die ihre Hoffnung auf Gott setzten.** Heilige sollen sich Heilige zum Vorbild nehmen und nicht die Welt. Das Kennzeichen dieser heiligen Frauen ist: **Sie setzen ihre Hoffnung auf Gott.** Das „Hoffen auf Gott" schließt bei Petrus (wie in 1, 13) das Vertrauen mit ein. Es ist also ein Hoffen, das die gesamte Existenz bestimmt. Dadurch, daß sie auf Gott hofften, waren sie bereit, mit ihren Männern Glaubenswege zu gehen. Sie **„ordneten sich ihren Ehemännern unter"**, und das ermöglichte es ihnen beiden, Glaubenswege zu gehen, ohne daß es zu Zank und Zerwürfnis kam. Die Anknüpfung an V. 4 („denn ...") und die Satzkonstruktion von V. 5 machen deutlich: „der verborgene Mensch des Herzens", ein „sanftmütiger und stiller Geist" und „sich unterordnen" gehören zusammen und bedingen sich gegenseitig. Diese Haltung ist der eigentliche Schmuck der Frau. So haben sich **einst auch die heiligen Frauen geschmückt**[122a].

Daß von der gläubigen Frau durchaus nicht Urteilslosigkeit 6
und Willensschwäche erwartet wird, zeigt das Beispiel der Sara: **...wie Sara Abraham gehorchte, indem sie ihn „Herr" nannte** (1 Mo 18, 12). Sara gehorchte, und das bedeutete Einordnung in den Lebensweg Abrahams, bewußtes Mitgehen auf dem ungesicherten Weg aus Haran in das Land, das Gott zei-

[122a] Es mag sein, daß sich an diesem Punkt mancher Widerspruch regt. Ein Exeget und Verkündiger darf aber nicht Textaussagen abschwächen oder verändern, nur weil sie zur Zeit nicht beliebt sind. Wer auf dieses Gotteswort hört, wird seine Segenskraft voll erfahren. Petrus gibt hier Leitlinien für eine erfüllte Ehe. Man darf unsere Textaussagen nur nicht ichhaft mißdeuten. Auch sollen wir die Mahnung des Petrus nicht radikalisierend entstellen. Es läßt sich mit unserem Text durchaus eine gut partnerschaftliche Haltung der Eheleute verbinden.

gen wollte. Nur „heilige Frauen, die auf Gott hoffen", werden zu solchem Glaubenswagnis bereit sein[123]. **Sara nannte ihn „Herr".** Das bedeutet: Sie erkannte die Führungsrolle Abrahams in der Ehe an. Für Sara war es außerdem ein Ausdruck der Achtung vor ihrem Mann. Wir werden in V. 7 sehen, daß dementsprechend auch vom gläubigen Mann verlangt wird, seiner Frau „die Ehre zu geben".

Deren Kinder seid ihr geworden, wenn ihr das Gute tut und vor keiner Einschüchterung erschreckt. Die Juden nannten sich mit Stolz „Abrahams Kinder", Jesus aber hatte ihnen entgegnet: Kinder Abrahams seid ihr nur, wenn ihr Abrahams Werke tut (Jo 8, 33. 39). Dementsprechend ist die Aussage: **deren Kinder seid ihr geworden** in folgendem Sinn zu verstehen: Alle, die wie Sara **das Gute tun und vor keiner** Einschüchterung erschrecken, sind deren „Kinder"[124]. Mit dem Ausdruck **das Gute tun** (vgl. 2, 15), wird hier als allgemeine Zusammenfassung das rechte Handeln der Frau in der Ehe zusammengefaßt. Statt **vor keiner Einschüchterung erschrecken** kann man auch übersetzen: „vor keinem Schrecken sich fürchten" (vgl. Spr 3, 29). Das Leben Abrahams war für Sara wahrhaftig reich an Einschüchterungen und Schrecken: der Auszug aus Haran, Isaaks Opferung, oder auch 1 Mo 12, 11 ff u. a. Der Schmuck des sanftmütigen Geistes muß mit der Unbeirrbarkeit im Glauben verbunden sein, um solch spannungsreiches Leben durchstehen zu können.

7 **Ebenso ihr Männer, wohnt mit Einsicht bei ihnen und gebt** (ihnen) **als einem schwächeren, dem weiblichen Gerät Ehre, als die auch Miterben der Gnade des Lebens sind, damit eure Gebete nicht gehindert werden**[125]. Hier sind nun die gläu-

[123] Wilhelm Busch stellt in dem Buch über seinen Bruder einen Abschnitt unter die Worte „Sara zog mit" (mit Abraham). Er schildert anschaulich und bewegend, wie das in der Zeit des Dritten Reiches für die Frauen aussah, deren Männer um ihres Bekenntnisses zu Jesus willen Beruf, Eigentum und Leben aufs Spiel setzten. Gehorchen und sich unterordnen hieß damals, bewußt das Wagnis und die Entbehrungen des Mannes mittragen, aber auch teilhaben an der Bedeutung solchen Glaubensweges. (Johannes Busch, ein Botschafter Jesu Christi. Wuppertal 1957², S. 129—132)

[124] Kind von jemand sein bedeutet, völlig von ihm geprägt sein (vgl. auch zu 1, 13).

[125] Wörtlich lautet unser Vers: „... Wohnet bei ihnen mit Erkenntnis als dem schwächeren Gerät, dem weiblichen (ihnen) Ehre gebend als die auch Miterben der Gnade des Lebens sind ..." Wozu gehören die Worte „ihnen Ehre gebend"? Da das Grie kein Komma kennt, ist das grammatisch nicht zu entscheiden. Manche beziehen es auf die vorhergehenden Worte. Dann ist ausgedrückt: gebt ihnen als dem schwächeren Gerät Ehre. Andere verbinden es mit den folgenden und übersetzen: gebt ihnen Ehre, da sie auch Miterben der Gnade des Lebens sind. Das Grie formuliert gern unbestimmt und mehrdeutig und läßt damit beide Bedeutungen zugleich hören und gelten.

bigen Ehemänner angesprochen. **Ebenso** deutet an, daß es für sie ebenfalls gilt, sich in die Ordnung der Ehe einzuordnen. Die Mahnung an die Frau, sich unterzuordnen, darf den Mann nicht zu Ungebundenheit und Willkür verleiten, sondern muß bei ihm vermehrte Verantwortung und Fürsorge bewirken. Das gilt auch für den Fall, daß die Frau ungläubig ist. Die apostolische Mahnung hebt die Ehe heraus aus dem tiefen Niveau der antiken Ehe[126]. Nur wo selbstlose Liebe des Mannes die Frau ganz an seine Seite rückt, wird die Frau davor bewahrt, Dienerin des Mannes zu sein[127]. Schon biologisch gesehen trägt die Frau die größere Last im Blick auf die Nachkommenschaft und Fürsorge für die Familie. Der rechte Mann wird gemeinsam mit der Frau die Lasten tragen. Das gilt auch für die heutige Ehe, ja ganz besonders für sie. Wird aber das Liebesverhältnis und das Familienband zerrissen, so bleibt der Frau die schwerere Last. Es gibt nur einen Weg, das zu verhindern: wirkliche Liebe des Mannes, von Jesus empfangene Agape. Das heißt aber, nicht der Mann, sondern Jesus ist es, der die Frau durch den Mann ehrt. **Wohnet mit Einsicht bei ihnen als dem schwächeren, dem weiblichen, Gerät.** „**Wohnet mit Einsicht** (grie: *gnosis)* **bei ihnen** meint das gesamte Leben und umfaßt Gemeinschaft von Seele, Geist und Leib. Die LÜ „wohnet bei ihnen mit Vernunft" ist möglich und hilfreich, denn Vernunft ist auch eine Gabe Gottes in der Ehe. Aber „Vernunft" erfaßt nicht die Tiefe des grie Wortes „gnosis". „Verständnis" wäre schon besser. Es muß ein ständiges Anliegen des gläubigen Ehemannes sein, seine Frau zu verstehen. So kann Rücksicht und Anteilnahme das Zusammenwohnen harmonisch machen. Aber das Wort „gnosis" geht darüber noch hinaus: es heißt **„Erkenntnis"** und ist als ein „Erkennen mit der ganzen Person" zu verstehen. „Erkennen" ist identisch mit „lieben", entsprechend dem hebr. jadah in 1 Mo 4, 1: Adam „erkannte" seine Frau. Das **„wohnt mit Erkenntnis bei ihnen"** bedeutet also ungeteilte liebende Gemeinschaft, auch die geschlechtliche. Petrus gibt damit die gleiche Anweisung an die Männer wie Paulus in Eph 5, 25 und Kol 3, 19: „Ihr Männer

[126] Barclay zitiert (a. a. O. S. 212) den römischen Zensor Cato. Dieses Zitat zeigt das beschämende Niveau selbst einer Patrizierehe. „Solltest du deine Ehefrau dabei ertappen, daß sie dich betrügt, kannst du sie ungestraft und ohne Gerichtsverhandlung töten. Wenn sie dagegen dich ertappen sollte, wird sie nicht einmal wagen, dich mit dem kleinen Finger zu berühren, wozu sie ja auch nicht das Recht besitzt."

[127] Man lese dazu, was Trobisch (a. a. O.) über die „Gartenehe" sagt.

liebet eure Frauen.“ Es ist wunderbar befreiend und zugleich verpflichtend: Gott duldet nicht nur die Liebe in der Ehe, gleichsam als Konzession an den Trieb des Menschen, sondern er will die Liebe, und zwar in umfassender Weise. Die Zusammengehörigkeit von Erkenntnis und Liebe besagt: der Mann, der seine Frau zu erkennen sucht, muß sie lieben, und der, der sie lieben will, muß sie zu erkennen suchen, und zwar in ihrer Eigenart. **Und gebt (ihnen) als einem schwächeren, dem weiblichen, Gerät Ehre.** Das grie *skeuos* ist schwer ins Deutsche zu übertragen: es heißt nicht nur **Gerät,** sondern kann auch mit „Gefäß“ oder „Werkzeug“ übersetzt werden. Damit, daß die Frau als das **schwächere Gerät** bezeichnet wird, ist auch der Mann als Gerät oder Gebilde gedacht, nur ist die Frau das schwächere. Das ist keine Werteinschätzung, sondern stellt einfach die Konstitution, die Veranlagung der Frau fest. Sie ist „schwächer gebaut“, und zwar körperlich wie auch seelisch: das soll der Mann bedenken und auch verstehen. Dann wird er diese Eigenart als etwas typisch Weibliches an ihr erkennen und lieben. So wird die weibliche Eigenart bei ihm den männlichen Zug des Beschützens wecken. Das grie Wort für „schwächer“ *(asthenæs)* heißt auch sensibler. Diese Sensibilität kann geradezu die Stärke der Frau sein. Sie macht sie fähig für ihre Aufgabe an Schwachen und Hilfsbedürftigen. Wenn der Mann das positiv zu sehen lernt, wird ihm die Frau als das schwächere, das weibliche Gerät zu einem weiten „Entdeckungsfeld“, das er in Liebe zu verstehen und zu erkennen sucht.

Und gebt (ihnen) **Ehre, als die auch Miterben der Gnade des Lebens sind.** Hier ist der letzte Zweifel an der Gleichwertigkeit der Frau beseitigt. Sie ist **Miterbe der Gnade des Lebens,** nämlich des ewigen Lebens, des Lebens aus Gott, das man in der Stunde der Wiedergeburt geschenkt bekommt und das sich in der zukünftigen Herrlichkeit vollendet. **Gnade des Lebens** meint unverdientes, aus Gottes Huld gegebenes Geschenk der neuen Existenz und des zukünftigen himmlischen Reichtums. Die Größe dieses Reichtums war in Kap 1, 3 ff näher geschildert. Erbe und „Miterbe“ dieses Reichtums zu sein, darin liegt des Lebens eigentlicher bleibender Wert. Das heißt also, Gott hat der Frau den gleichen Wert gegeben wie dem Mann. Damit ist das geschehen, was es in der ganzen Antike nicht gibt. Gott hat die Frau neben den Mann gestellt. Der Mann soll sie nicht nur als Miterbin anerkennen, sondern ihr **Ehre geben.**

Aus doppeltem Grunde soll der Mann seine Frau ehren: einmal, weil sie empfindsamer ist an ihrer Seele und schwächer an Leibeskraft; so liegt darin die Mahnung, der Frau Schutz und Fürsorge zu geben und Ehrerbietung[128] entgegenzubringen. Zum andern deshalb, weil Gott die Frau so wert geachtet und ihr die Gnade des ewigen Lebens gegeben hat. Diese Mahnung an den Mann ist eine notwendige Ergänzung zu der Mahnung an die Frau (V. 1). Solches Verhalten beider Eheleute wird eine frohmachende Familienatmosphäre bilden, in der Kinder sich wohlfühlen können, und in der Gott gemeinsam gedient werden kann.

Das Verhalten des Mannes hat das Ziel: ... **damit eure Gebete nicht gehindert werden.** Es geht darum, alles zu meiden, was das Beten hindert. Beten ist nicht so sehr eine Frage des Willens. Mit starkem Willen durchgehaltenes Beten kann zur Zweigleisigkeit und Heuchelei werden, wenn es nicht mit dem Leben übereinstimmt. Beten ist letztlich Wirkung des Heiligen Geistes (Rö 8, 15). Deshalb ist der Ausdruck **die Gebete nicht hindern** identisch mit dem, was Paulus in Eph 4, 30 sagt: betrübt nicht den Heiligen Geist. Auch hier wird wieder die auf Gott bezogene Sicht deutlich (vgl. 4 und 5). Alles kommt darauf an, daß gebetet wird. Wenn die Gebete verstummen oder so gehindert werden, daß sie nur noch Formsache sind, ist das geistliche Leben und auch die Ehe in Gefahr. Der Plural **Gebete** soll sicher die Vielfalt des Betens in der Ehe zum Ausdruck bringen[129]. Gerade das gemeinsame Gebet ist ein starker Anreiz zum offenen Wort, zur Vergebung und zur gegenseitigen Ehrerbietung in der Ehe.

[128] Das ist „jene innerlich begründete Rücksichtnahme, die auf deutschem Boden im christlichen Rittertum die duftige Blüte der Ritterlichkeit hervorgebracht hat" (Rendtorff).

[129] Die LÜ sagt: euer „gemeinsames Gebet". Das Wort „gemeinsam" steht nicht im grie Text. Aber gewiß rechnet Petrus damit, daß gläubige Eheleute nicht nur einzeln, sondern auch gemeinsam beten. Nichts verbindet so sehr wie das gemeinsame Gebet. Seelsorger erleben es immer wieder: wo eine Ehe in Krisen steckt, ist meist schon längere Zeit vorher das Gebet verstummt, zumindest das gemeinsame. Das wiederum ist oft eine Folge von Schwierigkeiten in der Ehe. Daß der grie Text allgemein von „den Gebeten" spricht, deutet an: nicht nur das gemeinsame, sondern auch das einsame Gebet wird gehindert, wenn Eheleute nicht in rechter Weise miteinander leben.

Auf Böses nicht mit Bösem reagieren!

1. Petrusbrief 3, 8—12

Zu Vers 8:
Rö 15, 5
Phil 2, 2
Zu Vers 9:
Mt 5, 39. 44
Rö 12, 17
1 Th 5, 15
Zu Vers 10:
Ps 34, 13–17
Jak 1, 26
Zu Vers 11:
Hb 12, 14

8 **Endlich aber** (seid) **alle einträchtig, mitfühlend, die Brüder**
9 **liebend, barmherzig, demütig. * Zahlt nicht Böses zurück**
für Böses und Schmähung für Schmähung, sondern im Ge-
genteil segnet, weil ihr dazu berufen seid, daß ihr Segen
10 **ererbet. * Denn, wer begehrt, das Leben zu lieben und**
gute Tage zu sehen, der halte seine Zunge vom Bösen zu-
11 **rück und seine Lippen, daß sie nicht Arglistiges reden. ***
Er wende sich ab vom Bösen und tue Gutes, er suche Frie-
12 **den und jage ihm nach. * Denn die Augen des Herrn** (sind
gerichtet) **auf die Gerechten und seine Ohren auf ihr Bit-**
ten, das Angesicht des Herrn aber gegen die, die Böses
tun.

8 Das Wort **endlich** will nicht den Schluß des Briefes einleiten, sondern die in 2, 11 begonnenen Mahnungen zusammenfassen in einer Ermahnung an alle. In Verfolgungszeiten redet nichts so laut wie das Leiden für Jesus, verbunden mit einer guten Lebensführung. Nicht intellektuelle Überlegenheit ist entscheidend oder überragendes Können, sondern ein neues Wesen. Verwandlung unseres Wesens von der Ichsucht zu der Art Jesu, das ist das Ziel[130]. Für die Worte „endlich aber" ist auch eine andere Übersetzung möglich: „Das Ziel aber ist: alle einträchtig, mitleidend ..." (so Schlatter). Damit würde dem Abschnitt noch ein stärkeres Gewicht gegeben. Welch eine Leuchtkraft hatte die Gemeinde im ersten Jahrhundert! Und welch eine Segenskraft würde es heute bedeuten, wenn alle Christen einträchtig ... barmherzig ... bereit zur Verantwortung ... bereit zum Leiden wären! Das muß wieder als Ziel unter uns erkannt werden.

Endlich aber (seid) **alle einträchtig, mitfühlend, die Brüder liebend, barmherzig und demütig.** Mit dem im NT einmaligen grie Wort *homophron* = **einträchtig,** gleichgesinnt (das Wort enthält die Bedeutung: Gleiches denken, auf das Gleiche gerichtet sein), ist dasselbe gemeint wie in Phil 2, 2: „... daß ihr euer Denken auf dasselbe gerichtet sein laßt, daß ihr nach

130 Tersteegens Formulierung „Laß die Deinen noch auf Erden ganz nach deinem Herzen werden; mache deine Kinder schön ..." drückt treffend aus, worum es hier geht.

einem trachtet." Der Begriff **einträchtig** drückt noch stärker als das sonst übliche *homothymadon* = „einmütig" das gemeinsame Trachten, das Ringen um Einmütigkeit aus. Denn die Einmütigkeit ist ständig gefährdet durch unterschiedliche Erkenntnisse und mehr noch durch die Neigung zu Rechthaberei und Streitsucht. Mit dem Wort **seid einträchtig** mahnt Petrus die Gläubigen, nicht aus untergeordneten Lehrunterschieden Streitpunkte zu machen und niemals die Bruderschaft leichtfertig aufzugeben. Dazu allerdings ist es wichtig, daß sie das Wesentliche von Nebenfragen unterscheiden können[131]. Es gibt Fälle, in denen Eintracht nur unter ernstem, brüderlichem Ringen durchgehalten werden kann. **Seid einträchtig** kann bedeuten: Laßt euch die Einmütigkeit und damit die Bruderschaft notfalls viel kosten an Mühen um den Bruder und an Demut und Selbstentäußerung! Die Gemeinde und ihr Zeugnis in der Welt ist nur dann gesegnet, wenn die Gläubigen so gesinnt sind. (Vgl. Mt 18, 19; Jo 17, 11. 21 f; Apg 1, 14; 2, 1. 46; 4, 25; 5, 12; 15, 25!) **Mitfühlend** heißt wörtlich „mit Leid empfindend"[131a]. Die Parallele in 1 Ko 12, 26 macht deutlich: im Mitleiden kommt zum Ausdruck, daß es sich um Glieder des gleichen Leibes handelt: „Wenn ein Glied leidet, so leiden alle Glieder mit". **Die Brüder liebend** — so heißt es wörtlich, wird meistens mit „brüderlich" wiedergegeben. Diese Mahnung begegnete uns schon in 1, 22. Die hier erneute Erwähnung zeigt die Wichtigkeit der Bruderliebe[132]. **Seid barmherzig** heißt: laßt euch die Not anderer „durch das Herz" und „an die Nieren" gehen. Aller Einsatz für andere beginnt damit, daß man ihre Not mitfühlt. Barmherzigkeit ist das Kennzeichen, ja die Triebkraft

[131] *In necessariis unitas, in dubiis libertas, in omnibus autem caritas* („In den notwendigen Dingen Einheit, in zweifelhaften Freiheit, in allem aber die Liebe") — dieser bekannte Wahlspruch Zinzendorfs kann sehr hilfreich sein, sowohl für die Bruderschaft im Großen (Ev. Allianz) als auch für die Bruderschaft in der Einzelgemeinde. F. B. Meyer sagt: „Wir werden niemals in der Art gleichgesinnt sein, daß wir alle dieselben Ansichten haben; aber wir können alle gleichgesinnt sein, wenn wir trotz Verschiedenheiten der Meinung, des Ausdrucks und der Ansicht von einer gemeinschaftlichen Hingebung an Christum beseelt sind; von einer gemeinschaftlichen Treue gegen die großen, uns miteinander verbindenden Tatsachen der Erlösung; und von einer gemeinsamen Liebe zu allen, welche am Haupt bleiben, obgleich sie in einer unendlichen Menge minder wichtiger Punkte von uns abweichen mögen." „Durchs Feuer erprobt", Betrachtungen über die erste Epistel Petri, Bln. 1908.

[131a] Unser Vers handelt von dem Verhalten der Christen zueinander. Doch kann sich von Jesus empfangenes Mitempfinden mit den Leiden anderer nicht auf die Brüder beschränken. Auch die Leiden des anderen Menschen werden von den Christen mit empfunden.

[132] Vgl. auch zu Phil 1, 8 in der W.Stb. einschließlich Anmerkung 9.

all derer, durch die Gott Großes tun konnte[133]. Doch er will, daß jeder Christ an der Barmherzigkeit zu erkennen ist. Paulus sagt: „Habt angezogen ... herzliches Erbarmen!" (Kol 3, 12; vgl. auch Mt 5, 7; 9, 13; 18, 33; Lk 6, 33; Rö 12, 8; Eph 4, 32; Phil 2, 1). **Endlich aber** (seid) **alle ... demütig,** wörtlich „niedrig gesinnt, gering (von sich) denkend". Im heidnischen Griechentum wurde die Demut meistens als etwas Unwürdiges empfunden[134]. Dem aber, den Jesus in seine Nachfolge gerufen hat, ist es keine Schmach mehr, niedrig zu sein. Und wer die Herablassung Gottes erfahren hat, der wendet sich dem Niedrigen zu in der Freude am Helfen und Retten. Nur wer **demütig** ist, kann Gott die Ehre geben. Auch ist ohne Demut kein gesundes Gemeindeleben möglich, denn Hochmut fordert zum Hochmut heraus, zu Trotz und Stolz. Und umgekehrt: wo Demut herrscht, ist die Voraussetzung für brüderliches Ermahnen und Zusammenarbeiten gegeben. Für das Verständnis aller Ermahnungen in V. 8 ist es wichtig zu sehen, daß es hier um Wesenszüge geht, die man nicht haben kann, ohne daß Taten daraus werden.

9 Das gilt auch für unser Verhältnis zu Gegnern und Feinden. **Zahlt nicht Böses** (oder: **Unrecht) zurück für Böses** (oder: **Unrecht) und Schmähung für Schmähung, sondern im Gegenteil segnet, weil ihr dazu berufen seid, Segen zu ererben.** Der natürliche Mensch meint, es sei logisch und gerecht, soviel Böses, wie er erleiden mußte, zurückzuzahlen. Jesus aber erwartet von seinen Jüngern etwas anderes: ein Verhalten, das seiner Art, seinem Geist entspricht (Mt 5, 44; Lk 6, 27 ff). Und die Apostel gaben diesen Willen ihres Herrn an die Gemeinden weiter (Rö 12, 14; 1 Ko 4, 12; 1 Th 5, 15). Vergeltung schafft ja den Streit nicht aus der Welt, sondern verschärft ihn noch. Vor allem aber: wer **Böses** mit Bösem heimzahlt, tut selbst Böses. Das entspricht dem alten Wesen, aber nicht dem neuen,

[133] Luther, Francke, von Bodelschwingh, Mutter Eva z. B. wären nie das geworden, was sie waren, ohne tiefes Erbarmen mit der geistlichen und leiblichen Not der Mitmenschen.

[134] Ganz anders in der Bibel: Gott neigt sich zu den „Armen" und „Elenden" herab (Ps 69, 34; 72, 12 f; 113, 7; 119, 67 u. a.), er wohnt „in der Höhe und im Heiligtum und bei denen, die zerschlagenen und demütigen Geistes sind" (Jes 57, 15). „Weil du dich gedemütigt hast, so habe ich dich auch erhört", spricht der Herr (2 Chron 34, 27). Jesus, der Größte unter den Menschenkindern, sagt von sich: „Ich bin von Herzen demütig" (Mt 11, 29). Und Paulus mahnt: „In Demut achte einer den anderen höher als sich selbst." Und er erklärt, was Demut ist und wie man sie bekommt Phil 2, 3—8 (vgl. auch 5, 5; Apg 20, 19; Eph 4, 2; Kol 3, 12).

göttlichen. Nur eine neue Haltung kann Ausdruck unseres Lebens aus Gott sein, und nur eine Jesus gemäße Andersartigkeit kann Feindschaft überwinden. Bemerkenswert ist, daß Petrus keine passive Haltung, nicht Flucht und Reaktion der Schwäche fordert, sondern aktive Erwiderung: **im Gegenteil segnet**[135]. Im AT segneten die Patriarchen und Priester; sie waren von Gott beauftragt und beschenkt zum Segnen. Im NT ist jeder Wiedergeborene ein Priester (2, 9) und darum zum Segnen berufen. Jesus hat geboten, die Feinde zu segnen (Lk 6, 28). Paulus schreibt: „schilt man uns, so segnen wir" (1 Ko 4, 12). Das kann sehr still geschehen als Fürbitte, als Segenswunsch oder auch als Zuspruch göttlicher Zuwendung (Apg 16, 28. 31). Immer aber ist im Segnen zugleich die eigene menschliche Zuwendung des Segnenden mit enthalten. Ohne sie wäre jedes Segnen unecht. Es bleibt offen, ob der Zusatz **weil ihr dazu berufen seid** zum vorigen oder nachfolgenden Satzteil gehört, ob die Gläubigen zum Segnen berufen sind oder dazu, Segen zu ererben. Die Ausleger sind unterschiedlicher Meinung. Petrus wird diese Doppeldeutigkeit empfunden und gewollt haben. Christen haben zu segnen, weil sie dazu berufen sind und weil sie selbst Gottes Segen ererben. Berufen sein **Segen zu ererben,** deutet ein Ziel an. Gemeint ist das zukünftige Heil Gottes, aber nicht nur das. Auch jetzt schon stehen die Christen immer wieder unter Gottes segnender Zuwendung. **Ererben** oder „erben" besagt: der Segen Gottes ist nicht bloßer Wunsch, sondern realer Reichtum. Wer im Glauben damit rechnet, wird sein Handeln davon bestimmen lassen und Böses nicht mehr mit Bösem vergelten.

Diese Mahnung ist so wichtig, daß Petrus sie durch ein Zitat 10
aus Ps 34, 13—17 unterstreicht. **Denn wer begehrt, das Leben zu lieben und gute Tage zu sehen, der halte seine Zunge vom Bösen zurück und seine Lippen, daß sie nicht Arglistiges reden. Das Leben** ist ein umfassender biblischer Begriff und meint das jetzige und kommende Leben (1 Tim 4, 8). Ebenso beziehen sich die „guten Tage" auf die Gegenwart und auf die Vollendung. Eine Beschränkung dieser Aussage auf das irdische oder auf das ewige Leben allein wäre eine unbiblische Verkürzung. **Wer begehrt, das Leben zu lieben,** könnte man etwa so umschreiben: wer ein lebenswertes Leben, wer Freude am wirklichen Leben haben will. Ähnlich sagt Jesus beim

[135] Zum Begriff „segnen" s. Anmerkung zu Kap 1, 3 „gepriesen".

Laubhüttenfest: „Wenn jemand dürstet ...“ (Jo 7, 37 f)[136]. Gottes Botschaft ist etwas für die, die das Leben begehren. **Wer begehrt** heißt: jeder kann ein Leben haben, das er gern lebt, das er liebt. Doch zwingt Gott nicht zu solchem Leben, sondern er bietet es an. Damit stellt Gott die einzelnen in die Entscheidung. Denn nicht alle werden dieses Leben erhalten. Es gibt dafür unerläßliche Bedingungen: **Der halte seine Zunge vom Bösen zurück und seine Lippen, daß sie nichts Arglistiges reden**[137]. Hier ergänzt und verdeutlicht **Arglistiges** (oder „Trug“) den allgemeinen Begriff **Böses.** Kein Böses, Arglistiges reden, das ist die Voraussetzung für **gute Tage.** Das gilt besonders in Zeiten der Bedrängnis, gilt aber auch für jede Zeit und alle Verhältnisse. Wieviel Einfluß haben die Christen auch auf ihre Gegner, und wieviel Not ersparen sie sich im Umgang miteinander, wenn sie ihre Zunge vom Bösen zurückhalten (vgl. Jak 3, 5 ff)!

11 Wort und Tat gehören zusammen: **Er wende sich ab vom Bösen und tue Gutes.** Das verlangt einen Entschluß. Nur wer sich vom Bösen abwendet, findet zu gutem Wort, guter Tat. Die zweite Satzhälfte ergänzt wieder: **Er suche Frieden und jage ihm nach.** Wer Böses mit Bösem vergilt, vertieft die Feindschaft. Wer statt dessen segnet, macht Raum dem Frieden. Man achte auf die intensiven, aktiven Ausdrücke: suchen, nachjagen. Der Frieden liegt uns nicht. Er ist ständig gefährdet. Man muß ihn ernstlich **suchen,** ihm **nachjagen.** Vielleicht macht es uns der Nächste, oder gar der Widersacher schwer, Frieden zu halten, trotzdem haben wir ihn ernstlich zu suchen.

12 Vers 12 begründet die vorigen Aussagen mit letzter Realität: **Denn die Augen des Herrn** (sind gerichtet) **auf die Gerechten und seine Ohren auf ihr Bitten, das Angesicht des Herrn aber gegen die, die Böses tun.** Um der Verständlichkeit willen, mußte der Text ergänzt werden. Daß sachlich richtig ergänzt wurde, geht aus Ps 34, 17 hervor. In unserem Vers geht es um den Weg zum Leben. Das Leben hängt von Gott ab und von unserem Verhältnis zu ihm. Gottes Wesen aber ist absolute Heiligkeit und Gerechtigkeit. Nie wird er Gemeinschaft haben können mit dem Bösen. Auch im neuen Bund gilt:

[136] Vgl. zu Jo 7, 37 f in der W. Stb.

[137] Es ist hebr Stilform, besonders in den Psalmen, die Aussage in der ersten Satzhälfte in der zweiten zu wiederholen (parallelismus membrorum — Parallelität der Satzglieder) Die zweite Aussage ergänzt, vertieft oder konkretisiert die erste. Gelegentlich zeigt sie auch einen Gegensatz zur ersten auf.

Die Augen des Herrn (sind gerichtet) **auf die Gerechten und seine Ohren auf ihr Bitten.** Ebenso ist es für die durch den Glauben an Jesus Gerechten notwendig, daß ihre Gerechtigkeit sich im Gutestun auswirkt. Die Ausdrücke **die Augen des Herrn ... und seine Ohren** wollen die liebevolle Achtsamkeit Gottes ausdrücken zugunsten der Gerechten, **und ihrer Bitten.** Das Gottesverhältnis äußert sich im Bitten, im Beten, und hier ist die Verheißung, daß Gott aufmerksam hört. Wer Bedrängnis und Schmähung erduldet, hat viel zu bitten. Wer betet, bekommt die Kraft, auf Böses nicht mit Bösem zu reagieren. **Das Angesicht des Herrn** (ist gerichtet) **gegen die, die Böses tun.** Diese Worte zeigen die aktive Gegnerschaft Gottes. Wer Böses tut, hat Gott frontal gegen sich.

Das Böse mit Gutem überwinden

1. Petrusbrief 3, 13—22

13 Und wer ist, der euch Böses antun wird, wenn ihr Eiferer
14 um das Gute werdet? * Aber wenn ihr auch leiden solltet
wegen Gerechtigkeit — glückselig (seid ihr). **Fürchtet euch**
15 aber vor ihnen nicht und laßt euch nicht verwirren. * Hei-
ligt aber den Herrn, den Christus, in euren Herzen, immer
bereit zur Verteidigung für jeden, der Rechenschaft von
16 euch fordert über die Hoffnung in euch. * Jedoch mit Sanft-
mut und Furcht, als solche, die ein gutes Gewissen haben,
damit, worin ihr verleumdet werdet, die zuschanden wer-
den, die euren guten Wandel in Christus schmähen.
17 * Denn es ist besser, als solche, die Gutes tun, zu leiden,
wenn der Wille Gottes es so wollen sollte, als als Übeltäter.
18 * Denn auch Christus ist ein für allemal um der Sünden
willen für uns gestorben, als Gerechter für Ungerechte, da-
mit er uns zu Gott führte, getötet zwar am Fleisch, leben-
19 diggemacht aber am Geist. * In welchem er auch zu den
20 Geistern im Gefängnis ging und ihnen verkündigte, * wel-
che einst ungehorsam waren, als die Langmut Gottes ab-
wartete in den Tagen Noahs, während die Arche zugerich-
tet wurde, in welche hinein wenige, das sind acht Seelen,
21 hindurchgerettet wurden durch (das) **Wasser. * Welches**
auch euch gegenbildlich jetzt rettet als Taufe, die nicht ein

Zu Vers 13:
Rö 8, 34
Tit 2, 14
Zu Vers 14:
1 Pt 2, 20
Jes 8, 12 f
Mt 5, 10
Offb 2, 10
Zu Vers 15:
Apg 24, 29
Kol 4, 6
Zu Vers 16:
1 Pt 2, 12
1 Tim 3, 9
Zu Vers 17:
1 Pt 2, 10;
4, 13. 14. 16
Zu Vers 18:
1 Pt 2, 21—24
Rö 6, 10
1 Ko 15, 44
Eph 3, 12
Hbr 9, 28
Zu Vers 19:
1 Pt 4, 6
Eph 4, 9

Zu Vers 20:
1 Mo 7, 7. 17
2 Pt 2, 5; 3, 9
Zu Vers 21:
Eph 5, 26
Hbr 10, 22
Zu Vers 22:
Ps 110, 1
Apg 1, 10
Rö 8, 35 ff
Eph 1, 20. 21
Hbr 1, 4

Abtun des Schmutzes am Fleisch ist, sondern an Gott ge-
richtete Bitte um ein gutes Gewissen durch die Auferste-
22 **hung Jesu Christi, * welcher ist zur Rechten Gottes, nach-**
dem er in den Himmel hineingegangen ist und ihm die
Engel, Mächte und Kräfte untertan geworden sind.

Und wer ist, der euch Böses antun wird, wenn ihr Eiferer um das Gute werdet? Da **das Gute** ein sehr allgemeiner Ausdruck ist, muß jeder prüfen, was **das Gute** konkret in seiner Lage ist (vgl. Rö 12, 2b). Petrus will, daß die Christen **„Eiferer"**[138] (wörtlich: Zeloten[139]) **„des Guten"** werden. Er rechnet mit

13 Schwierigkeiten von Seiten der Umgebung, besonders dann, wenn sie feindlich eingestellt ist. Was ist dann zu tun? Petrus sagt: **„Werdet Eiferer des Guten!"** *Eiferer* wollen das Gute so ernsthaft und unbedingt, daß sie nicht fragen, ob es leicht oder schwer ist. Sie nehmen viel Anstrengung und Verzicht auf sich, um ihr Ziel zu erreichen, so daß von ihnen eine große Wirkung ausgeht. **Werdet** Eiferer, sagt Petrus. Man ist es nicht von Natur, auch nicht immer mit der Bekehrung. Darin soll der Christ wachsen. Hinter dem Satz: **Wer ist, der euch Böses antun** (oder euch **schädigen) wird, wenn ihr Eiferer um das Gute werdet** steht die Überzeugung, daß ihnen kaum jemand Böses für Gutes antun wird. Sie bieten Gegnern ja nicht einmal eine Handhabe. Es gehört viel dazu, einem konsequenten Wohltäter Böses anzutun. Die meisten Menschen bringen das nicht fertig.

14 Der Apostel ist jedoch nüchtern und macht keine falschen Versprechungen. Wenn Vers 13 auch die normale Reaktion aufzeigt, so kann doch der Fall eintreten, daß Gutestun Leiden einbringt: **Aber wenn ihr auch leiden solltet wegen Gerechtigkeit — glückselig** (seid ihr)! Die Formulierung **wenn ihr auch leiden solltet** drückt aus: die Gemeinden stehen nicht allgemein in akutem Leiden, aber es steht als Möglichkeit ständig vor ihnen. Es soll kein schwächendes Selbstmitleid auf-

[138] Die Handschriften der zwar späteren, aber doch beachtlichen „Koine" — Gruppe haben: „Nachahmer des Guten". Zum Nachahmen gehört ein Vorbild. Christen sollten sich oft das Gute, den Guten, Jesus vor Augen halten. Doch dürfen sie auch schauen auf die „Wolke der Zeugen", auf „die Leitenden", die ihnen im Gutestun vorangegangen sind (Hebr 13. 1).

[139] Zeloten waren Leute, die mit letztem Einsatz ein Ziel verfolgten. „Zeloten des Guten" erstreben das Gute mit äußerster Anspannung. Ähnlich wie Petrus schreibt auch Paulus: Christus reinigte sich selbst ein Volk zum Eigentum, das „zelotisch" wäre zu guten Werken (Tit 2, 14).

kommen, auch keine falsche Vorsicht. Nein, wenn sie als Eiferer um das Gute leiden, so geschieht es **wegen Gerechtigkeit.** Und dann gilt ihnen der Ausruf Jesu (Mt 5, 10): **glückselig** seid ihr! Solche Seligpreisung drückt beneidenswertes Glücklichsein aus. Dieser Begriff findet sich sowohl im Griechentum als auch im Judentum, besonders aber in der Weisheitsliteratur des AT (z. B. Spr 3, 13; Ps 1, 1; 2, 12; Hio 5, 17; aber auch 1 Kö 10, 8). Im NT wird er noch vertieft in Verbindung mit dem Heil. Denn, wer durch Jesus Anteil hat an der messianischen Herrschaft Gottes, ist wahrhaft **glückselig** zu preisen. Besonders eindrücklich sind diejenigen Seligpreisungen, in denen ein Paradoxon aufklingt: Leute, die man eigentlich für bedauernswert hält, werden glückselig gepriesen (Mt 5, 3—6. 9—12; 1 Pt 3, 14; 4, 14). Und gerade das hilft ihnen zu echter Leidensbewältigung, zu einer aktiven, bejahenden Glaubenshaltung auch in Leiden[140]. Die Seligpreisung gilt allerdings nur denen, die **wegen Gerechtigkeit leiden. Gerechtigkeit** ist hier im Sinne der guten, gerechten Herrschaft Gottes gebraucht, im Sinne des radikalen Gegensatzes zu allem Bösen, wie auch in 2, 24. Wegen Gerechtigkeit lohnt es sich zu leiden. Wieder ist zu bedenken, daß dies nicht nur für Verfolgungszeiten gilt. Jeder Gläubige, der wegen seiner Gerechtigkeit benachteiligt wird, darf wissen, es gilt auch ihm: glückselig!

In solcher Lage kommt alles auf die rechte Glaubenshaltung an: **Fürchtet euch aber vor ihnen nicht und laßt euch nicht verwirren** (oder: einschüchtern, erschüttern, erschrecken). Das ist ein Zitat aus Jes 8, 12 f. Dort ist gemeint, die Glaubenden sollen das nicht fürchten, was das abtrünnige Volk fürchtet. Furcht vor Menschen wäre ein Zeichen von Unglauben. Für die Widerstandskraft der Gemeinde Gottes ist es zu allen Zeiten entscheidend, sich nicht zu **fürchten** und sich nicht **verwirren** zu lassen. Durch alle Jahrhunderte hindurch ist es ein Prinzip der Feinde Gottes, seiner Gemeinde Furcht einzujagen. Gelingt das, so ist der Kampf schon verloren, der Abfall ist da. Wer Menschen fürchtet, hat sein Vertrauen nicht ganz auf Gott gesetzt, und wer glaubt, wird Menschen nicht letztlich fürchten. So sind Verfolgungszeiten stets Bewährungszeiten des Glaubens.

Wie aber kann Menschenfurcht überwunden werden? Durch 15

[140] Es ist eine große Hilfe, wenn uns im Verspottetwerden, in Erniedrigung, Benachteiligung oder im Ausgeschlossensein aufgeht: nicht zu bedauern bin ich, sondern gerade jetzt werde ich glückselig gepriesen.

Gottesfurcht. **Heiligt aber den Herrn, den Christus, in euren Herzen, immer bereit zur Verteidigung für jeden, der Rechenschaft von euch fordert über die Hoffnung in euch.** „Heiligt den Herrn" ist noch ein Zitat aus Jes 8 (V. 13). Es bildet dort den Gegensatz zur Menschenfurcht. „Heilig" heißt „abgesondert", „den Herrn heiligen" heißt also, ihm die alles Menschliche absolut überragende Stellung einzuräumen. **Heiligt den Herrn in euren Herzen** heißt: laßt euer Herz allein von der Wirklichkeit Gottes her bestimmen. Das Herz ist das Zentrum des menschlichen Denkens, Trachtens, Fühlens. Wenn dort der Herr geheiligt wird, dann ist die Voraussetzung für ein unerschrockenes Leidens- und Glaubenszeugnis hier gegeben. In Jesaja (8) ist „der Herr" = Jahwe. Es ist bedeutsam, daß Petrus die Gottesbezeichnung des AT (Jahwe, grie *kyrios*[141]) auf Christus überträgt. **Immer bereit zur Verteidigung für jeden, der Rechenschaft von euch fordert über die Hoffnung in euch** — diese Worte stehen in enger Beziehung zu den vorigen. Da die Formulierung zwar eine enge, aber unbestimmte Verbindung beider Satzteile ausdrückt, müssen wir wohl eine Wechselbeziehung annehmen. **Bereit zur Verteidigung** sind die, die den Herrn in ihrem Herzen heiligen. Und die, die sich bereithalten zur Antwort an die Welt, heiligen Christus wirklich. Damit aber wird deutlich, daß die Bereitschaft zum Antworten nicht in erster Linie eine Frage der Schulung und der richtigen Ausdrucksweise ist, sondern daß sie davon abhängt, ob Christus wirklich in den Herzen der Bekenner geheiligt wird, ob sie ganz von ihm erfüllt sind. „Wir können es ja nicht lassen, daß wir nicht reden sollten" (Apg 4, 20) — in dieser Haltung wurden die Apostel so aufsehenerregende Zeugen. Und wovon das Herz übervoll ist, „davon redet der Mund" (Mt 12, 34). Die Fortsetzung des Verses läßt sich sowohl auf ruhige als auch auf spannungsreiche Verhältnisse deuten. Man kann übersetzen: „immer bereit zur Antwort für jeden, der ein Wort (so wörtlich) von euch erbittet", ebenso aber auch: „zur Verteidigung (oder gar Verantwortung) vor jedem, der Rechenschaft von euch fordert". Die hier verwendeten grie Wörter haben einen weiten Bedeutungsspielraum. Dadurch treffen sie alle Christen, jeden in seiner Lage. Ob ein Christ in ruhiger Zeit um ein Wort über die Hoffnung in ihm gebeten wird oder ob ein anderer in einem Verhör vor Behörden steht,

[141] Vgl. etwa Apg 2, 21; Röm 10, 13; Phil 2, 11. Und Jesus selbst bezeugt von sich: Ich und der Vater sind eins (Jo 10, 30).

jeder ist von Gott gefordert, **immer bereit** zu sein, und zwar **für jeden** — Petrus rechnet damit, daß die Mitmenschen selbst zu fragen beginnen. Das ist immer die günstigste Situation. So wird die Botschaft von Jesus nicht aufgedrängt, sondern erbeten. Dabei ist zu beachten, daß das Fragen der Umwelt nicht so sehr an ihrem Glauben entsteht, als viel mehr an ihrer **Hoffnung!** Lebendige Hoffnung fällt auf, da ja die Menschen dieser Welt sich letztlich nur tote, trügerische Hoffnungen (sprich: Illusionen) machen und so effektiv überhaupt „keine Hoffnung haben" (1 Th 4, 13). Die **Hoffnung** aber, die der Auferstandene in den Seinen entzündet (1, 3), gibt ihrem Leben etwas Strahlendes, Anziehendes. Sie klingt durch all ihr Reden und Handeln hindurch. Die Frage ist nicht die, ob sie ihre Hoffnung glaubhaft in Worte fassen können, sondern ob sie überhaupt eine wirkliche Hoffnung haben. Dann werden sie auch klare Auskunft geben können. Ihre **Hoffnung** bezeichnet zugleich das Hoffnungsgut, das für sie bereitliegt (vgl. zu 1, 3). Nicht Klugheit, sondern die gegebene Wirklichkeit ist entscheidend, wenn Rechenschaft (oder „ein Wort") über ihre Hoffnung von ihnen gefordert wird.

Auch die Art und Weise, wie der Christ seine Antwort gibt, 16
ist wichtig, nämlich: **mit Sanftmut und Furcht, ein gutes Gewissen habend, damit, worin ihr verleumdet werdet, die zuschanden werden, die euren guten Wandel in Christus schmähen.** Die **„Sanftmut"** wird betont, weil sich in das Zeugnis auch der für das Gute Eifernden leicht blinder Eifer, Streitsucht und Überlegenheitsgefühl einmischt. Dadurch entsteht eine Atmosphäre der Auseinandersetzung, die vieles verdirbt. Hinter Streitsucht verbirgt sich Ichhaftigkeit, hinter **Sanftmut** (=Freundlichkeit, Milde) dagegen die liebende Zuwendung zum Nächsten. Des Christen Antwort an die Mitmenschen geht in den Verstand, wenn sie mit Klugheit vorgetragen wird, aber ins Herz, wenn sie von der Freundlichkeit Jesu gegenüber unverständigen Gegnern geprägt ist. Jesus sagt von sich: „Ich bin sanftmütig ...". Und er ruft uns zu: „nehmt auf euch mein Joch und lernt von mir" (Mt 11, 29)! Die Sanftmut aber muß gepaart sein mit **Furcht.** Wieder ist die Furcht vor Gott gemeint, jenes achtsame Ernstnehmen der heiligen Gegenwart Gottes. Sie bewahrt davor, die Wahrheit des Evangeliums aus Menschenfurcht zu verschweigen. Die Furcht Gottes läßt uns die Verlorenheit der Gottfernen ernstnehmen und ebenso auch die Tatsache, daß uns die Rettungsbotschaft für sie anvertraut

ist. Die Furcht Gottes bewahrt vor Unlauterkeit und Eigenruhm und ebenso auch vor Selbstsicherheit. Wer Gott fürchtet, wird darum besorgt sein, daß er abhängig bleibt vom Wirken Jesu (Jo 15, 5!) und daß er selbst diesem Wirken nicht im Wege steht. **Ein gutes Gewissen haben — Gewissen,** wörtlich „Mitwissen" ist die Instanz im Menschen, die bezeugt, ob er dem, was er als das Gute erkannt hat, gefolgt ist oder nicht[142]. Es ist bedeutsam, daß unser **Gewissen** ein ständiges „Mitwissen" aller unserer Taten ist und daß dieses Mitwissen uns begleiten wird bis in die Ewigkeit. Da gibt es kein Vergessen, und das Gewissen ist unbestechlich. Eher läßt es sich totschlagen, als daß es gemäß seiner Prägung als böse Erkanntes gut oder entsprechend Gutes böse nennt. Es ist unabhängig vom Willen des Menschen, aber abhängig von seinem Leben. Deshalb gehören nach unserem Vers ein gutes Gewissen und ein guter Wandel zusammen. Vor Menschen kann man tadellos erscheinen. Ihrem Urteil kann man sich entziehen, nicht aber dem Urteil Gottes im Gewissen. Um ein gutes Gewissen zu haben gilt es, so lauter vor Gott zu leben, daß er nicht im Gewissen gegen uns zeugt. „Gut" ist ein Gewissen, das Gott nicht unruhig macht wegen heimlicher, verborgener Sünde und Schande. Zu welchem Ergebnis aber führen **Sanftmut** und **Furcht** und **gutes Gewissen? Damit, worin ihr verleumdet werdet, die zuschanden werden, die euren guten Wandel in Christus schmähen.** Wieder wird von vornherein mit Verleumdungen um Jesu willen gerechnet (2, 12; 4, 14). Das gilt auch für Zeiten, die nicht von Verfolgung gekennzeichnet sind. Das rechte Zeugnis von Jesus beinhaltet immer auch Gottes Gericht über die Sünden der Menschen. Oft beantworten die Unbußfertigen dieses Zeugnis damit, daß sie nun ihrerseits bei den Christen Sünden suchen. Darauf gibt es nur eine Entgegnung, die angemessen und verheißungsvoll ist: **ein guter Wandel in Christus.** Ist jemand **in Christus,** — das bedeutet: Neuschöpfung der Persönlichkeit (2 Kor 5, 17), d. h. mit der ganzen Existenz von Christus geprägt sein. Das ergibt dann ein neues Leben, einen **guten Wandel.** Mögen die Verleumder diesen auch **schmähen,** so müssen sie damit doch früher oder später **zuschanden** (oder: beschämt) werden.

17 Zuschanden gewordene, beschämte Verleumder — das heißt

[142] Zum Begriff „Gewissen" siehe zu 2, 19, so wie auch zu Rö 2, 15; 9, 1; 2 Ko 1, 12; 4, 2; 1 Tim 1, 5; 3, 9 in der W. Stb. Vgl. außerdem ThBl. Sehr empfehlenswert ist auch: O. Hallesby, „Vom Gewissen".

nicht in jedem Falle, daß sie aufhören zu verleumden oder zu verfolgen. Es kann sein, daß die Zeugen Jesu trotzdem oder auch gerade deshalb leiden müssen, weil die Verleumder in ihrem Gewissen getroffen sind (vgl. Apg 5, 33; 7, 54 u. a.). In jedem Fall gilt es, unbeirrt beim guten Wandel zu bleiben. **Denn es ist besser, als solche, die Gutes tun, zu leiden, wenn der Wille Gottes es so wollen sollte.** Wer dem Gekreuzigten nachfolgt, muß jederzeit mit der Möglichkeit von Leiden rechnen. Er steht jedoch letztlich nicht unter der Willkür der Feinde, sondern unter dem **Willen Gottes.** Gott bestimmt darüber, und hat auch Art und Dauer des Leidens in seiner Hand. Für **Gutestun zu leiden** ist wieder (wie in 2, 20) sehr allgemein gehalten. Es kann bedeuten: leiden, obgleich sie Gutes tun, oder auch: weil und während sie Gutes tun. **Denn es ist besser**[143] **für Gutestun zu leiden . . . als für Bösestun.** In V. 13—16 ging es um die Überwindung der Verleumder durch Gutestun. V. 17 faßt das zusammen: im Leiden derer, die Gutes tun, liegt überwindende Kraft. Der folgende Abschnitt veranschaulicht das am Beispiel unseres Herrn Jesus.

Denn auch Christus ist ein für allemal um der Sünden willen für uns gestorben, als Gerechter für Ungerechte, um uns zu Gott zu führen, getötet zwar am Fleisch, lebendiggemacht aber am Geist. Die verknüpfenden Bindewörter, mit denen dieser Abschnitt beginnt, zeigen, daß er als Begründung („denn") und als Parallele („auch") zum vorigen Abschnitt gedacht ist. Daran, daß der vorige Abschnitt so ausführlich und zentral mit der nun folgenden Christusverkündigung begründet wird, soll seine Bedeutung unterstrichen werden. Am Leiden ihres Herrn sollen seine Jünger lernen, auch unter Leiden konsequent am Gutestun zu bleiben und solchem Leiden überwindende Kraft zuzutrauen („es ist besser, wirkungsvoller"). Zugleich wirft die Zuordnung der beiden Abschnitte Licht auf das Verständnis des folgenden: Leiden unter Gutestun ist immer wirkungskräftig, das Leiden Christi sogar bis in das Totenreich und in die Himmelswelt hinein. Mit Rückwirkung auf die vergangenen und mit Vorauswirkung auf die zukünftigen Generationen der Menschheit. Die Formulierung **denn auch Christus** deutet an, daß in gewisser Weise auch das Leiden seiner Nachfolger Ewigkeitswirkung hat. Wenn nämlich daran 18

[143] Das grie *kreitton* = *„es ist besser"* ist nicht nur Steigerungsform von *agathos* = gut, sondern auch von *kratys* = mächtig, gewaltig. „Es ist kraftvoller", „wirkungskräftiger" sollte deshalb mitgehört werden.

ihre Hoffnung offenbar wird, so daß dadurch Fernstehende nach dem Grund dieser Hoffnung fragen (V. 15). Welche Chance in solchem Leiden liegt, haben später die großen Christenverfolgungen bewiesen. Und doch suchen wir am Ende des Abschnitts vergeblich nach einer zusammenfassenden Parallelisierung zwischen dem Leiden Christi und dem der Christen. Das Leiden Christi ist unvergleichlich. Die Folgerung, die Petrus aus diesem Abschnitt zieht, steht in 4, 1 und lautet: „Wappnet euch mit demselben Sinn."

Christus ist ein für allemal um der Sünden willen gestorben. Daß sein Sühnopfer **ein für allemal** gilt, ist eine ganz bedeutsame Ausage[144]. Sie macht den grundlegenden Unterschied zwischen den Tieropfern des Alten Bundes und dem Opfer deutlich, das den Neuen Bund begründet. Während die Opfer des Alten Bundes ständig wiederholt werden mußten und dabei doch nicht imstande waren, die Sünden wirklich wegzunehmen (Hbr 10, 11), ist das Opfer Christi einmalig, endgültig, ewig wirksam, indem es die Sünde der ganzen Welt für immer getilgt hat. Deshalb heißt es hier: **um der Sünden willen** (vgl. auch Gal 1, 4; Rö 4, 25). Nach der ganzen heiligen Schrift ist die Sünde die Grundnot des Menschen, weil sie die Trennung von Gott bewirkt (1 Mo 3; Jes 53, 5; Jo 1, 19). Sie ist so schwer, daß nur das Sterben des unschuldigen Gottessohnes sie sühnen konnte (Kol 1, 21 f). Nur wer das Gewicht der Sünde erkannt hat, kann das Kreuz Jesu verstehen. Nur der kann begreifen, welch unermeßliches Geschenk die Vergebung der Sünden ist. **Gestorben als Gerechter für Ungerechte,** diese beiden Begriffe sind absolut und uneingeschränkt zu sehen. Jesus war völlig gerecht, er war „der Gerechte" schlechthin (Jes 53, 11; Apg 3, 14; 7, 52; 22, 14; 1 Jo 2, 1) und hätte für sich selbst nicht zu sterben brauchen. Aber auch **für Ungerechte** ist absolut gemeint und trifft ohne Einschränkung auf uns alle zu. Alle sind von Natur ungerecht, und das heißt: verloren. Der Gerechte starb für die Ungerechten, das bedeutet für uns Rettung, für ihn aber schuldloses Leiden. Dieses Leiden nahm er auf sich in dem unbedingten Willen, uns den Rückweg zum Vater freizumachen und zu Gott hinzubringen. **Um uns zu Gott zu führen** — das ist das Ziel seines Opfers. Dadurch gibt es für Sünder wirklich Zugang zu Gott. Was alle Religionen ersehnen und doch niemals erreicht haben noch jemals erreichen kön-

[144] Vgl. Rö 6, 10; Hebr 7, 27; 9, 12. 26. 28; 10, 2. 10.

nen, nämlich einen Weg zu Gott zu finden, — eben dies, ist in Jesus, dem Gekreuzigten, Wirklichkeit geworden. Wer meint, ohne Vergebung der Sünden einen Zugang zu Gott zu finden, hat von der Heiligkeit Gottes und des Menschen Verlorenheit noch keine Ahnung. Seine Sünde trennt ihn von Gott. Wer noch in Sünden ist, kann nie Frieden mit Gott haben. Weil aber Jesus um der Sünden willen für uns gestorben ist, wird jeder, der sich ihm anvertraut, wirklich zu Gott gelangen (Jo 14, 6). Jesus wurde **getötet zwar am Fleisch, lebendig gemacht aber am Geist**[145]. Durch das **„zwar ... aber ...“** liegt der Ton auf der zweiten Aussage: Lebendig gemacht am Geist. Nachdem Jesus **am Fleisch getötet** worden war — mehr konnten die Feinde ihm nicht antun — wurde er **am Geist lebendig gemacht.** Das heißt nicht, daß der Geist Jesu gestorben war. Es gibt in der Schrift keinen Hinweis darauf, daß Jesus auch „am Geist“ gestorben sei (vgl. Lk 23, 46). Das grie Wort *zoopoiein* kann neben „lebendigmachen“ auch „beleben“[146] heißen. Wir können das im Sinne von Rö 8, 36 („wir werden getötet den ganzen Tag“) und von 1 Th 3, 8 („denn nun leben wir, wenn ihr stehet im Herrn“) verstehen. Wir sehen aus den Zitaten, daß die Begriffe „töten“, „leben“, ebenso auch „beleben“, verstanden werden können im Sinne des Empfangens von zusätzlichen Sterbens- bzw. Lebenskräften. Christus wurde getötet am Fleisch, aber er wurde am Geist (oder: im Geist) zu neuer, größerer Wirksamkeit belebt (vgl. Phil 2, 9). **Getötet am Fleisch** kann diesen Gedanken noch verstärken. Sein Kommen ins Fleisch bedeutete Erniedrigung, Begrenzung seiner Wirksamkeit. Diese ist nun aufgehoben, und sein Geist ist ganz frei zu uneingeschränkter, weltumfassender Wirksamkeit[146a].

In welchem er auch zu den Geistern im Gefängnis ging und 19

[145] O.a. „im Fleisch“ und „im Geist“. Häufig wird auch übersetzt: „nach dem Fleisch“, „nach dem Geist“. Auch „in bezug auf das Fleisch“, „in bezug auf den Geist“ ist möglich (vgl. Steyer, Kap 32 K). Zu unserer Übersetzung s. 1 Ko 7, 34: „Heilig am Leib und am Geist.“

[146] So W-B, H.-G. Link in ThBL S. 839 ff.

[146a] Etliche Ausleger sind der Meinung, die Worte „lebendig gemacht am Geist“ beziehen sich auf die Auferweckung Jesu. Doch entstammt dieses Verständnis weithin der Neigung, eine Wirksamkeit Christi im Geist, unabhängig vom Leibe, zu leugnen. Das scheint uns aber dem Sinn der Stelle zu widersprechen, besonders dem nächsten Vers. Im übrigen ist es bemerkenswert, daß Petrus in V. 18 b und 19 „ganzheitlich“ formuliert. Er sagt nicht: Christi Geist ist belebt und hingegangen, sondern: Christus ist am Geist belebt, und er ist in ihm zu den Geistern im Gefängnis gegangen.

ihnen verkündigte.[147] Christus ist also im Geist zu den Geistern gekommen und hat ihnen **„verkündigt"**, das heißt seinen Sieg. Nicht nur auf die Erde und ins Totenreich, sondern auch in die himmlischen Welten dringt die Wirkungsmacht seines Leidens (V. 22). **„In welchem"**, oder auch „durch ihn" bzw. „vermöge" des Geistes, wie auch immer wir übersetzen, wir müssen es verstehen als: Christus als Geist und Christus im Geist. Er war nach dem Sterben am Kreuz also nicht untätig. Nunmehr befähigt, in Bereiche zu gehen, die er im Fleisch nicht erreicht hat, hat er seinen Sieg auch in der Totenwelt proklamiert und wirksam gemacht. Die **„Geister im Gefängnis"** sind die Geister der Verstorbenen (vgl. 4, 6). Auch sie sind nicht inaktive Wesen oder gar ausgelöschte Nichtse. Sie befinden sich „im Gefängnis" und können die Botschaft Christi vernehmen, sicher auch antworten und sich entscheiden. Das stimmt mit dem übrigen Befund des NT überein: der Mensch verliert beim Sterben zwar seinen fleischlichen Leib, bleibt aber als Person erhalten (Mt 10, 28; Lk 16, 22 ff; 23, 43; Apg 7, 59; Hbr 12, 23; Offb 6, 9). Dabei kann der Verstorbene sowohl als „Seele" wie auch als „Geist" bezeichnet werden, wie die genannten Bibelstellen zeigen. **Gefängnis** (wörtlich: Aufbewahrungs- oder Bewachungsort) ist der Ort, an dem sich die Geister der Entschlafenen befinden, also das Totenreich (grie *Hades*). Das Wort **Gefängnis** bringt zum Ausdruck, daß die einzelne Persönlichkeit in jedem Fall und ohne allen Zweifel weiterlebt, ob der Mensch das will oder nicht und ob er es wahrhaben will oder nicht. Da die **Geister im Gefängnis** warten müssen auf das Gericht, kann unser Wort auch den Klang eines unangenehmen, qualvollen Bewachungsortes haben, an dem die Toten unfreiwillig sind[148]. Dort also wurde ihnen **verkündigt,** wörtlich: „geheroldet". Petrus ist hier äußerst zurückhaltend und sagt nichts Näheres über den Inhalt der Botschaft. Einzelne Ausleger meinen, der habe den Toten Gericht gepredigt. Daran aber, daß Petrus hier den gleichen Ausdruck gebraucht wie bei der Verkündigung der Heilsbotschaft an die Lebenden, dürfen wir wohl erkennen, daß er auch hier

[147] Luther hat über unsere Stelle gesagt: „Das ist ein wunderlicher Text und ein finsterer Spruch, so nur einer im NT ist, daß ich nicht genau weiß, was St. Peter meint."

[148] Vgl. Lk 16, 23: „Als er nun im Totenreich seine Augen aufhob, in Qualen sich befindend ..." Daß nicht alle Toten an diesem „Ort der Qual" (Lk 16, 28) sind, keinesfalls die in Christus Entschlafenen (1 Th 4, 16 b) —, denn die Erlösten werden mit ihrem Erlöser vereint sein! (Phil 1, 23) — das sagt die Schrift mit klaren Worten (2 Kor 5, 1.8), auch der Herr selbst in Lk 23, 43 (vgl. W. Stb. zu den genannten Stellen!).

an ein Heilsangebot denkt (vgl. auch 4, 6). Diesen Toten, die die Rettung durch Christus in ihrem Leben nicht erfassen konnten, wird er die Möglichkeit gegeben haben, sie im Totenreich annehmen zu können[149]. Daß er sich diesen, vor seiner Erdenzeit Gestorbenen, zugewendet hat mit der Verkündigung seines Sieges, ist die frohe Kunde dieses Abschnittes von seiner sogenannten „Höllenfahrt"[150]. Dieser „Abstieg" in das Totenreich ist ferner bezeugt in Rö 10, 7; Eph 4, 9 f; angedeutet auch in Mt 12, 40 und an anderen Stellen.

In Vers 20 werden die Geister im Gefängnis näher be- 20
stimmt: **welche einst ungehorsam waren, als die Langmut Gottes abwartete in den Tagen Noahs, während die Arche zugerichtet wurde, in welche hinein wenige, das sind acht Seelen, hindurchgerettet wurden durch das Wasser.** Petrus kennzeichnet die Zeitgenossen **Noahs „als ungehorsam".** Das kann nur von Leuten gesagt werden, die eine gewisse Kenntnis des Willens Gottes hatten. **Die Langmut Gottes wartet ab.** Das vermehrt ihre Schuld. Sie haben ihren Ungehorsam festgehalten durch lange Zeit, obgleich sie die Warnung Gottes vor Augen gehabt hatten: den Bau der Arche. — Sollte aber der Herr nur jener einen Generation, nur den Zeitgenossen Noahs die Botschaft gebracht haben? Sind sie hier nicht vielmehr als Beispiel für alle Generationen genannt? Warum aber gerade sie? An ihnen wird die Auswirkung seines Opfers besonders deutlich. Wenn er selbst bis zu diesen in grauer Urzeit Gestorbenen vordringt und selbst diesen dauernd und bewußt Ungehorsamen noch die rettende Botschaft übermittelt und ihnen damit sein vollbrachtes Heil anbietet, — wieviel mehr wird dann sein Angebot allen übrigen Generationen der vergange-

[149] Unsere Stelle besagt nicht, daß Menschen, die Christus im Leben abgelehnt haben, sich im Totenreich noch für ihn entscheiden können. Betont doch Jesus in Jo 3, 36: „... wer aber dem Sohn nicht gehorcht, wird das Leben nicht sehen, sondern der Zorn Gottes bleibt auf ihm." Der Ernst dieser Worte bleibt voll und ganz bestehen. Es sei auch auf den Schluß der Bergpredigt hingewiesen. Dort spricht Jesus von klugen Menschen, die sein Wort hören und tun, und von törichten, die es zwar hören, aber nicht tun (Mt 7, 24 bis 27). Es ist dort also nur von denen die Rede, die sein Wort gehört haben. Für sie hängt alles davon ab, wie sie sich bei Lebzeiten Jesus gegenüber verhalten haben. Sein Wort stellt den Menschen in letzte Verantwortung! Unsere Stelle aber spricht von Menschen, die die Christusbotschaft noch nicht kennen und sie daher im Totenreich erfahren. Auch sagt unser Wort nichts über die Wirkung der Predigt im Totenreich, schon gar nicht, daß die Toten alle gerettet werden.

[150] Wir sollten jedoch den Ausdruck „Höllenfahrt" nicht gebrauchen, denn es handelt sich dabei nicht um die Hölle, den endgültigen Verdammungsort, sondern um den Hades, das Totenreich.

nen Jahrtausende gelten, allen, die je auf Erden gelebt haben bis hin zu Adam! An der **Arche** entschied sich damals Rettung oder Untergang. Für alle war sie Ankündigung des Flutgerichtes und Mahnung Gottes. Einigen wenigen dagegen wurde sie zur Rettung: **In welche** hinein-(gehend) **wenige, das sind acht Seelen, hindurchgerettet wurden durch** (das) **Wasser** (vgl. 1 Mo 7, 7; 9, 18). **In welche hinein,** will andeuten: die acht Seelen mußten, um errettet zu werden, in die Arche hineingehen. Gerettet wird nur, wer auf Gottes Ruf hört, wer gehorsam ist und zum Rettungs- und Bergungsort herzukommt. Die ausdrückliche Nennung der geringen Zahl Geretteter — **wenige, das sind acht Seelen** — könnte den Gegensatz zur großen Menge der Umgekommenen besonders hervorheben. Oder soll die kleine Zahl den Gegensatz zur viel größeren Zahl der durch Jesus Geretteten aufzeigen? Seine Rettungsmacht ist ja ungleich größer als die der Arche. Damals nur acht Gerettete, jetzt unzählige. Da in unserem Abschnitt, wie Vers 21 ausdrücklich sagt, ein typologischer Vergleich vorliegt, ist letzteres wahrscheinlich. Im NT finden wir häufig den Vergleich eines atst Vorbildes (Typos) mit einem ntst Gegenbild (Antitypos). An dieser Auslegungsform ist gerade die typologische Steigerung das Eindrückliche, nämlich der Erweis, daß das durch Jesus gebrachte Heil größer ist als das atst Vorbild[151]. Wenige wurden **hindurchgerettet durch** (das) **Wasser**. Man kann — wieder als nachlässig im Stil damaliger Zeit — übersetzen: „durch Wasser gerettet". Das tun etliche Ausleger und deuten das Wasser als das Mittel, durch das Noahs Familie gerettet wurde. Sprachlich schließt sich V. 21 besonders gut daran an: welches (das Wasser) auch euch rettet. Es erhebt sich aber ein sachlicher Einwand. Das Wasser war zwar auch Rettungsmittel, insofern als es die Arche trug. Es war aber vor allem Gerichtselement. Daher möchten wir die zwar ungewöhnliche, aber genauere Übersetzung bevorzugen: in die Arche hinein (-gehend) wurden die acht Seelen **„hindurchgerettet durch (das) Wasser"**. Somit ist der Text offen für das doppelte Verständnis: die acht Seelen wurden „durch das Wasser gerettet" als auch „durch das Wasser hindurchgerettet". Diese Formulierung entspricht genau dem im AT geschilderten Vorgang des Sintflutgerichtes.

21 **Welches auch euch gegenbildlich jetzt rettet als Taufe, die nicht ein Abtun des Schmutzes am Fleisch ist, sondern eine an**

[151] S. Anmerkung zu 2, 5

Gott gerichtete Bitte um gutes Gewissen durch die Auferstehung Jesu Christi. Sprachlich liegt es nahe, das Relativpronomen („welches") auf das Wasser zu beziehen. Das Wasser brachte der Familie des Noah ja tatsächlich Rettung dadurch, daß es die Arche trug. Und auch heute, im Neuen Bund, gibt es in gewisser Weise eine Rettung durch Wasser. Es läßt sich das Relativpronomen aber auch auf den gesamten Vorgang der Rettung in Vers 20 beziehen[152]. Die Rettung im Neuen Bund wird in unserem Vers als *Antitypos„* als Gegenbild bezeichnet. Das atst Vorbild (der *Typos)* ist die Hindurchrettung Noahs und seiner Familie durch das Wasser. In der Sintflut geschah Gericht und Rettung zugleich. Die acht Seelen wurden mittels des Wassers hindurchgerettet durch das Wasser des Gerichtes. Einen entsprechenden Vorgang gibt es auch jetzt im Neuen Bund, nämlich als Taufe. Auch in der Taufe geschieht Rettung durch Wasser des Gerichtes hindurch: der Mensch wird in den Tod Christi getauft (Rö 6, 3 f) und damit zugleich an Christus übereignet. Rettung durch Wasser hindurch, das ist das Geschehen, das *Typos* und *Antitypos* verbindet. Doch rettet in der Sintflut wie auch in der Taufe das Gesamtgeschehen, nicht aber das Wasser allein[153]. Die Taufe ist **nicht ein Abtun des Schmutzes am Fleisch, sondern eine an Gott gerichtete Bitte um gutes Gewissen durch die Auferstehung Jesu Christi.** Hier ist nun der typologische Vergleich der beiden Rettungsvorgänge verlassen, und in einem neuen Bild setzt sich der Gedankengang fort. Das Wasser wird nun als Reinigungselement gesehen, was dem ursprünglichen Verständnis der Taufe entspricht, demzufolge sie Ausdruck einer Waschung ist. **Die Taufe ist nicht ein Abtun des Schmutzes am Fleisch.** Es geschieht durch sie zwar eine Reinigung, aber das kann mißverstanden werden. Deshalb wird betont: Den äußeren Menschen untertauchen und waschen ist noch keine Taufe. Die Taufe ist ein Abtun des Schmutzes am inwendigen Menschen — so müßte der Satz in Parallele zum vorangegangenen vollendet werden. Aber das könnte schon wieder mißverstanden werden, so als ob die Taufe als solche durch ihren bloßen Vollzug die

[152] Das wird besonders deutlich in der Elberfelder Übersetzung: „... welches Gegenbild auch euch jetzt errettet, das ist die Taufe ...". Demnach ist es das Gegenbild, das rettet, nämlich die Taufe.

[153] Luther sagt: Wasser tut's freilich nicht, sondern das Wort Gottes, so mit und bei dem Wasser ist, und der Glaube, so solchem Wort Gottes im Wasser trauet" (Kleiner Katechismus).

Sünden abtun würde. Nein, sagt Petrus: Taufe ist **eine an Gott gerichtete Bitte um ein gutes Gewissen.** Hier wird deutlich, daß es in der Taufe um ein Geschehen am inneren Menschen, um persönliche Hinwendung des Täuflings zu Gott geht[154]. Damit wäre die Taufe als ein Akt gekennzeichnet, in dem der Täufling das ernste Verlangen ausdrückt, ein gutes Gewissen zu Gott zu bekommen[155]. Bekenntnis der Sünden und Unterstellung des Lebens unter die Herrschaft Gottes gehören unabdingbar dazu. Und in der Taufe bestätigt Gott die Zugehörigkeit zu ihm, die Vergebung der Sünden und damit das gute Gewissen[156]. Es geht also in der Taufe **um ein gutes Gewissen**[157]. Unser Vers zeigt, daß das Gewissen eine zentrale Bedeutung in unserem Verhältnis gegenüber Gott hat. Solange ein Mensch vor Gott „tot in Übertretungen und Sünden" (Eph 2, 1) ist, hat er ein abgestumpftes Gewissen. Er wird es bis zu einem gewissen Grade zum Schweigen bringen bzw. sich

[154] Die Bedeutung des grie Wortes *eperôtaema* = *Bitte* ist nicht sicher. Es kommt im NT nur an dieser Stelle vor, das Verbum allerdings häufig, und zwar in der Bedeutung: fragen, anfragen, befragen, bitten (Mt 16, 1). Deshalb übersetzen die meisten Ausleger: Bitte um ein gutes Gewissen. In den Wörterbüchern findet sich auch die Bedeutung „Anrufung", „Befragung", bei Pape auch „Angelobung" (Handwörterbuch der grie Sprache 2 Bd, 3. Aufl. 1888). Zusammengesetzte Wörter wie dieses grie *ep-erôtaema* bedeuten oft eine Verstärkung der Grundaussage, hier etwa eine ernstliche, verbindliche Bitte, so daß man auch übersetzen könnte: auf Gott gerichtetes Verlangen oder Begehren.

[155] Dabei ist noch eines zu bedenken: Das Verb *eperôtan* heißt auch „dagegen fragen" (bei Benseler unter *epeiromai). Eperôtaema* war daher auch Ausdruck für wechselseitige Befragung und Bestätigung zweier Partner bei einem Vertragsabschluß. Wenn wir also *eperôtaema* als an Gott gerichtete Bitte um ein gutes Gewissen übersetzen, sollten wir berücksichtigen, daß das Wort wahrscheinlich eine wechselseitige Befragung meint, daß es die erwidernde Bestätigung Gottes mit enthält.

[156] Andere allerdings verstehen die Stelle so, daß die wechselseitige Befragung von Gott ausgeht. Schlatter erklärt: „*eperôtaema* war die technische Formel für den Antrag, den der Leiter einer Versammlung zur Abstimmung brachte ... das *eperôtaema* war die der Gemeinde zur Entscheidung vorgelegte Frage; auf diese folgt die Abstimmung, durch die aus dem *eperôtaema* ein Beschluß wird (Petrus und Paulus nach dem 1 Petrusbrief, S. 143)." Auf S. 144 sagt er: „Der Bericht über die Taufe des Äthiopen zeigt, warum Petrus bei der Taufe von einer „Befragung" sprach. Der Äthiope fragt: was hindert, daß ich getauft werde? Nun antwortet im glossierten (mit einer Anmerkung versehenen) Text Philippus: wenn du von ganzem Herzen glaubst, kann es geschehen. Damit war ihm das *eperôtaema* vorgelegt (Apg 8, 36. 37)." Rendtorff, der die Übersetzung „Angebot eines guten Gewissens zu Gott" hat, sagt zur Stelle: „Sehr dramatisch ist dann hier die zugrunde liegende Vorstellung von der Taufe. Gott fragt: willst du dein Innerstes mir öffnen? Willst du ein Mensch werden, der im Zentrum seines Lebens durch mich bestimmt ist? Willst du mein Eigentum werden? Ja, oder nein? Und der Taufbewerber antwortet mit seinem gläubigen Bekenntnis: ja. Jedenfalls, das scheint mir trotz aller ungeklärten Fragen deutlich, ist die Taufe gedacht als ein wirksames Handeln Gottes" (S. 77).

[157] Zum Begriff Gewissen s. zu V. 16 und 2, 19.

der Stimme seines Gewissens verschließen. So abgestumpft aber ist es keineswegs ein **gutes Gewissen**[158]. Das schlafende Gewissen ist geradezu ein Zeichen der Gottesferne des Betreffenden. Wenn aber Gott in ein Menschenleben hineinspricht, so wird das Gewissen wach. Das Licht des Wortes und Geistes Gottes deckt dem Menschen seine Sünde auf, und dadurch wird sein Gewissen unruhig. Ja, je deutlicher Gott zu ihm und mit ihm redet, desto mehr erschrickt der Mensch über seine Sünde. Denn es wird ihm offenbar, daß Sünde Feindschaft gegen Gott bedeutet (Rö 5, 10). **Ein gutes Gewissen** gibt es daher nur für den, der sich zu Gott hinwendet, ihm sein Leben übergibt, ihm seine Sünden bekennt (1 Jo 1, 9; Jak 5, 16; Mt 3, 6; Apg 19, 18) und um des Opfers Jesu willen Vergebung erbittet, sie dann aber auch in der Vollmacht des Auferstandenen zugesprochen bekommt (Mt 18, 18; Joh 20, 23). Wo das im Leben eines Menschen geschieht, erhält er Frieden mit Gott (Rö 5, 1) und damit auch ein **gutes Gewissen** als Ausdruck dieses neuen Friedens- und Kindesverhältnisses gegenüber Gott[159]. Von hier aus fällt noch einmal Licht auf die Taufe. Sie ist als Bitte zu Gott um ein gutes Gewissen und als Antwort Gottes die Zusammenfassung und Bestätigung der Bekehrung des Menschen. Und insofern, als Taufe und Hinwendung zu Gott zusammengehören, konnten die Getauften damals die Taufe durchaus als ihre Rettung ansehen. Sie war tatsächlich das abschließende, bestätigende Geschehen im Gesamtvollzug der Errettung[159a]. Der letzte Satzteil: **durch die Auferstehung Jesu Christi** kann bezogen werden auf den ganzen Satz, besonders aber auf die Bitte um ein gutes Gewissen. Die Taufe, die Vergebung der Sünden und das gute Gewissen, alles ruht auf dem Ereignis der Auferstehung. Denn daß Jesu Tod am Kreuz die Sünden der Menschen gesühnt hat, ist von Gott bestätigt in der **Auferstehung Jesu Christi,** die mithin alles

[158] Auch die Sakramente, hier also Taufe, sollen keineswegs in dieser Weise das Gewissen beruhigen!

[159] Wer daher Menschen zu einem guten Gewissen helfen will, muß ihnen helfen, Frieden mit Gott zu finden. Mit einem „guten Gewissen" gibt Gott uns eine unsagbar große Wohltat an Geist, Seele und Leib (Ps 32, 1—5)! Deshalb sucht Gott uns mit seinem Wort nicht zunächst im Gefühl zu treffen oder im Denken, so gewiß beides mit ergriffen wird, sondern im Gewissen. Paulus sagt: „Wir weisen uns aus (als Diener Gottes) an jedem Gewissen der Menschen vor Gott" (2 Ko 4, 2).

[159a] Doch auch die, die schon vor ihrer Bekehrung getauft sind, dürfen ihre Taufe als Bestätigung ihrer Bekehrung, ihrer Errettung ansehen, vorausgesetzt, daß sie sich wirklich „bekehrt haben zu Gott von den Abgöttern, zu dienen dem lebendigen und wahren Gott und zu warten auf seinen Sohn von den Himmeln . . .".

Heil trägt (1, 3). Ohne sie gäbe es keine Vergebung der Sünden. Ohne sie hätte auch die Taufe keine Wirkung und wäre ein gutes Gewissen nur Einbildung. Daher gibt auch erst der Auferstandene seinen Jüngern den Auftrag: „Geht hin und machet zu Jüngern alle Völker: tauft sie auf den Namen des Vaters und des Sohnes und des Heiligen Geistes“ (Mt 28, 19).

22 **Welcher ist zur Rechten Gottes, nachdem er in den Himmel hineingegangen ist und ihm die Engel, Mächte und Kräfte untertan geworden sind.** Für das Verständnis unseres Verses ist es wichtig, sich noch einmal die große Linie des ganzen Abschnittes klar zu machen: Leiden um Jesu willen ist wirkungskräftig (V. 17), das ist an Christi Leiden zu sehen (V. 18). Durch sein Leiden bekam er Wirkungsmacht im Totenreich (V. 19.20), auf Erden (V. 21) und im Himmel (V. 22). Die **Rechte Gottes** bezeichnet die göttliche Regierungsgewalt (Ps 110, 1; Mt 26, 64; Apg 7, 55; Hbr 1, 3 u. a.). Christus **ist** zur Rechten Gottes: es gilt schon jetzt: „Mir ist gegeben alle Gewalt im Himmel und auf Erden“ (Mt 28, 18). Er **ist in den Himmel hineingegangen.** Dabei ist **der Himmel** der Inbegriff des Machtbereichs Gottes. Dorthin mußte er „gehen“, um die Vollmacht von Gott zu übernehmen. Damit, daß Jesus alle Gewalt im Himmel und auf Erden gegeben worden ist, sind ihm auch **die Engel, Mächte und Kräfte untertan geworden** (wörtlich: untergeordnet). Die Bibel bezeugt, daß es eine Vielfalt überirdischer und auch unterirdischer Mächte (Phil 2, 10) gibt, von denen wiederum die irdischen Mächte und Kräfte, vor allem aber wir Menschen (meist ohne es zu wissen und zu wollen) beeinflußt werden. Daher sind sie in der Bibel in der Mehrzahl genannt. Und stets spricht das NT von ihnen in einer Aneinanderreihung mehrerer Ausdrücke, etwa „Engel, Mächte und Kräfte“ oder „Engel, Fürstentümer und Gewalten“ (Rö 8, 38). Es gibt nach der Schrift einerseits Gott dienende Engelmächte, die besonders deutlich hervortreten bei der Geburt Jesu, seiner Versuchung, seinem Kampf in Gethsemane, seiner Auferstehung und Himmelfahrt, erst recht aber bei seiner Wiederkunft (ebenso auch Mt 13, 39; 18, 10; 26, 53; Apg 5, 19; 8, 26; Hbr 1, 13 f; Offb 1, 1 u. a.). Diese greifen im Auftrag Gottes in die Geschichte der Welt und der Gemeinde ein (vgl. auch Dan 10, 13.20; wohl auch 2 Th 2, 6 f). Andererseits gibt es auch Engel, Mächte und Kräfte im Dienst Satans (Mt 25, 41; 2 Ko 12, 7; 2 Th 2, 9; Offb 13, 2). Letztere sind gemeint, wenn Paulus in Eph 6, 12 sagt: „Wir haben nicht mit Fleisch und Blut

zu kämpfen, sondern mit Mächtigen und Gewaltigen, nämlich mit den Herren der Welt, die in dieser Finsternis herrschen, mit den bösen Geistern unter dem Himmel“ (vgl. Eph 2, 2)[160]. Alle **Engel, Mächte und Kräfte sind ihm** (Jesus) **untertan geworden.** So bezeugt es auch Paulus: Gott hat Jesus „gesetzt zu seiner Rechten im Himmel über jede Herrschaft und Gewalt, Macht und Hoheit, und überhaupt über jeden Namen, der nicht allein in dieser Welt, sondern auch in der zukünftigen genannt wird“ (Eph 1, 20 ff; vgl. auch Kol 2, 10.15; 1 Ko 15, 24)[161]. Wer um die absolute Überlegenheit Jesu über alle diese Mächte weiß, wird aus diesem Wissen Zuversicht und Hoffnung schöpfen. Er wird, selbst unter Leiden, diese Mächte nicht wirklich zu fürchten brauchen. Er wird in Bedrängnissen sein Vertrauen auf seinen über alles erhöhten Herrn setzen, ihm zu Ehre und Dienst.

Das Böse mit der Gesinnung Jesu erdulden

1. Petrusbrief 4, 1—6

1 **Da nun Christus am Fleisch gelitten hat, wappnet auch**
ihr euch mit derselben Gesinnung, denn wer am Fleisch
2 **leidet, hat aufgehört mit der Sünde, * um die noch übrige**
Zeit im Fleisch nicht mehr für die Begierden der Menschen,
3 **sondern für den Willen Gottes zu leben. * Denn es ist**
genug an der vergangenen Zeit, das Wollen der Heiden voll-
bracht zu haben, als die da gewandelt sind in Ausschweifun-
gen, Begierden, Trunkenheit, Schmausereien, Trinkgelagen
4 **und frevelhaften Götzendiensten. * Darüber sind sie be-**
fremdet, daß ihr nicht mitlauft in denselben Strom der
5 **Heillosigkeit, und so lästern sie. * Sie werden Rechenschaft**

Zu Vers 1:
Rö 6, 6 f
2 Ko 5, 14 f
Zu Vers 2:
1 Jo 2, 16 f
Zu Vers 3:
Rö 1, 28
Eph 2, 2. f
Tit 3, 3
Zu Vers 5:
Lk 16, 2
Apg 10, 42
2 Tim 4, 1

[160] Wir sollen um diese guten und bösen Mächte wissen. Aber die Schrift gibt uns auch eine Warnung: „Lasset euch niemand das Ziel verrücken, der sich gefällt in falscher Demut und Verehrung der Engel und sich mit seinen Geschichten rühmt“ (Kol 2, 12; vgl. auch 2 Ko 11, 14).

[161] Daß auch diese Mächte in Jesus bereits geschaffen (Kol 1, 16 f), daß sie in gewisser Weise also schon immer unter ihm waren, muß kein Widerspruch zu der Aussage unseres Verses sein. Diese Mächte haben sich ja z. T. gegen ihn gestellt. Damit, daß sie ihm nun untergeordnet sind, können sie die Vollendung des Heilsplanes durch Jesus nicht mehr verhindern. Unser Vers macht gegen allen Zweifel deutlich, daß es nach Jesu Kreuz und Auferstehung nichts mehr gibt, was seiner Herrschaft widerstehen kann.

Zu Vers 6:
1 Pt 3, 19
Rö 8, 10
1 Ko 5, 5

geben dem, der sich bereithält zu richten Lebende und Tote.
6 * **Dazu nämlich ist auch** (den) **Toten das Evangelium verkündigt worden, damit sie zwar gerichtet wurden am Fleisch nach Menschenart, aber leben im Geist nach Gottes Art.**

1 **Da nun Christus am Fleisch gelitten hat, wappnet auch ihr euch mit derselben Gesinnung.** „Leiden am Fleisch" ist ernstes, schmerzvolles Leiden, das unsere irdische Existenz in der Tiefe trifft. Andrerseits ist „Leiden am Fleisch" vergehendes Leiden am vergänglichen Fleisch. Petrus will den Christen Mut machen, das Leiden am Fleisch nicht zu scheuen. Der vorige Abschnitt zeigte, welche Segenswirkungen für andere aus dem Leiden hervorgehen. Dieser Abschnitt nun zeigt, welche Segenswirkungen das Leiden für die Leidenden selbst hat: es trennt sie immer mehr von der Sünde und von ihrer früheren Umgebung und damit von dem Gericht über sie. **Wappnet auch ihr euch**[162] **mit derselben Gesinnung.** Gemeint ist die Gesinnung Christi, die den Willen Gottes und das Heil der Menschen für wichtiger hält als das eigene Wohlergehen auf Erden. Jesus hat die Sünde so sehr verabscheut, daß er für ihre Beseitigung starb. Er hat nicht für die Begierden gelebt, sondern für Gott. Und er hat die Lästerer nicht gefürchtet, sondern sich von ihnen töten lassen, um Gottes Willen zu tun. **Wappnet** euch, (wörtlich: „bewaffnet" euch), deutet auf Kampf. In der Nachfolge Jesu stößt man auf Ablehnung durch die andersgläubige Umgebung. Dabei kann die Versuchung, das eigene Fleisch zu schonen, zu einem inneren Kampf werden. Da ist es wichtig, sich frühzeitig zu wappnen, sonst wird das Fleisch verwöhnt,· und für Gottes Aufträge unbrauchbar. Wer sich aber frühzeitig mit der Gesinnung Christi gewappnet hat, ist gerüstet gegen die Anläufe der Sünde, der Begierden und der Lästerer. **Denn wer am Fleisch leidet** (oder: litt), **hat aufgehört mit der Sünde** (oder auch: abgelassen von der Sünde). Es ist eine alte Erfahrung, daß Tage des Leidens uns weniger geneigt

[162] Hier steht wieder der seltsame Imperativ des Aorist, nur daß er sich diesmal im Deutschen überhaupt nicht wiedergeben läßt, so daß wir uns mit dem Imperativ Präsens behelfen müssen. Zu vergleichen wäre aber z. B. Rö 6, 13b: „sondern habt euch selbst Gott zur Verfügung gestellt!" oder Kol 3, 5: „Darum habt getötet!" Jedenfalls will Petrus seine Leser einerseits daran erinnern, daß sie sich bei ihrer Umkehr bereits mit der Gesinnung Christi gewappnet haben, die ihnen in der Wiedergeburt durch den Heiligen Geist geschenkt wurde; andrerseits ruft er sie dazu auf, nun im Alltag diese Gesinnung auch zu bestätigen und zu bewähren.

zur Sünde machen, daß anderseits Tage des Wohllebens Tage der Gefährdung zur Sünde sind. Vers 3 nennt die typischen Sünden des Wohlstandes! Wer gewappnet ist mit der Gesinnung Christi, für den ist die Entscheidung gegen die Sünde und für Gott innerlich schon gefallen. Wer nun gar schon im **Leiden am Fleisch** steht, für den ist die Bewährungsstunde gekommen, in der er die Entscheidung bestätigt, lieber zu leiden als der Sünde zu dienen. Rendtorff sagt: „Das Leidenmüssen unter der Feindschaft der Welt ist ein sicheres Anzeichen dafür, daß der große Bruch vollzogen ist, daß der Schritt getan ist aus der Welt heraus in die Nachfolge Christi" (a. a. O. S. 77). Jesus will, daß seine Nachfolger ihm ähnlich werden (Mt 11, 29; Joh 13, 15; Rö 8, 29; Gal 4, 19; 2 Ko 3, 18). Dazu aber gehört der Mut zum konsequenten Anderssein gegenüber der Welt. Auch müssen sie wissen, daß das mit Leiden verbunden ist, aber sie dürfen sogar die Leiden positiv sehen, weil sie beitragen zu einem entschiedeneren Leben der Hingabe an Gott.

Um die noch übrige Zeit im Fleisch nicht mehr für die Be- 2
gierden der Menschen, sondern für den Willen Gottes zu leben. Es ist wichtig, daß ein Christ dieses Ziel klar und bewußt erfaßt. Wer sich in der Umkehr für dieses Ziel entschieden hat, muß diese Entscheidung nun auch im täglichen Leben durchhalten. Der Lebensinhalt des Christen wird von Petrus negativ ausgedrückt: **nicht mehr für die Begierden der Menschen zu leben,** und positiv: **sondern für den Willen Gottes. Der Wille Gottes** steht verbindlich über ihrem Leben, hat für sie unbedingte Gültigkeit. **Die noch übrige Zeit im Fleisch** meint die noch vorhandene Lebenszeit. Sie ist Geschenk, ja eine Chance. Aber sie ist begrenzt. Wie sagt die Schrift? „Die Frist ist nur noch kurz bemessen" (1 Kor 7, 29 a), denn: „Der (von Gott festgesetzte) Zeitpunkt ist nahe"[163] (Offb 1, 3). So kommt alles darauf an, die noch geschenkte Gnadenfrist in rechter Weise auszukaufen (Eph 5, 16). Das Leben unseres Herrn war so völlig auf den Willen seines Vaters ausgerichtet, daß er von sich sagen konnte, es sei die Speise, von der er lebe, den Willen dessen zu tun, der ihn gesandt hat, und sein Werk zur Vollendung zu bringen (Joh 4, 34). An ihm sehen wir, was wirkliches „Leben" im ursprünglichen Sinn, nämlich nach dem Plan des Schöpfers für uns ist.

[163] Das heißt: der „Termin für die Enddurchsetzung der Gottesherrschaft" steht nahe bevor (so Adolf Pohl in der W.Stb. z.St.).

3 **Denn es ist genug an der vergangenen Zeit, das Wollen der Heiden vollbracht zu haben, als die da gelebt haben in Ausschweifungen, Begierden, Trunkenheit, Trinkgelagen, Schmausereien und frevelhaften Götzendiensten.** Diese eigenartige Formulierung **es ist genug**, die wir im Deutschen auch kennen („nun ist es aber genug" im Sinn von: es ist schon zu viel), soll besagen: es ist an der Zeit, Schluß damit zu machen. Der Rückblick auf die **vergangene Zeit** demütigt den Christen, weil er in ihr seinen Begierden gelebt und dabei **das Wollen der Heiden vollbracht** hat[163a]. Dieser beschämende Rückblick verstärkt aber den Entschluß: **es ist genug.** Mit dem Ausdruck *éthnae* = **Heiden** oder: **Nationen** sind ursprünglich alle Völker außer Israel bezeichnet. Für Heiden ist ein Leben ohne Bindung an Gott, d. h. in Sünde und Zuchtlosigkeit das Normale. Das Wollen der Heiden ist eine Macht, der sie sich normalerweise nicht entziehen können und wollen. Wie ein solches Leben konkret aussieht, zeigt Petrus in dem nun folgenden „Lasterkatalog"[164]. **Als die da gewandelt sind in Ausschweifungen, Begierden, Trunkenheit, Schmausereien, Trinkgelagen und frevelhaften Götzendiensten**[165]. Damit wird den Lesern der Unterschied zwischen dem Einst und Jetzt ihres Lebens aufgezeigt. Nur mit großer Dankbarkeit können sie daran denken, aus was für einem Leben sie herausgerettet sind. Zugleich wird ihnen bewußt, daß eine tiefe Kluft zwischen ihnen und ihrem früheren Freundeskreis entstanden ist, und daß die Spannung ihren Grund in der Veränderung ihres Lebens hat. Und sie begreifen, daß diese Spannung auch unter Leiden durchzuhalten ist.

Alle Begriffe des Lasterkataloges stehen im Plural. Gemeint sind vielerlei Arten von Ausschweifungen, Begierden und Götzendienst. **Ausschweifungen** sind Folge der inneren **Begierden**. Das grie Wort für **Trunkenheit** bedeutet etwa: über-

[163a] Meistens wird übersetzt: „Wille der Heiden". Diese Übersetzung läßt aber unberücksichtigt, daß hier nicht das grie Wort thelæma (entschiedener, bewußter Wille) steht wie in V. 2 („Wille Gottes"), sondern boulæma. Letzteres enthält zugleich das menschliche Wunschdenken, das von den Trieben her beeinflußte Wollen. Außer Wille, Wollen und Verlangen kann „boulæma" auch Absicht, Plan und Rat heißen.

[164] Lasterkatalog nennt man eine Aufzählung von konkreten Sünden. Wenn die Sünde beim Namen genannt wird, tritt ihre Verwerflichkeit erschreckend deutlich hervor. Solch ein Erschrecken vor der Sünde ist in jedem Leben notwendig, auch immer einmal wieder nach der Bekehrung. Der Lasterkatalog hier ist verhältnismäßig kurz, verglichen mit Rö 1, 29 ff; 1 Ko 6, 9 f; Gal 5, 19—21; 2 Tim 3, 2—5.

[165] Diese Schilderung des früheren Lebens der Empfänger deutet von neuem darauf hin, daß sie zum großen Teil aus dem Heidentum kommen, s. Einleitung.

mäßiger Weingenuß, Weinzecherei. Auch das den übermäßigen Weinverbrauch begleitende leere Geschwätz ist in dem Wort angedeutet[166]. Daß außerdem noch die **Trinkgelage** aufgeführt sind, zeigt, welche Bedeutung dieses Gebiet für das verderbliche Leben hat, das nun überwunden und vergangen ist. **Schmausereien** und **Trinkgelage** haben wiederum viele andere Sünden zur Folge. **Götzendienst** ist der Gipfel der Laster, weil hier das, was Gott gebührt, Anbetung und Dienst, den Götzen gegeben wird. Hinter jeder Art von Götzen steht die Gegenmacht gegen Gott. Daher kann die Bibel von diesen Dingen nicht sprechen, ohne zugleich ein Urteil hinzuzufügen. In 5 Mo 18, 13 ist Aberglaube „ein Greuel" genannt, und in unserem Vers bekommt **Götzendienst** die Beifügung **frevelhaft** oder auch **ruchlos**[167]. Es fällt auf, daß Petrus hier besonders Gesellschaftssünden nennt. Die Begierden sind zwar mehr innerlicher, persönlicher Art, aber ausgelebt werden sie im Umgang mit anderen. In unserem Abschnitt ist ein Zweifaches bemerkenswert: Einerseits rechnet Petrus wie selbstverständlich damit, daß ein Leben in solchen Lastern für die Christen zur Vergangenheit gehört. Und andererseits ist es ihm wichtig, daß ihnen die Wappnung mit der Gesinnung Christi im Leben zur Entschiedenheit gegenüber der Sünde hilft. Offenbar besteht also für sie die Gefahr des Kompromisses gegenüber der Sünde. Immer, wenn Christen eine entschiedene Stellung gegenüber den Gesellschaftssünden einnehmen, entstehen Konflikte mit der früheren Umgebung.

Darüber sind sie befremdet, daß ihr nicht (mehr) **mitlauft** 4
in denselben Strom der Heillosigkeit, und so lästern sie. Das Wort **befremdet** (oder „verwundert") hat den Unterton der Verärgerung. Es ist wirklich eine Entfremdung eingetreten. Die Ursache: Wer zur Besinnung und Umkehr gekommen ist läuft **nicht** (mehr) **mit in denselben Strom der Heillosigkeit,**

166 *oinophlygia* ist zusammengesetzt aus *oinos* = Wein und *phlýō* = strotzen, überfließen bzw. *phlyareō* = schwatzen, leeres Geschwätz treiben, prahlen.

167 Wir sollten nicht meinen, daß Petrus bei der Schilderung damaligen Heidenlebens übertreibt, oder daß heutiges Heidentum sich vom damaligen wesentlich unterscheidet. Auch auf modernes Heidentum trifft diese Schilderung zu und ebenso auch auf frühere, bürgerliche Lebensverhältnisse mit ihren „Kavaliersdelikten", Festen und Bällen und vielen Arten von Aberglauben.

oder auch: „Flut von Liederlichkeit“[168]. **Mitlaufen** drückt die Jagd nach dem Vergnügen aus, Hemmungslosigkeit auf dem Abweg. **Strom** (oder Flut) von **Heillosigkeit** bezeichnet die weite Verbreitung dieser heidnischen Lebenshaltung. Wie ein Strom hat sie etwas Mitreißendes. Wer sich aber in solcher Umgebung nicht mitreißen läßt, gibt Anstoß und stößt auf Befremden. Es ist eine alte Erfahrung, schon in der Bibel bezeugt (Mt 10, 22; Lk 6, 22; Jo 18 ff), daß der, der nicht umkehren will, dem Anruf Gottes in seinem Gewissen dadurch auszuweichen sucht, daß er lästert. „So **lästern** sie“ steht hier ohne Objekt, ohne Angabe, ob Gott oder seine Gemeinde oder seine Botschaft verlästert wird. Im Grunde hängt das alles ja zusammen. Wer Jesu Anspruch an sein Leben abschütteln will, sucht Böses bei denen, die Jesus bekennen, und verspottet sie. Und gerade dann, wenn sie nicht mehr im Strom der Heillosigkeit mitschwimmen, wird ihnen vorgeworfen, sie seien unkameradschaftlich, Spielverderber, hochmütig, engherzig und fanatisch ... **Lästern** (oder auch verleumden, in üblen Ruf bringen) enthält von jeher die Tendenz zur Verfolgung. Jede Bedrückung der Gemeinde wird damit eingeleitet, daß man sie in üblen Ruf bringt. Zuweilen aber scheuen sich die im Gewissen Getroffenen auch nicht vor der direkten Lästerung des Heiligen und Allerhöchsten.

5 Solches Lästern seitens derer, die befremdet sind über den neuen Weg ihrer früheren Weggenossen, ist sehr viel ernster zu nehmen als das törichte Reden derer in Unwissenheit (Kap 2, 12. 15). Diese Lästerer haben ja erkannt, was Jesus an seinen Heiligen getan hat und was er noch an ihnen tun will. So sind sie nicht mehr Unwissende, sondern Widerstrebende. Ihre Auseinandersetzungen mit der Gemeinde sind nicht einfach Streitereien über das Christentum, sondern ihnen ist in den Christen der lebendige Herr selbst begegnet ... Das macht die Begegnung so verantwortungsvoll: **Sie werden Rechenschaft geben dem, der sich bereithält zu richten Lebende und Tote.** Eindrücklich ist das Futur: **sie werden Rechenschaft geben.** Sie werden es zwar nicht wollen, aber es kommt doch unausweich-

[168] Das grie Wort für *Heillosigkeit (asōtia)* wird meist mit „Liederlichkeit“ übersetzt. Doch sollte die Grundbedeutung dieses Wortes nicht übersehen werden: Heil-losigkeit. (Von *a-sōtos* = un-heilvoll, heil-los, ohne Rettung, sittlich verdorben.) Das Wort hat offenbar einen Doppelklang. Dieser ist auch dem entsprechenden Adverb in Lk 15, 13 eigen: der verlorene Sohn vergeudete sein Vermögen, „heillos“ oder „liederlich“ *(asōtos)* lebend. Heillosigkeit und Liederlichkeit hängen zusammen.

lich auf sie zu. Er aber, **der sich bereithält zu richten,** wird kein anderer sein als eben der, den sie verachten, dem sie ausweichen und dessen Zeugen sie schmähen: Jesus, der Gekreuzigte (Jo 5, 22; Apg 17, 31). Keinen Ausweg, keine Rettung wird es dann für die Verlorenen geben, auch nicht durch den Tod. Denn nicht nur **Lebende,** sondern auch **Tote** werden sich dann zu verantworten haben. Der Tod, der Hades, das Meer werden dann die Toten herausgeben müssen, damit sie alle beurteilt werden können, jeder einzelne gemäß seinen Werken (Offb 20, 13). Wenn es hier nun auffälligerweise nicht „die Lebenden ..." heißt, sondern „Lebende und Tote" (ohne Artikel!), so ist damit natürlich nicht gemeint, daß etwa nur einige von ihnen zum Gericht zu erscheinen hätten[169]. Die Schrift sagt ausdrücklich, daß vor dem Großen Weißen Thron „die Toten" ohne Unterschied anzutreten haben: die Großen und die Kleinen, die Hohen und die Niedrigen, die Armen und die Reichen, die Anständigen und die Frevler, aus allen Religionen und Nationen und auch aus allen Jahrhunderten (Offb 20, 11. 12a). — Und doch wird das Fehlen des Artikels seine Bedeutung haben: Denn nicht alle Lebenden und Toten werden dem allgemeinen Weltgericht unterworfen werden. Die Geretteten, deren Namen im Buch des Lebens eingetragen sind, werden vor dem Großen Weißen Thron nicht zu erscheinen brauchen, um gerichtet zu werden (vgl. Lk 10, 20; Joh 5, 24; Offb 20, 12!), sondern im Gegenteil: sie werden als die Heiligen des Herrn mit ihm zusammen die Welt zu richten haben (1 Kor 6, 2)[170]. Aus diesem Grund werden sie auch nicht mit den übrigen Toten zusammen an der allgemeinen Totenauferstehung beteiligt sein, sind vielmehr bereits vor dem Tausendjährigen Reich aus dem Tod erweckt worden. Als die zum Messias Gehörenden wurden sie schon bei seiner Wiederkunft zum Leben erweckt (1 Kor 15, 23b): das ist die Auswahlauferstehung — wörtlich „Herausauferstehung aus (der Mitte der übrigen) Toten heraus" (Phil 3, 11) — oder die „Erste Auferstehung" (Offb 20, 5—6), die der Herr als „Auferstehung des Lebens" bezeichnet

[169] Nach Bl-De § 254 fehlt der Artikel oft bei besonderen Gattungen und Arten und daher auch bei dem Begriff „Tote". Unsere Stelle versteht Bl-De in dem Sinne: „alle, mögen sie tot oder lebendig sein".

[170] Daß auch sie selber mit dem Ertrag und Ergebnis ihres erlösten Lebens früher schon einer Prüfung und Beurteilung unterzogen worden sind, steht auf einem anderen Blatt, weil es vor einem anderen Forum erfolgt ist: nicht vor dem Großen Weißen Thron, sondern vor dem Preisrichterstuhl Christi (2 Kor 5, 10; 1 Kor 3, 12—15). Vgl. W. Stb. zu diesen und den anderen angeführten Stellen!

(Jo 5, 29a). In unserem Vers wird mit großem Ernst vom Gericht und Tod gesprochen. Die Apostel sprechen nicht häufig vom Gericht, wenn aber, dann in großer Verantwortung[171]. Mancher bringt es nur deshalb fertig, ein leichtfertiges Leben zu führen, weil er den letzten Realitäten, Tod und Gericht, ausweicht. Deshalb hat auch die heutige Gemeinde die biblische Botschaft vom Tod und Gericht treu und unverkürzt zu bezeugen.

6 Daß die Lebenden gerichtet werden, mag den Hörern noch verständlich gewesen sein. Ihre Verantwortung wurde in V. 5 geschildert; aber die Toten? Wie sollten **Tote,** aus vergangenen Jahrhunderten, also aus der Zeit des Alten Bundes zur Verantwortung gezogen und gerichtet werden können? Verantwortlich sein und gerichtet werden kann doch nur, wer die Botschaft Gottes zu hören und sich zu entscheiden Gelegenheit hatte. Daß das aber nicht nur für die Lebenden, sondern auch für die Toten zutrifft, begründet V. 6: **Dazu nämlich ist auch** (den) **Toten das Evangelium verkündigt worden, damit sie zwar gerichtet wurden am Fleisch nach Menschenart, aber leben im Geist nach Gottes Art.** Schon die Satzverbindung **dazu nämlich,** zeigt an, daß der vorige Vers begründet werden soll. Mit der Verkündigung des Evangeliums ist fraglos das gleiche wie in 3, 19 gemeint, so daß mit dieser Aussage der Begriff „herolden" aus 3, 19 inhaltlich umschrieben wird. Wo aber das Evangelium verkündigt wird, da ist auch die Möglichkeit der Entscheidung und der Errettung gegeben. **Damit** bezieht sich sowohl auf **gerichtet wurden** als auch auf **leben.** Das „zwar . . . aber" legt jedoch den Ton auf das zweite Satzglied, also: **damit sie . . . aber leben im Geist nach Gottes Art.** Mit diesem Ziel ist nicht nur den Lebenden das Evangelium verkündigt worden, sondern auch den Toten, die es bei Lebzeiten nicht gehört haben. **Damit sie zwar gerichtet wurden am Fleisch nach Menschenart:** Das Gericht liegt also schon hinter ihnen. Es kann demnach nicht das allgemeine Weltgericht vor dem Großen Weißen Thorn gemeint sein (Offb 20, 11 ff), sondern der Tod selber. Daß schon das Sterben an sich ein Gericht am Fleisch nach Menschenart genannt wird, liegt durchaus im Bereich biblischer Theologie. Der Tod ist ja der

[171] Für Paulus gehört die Botschaft vom Gericht unlöslich zum Evangelium (Rö 2, 16; Apg 17, 31).

letzte Feind (1 Ko 15, 26), und der Sünde Sold (Rö 6, 23). Daher wird der Tod selbst für die Gemeinde in Hinsicht auf das Fleisch als Not gesehen (2 Ko 5, 4)[171a].

Gute Haushalter der vielfältigen Gnade Gottes

1. Petrusbrief 4, 7—11

7 **Das Ende von allem aber ist nahe gekommen. So seid nun**
8 **besonnen und nüchtern zu Gebeten! * Vor allem haltet die**
Liebe zueinander ausdauernd, denn Liebe deckt eine Menge
9 **Sünden zu. * Seid gastfrei zueinander ohne Murren.**
10 *** Ein jeder, wie er eine Gnadengabe empfangen hat —**
dienet einander damit als gute Haushalter der vielfältigen
11 **Gnade Gottes. * Wenn jemand redet — als Worte Gottes;**
wenn jemand dient — als aus der Kraft, die Gott darreicht,
damit in allem Gott gepriesen werde durch Jesus Christus.
Er besitzt die Ehre und Macht in die Äonen der Äonen
hinein. Amen.

Zu Vers 7:
1 Ko 10, 11
1 Jo 2, 18
Zu Vers 8:
Mt 26, 41
1 Ko 13, 7
Jak 5, 20
Zu Vers 9:
Rö 12, 13
Hbr 13, 2
Zu Vers 10:
Lk 12, 42
Zu Vers 11:
Jo 12, 50
Rö 3, 2; 12, 7; 16, 27
2 Ko 2, 17

Das Ende von allem aber ist nahe gekommen. Das grie
telos bedeutet „Ende" und zugleich „Ziel" im Sinne von Voll-
endung. Daß diese Welt ein **Ende** haben wird und von Gott
her einem bestimmten **Ziel** zusteuert, bezeugt die ganze Hei- 7
lige Schrift. Auch Jesus selbst sagt es klar: „Himmel und Erde
werden vergehen" (Mt 24, 35; vgl. 1 Ko 10, 11; 1 Tim 4, 1; 1 Jo
2, 18 u. a.). Dieses Vergehen bedeutet aber nicht wirkliches
Ende, sondern nur Beendigung des jetzigen Zustandes und
Beginn einer neuen, göttlichen Welt: das „Schema", die **Ge-
stalt** dieser Welt vergeht (1 Ko 7, 31)[172]. Der Ausdruck **nahe
gekommen** (oder auch: „hat sich genaht") ist schon aufgeklun-
gen in der ersten Botschaft, mit der seinerzeit Jesus als Mes-

[171a] Entsprechend den exegetischen Beobachtungen könnte man den Sinn der Verse 5 und 6 etwa so wiedergeben: die Menschen werden Rechenschaft geben müssen vor Jesus, der sich bereit hält, das zukünftige Gericht über Lebende und Tote zu halten. Denn dazu ist auch den Toten das Evangelium verkündigt worden, damit auch sie sich entscheiden, die Begnadigung in Christus anzunehmen oder ohne sie ins kommende Gericht zu gehen. Nur, wenn sie vor diese Entscheidung gestellt waren, sind sie im Blick auf das zukünftige Gericht voll verantwortlich. Ziel der Evangeliumsverkündigung ist, daß sie, die bereits das Gerichtetsein am Fleisch, den Tod, hinter sich haben, nur dieses erdulden mußten, daß aber auch sie noch das ewige Leben im Geist nach Gottes Art erhalten.

[172] Vgl. dazu auch 2 Pt 3, 13 und Rö 13, 12 u. a.

sias vor die Öffentlichkeit trat: „Kehrt um, denn das Reich der Himmel ist nahe (herbei-)gekommen" (Mt 4, 17 u. a.). Damit ist zweierlei gemeint: Das Reich Gottes ist in Jesus schon da und steht in Kraft. Gleichzeitig aber: Das Reich Gottes, seine Vollendung, ist erst im Kommen und rückt immer näher. So ist auch unsere Stelle zu verstehen. **Das Ende von allem** ist in Jesus schon da (Hebr 9, 26; 1 Ko 10, 11 und Hbr 1, 2). Die Endzeit hat begonnen mit seinem Kommen auf die Erde, mit der Ausrufung der Gottesherrschaft, mit der Kreuzigung, Auferstehung und Himmelfahrt des Messias. Zugleich aber gilt: Das Ende von allem steht noch bevor und kommt immer näher. Die Endzeit wird ihren Höhepunkt und Abschluß erreichen mit den Endereignissen, die diesen Weltlauf abschließen und vollenden, mit der Parusie des Herrn, mit der Aufrichtung des messianischen Reiches, mit dem Gericht und mit der Vollendung von Himmel und Erde (vgl. V. 5; Mt 24, 6; 1 Ko 15, 24 u. a.). In der Formulierung **das Ende ist nahe gekommen** liegt Vergangenheit und Zukunft zugleich, und beides bestimmt die Gegenwart[173]. Da das Ende schon begonnen hat, ist alle jetzige Zeit von den hinter uns und vor uns liegenden Endereignissen her geprägte Zeit, Endzeit. Und da das Ende ständig näher rückt, ist diese Zeit begrenzte, unwiederholbar zu Ende gehende Zeit. So soll die Gemeinde diese Zeit als Endzeit erkennen und ihr Leben von dieser Erkenntnis her bestimmen lassen[174]. Schon in 1, 13 klang das auf. In dem nun folgenden letzten Abschnitt des Briefes wird gezeigt, wie ein von den Endereignissen her geprägtes Leben aussieht. Es geht in diesem Abschnitt um die Verbindung jedes einzelnen zu dem erhöhten Herrn und um die rechte Einordnung in das Gemeindeleben.

So seid nun besonnen und nüchtern zu Gebeten! Wenn die Apostel zum Bereitsein für das Kommen des Herrn mahnen, rufen sie nicht zunächst zu Tat und Anstrengung auf, sondern **zu Gebeten.** Sie folgen damit ihrem Herrn, dessen ganzes Le-

173 An dieser Stelle wird deutlich, daß die biblische Eschatologie (die Lehre von den letzten Dingen) bestimmt ist von einem Paradoxon im göttlichen Heilsplan: Das Ende von allem ist „schon" da und doch auch „noch nicht". Dieses „schon" und „noch nicht" gilt auch für das Reich Gottes, für die Entmachtung Satans, für die Überwindung der Sünden, wie für die Gotteskindschaft (1 Jo 3, 2 u. a.).

174 Das ist auch das Anliegen der übrigen Apostel: „Die Nacht ist vorgerückt, der Tag aber nahe herbeigekommen. So lasset uns ablegen die Werke der Finsternis und anlegen die Waffen des Lichtes. Lasset uns ehrbar wandeln als am Tage ..." (Rö 13, 12 ff; vgl. auch 1 Ko 7, 29; Phil 4, 5; 1 Th 5, 1 ff; 1 Jo 2, 17 f; Hbr 13, 14 f).

ben geprägt war von seinem Gebetsumgang mit dem Vater, wofür er sich viel Zeit nahm[175], und seinen Jüngern zurief: „Die Ernte ist groß, aber wenige sind der Arbeiter. Darum bittet den Herrn der Ernte, daß er Arbeiter in seine Ernte sende“ (Mt 9, 37 f)[176]. Auch seine große Parusierede schließt er mit dem Aufruf: „Seid aber wachsam, indem ihr bei jeder Gelegenheit b e t e t . . .!“ (Lk 21, 36). An ihrem Gebetsleben erweist es sich, ob die Gemeinde auf ihre eigene Kraft oder auf die Kraft des Herrn vertraut. Dabei schreibt Petrus als einer, der selber in allem Gemeindedienst dem Beten den wichtigsten Platz eingeräumt hat („ . . . wir aber wollen anhalten am Gebet und am Dienst des Wortes“: Apg 6, 4). In dem Plural **zu Gebeten** mag die Aufforderung enthalten sein, viel zu beten. Auch ist damit die Vielfalt der Formen und Arten des Betens ausgedrückt, gemeinsames und einsames, freies und vorgeformtes, Anbetung, Fürbitte u. a. . . . . Der Apostel weiß, daß Beten uns schwerfällt, daß Zeitmangel, Zerstreutheit und Weltliebe uns am Beten hindern. Daher gibt er zur Mahnung auch die Hilfe: **Seid besonnen und nüchtern** zu Gebeten. **Besonnen** (oder auch: „weise“) sind nach der Bibel diejenigen, die mit Gott rechnen, die zuerst nach dem Reiche Gottes trachten und von daher ihr Leben prägen lassen (Spr 1, 7; 15, 31; Jer 9, 22f; Jak 3, 13. 17)[177]. Der grie Begriff *sophronein* (besonnen, weise sein) drückt das Wissen darum aus, wie man richtig lebt und zugleich in Zucht und Selbstbeherrschung, um das Alltagsleben entsprechend zu gestalten. **Besonnen sein zu Gebeten** heißt daher: wissen, wie entscheidend wichtig die Gebete für das rechte Leben in der Endzeit sind, und also auch wirklich beten. **Seid nüchtern** erinnert daran, daß mit der Umkehr seinerzeit ja eine grundlegende Ernüchterung erfolgt ist, und enthält gleichzeitig die Aufforderung, sich in der Lebenshaltung entsprechend auf dem Gebiet des Wohlstandes und des Wohllebens zu beschränken. Wer das befolgt, wird die nötige Zeit und Konzentration zum Beten und dem daraus folgenden Tun finden. So macht das Rechnen mit dem Ende aller Dinge und mit der Zukunft Gottes sie „**besonnen und nüchtern**“.

[175] Mt 14, 23; 26, 36. 39; Mk 1, 35; 6, 46; Lk 3, 21; 5, 16; 6, 12; 9, 18. 28 f; 11, 1 u. a.
[176] Vgl. auch Jo 15, 16; Apg 1, 14; 13, 3; u. a.
[177] Zu dem reichen Kornbauern dagegen, der sein Leben von den Dingen dieser Welt her bestimmen ließ und nicht nach Gott fragte, sagt Gott: du Narr! (Lk 12, 20; vgl. auch Rö 1, 22).

8 Die folgenden Verse sind abhängig von V. 7 und lauten wörtlich übersetzt: „... seid nüchtern zu Gebeten, indem ihr vor allem die Liebe zueinander angespannt haltet ..., indem ihr gastfrei seid ..., indem ihr einander dient ...“. Dadurch wird deutlich, daß Beten und Tun in untrennbarer Beziehung zueinander stehen, daß Bruderliebe, Gastfreisein und Diakonie zwar mit dem Beten beginnt und das Beten zur Grundlage hat, daß man sich aber andererseits davor hüten muß, über dem Beten das Tun zu vergessen. **Vor allem haltet die Liebe zueinander ausdauernd** (vgl. zu 1, 22). Die Liebe ist die Grundfrucht des Heiligen Geistes, von der jede andere Frucht abhängt (Gal 5, 22); sie ist das Band der Vollkommenheit (Kol 3, 14). Die Worte **vor allem** zeigen, wie wichtig die Bruderliebe für das Verhältnis der Gemeindeglieder untereinander ist. Wo sie fehlt, wird die Freundlichkeit zur Heuchelei und Unfreundlichkeit zum Zerwürfnis. **Haltet die Liebe zueinander ausdauernd** (oder auch: beharrlich, anhaltend; wörtlich: angespannt). Durch alle Gefährdungen hindurch, die vom eigenen Ich oder vom Bruder ausgehen, ist die Bruderliebe festzuhalten. **Denn Liebe deckt eine Menge Sünden zu** (Spr 10, 12). Hier ist nicht ein Vertuschen von Sünden gemeint, sondern eine Haltung, die von Gottes Liebe gelernt hat. Gott sieht die Sünde genau, er nimmt sie ernst und deckt sie auf. Erst dann deckt er sie zu, indem er sie vergibt. So auch die Gemeindeglieder untereinander: Ihre Liebe macht sie nicht blind, vielmehr sehen sie die Sünden des Bruders deutlich und werden sie in persönlichem Gespräch auch beim Namen nennen. Die **Liebe zueinander** aber bewegt sie dazu, die Sünden zu vergeben. Und nie wird die Liebe Sünden und Fehler des Bruders vor anderen ausbreiten[178]. Das Vergeben wird besonders dann schwer, wenn es sich um **eine Menge Sünden** handelt, wenn ein Bruder oft sündigt. Da führt nur diejenige Liebe zum Ziel, die von Gottes Liebe lebt und lernt[179].

9 **Seid gastfrei zueinander ohne Murren.** Zum Gastfreisein wird auch an anderen Stellen der Schrift gemahnt (Rö 12, 13; 1 Tim 3, 2; Hbr 13, 2 u. a.). Was zu damaliger Zeit besonders nötig war, weil es ja keine Gasthäuser in der heutigen Form

[178] Weil die Mutter ihr Kind lieb hat, erzählt sie anderen nicht gern dessen Sünden. Ebenso deckt die Liebe der Gemeindeglieder eine Menge Sünden zu.
[179] Vgl. Mt 18, 21 ff; Wie oft? 70 mal 7 mal!

gab[180]. Doch auch heute hat die Gastfreundschaft (wörtlich: Liebe zum Fremden, zum Gast) eine wachsende Bedeutung. Kaum etwas fördert die Gemeinschaft der Gläubigen untereinander so sehr wie die Gastfreundschaft. Ohne sie ist herzliches, frohes Gemeindeleben gar nicht möglich. Dabei geht es nicht nur um das Anbieten von Übernachtungsquartieren, sondern um von Herzen kommende, freundliche Aufnahme ins Haus bei verschiedensten Anlässen. Gastfrei sein setzt Liebe voraus, Offenheit für den Bruder und das Aufgeben der Bequemlichkeit und des Familienegoismus. Gastfreisein fordert Opfer an Zeit und Kraft, manchmal auch an Geld[181]. Daher sagt Petrus: Seid gastfrei (genauer: gastfreundlich) zueinander **ohne Murren. Murren** verdirbt die beste Tat. Es ist besser, gar keine Gäste aufzunehmen, als es unter Murren zu tun. Murren vergiftet das gegenseitige Verhältnis. Ohne Murren gastfrei zu sein ist nicht so sehr eine Frage des Wohnraums. Auf die Einstellung des Herzens kommt es an, auf die Zuwendung zum Bruder.

Ein jeder, wie er eine Gnadengabe empfangen hat — dient 10
einander damit als gute Haushalter der vielfältigen Gnade Gottes. Da die Gnadengaben (grie *Charisma)* durch den Heiligen Geist gegeben werden, werden sie auch „Geistesgaben" (1 Ko 14, 1) genannt. Unser Vers liefert einen wichtigen Beitrag zu der Frage, was Charismen sind und wie sie ausgeübt werden sollen. Der Zusammenhang zeigt, daß gastfrei sein, Gottes Wort reden und Diakonie üben Gnadengaben-Dienste sind. Das NT beschränkt die Bezeichnung „Gnadengabe" also nicht auf die besonders auffälligen Gaben, etwa die der Krankenheilung (1 Ko 12, 9) oder die der Sprachen (1 Ko 12, 10; 14, 13)[182]. Wer freudig und bewußt Gastfreundschaft übt, hat vermutlich eine Gnadengabe dafür empfangen. Jeder aber, der eine Gabe zum Aufbau der Gemeinde empfangen hat, ist

[180] Die „Herbergen" der damaligen Zeit waren meistens Übernachtungsstätten für Karawanen, mit oder ohne Wirt (vgl. Lk 10, 34). Siehe auch LzB Art. „Herberge".

[181] Und doch gewinnt man durch Gewährung von Gastfreundschaft mehr als man einsetzt. In vielen Lebensbeschreibungen wird das deutlich. Jedes Haus, das offen ist für Gäste, wird bezeugen können, wie sie den Horizont einer Familie weiten und viel Segen zurücklassen. Wer möchte nicht gern einmal „Engel beherbergen" (Hbr 13, 2)! Sehr wertvoll sind die Ausführungen von Irmela Hofmann über „Die offene Tür" in „Lebenslänglich", S. 76—79 Wuppertal 1972.

[182] Das wird auch deutlich an Rö 1, 11; 6, 23; 1 Ko 7, 7, wo im Grie jeweils *charisma* steht.

„ein Charismatiker“[183]. Petrus schreibt nicht: „ein jeder, wenn er eine Gnadengabe empfangen hat“, sondern **wie** (oder: „nach dem Maße, wie“) **er empfangen hat.** Er rechnet also damit, daß jeder Christ teilhat an der vielfältigen Gnade Gottes, daß er demzufolge auch Gnadengaben hat[184]. Man kann sie nicht aus sich selbst hervorbringen, sondern nur **empfangen.** Man kann zwar nach ihr „streben“ (1 Ko 14, 1), aber immer bleibt sie Geschenk Gottes durch den Heiligen Geist. **Dienet einander damit** besagt: die Gnadengaben sind zu gegenseitigem Dienst gegeben. Freilich sollen die Gaben nicht vom Gabenträger als Mittel zum Eigenruhm mißbraucht werden, sonst werden sie zur Gefahr. Durch anvertraute Gnadengaben soll man ja nicht zu einem bewunderten „Charismatiker“, sondern zu einem demütig und einfältig *Dienenden* werden. So wird die Gabe zur Aufgabe. Jeder ein Diener des anderen, das ist die Ordnung der Gemeinde Jesu. **Als gute Haushalter der vielfältigen Gnade Gottes.** Die **Gnade Gottes** ist seine schenkende Zuwendung zu den Seinen (vgl. zu 1, 13). **Vielfältig** ist sie insofern, als sie ein vielfältiges Werk hat an der Gemeinde und an jedem einzelnen (vgl. etwa 5, 10). Als vielfältige Gnade reicht sie auch aus für alle vielfältigen Bedürfnisse der Gemeinde. **Haushalter** nennt Jesus selbst seine Jünger in manchen Gleichnissen (Lk 12, 42; 16, 1; vgl. Mt 25, 14 ff). Ein Haushalter ist dadurch gekennzeichnet, daß er Gaben zum Dienst anvertraut bekam, die nicht sein Eigentum sind. Über ihre Verwendung hat er Rechenschaft abzulegen, und deshalb muß er Zeit und Gelegenheit nutzen, solange er die Gaben hat. Fleißiger Einsatz für seinen Herrn mit den anvertrauten Gnadengaben ergibt einen **guten Haushalter.**

11 **Wenn jemand redet — als Worte Gottes; wenn jemand dient — als aus der Kraft, die Gott darreicht.** Da es hier um den gegenseitigen Dienst (V. 10) geht, wird Petrus mit „reden“ sowohl an die Rede in der Gemeindeversammlung denken, als auch an das persönliche Wort von Bruder zu Bruder. **Wenn jemand redet,** so sollen es **Worte** (oder: „Aussprüche“) **Gottes** sein. Hier sind nicht Bibelworte gemeint, sondern Worte, die

[183] Wir sollten den Ausdruck „Charismatiker“ jedoch meiden, da das NT ihn nicht kennt. Vor allem ist es dem NT fremd, diesen Ausdruck so zu gebrauchen, als seien nur diejenigen, die auffallende Gnadengaben haben, „Charismatiker“, die aber, die „nur“ unauffällige Dienstgaben haben, „Nichtcharismatiker“.

[184] Paulus schreibt in 1 Ko 12, 7: einem jeden wird aber die Offenbarung des Geistes zum (gemeinsamen) Nutzen gegeben.

aus dem Hören auf Gott kommen, doch nicht losgelöst von der Heiligen Schrift. Es geht um das Reden Gottes heute und hier, um sein Reden in die jeweilige Situation hinein. Wenn jemand redet — **als Worte Gottes.** Hier darf nicht abgeschwächt übersetzt werden: „wie Worte Gottes". Im Grie ist nicht nur ein Vergleich gebraucht, sondern die Wirklichkeit bezeichnet. Der Redende soll Worte sprechen, die wirklich von Gott her kommen. Wo das geschieht, wird es — zu Gottes und nicht zur eigenen Ehre — ein wirksames Reden sein, vom Heiligen Geist und seinen Gnadengaben bestimmt (vgl. auch Kol 3, 16): ein „charismatischer Gottesdienst". Unser Petrus-Wort entspricht dem Wort des Paulus: „Befleißigt euch der geistlichen Gaben, am meisten aber, daß ihr weissagen (grie *prophæteuein*) mögt" (1 Ko 14, 1). Es geht Petrus um verständliche Rede, die von Gott geschenkt ist und das Verborgene des Herzens offenbar macht (1 Ko 14, 24 f). In 2 Ko 2, 17 sagt Paulus: „Wir reden aus Gott, vor Gott in Christus." Daß das in der Gemeinde reichlich und klar geschieht, ist der Wille des Herrn[185]. **Wenn jemand dient — als aus der Kraft, die Gott darreicht.** Das grie *diakonein* = „dienen" prägte unser Wort „Diakonie". Ursprünglich heißt *diakonein* „zu Tisch dienen" und meint im NT Hilfe für leibliche, aber auch für geistliche Nöte und Bedürfnisse (vgl. ThBl, Art. „Dienen"). Daß Petrus von den vielerlei Charismen hier gerade das *diakonein* nennt, zeigt, wie wichtig es in einer lebendigen Gemeinde ist. Rechtes Gemeindeleben wird sich immer auch in Diakonie äußern. Nicht eine besondere Mahnung an Diakone und Diakonissen liegt hier vor, sondern ein Aufruf an die gesamte Gemeinde. Petrus rechnet wie selbstverständlich damit, daß es in der Gemeinde viele Dienende gibt. *Alle* Jünger sind angewiesen zu dienen (Jo 13, 15—17). Wohl hat es zur Zeit des NT schon Anfänge des Diakonen- und Diakonissendienstes gegeben (Apg 6, 3; Phil 1, 1; 1 Tim 5, 9), die Mahnung des Petrus an die gesamte Gemeinde zeigt jedoch klar und deutlich, daß diese geordneten Dienste nicht das diakonische Handeln aller Gemeindeglieder im einzelnen überflüssig machen sollen. Die diakonische Aufgabe ist so groß, daß das diakonische „Amt" des einzelnen und das diakonische Handeln aller Gemeindeglieder sich gegenseitig ergänzen müssen. Wenn jemand dient — **als aus der**

185 An dieser Stelle wird wieder deutlich, warum Petrus unseren Abschnitt mit der Mahnung „zu Gebeten" begann. Denn „Worte Gottes" bekommt man nicht anders als im betenden Hören auf Gott, auf sein Wort.

Kraft (oder „Stärke"), **die Gott darreicht.** In der **Kraft, die Gott darreicht,** liegen theologisch und geschichtlich die Quellen der Diakonie.[186] Wirkliche Diakonie kann deshalb nur einer ausüben, der täglich aus der Kraft lebt, die Gott darreicht. Die Not, der der Christ begegnet, kann so hart und entmutigend sein, daß man ihr nicht anders begegnen kann als in der Stärke, die Gott darreicht. Auch hier wird wieder deutlich: Diakonie kann nur unter Gebet und in der Kraft Gottes getan werden.

Bezeichnend ist, wie unser Abschnitt schließt: **Damit in allem Gott gepriesen werde durch Jesus Christus.** Wir sind berufen, etwas zu sein zum Lob der Herrlichkeit Gottes (Eph 1, 12). Darauf zielt das gesamte Wirken des Sohnes (Mt 6, 9 f; Jo 17, 4). Darauf zielt auch der Heilige Geist in uns, die er berufen hat. Nicht für uns selbst sind wir da. Wo wir uns zum Mittelpunkt machen, da verfehlen wir unsere Bestimmung. Immer geht es um Gott und um seine Ehre. Das ganze Leben, auch die brüderliche Liebe, die Gastfreundschaft und die Diakonie, hat Grund und Ziel in Gott: **Damit in allem Gott gepriesen** (oder: geehrt, verherrlicht) **werde durch Jesus Christus.** Im Dienst am Bruder ehrt der Christ **Gott. In allem** (oder: durch alle) soll **Gott gepriesen werden.** Es ist das Ziel apostolischer Ermahnung, daß jeder **in allem,** was er tut, Gott zur Ehre lebt und so dessen Namen rühmt. Und weiter kommt es darauf an, daß *durch alle* **Gott** gepriesen wird[187]. Ein Christ kann nichts ohne Jesus tun, auch nicht Gott die ihm gebührende Ehre geben. Was er zu Gottes Ehre tut, geschieht durch **Jesus Christus.** So gebührt auch für die Verherrlichung Gottes nicht den Christen die Ehre, sondern Jesus Christus. **Ihm ist** (oder: er hat) **die Ehre und Macht in die Äonen der Äonen hinein. Amen.** Mit einem Lobpreis, einer „Doxologie" (von *doxa* = Ehre) schließt dieser Abschnitt. Wie groß ist unser Gott! Hier sagt Petrus betont: „Ihm **ist** die Ehre und Macht", nicht nur wie meistens: „ihm sei" oder „ihm gebührt die Ehre". Gerade im Leiden sollen wir das wissen. **Äon** heißt „Zeitalter". Unseren statischen, von der Philosophie her belasteten Be-

[186] Ein Blick in die Kirchengeschichte zeigt, daß fast alle diakonischen Werke der letzten Jahrhunderte ihre Wurzeln in Erweckungsbewegungen haben. Wenn überhaupt, dann waren es die „Stillen im Lande", die die diakonische Aufgabe anpackten, bevor die Volkskirche sie überhaupt nur sah. Das hat W. O. Shanahan wieder neu nachgewiesen in: „Der deutsche Protestantismus vor der sozialen Frage 1815—1871" München 1962.

[187] In der Lausanner Verpflichtung heißt es: „Die Evangelisation der Welt verlangt, daß die ganze Gemeinde der ganzen Welt das ganze Evangelium bringt" (Punkt 6).

griff ruhender „Ewigkeit“ kennt die Heilige Schrift nicht. Sie spricht mehr dynamisch von **Äonen** und meint damit die verschiedenen von Gottes Heilshandeln geprägten Zeitalter. Über den Ausdruck: **in die Äonen der Äonen hinein** heißt es in der W.Stb. zu Rö 16, 27: „Die Zukunft ist nicht leere Ewigkeit, sondern eine Fülle neuer Zeitalter, die immer mehr und immer tiefer den überschwenglichen Reichtum seiner Gnade (Eph 2, 7) entfalten werden.“

Freuet euch, daß ihr mit Christus leidet!

1. Petrus 4, 12—19

12 **Geliebte, laßt euch nicht befremden durch die Feuers-**
glut unter euch, die euch zur Prüfung widerfährt, wie
13 **wenn euch etwas Fremdes begegnete, * sondern in dem**
Maße, als ihr teilhabt an den Leiden des Christus, freut
euch, um euch auch bei der Enthüllung seiner Herrlichkeit
14 **jubelnd zu freuen. * Wenn ihr geschmäht werdet in** (oder:
mit) **dem Namen des Christus — glückselig** (seid ihr), **denn**
15 **der Geist der Herrlichkeit und Gottes ruht auf euch. * Kei-**
ner nämlich unter euch leide als Mörder oder Dieb oder
Übeltäter oder als einer, der sich in Fremdes einmischt.
16 *** Wenn** (er) **aber als Christ** (leidet), **schäme er sich nicht,**
sondern verherrliche Gott mit diesem Namen. * Denn es ist
Zeit, daß das Gericht anfange beim Hause Gottes. Wenn
aber zuerst bei uns, was (wird) **das Ende derer** (sein), **die**
18 **dem Evangelium Gottes ungehorsam sind! * Und wenn der**
Gerechte kaum gerettet wird, wo wird der Gottlose und
19 **Sünder erscheinen? * Daher sollen auch die, die nach dem**
Willen Gottes leiden, dem treuen Schöpfer ihre Seelen an-
befehlen im Gutestun.

Zu Vers 12: Jak 1, 2
Zu Vers 13: Apg 5, 41; Rö 8, 17; 2 Tim 2, 12
Zu Vers 14: Mt 5, 10 f; Lk 10, 6; Eph 1, 13; Jak 2, 7
Zu Vers 16: Apg 11, 26; Phil 1, 20
Zu Vers 17: Jer 25, 29; Hes 9, 6; 1 Ko 11, 32; Phil 1, 20; 2 Th 1, 8
Zu Vers 18: Spr 11, 31; Lk 22, 31
Zu Vers 19: Lk 23, 46

Petrus schreibt einen echten Brief ohne strenge Gliederung. So macht es ihm auch nichts aus, früheres noch einmal wiederaufzunehmen. Daß die Lage der kleinasiatischen Gemeinden vom Leiden beherrscht gewesen ist, durchzieht den ganzen Brief. Schon in 1, 7 hatte Petrus seinen Lesern deutlich gemacht, daß das Leiden einen wichtigen Zweck erfüllt, indem es die Echtheit ihres Glaubens bewähren soll. Doch hat er bisher noch wenig darüber geschrieben, welche Folgerungen aus den Leiden zu ziehen, in welcher Haltung sie durchzustehen sind. Das tut er nun hier. So ist unser Abschnitt keineswegs eine einfache Wiederholung des Themas „Leiden“, sondern eine Weiterführung als Hilfe zur Bewährung im Leiden[188]. Dabei fällt erneut auf, wie herb und unsentimental Petrus mahnt. Für die Apostel steht nämlich nicht der Mensch und sein irdisches „Glück“ im Mittelpunkt, sondern Gottes Werk und Gottes Ehre: wenn er aber als Christ leidet, schäme er sich nicht, sondern verherrliche Gott mit diesem Namen.

12 **Geliebte, laßt euch nicht befremden durch die Feuersglut unter euch, die euch zur Prüfung widerfährt, wie wenn euch etwas Fremdes begegnete.** Zum Ausdruck **Geliebte** vgl. zu 2. 11. Bevor Petrus jetzt noch einmal zum Leiden Stellung nimmt, betont er den Empfängern noch einmal seine besondere Verbundenheit in der Liebe Jesu Christi. **Laßt euch nicht befremden** (oder: seid nicht erstaunt oder verwundert) sagt soviel wie: laßt euch nicht irritieren, laßt euch nicht aus der Bahn werfen, seid nicht enttäuscht. Wenn ihnen in den Leiden **etwas Fremdes begegnen würde,** könnten sie **befremdet** sein, könnten sie denken, es stimme etwas nicht mit den Verheißungen Gottes oder mit ihrer Gotteskindschaft; sie könnten fürchten, **etwas Fremdes,** etwa der Böse, sei stärker als Gottes Schutz. Aber Leiden sind für Nachfolger des Gekreuzigten keineswegs **etwas Fremdes,** sondern etwas Normales, sie gehören zur Nachfolge wesensmäßig dazu. Das Leiden wird hier **Feuersglut genannt.** Vgl. 1, 6: wie die Feuersglut das Gold läutert, so läutert das Leiden den Glauben. Indem Petrus „Leiden“ hier als Feuersglut bezeichnet, gibt er ihm eine Deutung, an die er im nachfolgenden Relativsatz anknüpft: **die euch zur Prüfung widerfährt** (siehe zu 1, 6). Wer das weiß, der wird vor dem Leiden nicht fliehen, sondern es bejahen. Damit wird ihm

[188] Aus der Tatsache, daß Petrus ab 4, 7 Fragen der Gemeinde behandelt und aus der Formulierung: Feuersglut „unter euch“ (17) schließt Kühl, Petrus habe hier ein innergemeindliches Leiden im Auge: „Wir müssen anerkennen, daß hier von einer ganz anderen Art von Leiden die Rede ist, von solchen nämlich, die gleichsam in der eigenen Mitte der Gemeinde aufstehen, und zwar insofern, als sie von Leuten ausgehen, mit denen sie noch in gemeindlichem Verbande stehen“ (a. a. O. S. 266). Diese Deutung würde den letzten Abschnitt des Briefes einheitlicher erscheinen lassen (nur Gemeindefragen behandelnd). Doch kann auch Kühl nichts Näheres über innergemeindliche Leiden der Empfänger sagen, als daß er annimmt, sie gehen von Juden und Judenchristen aus (s. seine Einleitung § 3, 2). Das bleibt jedoch nur eine Vermutung.

die Einstellung geschenkt, die ihm hilft, das Leiden durchzustehen! Aber noch Größeres soll den Christen zuteil werden.

Sondern in dem Maße, als ihr teilhabt an den Leiden des Christus, freuet euch, um euch auch bei der Enthüllung seiner Herrlichkeit jubelnd zu freuen. Der grie Satz enthält zwei Aussagen, für die wir im Deutschen zwei Sätze benötigen. Der Gedanke ist der: in dem Maße, als (oder: so wie) ihr teilhabt an den Leiden des Christus, werdet ihr teilhaben und euch jubelnd freuen an der Enthüllung seiner Herrlichkeit. Und: daher bejaht das Leiden, ja freut euch darüber eben in dem Maße, als ihr leidet. Es ist eine große Sache, im Leiden Stehende vollmächtig zur Freude aufrufen zu können.[189] Welch eine Kraft steht dahinter! Es ist die Kraft der urchristlichen Erwartung (vgl. 1, 3), der lebendigen Hoffnung auf die Enthüllung der Herrlichkeit des Messias. Petrus hatte es selbst erlebt, wie der Herr Jesus die Herzen der Seinen mitten in Bedrängnis und Tortur mit sieghafter Freude zu erfüllen vermag. Von ihm und Johannes heißt es: „Sie gingen vom Angesicht des Hohen Rates voller Freude darüber, daß sie gewürdigt worden waren, für den Namen (Jesus) Schmach zu leiden (Apg 5, 41). Es heißt hier: **Ihr habt teil an** (oder: ihr steht in Gemeinschaft mit) **den Leiden des Christus.** Was er als Lamm Gottes stellvertretend für uns gelitten hat, geschah zwar ein für allemal (3, 18; Hebr 9, 27): Der Sieg von Golgatha ist vollbracht (Jo 19, 30). Das die Schuld der Menschheit sühnende Leiden wiederholt sich nie mehr. Und doch gibt es weiterhin noch **Leiden des Christus,** denn der erhöhte Herr leidet mit seiner Gemeinde. Und seine Gemeinde leidet, weil sie sich zu ihm hält und seinen Namen in dieser Welt bezeugt. Das Leiden trifft zwar sie, zielt aber auf Christus. Er hat sich mit seiner Gemeinde unlöslich verbunden: er ist ja ihr Haupt (Eph 1, 22; 4, 15; 5, 23; Kol 1, 18) und sie ist sein Leib (1 Ko 12, 27; Eph 1, 23; 4, 12. 16). Er identifiziert sich mit seiner Gemeinde so sehr, daß er zu Saulus, der die Gemeinde verfolgt, sagen kann: „Was verfolgst du mich“ (Apg 9, 4)? In Kol 1, 24 schreibt Paulus: „Jetzt freue ich mich in den Leiden für euch und erfülle stellvertretend, was an Christusdrangsalen noch fehlt, an meinem Fleisch für seinen Leib, der die Gemeinde ist.“ In der W. Stb. heißt es zu dieser Stelle: „Bis dahin (bis zur

[189] Paulus schreibt in seinem Freudenbrief an die Philipper (1, 29): „Denn euch ist es in bezug auf Christus geschenkt worden, nicht allein an ihn zu glauben, sondern auch für ihn zu leiden“, vgl. auch Jak 1, 2.

Parusie) aber dauern die ‚Wehen des Messias' noch an, die nun seinen Leib, die Gemeinde treffen. Darum steht dieses ‚Muß' göttlicher Notwendigkeit des Leidens auch über dem Weg der Gemeinde dem kommenden Reich entgegen (Apg 14, 22)." Klar und deutlich ist der Gemeinde vorausbezeugt, daß sie im Bekenntnis zu Jesus durch Leiden gehen muß (Mt 10, 22; Mk 13, 9; 1 Th 3, 3 f; 2 Tim 3, 12; Offb 1, 9; 2, 9 f; 7, 14). Aber das Teilhaben an den Leiden des Messias stellt sie zugleich hinein ins Teilhaben an der Vollendung: **um euch auch bei der Enthüllung seiner Herrlichkeit jubelnd zu freuen** (vgl. auch Rö 8, 17). Diese Herrlichkeit, die er jetzt schon besitzt, ist zwar noch verborgen, und die Gemeinde wartet noch auf deren **Enthüllung:**[190], dann aber wird sie sich freuen mit Jubel. Auf dieses Ereignis hin lebt sie und leidet sie. Nur die unverkürzte biblische Eschatologie, die Erwartung der kommenden Herrlichkeit Jesu gibt den Christen Kraft, ja Freude im Leiden! Und die Vorfreude darauf ist ihre Stärke!

14 **Wenn ihr geschmäht werdet in** (oder: mit) **dem Namen des Christus — glückselig** (seid ihr), **denn der Geist der Herrlichkeit und Gottes ruht auf euch.** Das betrifft nicht nur Schmähworte, sondern kann sich ebenso auch auf eine schmachvolle Behandlung beziehen. Jede Benachteiligung und jede Verfolgung geht Hand in Hand mit Verleumdung oder Beschimpfung. Für diesen Namen geschmäht zu werden, ist für alle, die ihn lieben, keine Schande, sondern eine Ehre. Es ist ein starker Trost und ein innerer Sieg, wenn einem im Leiden für Christus, in der Beschimpfung und Benachteiligung aufgeht: ich bin **glückselig** zu preisen. Petrus begründet die Seligpreisung: **Denn der Geist der Herrlichkeit und Gottes ruht auf euch**[191]. Um die Aussagekraft dieses Verses zu erfassen muß man den Gegensatz und die Gleichzeitigkeit von Geschmähtwerden und Herrlichkeit beachten. Denen, die das Geschenk des Heiligen Geistes schon bei der Bekehrung verheißungsgemäß empfangen hatten (Apg 2, 38), wird für ihr Leiden ein besonderes Wirken des Heiligen Geistes an ihnen und durch sie zugesagt: **der Geist der Herrlichkeit und Gottes ruht auf euch.** Zu dem Ausdruck **ruhen** vgl. Jes 11, 2; 4 Mo 11, 25 f; 2 Kön 2, 15 f; ferner Apg 2, 3: Er, der Geist, „setzte sich" auf einen jeden von ihnen. Daß der

[190] Vgl. dazu die Ausführungen Karl Heims über die „Schuldfrage und Machtfrage" und über die „Weltversöhnung und Weltvollendung" in „Jesus der Weltvollender".

[191] Der Text der ägyptischen Handschriftengruppe lautet: der Geist der Herrlichkeit „und Kraft" und der (Geist) Gottes ...

Geist der Herrlichkeit auf den Geschmähten ruht, besagt: er bleibt bei ihnen, er prägt sie, und er wirkt an ihnen und durch sie. Gerade von denen, die wegen Jesus unter Anklage und Schmähung standen, berichtet das NT, wie der Geist Gottes als Geist der Herrlichkeit in ihnen und durch sie wirksam wurde[192]. Es erfüllte sich an ihnen die Verheißung Jesu, daß seinen zur Verantwortung gezogenen Jüngern der besondere Beistand des Heiligen Geistes gegeben werde (Mt 10. 19 f; Lk 12, 11; 21, 14 f). Man hat oft gefragt, warum erfahrungsgemäß geschmähte und unterdrückte Jünger von besonderer Kraft erfüllt sind und gerade leidende Gemeinden wachsen. Hier ist die Antwort: auf ihnen ruht der Geist der Herrlichkeit, der identisch ist mit dem Geist Gottes.

Keiner nämlich unter euch leide als Mörder oder Dieb oder 15
Übeltäter oder als einer, der sich in fremde Dinge einmischt. Dieser Vers enthält eine Mahnung und Warnung. Es kommt darauf an, daß die Bedrohten und Verfolgten durch Gutestun die Vorurteile der „törichten Menschen“ überwinden (2, 12. 15 f 20; 3, 16 f). Das ist aber nur dann möglich, wenn man ihnen kein anderes „Vergehen“ nachweisen kann, als daß sie sich zu Jesus bekennen. Das Bindewort zeigt den inneren Zusammenhang beider Sätze auf: weil der Geist der Herrlichkeit nicht auf Übeltätern ruhen kann, deshalb **nämlich** ist es wichtig, daß keiner als Mörder, Dieb oder wegen eines anderen Verbrechens leidet. Alles wäre verdorben, wenn ein Christ als Übeltäter leiden müßte, ja gar als Mörder oder Dieb erfunden würde. Ihm würde weder die Seligpreisung noch die Verheißung von V. 14 gelten, sondern das Gericht von V. 17. Petrus ist Seelsorger und weiß um die Gefährdung auch der Glaubenden. Deshalb will er mit der Warnung, nicht als **„Mörder, Diebe oder Übeltäter“** erfunden zu werden, gefährdete Hörer im Gewissen aufschrecken. Es ist schwer zu sagen, was er konkret meint, wenn er sagt: Keiner leide ... als einer, **der sich in Fremdes einmischt,** wörtlich: der sich über fremde

192 Als Petrus sich vor den Obersten seines Volkes verantworten mußte, sprach er zu ihnen, „voll des Heiligen Geises“ (Apg 4, 8), und: „sie sahen aber den Freimut des Petrus und Johannes und verwunderten sich“ (Apg 4, 13). Von Stephanus vor dem Hohen Rat heißt es: „sie sahen sein Angesicht wie eines Engels Angesicht“ (Apg 6, 15), und als die Volksmenge sich dann anschickte, ihn zu steinigen, war „er voll Heiligen Geistes, sah auf gen Himmel und sah die Herrlichkeit Gottes und auch Jesus, stehend zur Rechten Gottes, und sprach: Siehe, ich sehe den Himmel offen ...“ (Apg 7, 55). Und den erst kurze Zeit vorher zum Glauben gekommenen Thessalonichern bezeugt Paulus: Ihr „habt das Wort aufgenommen unter viel Bedrängnis mit der Freude des Heiligen Geistes“ (1 Th 1, 6).

(Menschen oder Dinge) zum Aufseher macht. Es könnte eine Einmischung in die Amtsbefugnis anderer gemeint sein oder einfach ein Sich-wichtig-Machen in Dingen, die einen nichts angehen. Schlatter nennt als Beispiel die Einmischung in elterliche Erziehungsaufgaben oder in eine fremde Ehe. Schweizer denkt „an das taktlose Sichaufdrängen, mit dem manche Christen andere beurteilen und richten". Die Gefahr, sich in fremde Dinge einzumischen, kann vielerlei Formen annehmen je nach den Verhältnissen, in denen man sich befindet. Wohl trägt jeder Christ Verantwortung für andere und ist tatsächlich „seines Bruders Hüter" (1 Mo 4, 9). Wer sich jedoch in Übereifer und Wichtigtuerei überall einmischt, soll sich nicht wundern, wenn er auf Widerstand stößt. Er darf sich dann aber nicht einbilden, er leide als Christ.

16 **Wenn** (er) **aber als Christ** (leidet), **schäme er sich nicht, sondern verherrliche Gott mit diesem Namen.** Der Ausdruck **Christ** (genauer „Christianer") ist im NT noch selten. Er war in Antiochien entstanden (Apg 11, 26) und bezeichnet die zu Christus Gehörenden. In allen Leidens- und Verfolgungszeiten hat die Welt die Christen vieler und schwerer Verbrechen bezichtigt, um ihre Drangsalierung zu rechtfertigen. Für den Christen ist es wichtig, daß diese Anklagen unberechtigt sind (V. 15). Wenn das der Fall ist, so ist die Gewähr gegeben, daß er wirklich **als Christ leiden** muß, daß also der Grund seines Leidens seine Christuszugehörigkeit ist[193]. Und dann **schäme er sich nicht.** Es ist keine Schande, Christus-Jünger zu sein. Sich nicht schämen, heißt, sich öffentlich als Angeklagter dazu zu bekennen, daß man Christ ist. So hatten Petrus und Johannes vor dem Hohen Rat gestanden („Wir können es ja nicht lassen, daß wir nicht reden sollten von dem, was wir gesehen und gehört haben", Apg 4, 20; vgl. auch Apg 16, 2—22). Nun ermutigt Petrus seine Leser zu gleicher Haltung. Wer sich seiner Zugehörigkeit zu Christus nicht schämt, sondern dazu steht,

[193] Die Formulierungen unseres Abschnittes lassen auch offizielle, öffentliche Verhöre vermuten. Petrus rechnet damit, daß jemand einfach deshalb leiden muß, weil er Christ ist. Daraus schließen manche Ausleger, daß der 1. Petrusbrief zur Zeit einer allgemeinen Christenverfolgung geschrieben sein müsse. Da eine solche aber erst wenige Jahre vor dem Tode des Apostels begann, sei das ein weiteres Anzeichen dafür, daß der Brief nicht von Petrus geschrieben sei. Diese Argumentation ist jedoch nicht beweiskräftig. Man könnte sie geradezu als ein Beispiel dafür ansehen, wie wenig aus solch allgemeinen Angaben zu folgern ist. Denn die Ausdrücke „leiden als Christ", „Feuersglut", hätte man auch schon in der frühesten Christenverfolgung verwenden können, in der nach dem Tode des Stephanus. Daß wir unseren Brief in die Zeit der beginnenden Christenverfolgung unter Nero einordnen (s. Einleitung), stimmt mit seinem Inhalt durchaus überein.

daß er Christ ist, der **verherrlicht Gott mit diesem Namen.** Die Leute werden sich fragen, wer den Christen die Kraft gibt, diesen Namen so bewußt und froh zu tragen trotz Spott und Hohn, und sie werden dahinter die Wirklichkeit Gottes spüren. Sprachlich schwingt in unserem Vers eine Verheißung mit: „er schäme sich nicht" kann auch heißen „er soll nicht zuschanden werden".

Denn es ist Zeit (oder: die Zeit ist da), **daß das Gericht an-** 17
fange beim Hause Gottes. Für **Zeit** steht im Grie wieder *kairos* (s. Anmerkung zu 1, 5), hier die Bezeichnung für die vom Ereignis des Gerichtes her bestimmte Zeit. Es gibt zwei Stellen im AT, die Petrus beim Schreiben im Sinn gehabt haben kann. In Hes 9, 6 ist von einem Strafgericht die Rede, das um der Sünde willen über Gottes Volk kommt. Die Boten, die es ausführen müssen, erhalten den Auftrag, sorgfältig zu unterscheiden zwischen den Sündern und denen, die unter der Sündenverderbnis des Volkes leiden. Der Auftrag an sie lautet weiter: das Gericht soll am Heiligtum anfangen und sich danach fortsetzen im ganzen Volk. In Jer 25, 29 ist ebenfalls ein Strafgericht geschildert, das bei der Stadt Gottes beginnen soll. Petrus macht deutlich: So geschieht es auch jetzt in der Endzeit. Sie ist Gerichtszeit, in der Gott die Sünden der Menschheit, ihre Auflehnung gegen ihn bestraft. Da Gott absolut gerecht ist, trifft sein Gericht mit Notwendigkeit alle Bosheit der Menschen, hier auf Erden schon (Offb 6, 17; 14, 7, Eph 5, 6 f u. a.)[194] und vollends nach dieser Zeit (Mt 25, 31 ff; Offb 20, 11—15). Die Gemeinde muß wissen, daß Gott nicht nur die Sünden der Welt bestraft, sondern ebenso auch die Übeltaten und Verfehlungen derer, die Gott gehören. Deshalb ist es wichtig, daß keiner in der Gemeinde als Mörder, Dieb oder Übeltäter erfunden wird, denn **Gericht** bedeutet Bestrafung der Übeltäter, wer immer sie seien. Daß **das Gericht beim Hause Gottes** anfängt, bedeutet: Gott nimmt die Sünde bei seinem

[194] Besonders deutlich wird das in Offb 16, 1, wo die Ausgießung der göttlichen Zornesschalen auf die Erde geschildert wird. Dabei handelt es sich um Gerichtsereignisse in der Erdenzeit, noch vor dem alle Gerichte abschließenden Endgericht (Offb 20, 11—15). Solche irdischen Gerichtsepochen sind auch in Hes 9 und Jer 25 wie auch an unserer Petrus-Stelle gemeint (vgl. auch Rö 11, 33). Wenn das bedacht wird, so ergibt sich kein Widerspruch zu dem Wort Jesu aus Jo 5, 24: „Wer ... glaubt ..., der hat das ewige Leben und kommt nicht in das Gericht." Denn Jo 5, 24 bezieht sich auf das Endgericht (Offb 20, 11 ff). In dieses kommen die Gläubigen nicht. Wohl aber müssen auch sie durch die endzeitlichen apokalyptischen Gerichte über diese Welt noch hindurch, von denen hier die Rede ist.

Volke besonders ernst. Bei ihm straft er sie zuerst. **Es ist Zeit** oder „die Zeit ist da" besagt: jetzt ist Gerichtszeit. Daher kommt es für die Gemeinde darauf an, heute mit jeder Sünde zu brechen, Sündenbekenntnis und Umkehr nicht aufzuschieben. Wenn es aber eine so ernste Sache um die Sünde ist, was steht dann erst noch der Welt bevor! **Wenn aber zuerst bei uns, was** (wird) **das Ende derer** (sein), **die dem Evangelium Gottes ungehorsam sind.** Die Apostel haben nicht nur die Gemeinde, sondern immer auch die Welt im Blickfeld. Das Evangelium ist für alle Welt da, und es ist entscheidend, wie die einzelnen darauf antworten und ob sie bereit sind zum Gehorsam, zur Unterstellung unter Gottes Herrschaft. **Dem Evangelium Gottes ungehorsam** kann sich ja nur auf solche beziehen, die das Evangelium schon gehört haben und es ablehnen, die also den Gehorsam verweigern (vgl. 2 Th 1, 8). Wer kann angesichts des Ernstes des Gerichtes noch ruhig bleiben! Wer kann als Geretteter die Lage der Menschen erkennen ohne erbarmende Liebe, ohne Rettersinn, ohne den ganzen Einsatz, ohne die volle Bereitschaft, die Ungehorsamen zu warnen und ihnen die Errettung in Jesus vor Augen zu stellen?

18 **Und wenn der Gerechte kaum gerettet wird, wo wird der Gottlose und Sünder erscheinen?** Diese Frage ist ein Zitat aus Spr 11, 31 nach der LXX und unterstreicht noch den Ernst der Lage. **Der Gerechte** wird zwar errettet, aber **kaum** oder „mit Mühe" (vgl. Mt 24, 22), denn er geht durch solch ernste Zeiten, durch Feuersglut der Prüfung und Leidensgerichte, daß er nur dann das Ziel erreichen kann, wenn er mit letzter Entschlossenheit das Böse meidet. **Wo wird der Gottlose und Sünder erscheinen,** das heißt „sich wiederfinden"? An den Gerechten, an der Gemeinde kann man schon sehen, wie ernst Gott die Sünde nimmt. Wenn nun dieses ernste Gericht über den Gottlosen und Sünder kommt, dann kann das nur ein furchtbares Ende nehmen.

19 Nun wird — verknüpft durch **Daher** — der ganze Abschnitt zusammengefaßt und die Folgerung daraus gezogen: **Daher sollen auch die, die nach dem Willen Gottes leiden, dem treuen Schöpfer ihre Seelen anbefehlen im Gutestun.** Die Empfänger des Briefes leiden **nach dem Willen Gottes**; letztlich steht eben hinter ihrem Leiden nicht die Willkür der Menschen oder die Macht des Teufels, sondern Gott. Er allein ist es, der das Maß ihres Leidens bestimmt. Nichts kann sie von seiner Liebe

scheiden, auch das Leiden nicht (Rö 8, 35). Wenn von **dem treuen Schöpfer** die Rede ist, soll damit sowohl die Allmacht dessen zum Ausdruck kommen, der alles geschaffen hat und deshalb auch über alles verfügt, wie auch seine liebende väterliche Fürsorge — gemäß dem bekannten Vers: „Was unser Gott geschaffen hat, das will er auch erhalten[195]." Und weil er **treu** ist, enttäuscht er nicht, und man kann sich auf ihn verlassen. Was ihm übergeben wird, ist gut aufgehoben. Diesem treuen Schöpfer dürfen die Leidenden **ihre Seelen anbefehlen.** Welch ein Vorrecht! (Zu dem Begriff „Seele" siehe zu 1, 22 und 1, 9.) **Seele** bezeichnet u. a. auch das Innenleben des Menschen mit seinen Gefühlen und Stimmungen, seinem Schmerz und Ärger, seinen Hoffnungen, Wünschen und Ängsten. Wer mitten im Leiden steht oder es noch vor sich hat, ist aufgefordert, seine Seele mit all ihrer Unruhe Gott anzubefehlen. Wenn nämlich die **Seele** ihm anbefohlen wird, ist es damit zugleich der ganze Mensch, da die Seele ja Geist und Leib durchdringt. **Anbefehlen** oder auch „anvertrauen" heißt wörtlich: „übergeben" (vgl. Apg 14, 23; 20, 32; 1 Tim 1, 18). Daraus folgt mitten in den Gefährdungen Geborgenheit, inneres Gelöstsein. So wird der leidende Christ frei von der Sorge um sich selbst, frei zum Tun des Guten. Die Formulierung im **Gutestun**[196] besagt: alles ist eingebettet im Gutestun. Der Herr erwartet von seinen Jüngern, daß sie Gutes tun, wo sie sich auch befinden, wie auch ihre Lage ist. Ein Beispiel dafür ist Apg 4, 23 ff. Nachdem Petrus und Johannes vom Hohen Rat bedroht worden waren, nicht mehr im Namen Jesu zu reden, betet die Gemeinde mit ihnen zu dem, der Himmel und Erde . . . gemacht hat: Sie befehlen also ihre Seelen dem Schöpfer an (V. 29) und erbitten die Kühnheit dazu, trotz des Verbotes die Botschaft von Jesus auszurichten. Das Tun des Guten, d. h. hier vor allem die Bezeugung der Frohen Botschaft, bleibt für sie nicht ruhigen Zeiten vorbehalten, sondern überall und allezeit, auch in bedrohlicher Lage, sehen sie darin ihren Auftrag, den auszuführen sie sich von niemandem verbieten lassen.

[195] Aus dem Liede: „Sei Lob und Ehr dem höchsten Gut".

[196] Schlatter übersetzt „durch Gutestun" und erklärt: Gutestun ist „das Mittel, durch das wir unsere Seelen in Gottes Obhut und Fürsorge bringen, unbeirrt durch den Widerstand der Gegner, auch wenn daraus das Leiden kommt."

Die Verantwortung der Ältesten und der Jüngeren für die Gemeinde

1. Petrusbrief 5, 1—5

Zu Vers 1:
Rö 8, 17
Zu Vers 2:
Jo 10, 12;
21, 16 f
Apg 20, 28
1 Tim 3, 2—7
Tit 1, 11
Zu Vers 3:
Hes 34, 2—4
2 Ko 1, 24
Phil 3, 17
Tit 2, 7
Zu Vers 4:
1 Ko 9, 25
2 Tim 4, 8
Hbr 13, 20
Zu Vers 5:
Spr 3, 34
Lk 14, 11
Eph 5, 21
Jak 4, 6

1 **Die Ältesten nun unter euch ermahne ich, der Mitälteste**
und Zeuge der Leiden des Christus, der (ich) **auch Teilhaber**
an der Herrlichkeit (bin), **die im Begriff steht, enthüllt zu**
2 **werden: * weidet die Herde Gottes bei euch, nicht gezwun-**
gen, sondern freiwillig, gemäß Gott und nicht in schändlicher
3 **Gewinnsucht, sondern bereitwillig * auch nicht als solche,**
die sich über das ihnen Zugeteilte zu Herren machen, son-
dern als solche, die Vorbilder der Herde werden (oder: sind).
4 *** Und wenn der Erzhirte offenbar geworden ist, werdet ihr**
5 **den unverwelklichen Kranz der Herrlichkeit erhalten. ***
Ebenso ihr Jüngeren, seid den Ältesten untergeordnet!
Alle aber habt euch füreinander die Demut umgebunden,
denn Gott stellt sich den Hochmütigen entgegen, den De-
mütigen aber gibt er Gnade.

Die Ältesten nun unter euch ermahne ich, der Mitälteste und Zeuge der Leiden des Christus, der (ich) **auch Teilhaber an der Herrlichkeit** (bin), **die im Begriff steht, enthüllt zu werden.**
1 Das Wort **nun** kann zwar einfach den Beginn eines neuen Abschnittes anzeigen, aber im allgemeinen verbindet es zwei Abschnitte miteinander. Dann zeigt es an, daß der folgende Abschnitt eine Schlußfolgerung aus dem vorigen enthält. Das Gemeindeleben ist abhängig vom rechten Verhältnis der Gemeindeglieder untereinander. Schon die jüdische Gemeinde hatte die Leitungsfunktion **Ältesten** übertragen. So haben es nun auch die jungen Gemeinden übernommen und „Älteste" zur Leitung eingesetzt. Im Grie heißen sie *presbyteroi,* wörtlich übersetzt: „die Älteren". Für die Leitung der Gemeinde ist Reife des Alters und Reife in geistlicher Hinsicht nötig. Unser Text läßt nicht klar erkennen, ob Petrus mit den *presbyteroi* einfach die Altersgruppe der Älteren meint, oder ob er „Älteste" im Sinne des Presbyteramtes vor Augen hat. Da er an eine größere Anzahl von Gemeinden schreibt, kann er bewußt so allgemein formuliert haben. Denn die Verhältnisse in den ein-

zelnen Gemeinden werden unterschiedlich gewesen sein[197]. Zu dem Wort **ermahnen** vgl. zu 2, 11. Petrus nennt sich hier nicht „Apostel" (wie in 1, 1), sondern **Mitältester** und stellt sich damit auf die gleiche Stufe mit den Ältesten. Damit deutet er an, daß jede Mahnung, die er gibt, auch ihm selbst gilt, daß er ihnen keine Last auflegt, die er nicht selbst zu tragen bereit ist. Weiter nennt er sich einen **Zeugen der Leiden des Christus.** Zeuge heißt auf Grie *martys.* Unser Wort „Märtyrer" ist davon abgeleitet. Ein Zeuge des Christus hat zu bezeugen, was er erlebt hat, und ist bereit, dafür auch zu leiden (Apg 4, 20 f; Offb 2, 13; 17, 6). Daß Petrus sich als Zeugen der Leiden des Christus bezeichnet, kann also besagen: er hat diese Leiden miterlebt, er hat jetzt diese Botschaft zu verkündigen, er hat selber dafür gelitten und hält sich mit den Briefempfängern bereit, auch künftig dafür zu leiden, „wenn es sein muß" (1, 6). Allerdings nennt sich Petrus sonst nicht einen Zeugen des Leidens, sondern der Auferstehung Jesu (Apg 2, 32; 3, 15; 4, 30—32; 10, 41). Er sagt selbst, ein Apostel müsse ein Zeuge der Auferstehung Jesu sein (Apg 1, 22). Gewiß ist es etwas Großes, ein Augenzeuge der Leiden Jesu zu sein. Als solcher hatte Petrus der Gemeinde viel zu berichten. Aber gab es nicht auch Ungläubige und Spötter, die Jesus am Kreuz hatten leiden sehen? Warum nennt also Petrus sich hier nicht einen Zeugen der Auferweckung Jesu, sondern **seiner Leiden**? In 4, 13 wurden die Leser genannt: Teilhaber an den Leiden des Christus. Das kann verstanden werden als ein Leiden des erhöhten Herrn mit seiner Gemeinde und als Leiden der Gemeinde mit ihm (s. 4, 13). So wird Petrus an unserer Stelle sowohl das Zeugnis von den Leiden Jesu meinen, die er selbst miterlebt hat, als auch seine Teilhaberschaft an den Leiden des Christus im Sinne von 4, 13. Wer selber zum Leiden bereit ist oder schon darin steht, kann auch glaubwürdig zu Leidenden reden. Wahrscheinlich war Petrus nicht mehr fern vom Märtyrertod. Nun ergänzt er die Aussage über sich selbst: **der** (ich) **auch Teilhaber an der Herrlichkeit** (bin), **die im Begriff steht, enthüllt zu werden.** Zu dem Begriff **Herrlichkeit**

[197] In der späteren Entwicklung trat der Presbyterdienst hinter dem Bischofsamt zurück. Das ist hier offensichtlich noch nicht der Fall. Damit ist ein weiterer Hinweis auf eine frühe Abfassung des 1. Petrusbriefes gegeben (s. Einleitung). Schon bald entwickelte sich aus dem Ältestendienst das Presbyteramt, mit dem dann auch jüngere Gemeindeglieder betraut wurden. In der späteren kirchlichen Entwicklung ist daraus das Priesteramt geworden, wobei allerdings der ursprüngliche Presbyterdienst eine starke Umformung erfahren hat.

s. zu 1, 21. Leiden und Herrlichkeit gehören zusammen als zwei Seiten der gleichen Sache, nämlich der Christusnachfolge (vgl. Rö 8, 17 f). Es ist wichtig, beides zusammen zu sehen. Wer nur das Leiden sieht, verzagt, und wer nur die Herrlichkeit sieht, nicht aber die Notwendigkeit des Leidens beachtet, ist ein Schwärmer, der im entscheidenden Augenblick versagt. Damit, daß Petrus sich einen **Teilhaber an der Herrlichkeit** nennt, bringt er zum Ausdruck: ich werde Teilhaber an der Herrlichkeit sein, und darum bin ich es jetzt schon (ähnlich wie „Erbe" in 1, 4 Zukunft und Gegenwart zugleich bezeichnet). Die zukünftige Herrlichkeit ist für die Apostel kein nur tröstliches Gedankengut, sondern Realität, an der alle Anteil haben, die Gottes Berufung annahmen (V. 10). Die Herrlichkeit **steht im Begriff, enthüllt zu werden.** Vorhanden ist sie schon, ihre Enthüllung aber liegt noch in der Zukunft. Petrus gebraucht hier im Grie nicht einfach das Futur, sondern einen Ausdruck, der die Gewißheit und die zeitliche Nähe des Geschehens betont.

2 Der Auftrag an die Ältesten lautet: **Weidet die Herde Gottes bei euch!** Das Bild von Hirt und Herde wird in der Bibel häufig gebraucht (vor allem in Hes 34 und Jo 10)[198]. Der eigentliche Hirte seines Volkes ist Gott selbst (vgl. 2, 25), während die zur Leitung eingesetzten Menschen Hirten im Auftrage Gottes sind. Dementsprechend ist die Gemeinde **Herde Gottes**. Nie haben Menschen an sie einen Anspruch, auch dann nicht, wenn sie als Hirten fleißig und treu an ihr gearbeitet haben[199]. Daß sie **Herde Gottes** ist, macht den Dienst an ihr so verantwortungsvoll. Es gilt auch hier, was Paulus in 1 Ko 3, 17 in einem anderen Bilde sagt: Wenn jemand den Tempel Gottes verdirbt, den wird Gott verderben. Wie im AT, so hat Gott auch im NT den Hirtendienst Menschen übertragen, „Aufsehern" (Apg 20, 28), Hirten (Eph 4, 11) und Ältesten (oder „den Älteren"). Dadurch, daß Petrus nicht eindeutig zwischen den „Ältesten" und den „Älteren" unterscheidet, kann keiner der Älteren die Verantwortung für die Herde Gottes auf die „Ältesten" abwälzen. Jeder von ihnen steht vor Gott in Verantwortung für die

[198] Außerdem in Ps 77, 21; 78, 52; Jes 40, 11; Jer 10, 21; 23, 1. f; 31, 10; 50, 6; Mich 7, 14; Lk 12, 32; Apg 20, 28 f; 1 Ko 9, 7 u. a. Vgl. auch Ps 23; 1 Pt 2, 25; 5, 8.

[199] Daher sollte ein Gemeindeleiter von der ihm anvertrauten Gemeinde nie sagen: „meine Gemeinde"; vgl. auch 1 Ko 1, 2; 11, 22; 2 Ko 1, 1 u. a.

Gemeinde[200]. Der Auftrag der Hirten besteht im **Weiden**. Dabei geht es um die Bedürfnisse der Herde. Das Weiden steht unter der Frage: was braucht die Gemeinde zu einem guten Gedeihen und zum Schutz vor Gefahren? Ein rechter Hirte kann seine Belange vergessen wegen der Not der Herde und jedes einzelnen der ihm anvertrauten Schafe, ebenso auch ein Ältester im Blick auf die ihm anvertraute Gemeinde[201].

Durch drei Gefahren ist der Hirtendienst in besonderer Weise bedroht: durch mangelnde Bereitschaft, Gewinnsucht und Herrschsucht. Mit den Worten **nicht gezwungen, sondern freiwillig,** gemäß Gott bezieht sich Petrus auf mangelnde Bereitschaft zur Mitarbeit. Es gibt eine Art von Pflichterfüllung, an der niemand Freude hat. Unlust und Widerwillen übertragen sich auf die, an denen die „Pflicht" erfüllt wird, und prägen das Werk. Natürlich kann niemand im eigentlichen Sinn **gezwungen** werden, einen Dienst in der Gemeinde zu tun. Wenn aber jemand zu den Älteren gehört oder wenn er gar Ältester ist, hat er die Aufgabe, und es wird von ihm erwartet, daß er den Dienst tut. Dieser „Zwang" ist gemeint. „Nicht gezwungen" heißt dann, den Dienst nicht deshalb zu tun, weil er erwartet wird, sondern aus freiem Willen. **Freiwillig,** oder „willig", „aus freien Stücken" bezeichnet die persönliche Initiative, das Erfaßt- und Getriebensein von dem Ernst und der Größe des Dienstes. Wenn der Wille Gottes den Willen der „Älteren" prägt, so handelt sie freiwillig, und zwar **gemäß Gott**[201a]. Das kann bedeuten: „nach der Art Gottes" oder „nach dem Willen Gottes"; Schlatter übersetzt: „im Blick auf Gott". Jedenfalls soll die Abhängigkeit alles Hirtendienstes von Gott zum Ausdruck gebracht werden. Und noch

[200] Es war die Stärke der Urgemeinde, daß viele Verantwortung trugen, sich von Gott in den Dienst an der Gemeinde nehmen ließen. Die Ämter dürfen nicht das „allgemeine Priestertum der Gläubigen" zurückdrängen (vgl. 2, 9).

[201] Damit ist auch klar, daß „weiden" mehr ist als bloße „Menschenführung" oder die organisatorische Leitung einer Gemeinde, nach welchen Gesichtspunkten auch immer.
Rechtes Weiden ist nur möglich in dem Vertrauen, daß bei Gott „Leben und Überfluß" (Jo 10, 10; vgl. Ps 23, 2) ist und er alles geben kann und will, was jeder einzelne braucht.

[201a] In manchen Handschriften fehlt „gemäß Gott". Die ntst Handschriftenkunde hat das Prinzip entwickelt, die schwierige Leseart für die ursprüngliche anzusehen. Es ist wahrscheinlicher, daß eine schwierige Ausdrucksweise beim Abschreiben geglättet wurde, als daß ein klar verständlicher Text erschwert wurde. Entsprechend diesem Grundsatz werden die Worte „gemäß Gott" wohl ursprünglich sein, denn sie machen den Stil schwerfälliger.

eine Warnung: **nicht in schändlicher Gewinnsucht**[202]**, sondern bereitwillig.** Zwar hatte Jesus gesagt: „Ein Arbeiter ist seines Lohnes wert" (Lk 10, 7). Ob die Ältesten schon in ntst Zeit einen Entgelt erhielten? Jedenfalls ist die Gefahr groß, in diesem Dienst zuerst den eigenen Vorteil zu suchen. Das aber vergiftet Herz und Dienst[203]. Es soll den Ältesten als rechten Hirten wirklich um die Herde gehen, indem sie das Wohl der Schafe im Auge haben und nicht nach deren Wolle schielen. Die Grundbedeutung des grie Wortes *prothymos* = **bereitwillig** drückt aus: geneigt, mit Zuneigung, mit Hingebung, mit Eifer, gern. Das Wohl und Wehe des andern steht also im Blickpunkt, und Motiv ist der entschiedene Wille, ihm zu dienen.

3 Noch eine letzte Mahnung an die Ältesten folgt. **Auch nicht als solche, die sich über das ihnen Zugeteilte zu Herren machen, sondern als solche, die Vorbilder der Herde werden** (oder: sind). Das grie Wort für **das ihnen Zugeteilte** heißt eigentlich „Los". Es bedeutet sodann: das Verloste, das Erbteil, den ausgelosten Anteil. In unserem Zusammenhang meint es sicher die Gemeinde bzw. den jeweiligen Aufgabenbereich, der den Ältesten anvertraut war. Zweierlei schwingt in diesem Wort mit: daß es sich um etwas Großes handelt, und daß sie es sich nicht selbst gesucht, sondern daß sie es zugeteilt bekommen haben[204]. **Nicht als solche, die sich** über das ihnen Zugeteilte **zu Herren machen** heißt wörtlich: „herunterherrschen", dann „unterdrücken", „unterjochen". Die Ältesten haben die Gemeinde zu leiten, dabei auch Gemeindezucht zu üben. In dieser führenden Stellung liegt die Gefahr des Mißbrauchs durch menschlichen Machttrieb. Es gibt einen Mißbrauch der Leitung, ein falsch verstandenes Amtsbewußtsein. Durch **Her-**

[202] Hier steht im Grie das Wort *ais'chrokerdōs*, „auf schändlichen Gewinn ausgehend". Andere Ausdrücke für dieses Gebiet sind: *philargyria*=Geldliebe und *pleonexia*=Habsucht, Mehrhaben-Wollen (s. ThBl Art. „Geiz").

[203] Auch Paulus hat sehr ernst vor der Habsucht gewarnt (Rö 1, 19; 1 Ko 6, 10; Eph 5, 3.5; 1 Tim 6, 10). Er läßt nur solche Mitarbeiter in der Gemeinde zu, die nicht „geldliebend" (1 Tim 3, 3) und nicht „schändlichen Gewinn suchend" sind (1 Tim 3, 8; Tit 3, 3). Obgleich er grundsätzlich denen, die in der Gemeinde arbeiten, einen Lohn zuerkennt (1 Ko 9, 9—11; Gal 6, 6; 1 Tim 5, 18), hat er für sich selbst auf Lohn verzichtet, um auch den geringsten Anschein der Gewinnsucht auszuschließen (1 Th 2, 9; Apg 20, 33 f). Nur in Ausnahmefällen hat er der Gemeinde gestattet, ihn zu unterstützen (2 Ko 11, 9; Phil 4, 15).

[204] In Apg 20, 28 sagt Paulus: der Heilige Geist hat euch zu Aufsehern gesetzt, zu weiden die Gemeinde Gottes.

unterherrschen[205] spielen sich die Diener der Gemeinde als Herren auf, nehmen Gott die ihm gebührende Ehre und Herrscherstellung und entmündigen die Gemeindeglieder. Dabei geht deren Freiheit und verantwortliche Mitarbeit, die Freude am Dienst und das Gemeinschaftsbewußtsein verloren. So können Älteste das ihnen Zugeteilte durch „Herunterherrschen" geradezu „herunterwirtschaften". Dem stellt Petrus die rechte Art des Weidens gegenüber: **sondern als solche, die Vorbilder der Herde werden.** Auch Paulus verwendet das Wort **Vorbild** oder „Muster" (grie *typos*) und mahnt die für die Gemeinden Verantwortlichen im gleichen Sinne (1 Tim 4, 12; Tit 2, 7; vgl. auch 1 Th 1, 4; 2 Th 3, 9). In Phil 3, 17 sagt er: „Seid zusammen meine Nachahmer und sehet hin auf die, welche so wandeln, wie ihr uns zum Vorbilde habt." Nicht Herrscher-Naturen, sondern **Vorbilder** braucht die Gemeinde[206]. Wer sich zum Herrn macht, verlangt gern von der Gemeinde Dienste, die er selbst nicht zu tun bereit ist. Wer dagegen Vorbild ist, geht im Dienen voran. Alle „Älteren" stehen unter dem Auftrag, **Vorbilder der Herde** zu werden. Nicht die Predigtgabe und nicht überragende menschliche Fähigkeiten sind in erster Linie für den Ältestendienst nötig, wohl aber eine Lebenshaltung, die von Jesus und den Aposteln, und das heißt von der Heiligen Schrift her geprägt ist.

Und wenn der Erzhirte offenbar geworden ist, werdet ihr 4
den unverwelklichen Kranz der Herrlichkeit erhalten. Die Ältesten müssen wissen, daß über den Gemeinden ein **Erzhirte** steht und sie nur dessen Eigentum zur Betreuung anvertraut bekommen haben. Er wird ihren Dienst beurteilen und belohnen (1 Ko 3, 8. 14; Offb 11, 18), so sind die Ältesten in ihrem Dienst ihm verantwortlich und unabhängig von dem Urteil der Menschen. Das Urteil über ihren Hirtendienst wird an jenem Tage gefällt werden, **wenn der Erzhirte offenbar geworden ist,** der jetzt noch verborgen, wohl aber in Vollmacht gegenwärtig ist. So beobachtet er allen Dienst der Ältesten. Wie aber alles Geschehen in Gemeinde und Welt von Gott her das Offenbarwerden des Messias zum Ziele hat, so ist es nötig,

[205] In Mt 20, 25 und Mk 10, 42 gebraucht Jesus das gleiche Wort im Blick auf die weltlichen Fürsten.
[206] Deshalb liegt ein großer Gewinn im Lesen guter Lebensbilder.

daß auch die Ältesten auf dieses Ereignis hin ihren Dienst ausrichten. Das verstärkt ihr Verantwortungsbewußtsein und ihre Zuversicht, denn es gilt ihnen die Verheißung: **ihr werdet den unverwelklichen Kranz der Herrlichkeit erhalten.** Nach Wettkämpfen wurde damals dem Sieger jeweils ein Kranz überreicht. Der **Kranz** ist also Zeichen des Sieges. So wird einst der Erzhirte alle, die seine Herde recht geweidet haben, mit dem **Kranz der Herrlichkeit** belohnen, der im Gegensatz zu jedem irdischen Kranz **unvergänglich** ist und nicht aus irdischem Material besteht, sondern aus Herrlichkeit (vgl. auch 2 Tim 4, 8; Offb 2, 10; 3, 11). **Herrlichkeit** aber ist der Inbegriff der Gottesnähe und damit alles Guten, alles Lichtes und aller Schönheit. Paulus schreibt in Kol 3, 4: „Wenn aber der Messias, unser Leben, sich offenbaren wird, dann werdet auch ihr offenbar werden zusammen mit ihm in Herrlichkeit." Diese Verheißung gilt in besonderer Weise denen, die in Treue die Herde Gottes geweidet haben.

5 **Ebenso ihr Jüngeren, seid den Ältesten untergeordnet.** Mit dem Wort **ebenso** bringt Petrus zum Ausdruck, daß die Mahnung des Apostels an die **Jüngeren** gleiches Gewicht hat, damit es in der Gemeinde zu einem frohen Miteinander kommt. Jede Gruppe, auch jede Generation in der Gemeinde, hat ihre besonderen Gaben, Aufgaben und Gefährdungen. Eine Ermahnung an die Älteren konnte von den Jüngeren mißbraucht werden zur Kritik an den Alten. Und ebenso konnten die Älteren eine Mahnung an die Jüngeren mißverstehen. Wer nur die Mahnung an die andern hört, hat eine unreife Sicht von sich selbst und von der Gemeinde. Die Ermahnung an die **Jüngeren** ist wahrscheinlich mehr noch als die an die „Älteren" an die bestimmte Altersgruppe gerichtet. Zu der Mahnung **seid untergeordnet** siehe zu 2, 13; vgl. auch 2, 18 und 3, 1. Nachdem Petrus die Älteren ermahnt hat, den Leitungsdienst nicht in Herrschsucht zu mißbrauchen, können nun die Jüngeren zur Unterordnung angehalten werden. Wie in der Ehe die Unterordnung nicht Entrechtung, sondern Wahrnehmung unterschiedlicher Gaben und Aufgaben bedeutet, so auch hier die Unterordnung der Jüngeren. Mag es auch eine Gemeinde hier und da einmal anders ordnen, grundsätzlich aber ist es so, daß die Älteren mehr zur Leitung und die Jüngeren zur Unterordnung berufen sind. In der Unterordnung lernen die Jüngeren Gehorsam und Zucht und gewinnen die nötige Umsicht und Erfahrung zur späteren Leitung der Gemeinde.

Alle aber habt euch füreinander[207] **die Demut umgebunden**[208]**.** Zu dem Begriff **Demut** s. zu 3, 8. Im Griechentum hat dies Wort weithin einen negativen Klang, aber im NT bezeichnet es eine positiv bewertete, notwendige Haltung, die für den Gemeindedienst (Apg 20, 19) und für das Zusammenleben in der Gemeinde (Eph 4, 2; Phil 2, 3; vgl. auch Phil 2, 8; Kol 3, 12) wichtig und unentbehrlich ist. Hochmut weckt Hochmut und damit Trennung; Demut heilt vergiftete Verhältnisse. Es ist bedeutsam, daß Petrus als Grundhaltung für Alt und Jung die Demut betont. Konflikte werden in jeder Gemeinde entstehen. Wenn aber für Leitung und Unterordnung die Gemeindeglieder mit Demut umgürtet sind, lassen sich Konflikte im Frieden lösen[209]. Die Sache ist so wichtig, daß Petrus sie mit letzter Autorität begründet, nämlich von Gott her: **denn Gott stellt sich den Hochmütigen**[210] **entgegen, den Demütigen aber gibt er Gnade** (Zitat aus Spr 3, 34 LXX). Gott sieht darauf, welche Haltung wir unserem Nächsten gegenüber einnehmen und antwortet darauf mit Widerstand oder Gnade. Wer im Glauben Gott ernstnimmt, der wird sich vor Hochmut hüten, denn Gott zum Gegner haben ist für den Glauben unmöglich, Gottes Gnade aber ist ihm wichtiger als alles. Schlatter schreibt z. St.: „Sowie wir nach unserer Ehre begehrlich greifen, beginnen wir den Streit wider Gott. Gott versteht es aber, den Hoffärtigen zu beugen." Gott „wohnt" nur bei demütigen Leuten (Jes 57, 15). Und „er läßt seine Gnade walten über denen, die ihn fürchten" (Ps 103, 11).

207 Schlatter („Petrus und Paulus ..." S. 169) versteht diese Mahnung so, daß die Gemeindeglieder aufgefordert werden: bindet einander die Demut um. „Damit ist betont, daß es auf das Verhalten aller ankommt, ob sie den Ehrgeiz hervorlocken ... oder ob sie durch ihren einträchtigen Verzicht auf die Größe jedem ohne Mühe die zum Dienst bereite Haltung geben." Ebenso v. Soden und Weizäcker.

208 Im Grie steht der Aorist (vgl. die Anmerkung zu 1, 13). Da der Grundtext keine Satzzeichen hat, ist nicht zu entscheiden, ob die Worte „alle aber einander" zum Vorigen oder zum Folgenden gehören. Daher übersetzen einige Ausleger: „Ihr Jüngeren, seid untergeordnet den Ältesten, alle aber einander. Die Demut habt euch umgebunden ...". Das grie Tätigkeitswort *enkomboomai* kann einfach *umbinden,* „anknoten" heißen. Es enthält aber das Wort „Schurz" und heißt daher ursprünglich: sich den Sklavenschurz umbinden (s. Benseler, Schlatter u. a.). Daß gerade dieses Wort hier steht, ist eindrücklich. Wie ein Sklave sich den Schurz umgebunden hat, um dann zu jedem Dienst bereit zu sein, so gürten sich die Gemeindeglieder — sozusagen als Dienstkleidung — mit Demut, um dadurch bereit zu sein zu jeglichem Dienst aneinander. Was es heißt, sich die Demut wie eine Sklavenschürze umbinden, hat Jesus seinen Jüngern vor Augen gestellt, als er sich ein Leinentuch umband und seinen Jüngern die Füße wusch (Jo 13, 4). Hier wird auch deutlich, daß Demut und Dienst zusammengehören.

209 Das gilt auch für die menschlichen Probleme in Beruf und Familie.

210 *Hochmütig* heißt auch „stolz" oder „überheblich".

Mahnung zur Wachsamkeit

1. Petrusbrief 5, 6—11

Zu Vers 6:
Jak 4, 10
Zu Vers 7:
Mt 6, 25
Phil 4, 6
Zu Vers 8:
Lk 22, 31
2 Ko 2, 11
1 Th 5, 6
Jak 4, 7
Zu Vers 9:
Apg 16, 5
Eph 6, 11—13. 16
2 Tim 4, 17
Zu Vers 10:
Eph 3, 16 f

6 **Demütigt euch**[210a] (oder: erniedrigt euch) **nun unter die mäch-**
tige Hand Gottes, damit er euch erhöhe zur (rechten) **Zeit,**
7 * **alle eure Sorge auf ihn werfend**[210a], **denn ihm liegt an**
8 **euch.** * **Seid nüchtern, seid wachsam**[210a]! **Euer Feind, der**
Teufel, geht umher wie ein brüllender Löwe, indem er
9 **sucht, wen er verschlinge.** * **Dem leistet Widerstand**[210a] **fest**
im (oder: durch) **Glauben wissend, daß sich dasselbe an Lei-**
10 **den über eure Bruderschaft in der Welt vollzieht.** * **Der Gott**
aller Gnade aber, der euch berufen hat zu seiner ewigen
Herrlichkeit in Christus, wird euch, nachdem ihr eine kleine
Zeit gelitten habt, selber vollbereiten (oder: ausrüsten)
11 **festigen, stärken, gründen.** * **Ihm die Macht in die Äonen**
der Äonen hinein, Amen!

6 **Demütigt euch nun unter die mächtige Hand Gottes, damit er euch erhöhe zur** (rechten) **Zeit.** Das Zitat aus Spr 3, 34 hatte die Mahnung zur gegenseitigen Unterordnung begründet (V. 5). In unserem Abschnitt nimmt Petrus das Wort von der Demut wieder auf und zieht daraus Folgerungen für die Lage der Briefempfänger. Das wird deutlich an dem **nun. Die mächtige Hand Gottes** ist die wirkende Gewalt Gottes, mit der er Realitäten setzt. Er bestimmt seinen Kindern Ort und Zeit und Verhältnisse, Gaben und Grenzen, Verfolgungszeiten und Ruhezeiten. Für alle Verhältnisse, die unser Brief angesprochen hat, für die gesellschaftlichen (2, 13—25) und familiären (3, 1—7), besonders aber für die Leidenssituation und für die Ordnungen in der Gemeinde gilt: **Demütigt euch nun** (oder: erniedrigt) **unter die mächtige Hand Gottes.** Das heißt: Nachdem ihr euch bei eurer Bekehrung von allem Hochmut getrennt und die Demut „umgebunden“ habt (Aorist!), beweist sie nun (Imperativ!) im täglichen Leben dadurch, daß ihr euch nicht gegen schwere Lebensführungen auflehnt, sondern dahinter im Glauben Gottes mächtige Hand erkennt. Es heißt

[210a] Hier steht wieder der Aorist. Ihn im Deutschen wiederzugeben, ist jedoch sehr schwer (etwa: habt euch gedemütigt ... indem ihr eure Sorge auf ihn geworfen habt, seid nüchtern geworden, habt Widerstand geleistet), klingt auch zu sehr nach einer vergangenen, abgeschlossenen Handlung. Ein jetziges, gegenwärtiges Handeln ist gemeint, das in der bereits geschehenen Lebensübergabe an Jesus seinen Grund hat.

aber auch: Ordnet euch den Menschen unter, die Gott euch übergeordnet hat! Wer sich so unter Gottes mächtige Hand **demütigt,** wird sich viel leichter in schwierige Verhältnisse hineinfinden können. Er nimmt dienstwillig den ihm angewiesenen Platz ein und findet ein grundsätzliches Ja zu Ältesten, Vorgesetzten und schwierigen Weggenossen. Damit ehrt er Gottes mächtige Hand, sein Herz wird zufrieden, und er wird frei zum Erkennen und Tun des Willens Gottes. Der Hochmütige dagegen reibt sich wund an Verhältnissen und Menschen. Weil Gott den Demütigen Gnade gibt (V. 5), wird ihnen die Verheißung zugesprochen: **damit er euch erhöhe zur** (rechten) **Zeit.** Wer im Glauben damit rechnet, daß Gott den Demütigen Gnade gibt, der wird sich willig unter Gott und die von ihm gesetzten Verhältnisse beugen. So wirkt Glaube Demut. Gott aber erhöht **zur** (rechten **Zeit)**[211]. „Seine Zeit" oder „die rechte Zeit" kann sich auf einen Zeitpunkt nach oder noch während des Erdenlebens beziehen, nach Demütigungen folgen oft erstaunliche „Erhöhungen". Gott ändert die Lage und hebt aus Not und Niedrigkeit empor, so daß man darin dankbar sein Handeln erkennt. Dabei handelt Gott oft schon durch die Mitmenschen, indem der Hochmütige sich selber neben der Gegnerschaft Gottes die Ablehnung seiner Mitmenschen zuzieht. Dagegen wer sich demütigt, findet Gnade bei Gott und außerdem die Zuwendung der Mitmenschen. Die Wahrheit und Bedeutung unseres Verses ist eindrücklich an der Geschichte Josephs zu sehen (1 Mo 37 und 39—50; vgl. auch Lk 14, 18 f und 18, 13 f[212]). Aber nicht immer fällt Gottes Zeit, da er erhöht, in die Zeit des Erdenlebens, und auch dann nur zeichenhaft und begrenzt. Die volle Erhöhung der Gedemütigten erfolgt erst im Zusammenhang mit der Parusie ihres Herrn. Daher kann *„en kairó"*, „in der Zeit" auch bedeuten: „in der Endzeit".

Und nun zeigt Petrus den Hörern, wie das Sichdemütigen im 7
Alltag zu praktizieren ist: **indem ihr alle eure Sorge auf ihn**

[211] Hier steht nicht das grie *chrónos*, den Ausdruck für die gleichmäßig ablaufende Zeit, sondern *kairós*, womit die jeweils entscheidende Zeit, der richtige Zeitpunkt bezeichnet ist. *Kairós* meint die Zeit des Eingreifens Gottes. Dementsprechend hat der *Codex Alexandrinus* sowie auch einige andere Handschriften den erklärenden Zusatz: (zur Zeit) „der Aufsicht" oder „der Heimsuchung", d. h. zur Zeit des (göttlichen) Eingreifens.

[212] Die Bibel gibt uns noch viele andere Beispiele dafür, z. B. Hanna und Samuel, David, Daniel, Esther, Maria und Joseph, der Hauptmann von Kapernaum, die kanaanäische Frau, Paulus und Silas im Gefängnis.

werft (wörtlich: **geworfen habt)**[213], **denn ihm liegt an euch.** (Zitat aus Ps 55, 23). Nachdem er zur Beugung unter Gottes mächtiger Hand gemahnt hat, konnte Petrus die Antwort vermuten: Ich will mich ja gern demütigen, mich beugen und die mir Vorgesetzten als mir von Gottes Hand übergeordnet anerkennen. Aber wo soll das hinführen? Ich sorge mich um den rechten Fortgang in der Gemeinde. Petrus würde antworten: wirf die berechtigte Sorge um Gemeindeverhältnisse (und auch alles andere) auf Gott, und du bist frei, dich zu beugen, einzufügen und zu dienen. Das gilt für alle Verhältnisse. Wer seine Sorge auf Gott geworfen hat, ist frei, sich unter seine mächtige Hand zu demütigen und zu tun, was not ist. Auch an die Leidenden ist diese Mahnung gerichtet. Leiden bringt normalerweise Sorge mit sich. Wer aber gelernt hat, hinter allen Gegebenheiten Gottes mächtige Hand zu sehen, weiß: diese mächtige Hand wird mit jeder Sorge fertig. Damit werden wir davor gewarnt, mit der Sorge selbst fertig werden zu wollen. **Werfen** beinhaltet Aktivität, aber auch den Entschluß, sich völlig von etwas zu trennen.Es meint ein entschiedenes Abgeben der Sorge in die Hand Gottes. Schlatter sagt: „So machen wir uns von unserer Sorge auf die rechte Weise frei, wenn wir sie in die Bitte umsetzen: Sorge du." Die Begründung lautet: **denn ihm liegt an euch** oder: „er kümmert sich um euch." Gott ist nicht nur mächtig genug, mit den Sorgen seiner Kinder fertig zu werden, sondern er ist auch willig dazu. Das Wort **es liegt ihm an euch** drückt die persönliche, väterliche Fürsorge Gottes für seine Kinder aus. Wer das im Glauben ergreift, wird froh darüber sein, alle seine Sorgen auf ihn werfen zu dürfen, und große Getrostheit und Geborgenheit wird über ihn kommen.

8 Die Worte: **Seid nüchtern, seid wachsam!** müssen hier durch den Imperativ Aorist als Erinnerung und als Warnruf verstanden werden. Das Wort **seid nüchtern** geworden ist in zweierlei Hinsicht wichtig. Es mahnt zur Beschränkung in Lebensbedürfnissen und zu der daraus entstehenden Freiheit von geistiger und seelischer Trunkenheit (s. dazu 1, 13; 4, 7). Es mahnt aber auch dazu, die Dinge zu sehen, wie sie sind. Der Nüchterne rechnet mit der hintergründigen Realität, der

[213] Hier steht wieder der Aorist (s. die Anmerkung zu 1, 13). Die Hörer werden damit ermahnt, jetzt neu und ernstlich zu tun, wozu sie sich früher schon entschlossen haben, sie werden aufgerufen, die Demut festzuhalten und die Sorge als auf Gott geworfen nicht wiederaufzunehmen.

göttlichen und satanischen. Er weiß, daß er sterben muß (Ps 90, 12), daß die Welt mit ihrer Lust vergeht (1 Jo 2, 17) und daß „wir alle offenbar werden müssen vor dem Richterstuhl des Messias" (2 Ko 5, 10). Daher finden wir die Mahnung zur Nüchternheit besonders in eschatologischen Zusammenhängen (1 Th 5, 6.8; 2 Tim 4,5). Die Mahnung **seid wachsam** wird im NT ebenfalls vor allem im Blick auf die Endzeit gebraucht (Mt 24, 42; Mk 13, 35; Apg 20, 31; 1 Th 5, 6). Ein Schläfer merkt nicht, was um ihn her geschieht. Wachsam sein heißt, achthaben auf alle Anzeichen von Gefahr für das geistliche Leben der Gemeinde (Apg 21, 32) und des einzelnen. Es geht darum, die endzeitlichen Verführungsmächte zu erkennen, deshalb wachsam zu leben und doch gleichzeitig sich geborgen zu wissen.

Der Ruf zur Wachsamkeit zielt auf die Gefahr, in der die Gemeinden stehen: **euer Feind, der Teufel, geht umher wie ein brüllender Löwe, indem er sucht, wen er verschlinge.** Es ist wichtig für die Gemeinde, mit der Wirklichkeit des Teufels zu rechnen. Er ist „der Gott dieser Welt" (2 Ko 4, 4), „der Vater der Lüge" und „Menschenmörder von Anfang an" (Jo 8, 44; vgl. auch Eph 2, 2; 2 Th 2, 9; Offb 13, 2 u. a.) Hier wird er **Feind** oder „Widersacher" (eigentlich: Prozeßgegner) genannt. Das mit **Teufel** übersetzte grie Wort *(diabolos)* heißt eigentlich „Verleumder" oder auch „Verkläger" (vgl. Sach 3, 1; Offb 12, 10). Dem entspricht im Hebr die Bezeichnung *Satan*. Der Teufel wird hier mit einem **brüllenden Löwen** verglichen. Mit seinem Brüllen versetzt der Löwe seine Umgebung in Angst und Schrecken. So will auch der Teufel uns in Angst versetzen, so daß wir von Gott abfallen. Die Empfänger des Briefes sollen hinter der Bedrohung durch Menschen die Einschüchterungsversuche Satans sehen, der sie zum Abfall von Gott und zum Verlassen der Gemeinde bewegen will. Er **geht umher**[214]. Überall ist mit ihm zu rechnen, so daß man nirgends vor ihm sicher ist. Dabei ist er auf der **Suche, wen er verschlingen könnte.** Diese Worte zeigen seine Absicht: Er lauert auf Menschen, die angstgelähmt oder selbstsicher und damit schutzlos sind. So ist es wichtig für uns, die Absicht des Teufels zu kennen. Es steht alles auf dem Spiel. Es geht um das Leben!

[214] Bei dem Ausdruck „umhergehen" kann Petrus an das Buch Hiob gedacht haben. Dort wird vom Satan gesagt, er gehe umher und durchschweife alles unter dem Himmel (1, 7; 2, 2). Sein Ziel ist es, uns dahin zu bringen, daß wir uns von Gott lossagen (2, 5).

9 Was ist zu tun? Die Antwort lautet: **Dem leistet Widerstand fest im** (oder: durch) **Glauben, wissend, daß sich dasselbe Leiden über eure Bruderschaft in der Welt vollzieht.** An der Spitze dieses Satzes steht das Zeitwort *anthistamai* = *sich entgegenstellen, Widerstand leisten, widerstehen* in der Zeitform des Imperativ Aorist: Als die Hörer sich in der ihr Leben umwälzenden Entscheidung dem Jesus ausgeliefert haben, bedeutete das die grundsätzliche Absage an ihren bisherigen Zwingherrn, den Beherrscher dieser Welt, und damit den Entschluß, ihn hinfort als Feind zu betrachten, dem **Widerstand geleistet** werden muß. Der Vollzug dieses Entschlusses aber weist in die Gegenwart — und deshalb der Imperativ: So oft nun der Teufel ihnen begegnet und sie angreift, haben sie ihm immer wieder von neuem zu widerstehen, und zwar **fest** (oder: standhaft) **im Glauben**. Im Glauben hat Hiob den Anfeindungen des Teufels widerstanden und sich nicht von Gott losgesagt. „Durch den Glauben“ waren „die Alten“ (Hbr 11) stark, zu Gottes Ehre zu leben und in den Versuchungen zu widerstehen. Jakobus (4, 7) schreibt: „Leistet dem Teufel Widerstand, so flieht er von euch.“ Und Paulus mahnt: „Ziehet an die volle Waffenrüstung Gottes, um bestehen zu können gegen die listigen Anläufe des Teufels“ (Eph 6, 11; vgl. auch 2 Ko 10, 4 f; Hbr 10, 39; Jes 28, 16[215]). So raffiniert auch die Strategie unseres unsichtbar umherschleichenden Feindes ist, haben wir doch gar keine Veranlassung, uns von ihm Angst einjagen zu lassen oder gar zu resignieren und den Kampf aufzugeben, stehen wir doch auf der Seite dessen, der den Widersacher am Kreuz endgültig besiegt hat. **Fest im Glauben** Widerstand leisten, heißt deshalb nichts anderes, als jedem satanischen Angriff gegenüber sich auf Jesus berufen und seinen Sieg für sich in Anspruch nehmen. Er ist der Erste und der Letzte und der Lebendige (Offb 1, 17 c), vor dem der Teufel in jedem Fall die Waffen strecken muß, denn durch das Kreuz ist er mit all seinen Hilfsscharen ein für allemal „entwaffnet“ worden (grie *apekdysamenos:* Kol 2, 15). Deshalb haben die Erlösten im täglichen Kampf, in den jeweiligen Versuchungen und Anläufen des Widersachers nur eins zu tun: wegzublicken auf Jesus, den Bahnbrecher und Vollender des Glaubens (Hbr 12, 2), und dessen Sieg auszurufen. Petrus fährt

[215] Wir sollten auch für die Seelsorge von Petrus lernen. Es gibt häufig Situationen, in denen man mit solcher Bestimmtheit wie er raten muß: gib nicht nach, gib nicht auf, klage nicht und verzage nicht, sondern leiste Widerstand im Glauben.

fort: **wissend, daß sich dasselbe an Leiden über eure Bruderschaft in der Welt vollzieht.** Dieser Satz kann die leidenden Gemeinden in dreifacher Weise stärken. Sie dürfen erstens wissen, daß sie in einer weltweiten **Bruderschaft** stehen, mit der sie gemeinsam am Heil und auch an den Leiden Anteil haben[216], denn wenn *ein* Glied leidet, dann leiden *alle* mit (1 Ko 12, 26). Zweitens, daß das Leiden, in dem sie stehen, nicht etwa eine Strafe ist, nicht ein Zeichen, daß mit ihnen etwas nicht stimmt: nein, daran daß sich **dasselbe Leiden an ihrer Bruderschaft in der Welt vollzieht,** können sie erkennen, daß das Leiden zum Weg mit Jesus „normal" dazugehört. Drittens, daß ihr Leiden eingeordnet ist in den Heilsplan Gottes: *epiteleisthai* = **sich vollziehen** heißt auch „sich vollenden oder „erfüllt werden", aber auch „auferlegt werden". Das deutet einen vorher bedachten, notwendigen Vorgang an: ein Geschehen, das ganz fest in der Hand Gottes ruht. Wenn die leidende Gemeinde **wissend** ist, wenn sie den Plan Gottes und die Lage der Gemeinde in der Welt kennt, wird sie dadurch gestärkt für den Kampf des Glaubens an ihrem Platz.

Der Gott aller Gnade aber, der euch berufen hat zu seiner 10
ewigen Herrlichkeit in Christus, wird euch, nachdem ihr eine kleine Zeit gelitten habt, selber vollbereiten, festigen, stärken, gründen. Petrus schließt die Mahnungen von V. 6—9 mit diesem Zuspruch ab. Oft folgt im NT auf Mahnung ein Zuspruch, um den Blick wegzulenken auf Gott (Rö 16, 20; 1 Ko 15, 58; 2 Ko 13, 11; 1 Th 5, 24; Jud 24). Unser Vater in den Himmeln wird häufig gekennzeichnet durch die Gaben, die er schenkt: der Gott der Geduld und des Trostes (Rö 15, 5; 2 Ko 1, 3), der Hoffnung (Rö 15, 13), des Friedens (Rö 15, 33; 16, 20 u. a.), der Liebe (2 Ko 13, 11). Hier heißt er **Gott aller Gnade. Zu Gnade** s. 1, 13; 2, 19; 3, 7; 4, 10. Gnade ist unverdiente Gabe, freies Geschenk dessen, von dem alle Gnade kommt. Bei ihm ist alles vorhanden, was die Gemeinde und der einzelne braucht.

[216] In diesem Sinn nennt sich der greise Seher auf Patmos „euer Bruder und Mitbeteiligter an der Bedrängnis und an der königlichen (=messianischen) Herrschaft und am Harren auf Jesus (=auf seine Parusie)" (Offb 1, 9a).

Alles, was wir an Gnade für ein Überwinderleben[217] nötig haben, dürfen wir mit Gewißheit von ihm her erwarten. **Der euch berufen hat** macht deutlich: das neue Leben beginnt nicht mit dem Tun des Menschen, sondern mit Gottes Berufung. Die Berufung aber zielt hin auf unser Teilhaben an **seiner ewigen Herrlichkeit.** „Was kein Auge gesehen und kein Ohr gehört hat und was in keines Menschen Herz gekommen ist", das „hat Gott bereitet denen, die ihn lieben" (1 Ko 2, 9). Damit wird uns klar und hoffnungsfroh unser Ziel vor Augen gestellt[217a]. Aber nur **in Christus** ist die Berufung von Sündern zu Gottes ewiger Herrlichkeit möglich, denn wegen der Sünde muß ohne das Opfer des Messias unentrinnbar der Zorn Gottes über den Söhnen des Ungehorsams bleiben (Jo 3, 36; Eph 5, 6). Wer deshalb zu Gottes ewiger Herrlichkeit gelangen will, muß den Gekreuzigten aufnehmen. Darin liegt für Verlorene die einzige Rettung. Allen denen aber, die sich durch Jesus retten ließen, kann mit Gewißheit zugerufen werden: „Er, der in euch ein gutes Werk begonnen hat, wird es auch zur Vollendung bringen bis zum Tag des Messias Jesus" (Phil 1, 6) — oder mit den Worten unseres Textes: „Der Gott aller Gnade ... **wird euch, nachdem ihr eine kleine Zeit gelitten habt[218], selber vollbereiten, festigen, stärken, gründen."** Im Vergleich zur ewigen Herrlichkeit kann die Dauer des Leidens nur *oligon* = **ein wenig** (oder eine kleine Zeit) genannt werden (vgl. 1, 6; 2 Ko 4, 17; Rö 8, 18!). Gott selber ist also am Werk. Hat er sie berufen und damit sein Werk an ihnen begonnen, so wird er es auch vollenden und sie ans Ziel zur ewigen Herrlichkeit bringen. Er selbst wird es tun. Nicht die Verfolger sind es, denen die Heiligen ausgeliefert wären, sondern Gott selbst behält sie in seinen starken Händen und handelt an den Ge-

[217] Es geht ja nicht nur darum, daß wir zur Not gerade noch „selig werden", obwohl wir durch ständiges Straucheln und Versagen den Heiligen Geist immer wieder betrübt und dadurch den Namen unseres Herrn vor der Welt verunehrt haben, so daß er um unsertwillen gelästert wird unter den Heiden (Rö 2, 24). Nein, berufen sind wir dazu, unseren Herrn zu verherrlichen durch ein heiliges Leben (vgl. 1, 15; 2, 9; 3, 15; 4, 11!), indem wir seinen Fußstapfen wirklich folgen (2, 21) und uns nicht nur in den Belastungsproben (Rö 8, 37), sondern auch in den Versuchungen als *Überwinder* erweisen durch den, der uns in seine Liebe aufgenommen hat (1 Jo 3, 6—10; 5, 4; Offb 2, 7b. 11b. 17b. 26).

[217a] Wie problematisch ist der Ausdruck „ewige Herrlichkeit" manchem Verkünder heute. Kein Wunder, wenn dann die Christenheit an Hoffnungsschwund leidet!

[218] Hier steht die Vergangenheitsform des Aorist um anzudeuten: erst das Leiden, dann die Stärkung, oder: gerade aus dem Leiden erwächst denen, die auf Jesus blicken, besondere Zubereitung, Läuterung und Festigung ihres Glaubens. Und doch gilt auch beides gleichzeitig, indem der Herr die Seinen schon während der Leiden und für die Leiden stärkt.

meinden in vierfacher Weise: Er wird sie erstens **vollbereiten,** eigentlich einrichten oder auch: in die rechte Ordnung, in den gehörigen Zustand versetzen, wieder herstellen, ausrüsten. Zweitens wird er sie **festigen**, eigentlich: „aufstellen", dann auch: stützen, bestärken, ermutigen, beständig machen. Allen Aposteln ist das ein wichtiges Anliegen. Dafür gebrauchen sie gern das hier verwendete grie Wort *stærizein,* z. B. 1 Th 3, 2. 13; Jak 5, 8; Apg 14, 22; 15, 32. Drittens **Stärken** oder kräftigen (grie *sthenoo*) kommt nur an dieser Stelle im NT vor und unterstreicht den vorigen Begriff. Viertens **gründen** grie *themelioo,* vgl. *themelion* = Fundament, heißt also wörtlich: mit einem Fundament versehen. Gott will und wird die Seinen in den Leiden stärken und gefestigt aus ihnen hervorgehen lassen. Diese Festigung wird sie auch davor bewahren, sich „umhertreiben zu lassen von jeglichem Wind der Lehre" (Eph 4, 14).

Ihm die Macht in die Äonen der Äonen hinein! Amen. (Vgl. 11
4, 11). Diese Doxologie beschließt den Abschnitt. Sie hat die Form eines Ausrufes. Dadurch, daß das Hilfsverb fehlt, kann übersetzt werden: Ihm „ist" oder: Ihm „sei" die Macht. Dieser Aufruf ist Huldigung und Anbetung: wir wollen nicht mehr selbstmächtig sein. Wir erwarten alles Heil von dem Gott aller Gnade. Wir wollen diesen und keinen anderen Herrn, und wir warten darauf, daß er die Macht auch vor aller Augen übernimmt (Ihm „sei" die Macht). Zugleich bedeutet die Doxologie Stärkung. Wir freuen uns, daß Gott schon jetzt die Macht hat und sie bald sichtbar ausüben wird (Ihm „ist" die Macht). Da sieht es so aus, als ob Gott ohnmächtig sei! „Aber das Schwache Gottes ist stärker als die Menschen" (1 Ko 1, 25). Die entrechteten Auserwählten von Kleinasien können ihr Leiden nur durchstehen im Blick auf die Macht und den Sieg ihres Herrn. „Ihm die Macht **in die Äonen der Äonen hinein".** Vgl. zu 4, 11. Das aus dem Hbr übernommene Wort **Amen** heißt etwa: es ist fest, gewiß, wahr (vgl. W. Stb. zu 1 Ko 14, 16 und die Anmerkung zu 2 Ko 1, 20). Der Beter, so wie auch die Gemeinde, unterstreicht damit noch einmal das Gebet oder den Lobpreis.

Grüße und Segenswunsch

1. Petrusbrief 5, 12—14

Zu Vers 12:
Apg 15, 22. 27
Zu Vers 13:
Apg 12, 12. 25
2 Tim 4, 11
Zu Vers 14:
Rö 16, 16
1 Ko 16, 20

12 **Durch Silvanus, den treuen Bruder, wie ich überzeugt bin,
habe ich euch kurz geschrieben, indem ich euch ermahne
und bezeuge, daß dies die wahre Gnade Gottes ist, in der**
13 **ihr steht. * Es grüßt euch die Mitauserwählte in Babylon**
14 **und Markus, mein Sohn. * Grüßt einander mit dem Kuß
der Liebe. Friede euch allen, die ihr in Christus** (seid).

12 **Durch Silvanus, den treuen Bruder, wie ich überzeugt bin, habe ich euch kurz geschrieben, indem ich euch ermahne und bezeuge, daß dies die wahre Gnade Gottes ist, in der ihr steht.** Es bestehen kaum Zweifel, daß **Silvanus** der gleiche Bruder ist, der uns in der Apostelgeschichte als „Silas“ begegnet; entweder hatte er zwei Namen, oder Silvanus ist die lat Form des grie Namens Silas[219]. Petrus hat ihn schon von Jerusalem her gekannt. Er war ja einer der beiden Brüder, die die heidenchristlichen Gemeinden in Antiochia besuchen sollten, um sie mit dem Beschluß der Apostelversammlung bekannt zu machen (Apg 15, 22.27). Danach war er in Antiochia geblieben (Apg 15, 32.34) und hatte Paulus auf seiner zweiten Missionsreise als Mitarbeiter begleitet (Apg 15, 4—18, 5; vgl. auch 2 Ko 1, 19; 1 Th 1, 1; 2 Th 1, 1). Die angegebenen Stellen zeichnen ein anschauliches Bild von Person und Wirken dieses treuen Bruders. Es wird ihm bezeugt, er habe sein Leben eingesetzt für den Namen Jesu (Apg 15, 26). Er war Prophet und durch dieses Charisma in besonderer Weise befähigt und berufen, die Gemeinden zu stärken (Apg 15, 32). Mit Paulus zusammen nahm er Gefangenschaft und Folter auf sich (Apg 16, 22—24). Er hat mit Paulus und Timotheus die Mühen und Gefahren des Missionsdienstes getragen. In schwierigen Lagen konnte er bei den Gemeinden zurückgelassen werden, um die Arbeit weiterzuführen und die Gläubigen zu stärken (Apg 17, 14 u. a.). Dadurch hat er die paulinische Missionsarbeit wesent-

[219] Dieser wiederum wird aus dem Aramäischen (Scheila) und dem Hbr (Scha ul-„Saul“) gebildet sein (s. W-B „Silvanos“).

lich mitgetragen[220]. Was Silvanus nach der Wirksamkeit der Missionsmannschaft in Korinth getan hat (Apg 18, 5), ist uns nicht überliefert. Ob er im grie und kleinasiatischen Missionsraum zurückgeblieben ist, um die Gemeinden zu festigen? Ob er nach Antiochien zurückgegangen ist? Jedenfalls kann Petrus nur ihn als einen in Kleinasien bekannten und geschätzten Mitarbeiter des Paulus meinen, wenn er nun gegenüber den Gemeinden des paulinischen Missionsgebietes ohne nähere Kennzeichnung einfach von „Silvanus" spricht. Die Bemerkung: **Durch Silvanus . . ., habe ich euch kurz geschrieben** kann eine Schwierigkeit beseitigen, nämlich die, daß der 1. Petrusbrief in auffallend gutem Grie geschrieben ist[221]. Sicher hatte Silvanus beim Diktat die Möglichkeit, den Stil mehr oder weniger zu beeinflussen. Es könnte sogar sein, daß er ihn nach mündlicher oder schriftlicher Anweisung des Petrus selbständig verfaßt hat, denn daß er gebildet war und schreiben konnte, ist jedenfalls sehr wahrscheinlich (vgl. Apg 15, 23). Möglich ist jedoch auch, daß unser Vers gar nicht den Schreiber, sondern den Überbringer des Briefes bezeichnet[222], und eine Beglaubigung für den Überbringer sein soll, wodurch bestätigt wird, daß Silvanus im Auftrag des Apostels kommt. Vielleicht hat er zugleich die Weisung bekommen, die Gemeinden mündlich zu stärken. Die Wirkung eines Briefes hing ja weithin von der Haltung dessen ab, der ihn überbrachte. Ob er sich darum bemühte, den Brief wirklich zu allen Empfängern gelangen zu lassen, wie er ihn erläuterte und ergänzte, alles das war entscheidend. Daher fügt Petrus hinzu: **den, wie ich überzeugt bin, treuen Bruder.** Ist nun Silvanus Schreiber oder nur Überbringer des Briefes oder vielleicht sogar beides? Er hatte ja schon einmal einen solchen Doppeldienst getan[223], wobei zu bedenken ist, wieviel Einsatzbereitschaft und Selbstlosigkeit dazu nötig ist. Leute, die dazu willig sind, kann die Gemeinde Jesu nicht entbehren. **Kurz** (eigentlich: „durch wenige") (Wor-

[220] Barclay sagt von ihm (262): Silvanus „gehört zu den Männern, ohne die die Kirche zu keiner Zeit auskommt. Er begnügte sich mit einem Platz im Hintergrund, um dem Werk Gottes zu dienen. Manch einer, der weder ein Petrus noch ein Paulus sein kann, kann doch ein getreuer Silvanus sein, ohne den weder Paulus noch Petrus sein Werk hatte ausrichten können".

[221] Siehe dazu Einleitung S. 13 f.

[222] Schlatter („Erläuterungen", zu 5, 12) sagt: „Weil Silvanus nach Kleinasien ging, darum schrieb Petrus an die dortigen Gemeinden. Er brachte ihnen den Brief. Petrus benützt ihn zu diesem Dienst, weil er in ihm den treuen Bruder sieht."

[223] Vgl. Apg 15, 22—23; in V. 23 heißt es wörtlich: die Apostel „schrieben durch ihre Hand".

te) **habe ich euch geschrieben** — nur das Wichtigste, obwohl Petrus gern manches noch weiter ausgeführt hätte, was er sich aber versagen muß. Er faßt Ziel und Inhalt des Briefes noch einmal zusammen: **indem ich euch ermahne und bezeuge, daß dies die wahre Gnade Gottes ist.** Es ist wichtig, daß das grie *parakaléo* = „ermahnen" zugleich auch „trösten" und „ermutigen" bedeutet (vgl. zu 2, 11). Wer in schwerer Lage angefochten ist, braucht innere Hilfe, Tröstung und Ermutigung[224]. Doch können nur diejenigen ermutigt werden, die bereits **in der wahren Gnade Gottes stehen.** Und Petrus will mit diesem Brief **bezeugen, daß dies die wahre Gnade Gottes ist.** Natürlich hat ihm vor Augen gestanden, daß es in der Hauptsache „unser geliebter Bruder Paulus" (2 Pt 3, 15 b) gewesen ist, durch dessen Evangelisation die Gemeinden entstanden sind, an die er schreibt. So bestätigt er mit diesen Worten dessen Dienst und bringt die Bruderschaft zwischen beiden zum Ausdruck. Mag es auch einmal zu einem Zusammenstoß zwischen beiden gekommen sein (Gal 2, 11), so spüren wir hier jedenfalls eine tiefe Einmütigkeit. Gott sorgt schon dafür, daß wirkliche Brüder sich wiederfinden und einander neu schätzen lernen. Petrus bezeugt, „daß dies die wahre Gnade Gottes ist, **in der ihr steht.**" Andere übersetzen: „in die ihr euch hineinstellen sollt". Jedenfalls klingt an, daß die Empfänger schon in der Gnade stehen. Zugleich aber enthalten die Worte die Mahnung, sich in die von Paulus und Petrus bezeugte Gnade bewußt neu hineinzustellen. Das entspricht ganz und gar dem Wesen ntst Ermahnens (vgl. 1 Th. 4, 1).

13 **Es grüßt euch die Mitauserwählte in Babylon und Markus, mein Sohn.** „Die **Mitauserwählte**" oder „Miterwählte" wird eine Christengemeinde bezeichnen[225]. Schon im AT ist Israel als „Braut" gesehen (Jer 2, 2), und im NT wird die Gemeinde die „auserwählte Herrin" genannt (2 Jo 1). Auch an 2 Ko 11, 2 wäre zu erinnern, wo Paulus den Korinthern schreibt, er eifere mit göttlicher Leidenschaft um sie, da er sie doch einem einzigen Manne verlobt habe, um sie schließlich „als reine Jungfrau dem (kommenden) Messias zuzuführen." So entspricht es biblischem Sprachgebrauch, daß von der Gemeinde wie von

[224] Es ist töricht, wenn gesagt wird, von Worten könne man nicht leben. Mahnung und Zeugnis können lebensrettend sein, wenn sie von göttlicher Wahrheit erfüllt sind.

[225] Die andere Deutung, daß es sich um die Frau des Petrus handeln könne und bei Markus um seinen leiblichen Sohn, wird von den Auslegern zwar erwähnt, aber im allgemeinen nicht ernstlich erwogen.

einer weiblichen Einzelperson gesprochen wird. Da der Brief an die „auserwählten" Fremdlinge von Kleinasien geht (s. zu 1, 1)„ ist es sinnvoll, wenn Petrus die Gemeinde des Abfassungsortes „die Mitauserwählte" nennt. Auch der Abfassungsort selbst ist angegeben: **Babylon**. Im eigentlichen alten Babylon gab es tatsächlich zur Zeit des NT noch eine beachtliche jüdische Gemeinde, und es wäre an sich denkbar, daß Petrus dort Missionsdienst getan hat. Die Mehrzahl der Ausleger neigt aber zu der Annahme, daß „Babylon" ein Deckname für *Rom* ist. Babylon war seit der babylonischen Gefangenschaft für das atst Bundesvolk der Inbegriff der Gottesfeindschaft, des Götzendienstes und der weltlichen Verführung. Diese Rolle der verschwenderischen, antigöttlichen Weltmacht war inzwischen an die Welthauptstadt Rom übergegangen. So ist es durchaus möglich, daß Petrus zwar „Babylon" sagt, aber *Rom* meint, um damit zu kennzeichnen, er schreibe vom Zentrum der antichristlichen Bewegung her, die auch die Gemeinden von Kleinasien bedrohte. Ebenso hat später der Seher Johannes den Namen „Babylon" in uneigentlichem Sinne gebraucht (Offb 14, 8; 16, 19; 17, 5.9). Nach der kirchlichen Überlieferung hat Petrus ja gegen Ende seines Lebens in Rom gewirkt und dort zuletzt auch den Märtyrertod erlitten[226]. Auf Rom als Abfassungsort deutet übrigens auch die Anwesenheit von Markus. Nach Phlm 24 sowie Kol 4, 10 und 2 Tim 4, 11 wird er sich zu Anfang der sechziger Jahre in Rom aufgehalten haben. Auch Silvanus (V. 12) deutet mehr in die griechisch-römische Welt als in die babylonische. **Markus, mein Sohn,** wird geistlich gemeint sein, entweder so, daß Markus durch Petrus zum Glauben gekommen ist, oder daß er zu ihm steht wie zu einem geistlichen Vater.

Grüßt einander mit dem Kuß der Liebe. Bei diesem Kuß 14
geht es um die heilige, von Gott ausgehende Liebe (grie **agapae**). Paulus nennt diesen Bruderkuß den „heiligen Kuß" (Rö 16, 16; 1 Ko 16, 20; 2 Ko 13, 12; 1 Th 5, 26)[227], der in der frühen Christenheit Ausdruck ihrer inneren Gemeinschaft, ihrer Bruderliebe war (vgl. 1, 22; 4, 8). Es ist eine Sache von weittragender und ewiger Bedeutung, daß es in dieser Welt der Lieblosigkeit eine Gemeinde von Erlösten gibt, die durch die Liebe Gottes zusammengeschlossen und von ihr erfüllt ist, die

[226] Vgl. Einleitung S. 13 f.
[227] Vgl. dazu die W. Stb., insbesondere die Anmerkung zu 2 Ko 13, 12. Auch das LzB, Art. „Kuß".

trotz aller Verschiedenheit ihrer Glieder weiß: „unum corpus sumus in Christo" = *ein* Leib sind wir in Christus. Diese ihre geistliche Gemeinschaft sollte immer wieder einmal zum Ausdruck gebracht werden, auf welche Weise auch immer. Die Glieder der ersten Gemeinden bestätigen sich ihre Verbundenheit bei besonderen Gelegenheiten etwa bei einer gottesdienstlichen Mahlfeier oder nach der Verlesung solch eines Briefes, in dem sie sich **mit dem Kuß der Liebe grüßten,** und zwar die Brüder die Brüder und auch Schwestern die Schwestern.

Unser Brief schließt mit den Worten: **Friede euch allen, die** (ihr) **in Christus** (seid) (vgl. Kap 1, 2). In dem Wort **Friede** läßt sich alles zusammenfassen, was man anderen Gutes wünscht. Das grie *eiræнæ* = Friede entspricht dem hebr *schalom,* dem Gruß der Menschen des Alten Bundes. Schalom umfaßt den Frieden mit Gott und als Folge davon auch alle Wohltaten, die Gott uns für Leib, Seele und Geist zuteil werden läßt. Alles das gilt auch für das ntst *eiræнæ.* Jesus hat diesen Friedensgruß vertieft, als er seinen Jüngern nach der Auferstehung mit den Worten begegnete: „Friede euch" (Jo 20.19). Er *wünschte* nicht nur Frieden, sondern er *brachte* ihn, und zwar in umfassender Weise. Nachdem er auf Golgatha mit uns, die wir doch Feinde Gottes waren (Rö 5, 10), Frieden gestiftet hat durch sein Blut (Kol 1, 20), besitzen alle, die durch ihn sich haben versöhnen lassen (2 Ko 5, 20), Frieden mit Gott (Rö 5, 1). Damit ist auch die Voraussetzung gegeben für den Frieden des Herzens und den Frieden untereinander. Solcher **Frieden** in umfassendem Sinn wird hier in der Vollmacht Gottes **allen** denen zugesprochen, die in **Christus** sind. Der Ausdruck **in Christus** kennzeichnet nicht ein „mystisches Verhältnis zu Christus", sondern die neue Existenz der Berufenen und wird ganz in diesem Sinne auch von Paulus gebraucht (z. B. Rö 8, 1; 2 Ko 5, 17). Die Apostel bezeichnen die Glieder der Gemeinden auf vielfältige Weise (z. B. als „Berufene" Offb 17, 14; „Geliebte Gottes", „Heilige" Rö 1, 7; „Auserwählte" Kol 3, 12 u. a.) und drücken damit zugleich deren Wesen aus. Ihr entscheidendes Kennzeichen ist jedenfalls das persönliche Verhältnis zu Christus. Denen, die **in Christus** sind, kann man mit Zuversicht von Jesus her Frieden zusprechen, auch in schwerer Lage.

Der zweite Brief des Petrus und der Brief des Judas

erklärt von

Werner de Boor

R. Brockhaus Verlag Wuppertal

VORWORT

An dem hier vorliegenden Band der „Wuppertaler Studienbibel" hat Dr. Werner de Boor mitgearbeitet. Er hat darin den 2. Petrusbrief und den Judasbrief ausgelegt. Nach Gottes Willen sollte dies seine letzte Arbeit sein. Neun Bände von ihm sind ja seit 1957 im Rahmen des Gesamtwerkes bereits erschienen. Nachdem durch den 1965 heimgegangenen Pfarrer Fritz Rienecker die Arbeit begonnen worden war, hat Dr. Werner de Boor als Mitherausgeber — seit einigen Jahren mit Adolf Pohl — das umfangreiche Werk zu Ende führen können.

Der Verlag gedenkt seiner auch an dieser Stelle in herzlicher Dankbarkeit.

Wuppertal, 10. August 1976 R. Brockhaus

EINLEITUNG
ZUM 2. PETRUS- UND JUDASBRIEF

I. Echtheitsfrage

1. *Ist der Brief,* den wir miteinander lesen wollen, wirklich — wie die Überschrift in unserem Band sagt — ein *Schreiben des Jüngers und Apostels Petrus?* Das wird heute von den meisten Theologen bestritten. Die Gründe dafür lassen wir uns am besten von einem Mann wie Dr. A. Schlatter sagen, dessen gläubige Unterordnung unter die Bibel niemand anzweifeln kann. Die „Echtheit" des Briefes bezweifelt er nicht aus Lust an „Bibelkritik". Frei und offen stellt er den „Bibellesern", denen er in seinen „Erläuterungen zum NT" alle ntst Schriften auslegt, gleich zu den beiden Anfangsversen des 2. Petrusbriefes folgendes vor Augen: „Aus der Art, wie dieser Brief den Brief des Judas wiederholt, und aus dem Unterschied der Sprache, die ihn vom ersten Brief des Petrus trennt, ergibt sich deutlich, daß hier nicht Petrus selbst, sondern ein anderer Christ zur Kirche spricht. Er schrieb, um der Christenheit zu sagen, worin das rechtschaffene Christentum bestehe, und wählte für seine Ermahnung diese Form, weil nicht das, was der Verfasser selbst meint und will, sondern das, was die Apostel der Kirche übergeben haben, ihren Anteil an Gottes Gnade fest und ihren Dienst Gottes richtig macht. Den Verdacht, der Verfasser müsse dabei ein schlechtes Gewissen gehabt haben und habe irgendwelchen Betrug im Sinn, brauchen wir nicht zuzulassen; er wählte diese Weise, zur Christenheit zu sprechen, weil er mit Ernst und Überzeugung danach strebt, daß die Gemeinde nicht aus der Bahn weiche, die ihr die Apostel gezeigt haben, sondern das bewahre, was sie von ihnen empfangen hat. Darum setzte er auch nicht den Namen eines andern Apostels, sondern den des Petrus über seinen Brief, weil Jesus Petrus zum ersten seiner Boten gemacht hat und die Kirche durch sein Zeugnis entstanden ist. Sie bleibt deshalb dann auf dem Weg Jesu, wie er ihr von Anfang an gezeigt worden ist, wenn sie das nicht verliert, was ihr Petrus verkündigt hat."

Was haben wir dazu zu sagen?

2. *Die Verschiedenheit* in *Sprache* und *Stil* zwischen den beiden Petrusbriefen wird jedem aufmerksamen Leser auffallen. Kann der gleiche Mann in so verschiedener Weise schreiben? Nun, es ist immer ein gewisses Wagnis, wenn wir in irgendeiner Sache das Urteil fällen, das und das „könne"

nicht sein. Wie sehr verschieden kann auch ein Apostel Paulus in seinem Römer- und im 2. Korintherbrief sprechen. Das hat einfach seinen Grund schon in der Verschiedenheit der Menschen, an die sich der Apostel mit seinen Briefen wendete, und in dem erheblichen Unterschied der Themen, von denen zu reden war. Ist das aber nicht auch bei den beiden Briefen des Petrus der Fall? Ein Trost- und ein Ermutigungsbrief an Christen in der Verfolgung ist etwas ganz anderes als die schroffe und erregte Abwehr gefährlicher Verfälscher und Verführer, die nicht ohne Erfolg in Gemeinden eingebrochen sind. Dazu müssen wir hier noch einmal daran denken, daß Petrus seinen ersten Brief ausdrücklich „durch Silvanos, den treuen Bruder" schreibt. Dieses ausdrückliche Hervorheben der „Treue" des Silvanos scheint mir ein klarer Hinweis darauf zu sein, daß Silvanos nicht nur „Diktatschreiber" war, sondern nach Besprechung mit Petrus und nach den Angaben des Apostels stilistisch eine gewisse Freiheit für die Herstellung des Briefes hatte[1]. Der Brief wäre dann in gewisser Weise noch mehr ein Schreiben des Apostels selbst, da an seinem Schluß jede Erwähnung eines „Schreibers" fehlt. Die Schroffheit und Derbheit in der Verurteilung und Abweisung der Irrlehrer entspräche dem einfachen Fischer, dem Mann aus dem Volk, aus welchem Jesus sich seinen Petrus nach der Weisung seines Vaters erwählt und berufen hat.

3. Es würde dann auch die *starke Verwandtschaft mancher Partien* im *2. Petrus-* und *Judasbrief weniger auffallend* sein. Männer wie Petrus und Judas gehören nach ihrer menschlichen Herkunft und Umwelt sehr nahe zusammen. Da die bibelkritische Theologie oft recht kühn im Aufstellen von Hypothesen und Konstruktionen ist, dürfen wir es wohl auch einmal sein. Könnten nicht Petrus und Judas in gemeinsamer Sorge über den Einbruch der Irrlehrer in apostolischen Gemeinden gesprochen, ihr Urteil miteinander abgestimmt und eine briefliche Hilfe für die Gemeinde verabredet haben? Nun klingt bei ihnen beiden vieles an, was ihre Gespräche bestimmt hatte.

Die genaue Auslegung beider Briefe wird zeigen, daß von einem „Abschreiben" des einen Briefes aus dem andern nicht gesprochen werden kann. Gerade die „ähnlichen" Partien und Sätze beider Briefe sind auch wieder so charakteristisch verschieden, daß ein selbständiges Schreiben auf Grund gemeinsamer Besprechungen tatsächlich die bessere Erklärung für diesen Tatbestand bieten würde. Der Einwand, ein Apostel Petrus könne doch nicht aus dem Brief eines geringeren Mannes geschöpft haben, verliert dann seine Kraft.

4. Aber kommt es dann auf die Frage der *„Echtheit"*, also der Verfasserschaft, überhaupt so sehr an? Wir sahen, wie Schlatter den von ihm nicht für echt gehaltenen 2. Petrusbrief mit dem gleichen Ernst und der gleichen Hin-

[1] Vgl. dazu die Einleitung zum 1. Petrusbrief.

gabe und Aufmerksamkeit auslegt, wie er es bei einem „echten" Petrusbrief getan haben würde. Kommt es nicht einfach auf den Inhalt des Schreibens als solchen an?

Aber wie steht es denn mit der Abgrenzung des NT? Die Alte Kirche hat — wenn auch nach längerem Schwanken — den Brief in den ntst Kanon aufgenommen, weil sie ihn für einen Brief des Apostels Petrus hielt. Daran ändert auch die sicher richtige Beobachtung nichts, daß im Altertum das Verfassen von Schriften unter dem Namen eines berühmten Mannes als eine unanstößige Form der Schriftstellerei mehrfach zu beobachten ist. Es wurde in keiner Weise als „unredlich" oder gar als „Betrug" empfunden. Trotzdem kann niemand daran zweifeln, daß wir den 2. Petrusbrief sicher nicht in unserem NT hätten, wenn die alte Kirche in seinem Verfasser einen Christen späterer Zeit erkannt hätte, der nur im Namen des Apostels Petrus zu den Gemeinden sprach. Es ist doch ein erheblicher Unterschied, ob jemand unter dem Namen eines „berühmten Mannes" schrieb, oder ob er bis in das ganze persönliche Leben hinein die Rolle eines maßgebenden Apostels spielt. Das haben, trotz eines andern Empfindens im Altertum, die Kirchen doch als eine unmögliche Amtsanmaßung und Unwahrhaftigkeit angesehen. Auch der Apostel Paulus legt ernsten Wert darauf, daß nur Briefe, die wirklich von ihm selber stammen, in den Gemeinden Geltung haben (2 Th 2, 2).

5. Vollends müssen wir aber doch wohl fragen, ob der Heilige Geist, der Geist der Wahrheit, einem Mann seine Leitung und seine Vollmacht geschenkt hätte, der ausdrücklich als „Petrus" zu den Gemeinden sprach, ohne doch Petrus wirklich zu sein? Mag der Wille jenes Mannes noch so redlich gewesen sein, durch diesen Brief die Gemeinden bei der Lehre des Petrus zu erhalten, immer ermangelt seinem Verfahren jene letzte Redlichkeit und „Sonnendurchsichtigkeit", auf die der Apostel Paulus so entscheidenden Wert legte. Dazu sagt der Heilige Geist nicht sein Ja.

Dann aber ist die Frage nach dem Verfasser dieses Briefes doch von großem Ernst. Gute und lehrreiche Schriften, gewiß nicht ohne Licht des Heiligen Geistes geschrieben, hat es in der frühen Christenheit genug gegeben. Aber damit sind sie noch nicht qualifiziert zur Aufnahme in die Bibel. Wir werden in diesem Band den 2. Petrusbrief als einen Brief des Apostels selbst lesen und darin uns mit der Alten Kirche verbunden wissen.

II. Abfassungszeit, Empfänger, Anlaß des Briefes, Kirchliche Überlieferung

1. Abfassungszeit

Über die Abfassungszeit des 2. Petrusbriefes erfahren wir nur aus dem Brief selbst, daß er in der besten Lebenszeit des Apostels geschrieben wurde, ehe er in der Verfolgung der Christen durch Kaiser Nero den Märtyrertod erlitt.

2. *Die Empfänger*

Die Empfänger werden nur nach ihrem Glaubensstand, nicht nach ihrem Wohnort gekennzeichnet. Sie sind freilich auch Empfänger des 1. Briefes. Aber auch der erste Brief hatte die Art eines Rundschreibens, das wahrscheinlich auch zu andern Gemeinden gelangt sein kann, die nicht zu den kleinasiatischen Landschaften gehörten[2]. Dieser weitere Kreis von Gemeinden wird im 2. Petrusbrief von den Aposteln angesprochen.

3. *Der Anlaß*

Der Anlaß, den Petrus sowohl wie Judas zum Schreiben trieb, wird in den Briefen selbst sehr deutlich aufgezeigt. Es ist ein Einbruch in die Gemeinden geschehen durch Irrlehrer und Verführer, die in steigendem Maße Einfluß auf die Gemeinde gewinnen. Wir werden das Recht haben, diese neuen Männer der großen Bewegung der „Gnosis" zuzurechnen, die damals in einem weiten und darum unübersichtlichen Strom durch alle Länder flutete und überall in die Religionen und Gedankensysteme einzudringen suchte. Es gibt heidnische „Gnosis" im Judentum und es gab, wie wir in unseren beiden Briefen sehen, starke Bemühungen der „Gnosis", sich auch des jungen Christentums zu bemächtigen. Wir wissen nicht allzu viel über die „Gnosis". Die Männer, die in die Gemeinden eingedrungen waren, wollten durchaus „Christen" sein, sonst hätten sie auch gar keinen Einfluß gewinnen können. Ja, sie wollten ein höheres, freieres Christentum bringen. Schon in Korinth wurde das sichtbar (1 Ko 5, 6).

Wir versuchen hier in der Einleitung nicht ein allgemeines Bild der *„Gnosis"* zu geben. Das „Theologische Begriffslexikon" beschreibt die Gnosis in folgender Weise:

> „Gnosis (grie gnōsis Erkenntnis) ist eine allg. Sammelbezeichnung für relig. Bewegungen, die die Erlösung und Befreiung des Menschen von der Erkenntnis über Wesen, Ursprung und Ziel der Welt, des Menschenlebens sowie der göttlichen Regionen abhängig machen. Unter Gnostizismus und Gnosis im engeren Sinn versteht man eine Richtung im Judentum, Hellenismus und Christentum vom 1. Jh. v. Chr. bis zum 4. Jh. n. Chr. (Höhepunkt im 2. Jh. n. Chr.), die zu einer Erkenntnis Gottes zu gelangen suchte, deren Ziel die Vergöttlichung der Geistmenschen (Pneumatiker) durch das Schauen und das oft ekstatische Einswerden mit der Gottheit war.

[2] Vgl. dazu die Einleitung zum 1. Petrusbrief.

Zum gnostischen Lehrsystem gehören der theologische Dualismus zwischen Schöpfung und Erlösung, Emanationstheorien über das Ausströmen des Göttlichen zur Welt, Erlösungsvorstellungen, die die Befreiung des Christen von der Materie und Rückkehr zur ursprünglichen göttlichen Heimat behaupten, so wie die Lehre über die physische Wirksamkeit der Sakramente als pharmaka athanasias, Heilmittel der Unsterblichkeit. In der christlichen Gnosis wird der Glaube aus seiner geschichtlichen Bezogenheit gelöst, die reale Fleischwerdung Christi geleugnet (Doketismus) und der Glaubensgehorsam eingeschränkt. Anhänger dieser Richtung heißen Gnostiker, entsprechende Vorstellungen werden gnostisch genannt" (a.a.O.S. XVIII).

Wer sich noch näher unterrichten will, wird in jeder KG und auch in dem Sammelwerk J. Leipoldt/W. Grundmann „Umwelt des Urchristentums" (Bd. 1, 2. Aufl., Berlin 1967, besonders S. 371—415) genügend Material finden. Wir werden in der Auslegung die einzelnen Stellen aufzeigen, die den Aposteln so gefährlich erschienen und die sie darum mit großer Härte und Entschiedenheit bekämpften. Von daher versteht sich auch die Heftigkeit ihrer Sprache in den Briefen.

4. *Kirchliche Überlieferung*

Dieser Brief hat sich nur langsam in der Kirche durchgesetzt, bis er als ein Schreiben des Apostels Petrus anerkannt und in den Kanon aufgenommen wurde. Origenes (185—254) bezeugt ihn, Hieronymus (340—420) hält ihn für echt, zum Kanon gehört er seit dem 39. Osterfestbrief des Athanasius im Jahre 367.

III. Zum Judasbrief

1. Der *Verfasser* bezeichnet sich selbst als „Judas, ein Sklave Jesu Christi und Bruder des Jakobus" (V. 1). Damit weist er unzweifelhaft hin auf den Herrnbruder Jakobus. Er selbst ist also auch einer der leiblichen Brüder Jesu, die in Mk 6, 3 genannt werden. Über sein Leben ist nichts Näheres bekannt. Wahrscheinlich gehörte auch er zu Jesu Lebzeiten nicht zu dessen Jüngerkreis.

2. Die *Abfassungszeit* des Briefes mag in das letzte Drittel des 1. Jh. fallen. Aus dem Briefinhalt geht hervor, daß Judas zu einer Zeit schrieb, in der die „Gnosis" gerade in die Gemeinden einbrach, die sie noch keineswegs als allgemein anerkannte Irrlehre kannte und ausschied.

3. Über den *Ort der Abfassung* wissen wir nichts.

4. Die *Echtheit des Briefes* ist des öfteren in Frage gestellt worden. Hierfür wird vor allem V. 17 f herangezogen, aus denen herausgelesen wird, daß bereits von den Aposteln Zeiten vorausgesagt wurden, in denen Spötter auftreten werden. Auch Judas gehöre zu diesen Aposteln. Der Verfasser verstecke sich hinter diesem „Judas", um unter Berufung auf apostolische Überlieferungen die gnostischen Irrlehrer und deren Einfluß zu bekämpfen.

Diese Auffassung ist allerdings nicht mehr als eine bloße Vermutung, die keinen verbindlichen Anspruch erheben kann. (Vgl. dazu die Auslegung von V. 17 f auf S. 281.)

5. Schon die *frühkirchliche Überlieferung* (Tertullian, Kanon Muratori) kennt diesen Brief und stellt die Verfasserschaft des Judas nirgends in Frage.

IV. Literaturhinweise

A. Schlatter „Die Briefe des Petrus, Judas, Jakobus, der Brief an die Hebräer", Bd. 9 „Erläuterungen zum NT"

NTD Bd. 10 „Die Kirchenbriefe" von Fr. Hauck

K. H. Schelkle „Die Petrusbriefe, der Judasbrief", Benno-Verlag Leipzig und Herder-Verlag Freiburg.

Der zweite Brief des Petrus

Eingangsgruß

2. Petrus 1, 1—2

1 **Symeon Petrus, Sklave und Apostel Jesu, des Christus, an**
die, die den gleichwertigen Glauben mit uns empfangen ha-
ben, durch die Gerechtigkeit unseres Gottes und (des) **Ret-**
2 **ters Jesus Christus: * Gnade und Friede werde euch reich-**
lich zuteil durch die Erkenntnis Gottes und Jesu, unseres
Herrn.

Zu Vers 1:
Apg 15, 8 f
Rö 1, 12
Zu Vers 2:
Kol 1, 9 f
Jud 2

Ebenso wie in seinem 1. Brief folgt Petrus hier der Sitte seiner Zeit, wenn er den Absender an den Anfang des Schreibens setzt, sodann die Empfänger kennzeichnet und beide durch einen Gruß verbindet.

Symeon Petrus, Sklave und Apostel Jesu, des Christus[1]: 1
Petrus nennt hier, anders als in seinem 1. Brief, seinen ursprünglichen Namen „Simeon" und schreibt ihn in seiner hebr Wortform **Symeon**. Wir können daraus wohl schließen, daß sein Brief an judenchristliche Kreise geht, die sich freuen, seinen Namen in seinem ursprünglichen Klang[2] zu hören. **Petrus** ist der von Jesus selbst ihm verliehene Zuname, der in der Urchristenheit weithin ebenfalls noch in seiner aramäischen Form *Kephas* gebraucht worden ist[3]. Seine Stellung zu Jesus bezeichnet er in doppelter Weise. Mit vollem freien Willen ist er **Sklave** Jesu, des Messias Israels, und will leiden und wirken als einer, der Jesus total gehört, in der völligen

[1] Über die Fragen der Verfasserschaft des 2. Petrusbriefes vgl. die Einleitung S. 188 f.
[2] Genau genommen lautet er *Schimeōn*.
[3] Vgl. Mt 16, 18; Jo 1, 42; 1 Ko 1, 12; 3, 22; 9, 5; 15, 5; Gal 1, 18; 2, 9; 11, 14.

Abhängigkeit von ihm lebt und in ganzem Gehorsam wirkt. Dieses Wirken aber ergibt sich aus seiner Berufung zum *apostolos,* zum bevollmächtigten Gesandten[4] **des Christus,** d. h. des Königs **Jesus.** Dessen **Sklave**[5] ist er. Ein Sklave in der damaligen Gesellschaftsordnung hatte jede freie Verfügung über sich selber verloren und war seinem Herrn „leibeigen“: Nichts konnte er von sich selber aus tun, sondern hatte stets die Weisung des Herrn zu befolgen. Genauso wollte Petrus seinem „Herrn Jesus“, dem Christus Gottes, — allerdings mit freiem Willen! — gehören und dienen, und zwar aus tiefer Dankbarkeit dafür, daß dieser ihn mit dem Einsatz seines Lebens zu seinem Eigentum erworben und gewonnen und damit herausgerissen hatte aus Sünde und Tod. Sein Dienst für Jesus aber wird bestimmt durch seine Berufung. Das haben die Briefempfänger zu bedenken, wenn sie ihn zu sich reden hören.

Wer sind diese Hörer[6]? Im Gegensatz zum ersten Brief wird das von ihnen bewohnte Gebiet nicht genannt. Welchen Grund Petrus dafür hatte, wissen wir nicht. Da es aber sein zweiter Brief an sie ist (vgl. 3, 1!), müssen es die gleichen Empfänger sein, die in 1 Pt 1, 1 angesprochen sind.

Sie werden aber diesmal anders gekennzeichnet, nämlich als solche, **die den gleichwertigen Glauben mit uns empfangen haben, durch die Gerechtigkeit unseres Gottes und** (des) **Retters Jesus Christus.** Demnach ist **der Glaube** das entscheidende Kennzeichen jedes wirklichen Christen[7].

Glauben meint in der Bibel das hingebende Vertrauen zu dem Gott, der sich in seinem Wort, in seinen rettenden Taten und abschließend in der Person des Christus offenbart. Ein solches Vertrauen kann nicht von uns selbst „gemacht“ werden, so wenig es ohne unsere eigene Beteiligung und ohne unseren eigenen Willen zustande kommt. Es wird **empfangen** in der Begegnung mit dem lebendigen Gott, zu der uns die bevollmächtigten Boten führen.

[4] Vgl. dazu 2 Ko 2 in der W. Stb.

[5] Vgl. dazu die Auslegung von Judas V. 1.

[6] Wir denken daran, daß damals ein apostolisches Schreiben nicht zum Lesen von Hand zu Hand wanderte, sondern in der Gemeindeversammlung vorgelesen und so von den Gemeindegliedern „gehört“ wurde.

[7] Im NT wird verhältnismäßig wenig von „Bekehrung“ und „Bekehrten“ gesprochen. „Zum Glauben kommen“, „gläubig werden“, das ist der Vorgang, den das NT heraushebt.

Es ist **der gleichwertige Glaube**[8], den sie **mit uns**[9] (den Aposteln) **empfangen haben.** Das ist eine erstaunliche Sache! Von Natur sind wir geneigt zu denken: die großen Apostel hatten doch einen ganz anderen inneren Besitz als die späteren Gemeindeglieder. Nein, gerade im Eigentlichen, vor Gott Entscheidenden, im „Glauben", stehen sie nicht hinter den Aposteln zurück; sie haben **Gleichwertiges.** Ja, es ist wie der **gleichwertige Glaube**[10] bei denen, die Jesus selber nie sahen, noch etwas Erstaunlicheres, als Jesus es dem Thomas sagt (Jo 20, 29) und wie Petrus es seinem Herrn nachspricht (1 Pt 1, 7—9).

Wie aber kommen sie zu solchem **gleichwertigen Glauben,** der sie mit dem Apostel Petrus in einer kostbaren Gleichheit[11] verbindet? Nun wird es vollends klar, daß es nicht ihr Machwerk ist, sondern das Werk Gottes in ihnen: Sie haben den Glauben **empfangen durch die Gerechtigkeit unseres Gottes und** (des) **Retters Jesus Christus.** Fraglich ist, ob wir in diesem Satz mit Recht vor „Retter" den im grie Text nicht ausdrücklich stehenden Artikel „des" einschieben müssen, oder ob Petrus Jesus wirklich als „unser Gott und Retter" bezeichnen wollte. Gewiß ist das ganze NT von der gottheitlichen Würde Jesu überzeugt, aber nur ganz selten wird er ausdrücklich als „Gott" bezeichnet[12]; ob auch hier, bleibt als Möglichkeit offen. Der nächste Vers unterscheidet aber sofort „Gott" (den Vater) und „Jesus Christus, unseren Herrn".

Weit wichtiger ist die Frage, wie wir es zu verstehen haben, daß uns mit den Aposteln gleichartiger und gleichwertiger Glaube geschenkt worden ist **durch die** (oder: in der) **Gerechtigkeit Gottes.** Eine Reihe von Auslegern sehen diese „Gerechtigkeit" nur darin, daß Gott im Zuteilen des Glaubens keinen Unterschied macht, sondern jedem Glaubenden das gleich kostbare Geschenk verleiht. Aber selbst wenn Petrus hier nicht mehr sagen will, müssen wir doch weiter

8 Das grie Wort kann auch den Klang von „gleichartig" haben. Ein dem Glauben eines Petrus „gleichartiger" Glaube ist auch „gleich kostbar", wie gern übersetzt wird.

9 Das „mit uns" meint hier nicht zeitlich „zugleich mit uns". Der Glaube in den Gemeinden entstand ja erst durch die apostolische Verkündigung.

10 Ob wir selber das genug vor Augen haben, da wir doch auch diesen „gleichwertigen Glauben" empfingen?

11 Hier liegt die tiefe Einheit aller wirklichen Christen aus allen Jahrhunderten, allen Völkern, allen Lebensständen, über alle großen Unterschiede hinweg.

12 Ob es in Rö 9, 5 geschieht, ist fraglich (vgl. W. Stb. z. St.), ebenso ist Titus 2, 13 nicht völlig eindeutig, wie die LÜ zeigt. In Hebr 1, 9 wird die Anrede **„Gott"** an Jesus nur im Zitat eines atst Psalmes gebraucht; und in Jo 20, 28 ist es der anbetende Ruf eines einzelnen Jüngers.

fragen: Warum tut Gott das so? Nur um einer äußerlichen, formalen „Gerechtigkeit“ willen ohne einen inneren und wesentlichen Grund? Schon im AT ist die „Gerechtigkeit Gottes“ doch etwas ganz anderes als was wir vom juristischen und politischen Denken her darunter verstehen. Es ist die Recht verleihende, dem Bedrängten Recht schaffende, schenkende Gerechtigkeit. Im NT wird sie die „rechtfertigende“ Gerechtigkeit Gottes (Rö 1. 17!), die im Evangelium sich enthüllt und gerade dem Sünder ein neues Recht und den Frieden mit Gott verleiht (Rö 5, 1). Auf unserer Seite ist dabei nur eins nötig und kann nur eins geschehen: das glaubende Annehmen des einzigartigen Geschenkes, das Gott uns in der Erlösungstat Jesu (Rö 3, 21—26) anbietet. Damit stehen wir aber genau bei unserem Text. Es gibt überhaupt nur diesen einen „Glauben“, durch den jeder in dieser rechtfertigenden, rettenden Gerechtigkeit Gottes das Leben findet, der gleich errettend und darum „gleich kostbar“ ist, in einem Apostel oder in einem geringsten Christen in Kleinasien, ob damals oder in irgendeinem Winkel der Welt heute. Durch den **Retter Jesus Christus,** durch seine Versöhnungstat wird Gott erst zu **unserem** Gott, der „für uns“ da ist (Rö 8, 31ff).

Gerade darum aber, weil alle, die überhaupt errettet sind, von dieser wunderbaren **Gerechtigkeit** Gottes leben, hat sich Petrus hier unwillkürlich an „alle“ gewandt und keine geographische Eingrenzung der Empfänger vorgenommen.

2 **Gnade und Friede werde euch reichlich zuteil durch die Erkenntnis Gottes und Jesu, unseres Herrn.** Den Zuspruch von Gnade und Friede kennen wir aus vielen Briefen des NT. Aber während sich Jakobus mit dem üblichen ganz knappen „Freude zuvor“[13] begnügt, hat Petrus hier den Segensspruch eigentümlich erweitert. Er verweist nicht nur im allgemeinen wie Paulus auf Gott und auf Jesus als Quelle von „Gnade und Frieden“, sondern sagt uns, daß uns diese Gaben **durch die Erkenntnis Gottes und Jesu, unseres Herrn reichlich zuteil werde.** Warum dieser Zusatz? Vielleicht ist der Blick des Petrus hier schon auf die „Gnostiker“[14] gerichtet. Sie halten „bloßen Glauben“ für eine niedere Stufe der Beziehung zu Gott, und „Pistiker = Glaubensmensch“ war in ihrem Mund eine abwertende Bezeichnung. Sie selbst sahen sich jedenfalls durch *Gnosis* = „Erkenntnis“ weit darüber erhaben. Nun stellt Petrus die

[13] Jak 1, 1; vgl. Apg 23, 26 (in der rev. LÜ mit „Gruß zuvor“ wiedergegeben).
[14] Vgl. dazu die Einleitung auf S. 190 f. und die Auslegung des Judasbriefes S. 283.

lebendige Verbindung zwischen „Glauben“ und **Erkenntnis**[15] her. Gerade nur in der Glauben schaffenden Begegnung mit Gott in Jesus unserem Herrn „erkennen“ wir wahrhaft und richtig. Alle Erkenntnisse aber, die wir nur aus unseren Gedanken oder aus philosophischen Systemen zu gewinnen meinen, geht an Gottes wahrem Wesen, an seiner **Gnade** und seinem **Frieden** vorbei. Für Petrus folgt die „Erkenntnis“ der grundlegenden Beziehung zu Gott im Empfangen des kostbaren Glaubens. Etwas von der späteren Aussage des großen Kirchenlehrers Anselm von Canterbury: *credo ut intelegam* = „ich glaube, damit ich erkenne“, wäre hier schon der Sache nach den Briefempfängern als innere Gegenwehr gegen die Gnosis nahe gelegt.

Gottes Gaben und unsere Aufgaben

2. Petrus 1, 3—11

3 **Da uns seine göttliche Macht das alles geschenkt hat, was**
zum Leben und zur Frömmigkeit (dient), **durch die Erkennt-**
nis dessen, der uns durch die eigene Herrlichkeit und Tüch-
4 **tigkeit gerufen hat, * durch die er uns die teuren und gro-**
ßen Verheißungen geschenkt hat, damit ihr durch diese Teil-
haber der göttlichen Natur werdet, entflohen dem Verder-
5 **ben, das durch die Begierde in der Welt ist: * Eben deshalb**
wendet allen Eifer an und reicht dar in eurem Glauben die
6 **Tüchtigkeit, in der Tüchtigkeit aber die Erkenntnis, * in der**
Erkenntnis aber die Enthaltsamkeit, in der Enthaltsamkeit
aber die Tragkraft, in der Tragkraft aber die Frömmig-
7 **keit, * in der Frömmigkeit aber die Brüderlichkeit, in der Brü-**
8 **derlichkeit aber die Liebe. * Denn wenn diese bei euch vor-**
handen sind und wachsen, stellen sie euch nicht untätig und
auch nicht fruchtlos hin zu der (vollen) **Erkenntnis unseres**
9 **Herrn Jesus Christus. * Denn bei wem diese nicht sind,**
blind ist er in seiner Kurzsichtigkeit, indem er die Reini-
gung von seinen alten Sünden in Vergessenheit geraten
10 **ließ. * Um so mehr, Brüder, setzt Eifer daran, eure Beru-**

Zu Vers 3:
2 Ko 4, 4. 6;
7, 1
1 Pt 2, 9
Zu Vers 4:
Eph 4, 22
Phil 2, 12
Kol 3, 9. 10
Zu Vers 5:
Gal 5, 6. 22
Zu Vers 6:
1 Ko 9, 25
Zu Vers 7:
Jo 15, 16 f
Gal 6, 10
4, 9
1 Th 3, 12;
Zu Vers 8:
Mt 13, 22
Zu Vers 9:
1 Jo 2, 9. 11
5 Mo 28, 28 f

[15] Dem Wort *gnosis* setzt Petrus die Vorsilbe *epi* voran, die im hellenistischen Grie meist kein großes Gewicht hatte. Immerhin kann das *epi* hier eine „eindringliche“ Erkenntnis meinen.

fung und Erwählung festzumachen. Denn wenn ihr dies
Zu Vers 11: Jo 3, 5
11 **tut, werdet ihr keinesfalls jemals zu Fall kommen. * Denn**
so wird euch reichlich dargereicht werden der Zutritt zu dem ewigen Königtum unseres Herrn und Retters Jesus Christus.

3 Petrus beginnt sein Schreiben mit ernsten und umfassenden Mahnungen. Unser Christenleben und Gemeindeleben vollzieht sich nicht einfach von selbst, vielmehr ist dazu unser eigener entschlossener Einsatz nötig (V. 10). Aber Petrus ist auch in seinem Mahnen „evangelisch" und nicht „gesetzlich", indem er von Gottes freiem und reichem Schenken ausgeht. **Da uns seine göttliche Macht das alles geschenkt hat, was zum Leben und zur Frömmigkeit dient.** Für „schenken" steht im Grie ein Wort, das die ganze Freiheit des göttlichen Gebens bezeichnet. Keiner hat es Gott abverdient, frei und umsonst kommt es aus der **göttlichen**[16] **Macht** zu uns.

Wenn uns aber Gottes Macht beschenkt, dann sind wir reich und wirkungsvoll begnadet. Gott hat dabei viel mehr mit uns im Sinn als nur die Gewährung von allerlei irdischen Gütern. Wohl dient uns Gottes Schenken zum „Leben"; aber es ist göttliches Leben, das sich als Frömmigkeit zeigt[17]. Frömmigkeit hat mit „Frömmelei" nichts zu tun. Gott wahrhaft kennen — Petrus spricht sogleich davon — Gott ehren und lieben, für Gott da sein, das ist zugleich das wahre, uns schon in der Schöpfung (1 Mo 1, 27) zugedachte „Leben". Dafür schenkt uns Gott in reichem Maße **das alles,** was dazu dient; nichts fehlt, was wir nötig haben. Da bleibt solch ein **Leben** nicht ein fernes Ideal, sondern wir dürfen es tatsächlich haben. Das ist „Evangelium".

Seinem Wesen nach kann es uns allerdings nicht wie ein äußerer Besitz zufallen. Es ist von uns ganz persönlich zu ergreifen **durch die Erkenntnis dessen, der uns durch die eigene Herrlichkeit und Tüchtigkeit gerufen hat.** Wie-

[16] Das Wort *theios* = „göttlich" ist ein Wort grie Religiosität. Im NT kommt es sonst nur noch einmal vor in der Areopagrede Apg 17, 29. Das gibt uns einen Hinweis, wie der jüdische Apostel Petrus dazu kommt, ein solch fremdes Wort zu gebrauchen. Wie Paulus auf dem Areopag und wie jeder echte Bote spricht er die Sprache seiner Hörer. Auch wenn es judenchristliche Gemeinden waren, in ihrer Umgebung hörten sie bei religiösen Gesprächen ständig dieses Wort *theios,* wie auch die grie Übersetzung des AT, die Septuaginta LXX, es aufgenommen hat. Ein zwingender Einwand gegen die Verfasserschaft des Petrus ist also damit keineswegs gegeben.

[17] Wieder ist mit *eusebaia* = Frömmigkeit ein typisch hellenistisches Wort verwendet.

der verwendet Petrus das Wort **Erkenntnis.** Gewiß deshalb, weil all unser innerer Besitz nur auf dem Wege des „Erkennens" in unser Herz gelangt. Wahrscheinlich will Petrus die Hörer auch aufs neue gegen die „Gnosis" wappnen. Auch wir haben „Erkenntnis" und sie ist auch für uns grundlegend. Aber es ist nicht jenes falsche „Erkennen", mit welchem der Mensch sich Gottes in allerlei Gedankensystemen und Spekulationen zu bemächtigen sucht. Genau im Gegensatz dazu gründet die echte **Erkenntnis** Gottes nicht in dem Mühen des Menschen, sondern in dem Ruf Gottes, der aus der Ewigkeit in unser Leben eindringt und uns Menschen sucht und trifft und zu sich zieht. Da zeigt sich dem Menschen Gottes **eigene Herrlichkeit und Tüchtigkeit.** Also nicht um die „Tüchtigkeit" des Menschen in irgendeiner „religiösen Anlage", um irgendein „strebend sich bemühen" geht es, sondern allein um **Gottes Tüchtigkeit.** Und **Gottes Tüchtigkeit** ist seinem gottheitlichen Wesen entsprechend etwas sehr anderes als die unsrige. Er vollbringt mit ihr Wunder, vor allem das Wunder, Menschen aus Verderben und Tod (V. 4) zum wahren Leben zu bringen[18].

Und eben diese Herrlichkeit und Vollkommenheit ist es, 4
durch die er uns die teuren und großen Verheißungen geschenkt hat, damit ihr durch diese Teilhaber der göttlichen Natur werdet, entflohen dem Verderben, das durch die Begierde in der Welt ist. Von Natur aus sind wir alle dem **Verderben** verfallen[19], **das durch die Begierde in der Welt ist.** Das muß nicht näher erklärt werden. Wem nämlich die Augen dafür aufgegangen sind, wer unter Schmerzen den heißen, vergeblichen Kampf mit der **Begierde** geführt und dabei Rö 7, 14 f durchlitten hat[20], der weiß das, und ihm ist es eine wunderbare Tatsache, nun **dem Verderben entflohen** zu sein. Aber bei diesem „Entfliehen" bleibt es nicht. Unlöslich damit verknüpft — Voraussetzung und Folge zugleich — ist ein un-

[18] Die rev. LÜ gibt das Wort *aretae* hier mit „Kraft" wieder, um das gleiche Wort in V. 5 in alter Weise mit „Tugend" zu übersetzen. Die LXX benützt das Wort in Jes 42, 12 und 43, 21 für den hebr Ausdruck *tehilla* = „Ruhm", im Wortlaut etwa auch als „Ruhmestaten" zu fassen. Der Ausdruck „Tugend" ist in der Tat veraltet und moralistisch, aber „Tüchtigkeit" läßt sich im Sinne unserer Auslegung an dieser Stelle verwenden, damit der Leser zugleich sieht, daß in V. 3 u. 5 tatsächlich dasselbe Wort steht. Vgl. auch 1 Pt 2, 9. Es ist wieder ein grie Wort, das von Paulus nur in Phil 4, 8 einmal verwendet wird.

[19] Vgl. dazu Rö 1, 18 ff, wo von Paulus das Dahingegebensein des Menschen von Gott aufgezeigt wird. (Siehe W. Stb. z. St.)

[20] Vgl. die Auslegung dazu in Rö 7, 14 f in der W. Stb.

erhörter Gewinn: wir werden **Teilhaber der göttlichen Natur.** Hier stehen wir wirklich vor **teuren und größten Verheißungen.** An Gottes eigenem heiligen Leben sollen wir Anteil bekommen. Der Sache nach ist es aber nichts anderes als das, was schon in 1 Pt 1, 15 f den Gemeindegliedern vor Augen gestellt wurde und was sich nach vielen Stellen des NT durch die Einwohnung des Heiligen Geistes in uns verwirklicht. So werden ehemals widergöttliche und dem Verderben verfallene Menschen zu „Heiligen" (vgl. 1 Ko 1, 2). Petrus sagt es an dieser Stelle mit hellenistischen und religiösen Ausdrücken, welche die Bibel sonst nicht gebraucht[21]. Er mag sich wieder ganz bewußt den gnostischen Aussagen anschließen, um den Gemeinden in ihrer Auseinandersetzung ermutigend zu zeigen: was die neue Lehre euch mit ihren Methoden zu verschaffen sucht, das haben wir von Gott her in einer ganz anderen Wirklichkeit.

Petrus sagt allerdings, daß wir Teilhaber der göttlichen Natur erst **werden** sollen. Wir haben überhaupt darauf zu achten, daß sich unser Satz den Blick auf **die teuren und großen Verheißungen** richtet und so dem eschatologischen Grundzug der ganzen Bibel folgt. Ganz gewiß gelten die großen Zusagen Gottes auch schon für unser jetziges Leben, denn gerettet durch Jesus Christus entfliehen wir jetzt schon dem Verderben in der Welt (vgl. auch 1 Th 1, 10), hier allerdings nur so, daß wir der Mahnung „du aber, Gottes Mensch, fliehe solches" (1 Tim 6, 11; 2 Tim 2, 22) immer neu folgen. Endgültig „entflohen" werden wir erst am ewigen Ziel sein. Aber das **Teilhaben an der göttlichen Natur** beginnt, sobald Christus in uns ist und „in mir lebt" (Jo 17, 23; Gal 2, 20) und wir „Heilige" und Glieder am Leibe Christi sind. Doch wie bruchstückhaft und unvollkommen bleibt das, bis wir „ihm gleich sein werden", wenn wir „ihn sehen, wie er ist" (1 Jo 3, 2; Rö 8, 29)! Wahrlich, das sind „teure und große Verheißungen", die uns eine unbeschreiblich herrliche Zukunft eröffnen. Dieser eschatologische Zug wird von Petrus wohl auch deshalb von Anfang an so hervorgehoben, weil der Zweifel an der zukünftigen Hoffnung in die Gemeinden eingebrochen war. In Kap 3, 1—13 wird der Brief noch ausdrücklich darauf eingehen.

5 Petrus blickt auf all das, was er als Gottes großes Geschenk

[21] Eine gewisse Parallele finden wir dazu in der Art, wie der Apostel Paulus in Apg 17, 29 auf seine Hörerschaft in Athen ebenfalls den grie Gedanken von der „Verwandtschaft" des Menschen mit Gott anwendet: „Da wir nun Gottes Geschlecht sind."

vor uns hingestellt hat, und zieht daraus die Folgerung. Der lange Satz begann ja mit einem „Da“. Die Folgerung lautet: **eben deshalb wendet allen Eifer an . . .** Überall im NT erwächst aus dem mächtigen Zuspruch wesensmäßig der entsprechende Anspruch, aus der Gabe die Aufgabe, aus dem uns verliehenen Sein dessen Realisierung in unserem Tun[22]. Gottes Gaben sind uns nicht zum frommen Genießen verliehen und die großen Zukunftsverheißungen nicht zum interessanten Betrachten. Wir sind zu eigenem, ernsthaftem Einsatz gerufen. Und gerade in diesem Einsatz erfahren wir das „Leben“ und den „Anteil an der göttlichen Natur“.

Petrus geht aus von dem Lebensgrund unseres ganzen Christseins, von unserem **Glauben.** Er weiß, daß **Glauben** nicht theoretische Ansicht, nicht gedankliches Fürwahrhalten ist, sondern „ein lebendig, wirkend, tätig, mächtig Ding“. Er fragt auch nicht, ob gute Werke zu tun sind, sondern ehe man fragt, hat er sie getan und ist immer im Tun[23]. Hier heißt es in aller Kürze: **und reicht dar in eurem Glauben die Tüchtigkeit:** ist Gott **tüchtig** in seinen Ruhmestaten, so dürfen wir als Glaubende und im Glauben zu Gott Gehörende auch tüchtig sein zu fruchtbarem Handeln; dazu werden wir klare Erkenntnis des Willens Gottes haben müssen (vgl. Rö 12, 1.2): einen von Gott geschenkten Durchblick durch die jeweilige Lage und ein rechtes Urteilen als wachsende Erfahrung (Phil 1, 9 f). Darum:
reicht dar **in der Tüchtigkeit die Erkenntnis.** Wenn aber unser 6
Wirken in der Welt fruchtbar sein soll, muß neben die Erkenntnis sogleich die **Enthaltsamkeit** (oder: Selbstzucht, Selbstbeherrschung) treten[24]. Nur mit ihr überwinden wir die vielen Verlockungen von außen und von innen, die uns im Wirken für Gott aufhalten wollen. Und weiter: **in der Enthaltsamkeit aber die Tragkraft.** Jedes echte und wirksame Leben für Gott begegnet dem mächtigen Widerstand der Welt und ihres unheimlichen Fürsten. Da gilt es viel auszuhalten und zu tragen. Darum wird auf die Tragkraft (LÜ „Geduld“) im NT immer wieder hingewiesen (auch Gal 5, 22). Wenn Pe-

[22] Schon in der Urform des Evangeliums Mt 4, 17 wird das sichtbar. Paulus legt es besonders in Rö 6 und für die Eschatologie in 1 Th 5, 6—8 dar.

[23] Luther in der Vorrede zum Römerbrief WA DB 7, 2.

[24] Das Wort ist im NT selten; immerhin ist es in Gal 5, 22 f in der „Frucht des Geistes“ ausdrücklich mitgenannt. Zugleich ein Hinweis, daß es auch hier nicht einfach um eine menschliche „Tugend“ geht. In 1 Ko 9, 25 wird klar, daß es ohne „Enthaltsamkeit“ keinen siegreichen Kampf geben kann (vgl. dazu W. Stb.). Diese Tatsache haben wir im Schwärmen für die „evangelische Freiheit“ zu oft vergessen!

trus nun einfügt: **in der Tragkraft aber die Frömmigkeit,** dann kann uns das zunächst wundern. War nicht in V. 3 die Frömmigkeit als etwas Umfassendes und Grundlegendes genannt? Warum nun hier mitten in dieser Reihe? Vielleicht, damit wir **Enthaltsamkeit** und **Tragkraft** nicht hart und schwer empfinden, sondern es erwarten, daß gerade im Verzichten auf Lockungen, in unserer Selbstzucht und im standhaften Tragen von Leiden für Gott die Freude am Herrn und die Hingabe an ihn wächst. Vor allem aber wohl deshalb, weil wirkliche „Brüderlichkeit" und eigentliche „Liebe" erst möglich wird in unserem Verhältnis zu Gott. Immer ist es Gott, der „zuerst" „liebt" und durch die Hingabe Jesu in den Tod uns aus dem Tod unserer Lieblosigkeit in das Leben der Liebe bringt.

7 So geht der Blick von Gott wieder zu den Menschen zurück, unter denen wir leben und wirken. Die „Gnostiker" und die großen „Geistesmenschen" unter ihnen lassen es gerade an dieser Blickwendung fehlen, die es ermöglicht, den Menschen im Licht der Liebe Gottes zu sehen[25]. Mangelnde Liebe bei allen geistigen Höhen — das ist es, was Paulus und Johannes grundlegend der „Gnosis" vorwarfen. Das hat wohl auch Petrus in den Gemeinden gesehen, an die er sich mit diesem Brief wendet. Darum mahnt er: **In der Frömmigkeit aber die Brüderlichkeit, in der Brüderlichkeit aber die Liebe.** Natürlich kann man *philadelphia* auch mit Brüderliebe übersetzen, dann muß man aber zu dem folgenden Wort „Liebe" das Wort „allgemein" hinzufügen, das im grie Text nicht steht. *Philein* hängt mit *philos* = „Freund" zusammen und bezeichnet darum das „freundliche", herzliche Verhalten zum „Bruder", eben die **Brüderlichkeit.** Mit **Liebe** = *Agape* aber ist Gottes einzigartiges, bedingungsloses Lieben gemeint, das wir in Jesus vor Augen haben. Und eben diese Gottesliebe ist durch den Heiligen Geist in unsern Herzen ausgegossen, und sie ist die Grundfrucht des Geistes (Rö 5, 5 b; Gal 5, 22). Sie kann und soll freilich auch dem Bruder gelten (1 Jo 3, 14). Aber sie ist „unteilbar" und umfassend bis hin zum Lieben des Feindes[26].

Eine ganze Kette von Äußerungen des neuen Lebens wurde uns vor Augen gestellt. Es ist bedeutungsvoll, daß diese Kette

[25] Vgl. 1 Ko 3, 1—4; 8, 9—13; Rö 14, 15; 1 Ko 13; 1 Jo 3, 11—18.

[26] „Allgemeine Liebe" sagt das nicht klar genug. „Liebe zu allen Menschen", könnte diese Liebe recht verschwommen erscheinen lassen. Das „große Gebot" hat sie nicht umsonst für „den Nächsten" gefordert.

mit dem „Glauben“ beginnt und mit der **Liebe** endet. Von Glauben und Liebe ist alles umfaßt. Durch Glauben und Liebe wird alles andere lebendig erhalten, und eins ist ohne das andere nicht da.

Und nun läßt Petrus den Gewinn aus einem solchen Leben 8
des „Darreichens“ von einer „Tüchtigkeit“ zur andern vor uns aufleuchten: **Denn, wenn diese bei euch vorhanden sind und wachsen, stellen sie euch nicht untätig und auch nicht fruchtlos hin zu der** (vollen) **Erkenntnis unseres Herrn Jesus Christus.** Das **Wenn** in diesem Satz werden wir nicht anders aufzufassen haben wie an Phil 2, 1. Petrus zweifelt nicht, daß all dieses, was er aufzählt, wirklich bei den Hörern seines Briefes zu finden ist. Freilich, es muß auch noch die andere Bedingung erfüllt sein: daß es wie alles Lebendige wächst (vgl. 1 Th 4, 10 b—11). Und dann erfahren sie es auch, daß ihr Christenleben und Gemeindeleben nicht **untätig und fruchtlos** ist. All diese Tüchtigkeiten bringen sie weiter in der **Erkenntnis unseres Herrn Jesus Christus.** Auch hier kann wie bei Vers 2 die Vorsilbe *epi* vor *gnosis* das tiefere Eindringen in die Erkenntnis unterstreichen. Zugleich ist der Satz auch wieder gegen die neuen Strömungen gerichtet, die ihre „Erkenntnis“ rühmen und gegen einen „bloßen Glauben“ ausspielen. Nein, zur echten Erkenntnis kommen wir auf dem Wege der „Gnostiker“ gerade nicht. Nur die praktischen Betätigungen christlichen Lebens, die im Glauben ihre Wurzel haben (V. 5), bringen uns tiefer in die Erkenntnis unseres Herrn Jesus Christus hinein. Es geht ja nicht um das gedankenmäßige Erfassen von „Wahrheiten“, sondern um das Erkennen einer „Person“, um ein unmittelbares Erkennen, durch das personhafte Gemeinschaft zustande kommt. Im Kampf gegen die „Gnosis“ soll ja das Erkennen nicht abgewertet, sondern vielmehr von der Gemeinde in seiner vollen Bedeutung gewertet werden. Es muß aber jenes Erkennen sein, von dem Jesus selbst bezeugte: „Das aber ist das ewige Leben, daß sie dich, den allein wahren Gott, und den du gesandt hast, Jesus Christus, erkennen“ (Jo 17, 3). Dazu aber soll eine Gemeinde der „Glaubenden“ nicht untauglich und auch nicht fruchtlos zu der Erkenntnis Jesu Christi sein.

Nein, Petrus sieht den Schaden viel tiefer! Der Gegensatz 9
zur wahren Erkenntnis ist „Blindheit“, nicht „Unkenntnis“. Niemand ist in der Gemeinde, der nicht viel von Jesus wüßte. **Denn bei wem diese nicht sind, blind ist er in seiner Kurzsich-**

tigkeit, in dem er die Reinigung von seinen alten Sünden in Vergessenheit geraten ließ. Wieso **blind in seiner Kurzsichtigkeit?** Nun, total blind wird keiner sein, der überhaupt noch in und mit der Gemeinde lebt. Aber man kann sehr **kurzsichtig** sein, also nur das allernächste sehen und auch das nur undeutlich auffassen, dann ist man von der Not eines „Blinden" nicht weit entfernt[27]. Die Gnosis wird die schweren Schäden einer solchen **Kurzsichtigkeit** in den Gemeinden gesehen und ins Licht gestellt haben. Das aber kann gerade ernste und eifrige Christen damals beeindruckt und veranlaßt haben, sich einer Bewegung zu öffnen, die hier Abhilfe versprach. Deshalb muß auf den eigentlichen Grund des Übels hingewiesen werden. Warum gibt es blinde Gemeindeglieder in ihrer **Kurzsichtigkeit?** Es fehlen ihnen alle jene praktischen Lebensäußerungen vom Glauben der Tüchtigkeit bis zur wahren Liebe, und zwar deshalb, weil sie **die Reinigung von ihren alten Sünden in Vergessenheit geraten ließen.** Das kann in zweifacher Weise verstanden werden: Entweder sie drangen gar nicht bis zur Reinigung von allen ihren Sünden durch, auch wenn sie bei ihrem Christwerden einen Anfang dazu machten. Weil sie **vergessen,** wie notwendig eine ganze und volle Reinigung ist, nehmen sie ihr altes Wesen und Leben weitgehend mit in ihren Christenstand hinein. Oder sie ließen die einst bei der Bekehrung erfahrene **Reinigung in Vergessenheit geraten,** indem sie nicht mehr aus der Vergebung und Reinigung lebten, und dadurch alte Sünden neu in sich aufleben ließen. Beides könnte gerade durch die Gnosis mit ihren „Höhenwegen" gefördert worden sein[28]. Dann fehlte alles das, was Petrus als praktisches Glaubensleben beschrieben hat, und Menschen werden **blind.** Man sieht Jesus, den Gekreuzigten mehr und

[27] Welch eine Menge „kurzsichtiger" Christen gibt es in unseren Gemeinden! Wie arm ist ihr innerer Besitz! Wie wenig, wie unzureichend ihre Erkenntnis Jesu! Wie unfähig sind sie deshalb auch für die Aufgaben, die der Gemeinde Jesu in der Welt gestellt sind!

[28] Wie es in gnostischen Kreisen dann direkt zu einem bewußten, unbußfertigen Festhalten von alten Sünden kommen konnte, zeigt uns 2 Ko 12, 21. Vgl. auch die Auslegung zu V. 4: der eschatologische Zug war nicht wirklich da, darum war auch die Reinigung nicht dringlich für sie. Vgl. auch 1 Jo 3, 3.

mehr nur noch durch einen Nebel, mag man sich auch noch so stolz seiner Erkenntnisse rühmen[29].

Petrus schreibt das alles, weil er diese Gefahr in die Ge- 10
meinden eindringen sieht. Die Gemeinden müssen sich vor ihr schützen. Wer hören kann, soll den Warnruf hören: **Um so mehr, Brüder, setzt Eifer daran, eure Berufung und Erwählung festzumachen!** Sie sind, wie schon V. 3 feststellte, von Gott „Gerufene", die gehört, sich dem Ruf erschlossen und mit Staunen und Dank in dieser **Berufung** zugleich ihre ewige **Erwählung** gesehen haben. Ist dann mit dieser Berufung und Erwählung durch Gott nicht alles Notwendige geschehen, da Gottes Berufung ihn doch nicht gereuen kann? (Rö 11, 29). Ja, aber die **Berufung und Erwählung** macht uns doch nicht zu „Marionetten" in Gottes Hand, er läßt uns „Person" bleiben mit eigener Verantwortung. Darum haben wir auf seine Erwählung und Berufung zu „antworten", indem wir beides bei unserer Bekehrung persönlich annehmen, und dadurch, daß wir sie weiter und weiter **festmachen.** Dieses **Festmachen**[30] geht durch unser ganzes Leben bis hinein in die letzten Anfechtungen des Sterbens. Dazu gehört in jeder Lebenslage wieder neu unser **Eifer**[31], denn wir stehen ja im Strom einer „Welt", die uns in starken Strömen von Gott und von unserer Berufung und Erwählung wegzureißen sucht.

Es folgt die Zusage: **Denn wenn ihr dies tut, werdet ihr keinesfalls jemals zu Fall kommen.** Natürlich kann dieses **zu Fall kommen** auch einzelne sittliche Fehltritte meinen; aber im Zusammenhang unseres Textes soll das hauptsächlich heißen: in eine Irrlehre und eine Irreführung hineingeraten. Verführerischen Strömungen steht der Christ oft scheinbar wehrlos

[29] Diese Hinweise sind in jeder Zeit von ernster Bedeutung. Immer ist uns die Gefahr nahe, über irgendwelchen geistigen und geistlichen Reichtümern und Höhen unsere Sünden leicht zu nehmen und die Reinigung von ihnen in Vergessenheit geraten zu lassen. Man wird für die eigene Sünde und Sündhaftigkeit immer „kurzsichtiger" und sieht das Kreuz Jesu nicht mehr wirklich. Darum betont Paulus den Korinthern gegenüber, er sei zu ihnen nicht mit hohen Worten und hoher Weisheit gekommen und habe unter ihnen nichts wissen wollen als nur Jesus, und ihn als Gekreuzigten (1 Ko 2, 1—2).

[30] Petrus hat hier nichts darüber gesagt, wie dieses „Festmachen" geschieht. Er wird vor allem an die Kette der Lebensäußerungen denken, von der er eben gesprochen hat, die vom „Glauben" bis zur „Liebe" reicht. Aber er wird auch das im Blick haben, wovon er gleich in den Versen 12—15 reden wird. Es geht um die ständige „Erinnerung" an die großen Taten und an die teuren und großen Verheißungen, die Gott uns geschenkt hat. Auch an 1 Pt 2, 9 ist in diesem Zusammenhang zu denken.

[31] Wie schnell wird das in der Christenheit vergessen und versäumt! Wir begeistern uns in großen Plänen christlicher Aktivität in der Welt und achten nicht auf unsere erste und grundlegende Aufgabe.

gegenüber, vollends dann, wenn die Irreführer zu einem höheren und glänzenderen Christentum zu führen scheinen. Wer aber seine ursprüngliche Berufung und Erwählung je länger desto mehr „festgemacht" hat und von seinem Glauben aus diese ganze in V. 5 aufgezeigte Kette[32] entwickelt, der wird vom Strudel wechselnder Strömungen nicht zu Fall gebracht werden[33].

11 Er erreicht das große Ziel. Es ist nicht verwunderlich, wenn gerade Petrus dieses Ziel mit dem Urwort **Gottes Königtum** aus der Verkündigung des Täufers und des Herrn Jesus selbst bezeichnet. Freilich ist es jetzt nicht mehr „Königtum der Himmel" oder „Königtum Gottes". Inzwischen ist es ja durch die heilsgeschichtlichen Ereignisse — nämlich die Sendung Jesu, seinen Kreuzestod, seine Auferstehung, seine Erhöhung **das Königtum unseres Herrn und Retters Jesus** geworden, der als der Christus dieses Königtum in seiner Person verkörpert. Der „Zutritt" oder „Eingang" zu diesem herrlichen Königtum ist Sache der Zukunft und der Gegenwart zugleich. Es ist ja auch in den Reden und Gleichnissen Jesu selbst dies „Himmelreich" etwas, was erst noch „kommt", und doch auch etwas, was sich jetzt schon in bestimmter Weise ereignet. Es ist „herbeigekommen" und wirkt aufs stärkste schon hier und jetzt. Und doch wird es erst noch wahrhaft „kommen" müssen und jene „neuen Himmel" und die „neue Erde" schaffen, von der in 3, 13 die Rede sein wird. Der „Zutritt" zu diesem Reich aber ist für uns jetzt schon in unserem Herrn und Retter Jesus und durch die von ihm als Messias vollbrachte Errettung ermöglicht. Und niemand wird dem Verderben der Welt wirklich entfliehen, wenn er nicht hier schon in das Gottesreich eingegangen ist (V. 4)[34]. Wir dürfen gewiß sein, daß uns dieser Zutritt **reichlich dargereicht wird.** Auch hier wieder denkt Petrus ganz und gar „evangelisch" und nicht „gesetzlich". Denn dieser Zutritt muß von uns gerade *nicht* errungen, erarbeitet oder gar irgendwie verdient werden; er ist Geschenk der Gnade. Aber er

[32] Es steht im grie Text das Wort *tauta* (= „diese"), das schon in V. 8 stand, in welchem „diese Dinge" der Verse 5—7 angesprochen sind.

[33] Vgl. auch die Auslegung zu Judas 24.

[34] Von dem „Zutritt" oder „Eingang", den wir im Glauben durch Jesus Christus haben, spricht auch Paulus in Rö 5, 2. Hebr 10, 19 ff und Kol 1, 13 rühmen sogar unsere „Versetzung" aus dem Machtbereich der Finsternis unter die „Königsherrschaft des Sohnes seiner Liebe".

wird nur denen **dargereicht**[35], die wirklich „glauben“ und diese Wirklichkeit ihres Glaubens in jener „Tüchtigkeit“ erweisen, von der wir eben in V. 5—7 hörten.

Zugleich aber ist auch für Petrus dieses **ewige Königtum unseres Herrn und Retters Jesus Christus** notwendig eine zukünftige Größe, von der jetzt das Prophetenwort redet (V. 19) und die erst mit „dem Tag des Herrn“ in ganzer, alles erfüllender Herrlichkeit in Erscheinung treten wird (3, 8—13). Doch gerade an diesem „Tag des Herrn“ kommt für uns alles darauf an, daß uns der Zutritt zu dem **ewigen Königtum** frei und reich „dargereicht“ wird. Gerade einem Petrus mag das alles sehr ernst vor Augen stehen, was der Herr selbst von der verschlossenen Tür und dem „Draußenstehen“ gesagt hat (Mt 25, 10—13; Lk 13, 25—27). Dementsprechend ist auch der nächste Abschnitt ganz der Zukunft zugewandt.

Die Bürgschaft der großen Zukunftserwartung der Gemeinde

2. Petrus 1, 12—21

12 **Darum will ich immer bedacht sein, euch an diese**
Dinge zu erinnern, obwohl ihr sie kennt und durch die
13 (euch) **gegenwärtige Wahrheit gestärkt seid. * Ich halte**
es aber recht, solange ich in diesem Zelt wohne, euch
14 **wachzuhalten durch Erinnerung, * da ich weiß, daß der**
Abbruch (oder: das Ablegen) **meines Zeltes nahe ist, wie**
15 **es auch unser Herr Jesus Christus mir offenbart hat. * Ich**
will mich aber bemühen, daß ihr auch jederzeit nach meinem Hingang die Möglichkeit habt, euch dieser Dinge zu
16 **erinnern. * Denn nicht mit Weisheit ausgedachten** (oder:
ausgeklügelten) **Mythen folgend haben wir euch die Macht und die Parusie unseres Herrn Jesus Christus kundgetan, sondern weil wir Augenzeugen seiner Hoheit geworden**
17 **sind. * Denn von Gott, dem Vater, empfing er Ehre und**
Herrlichkeit, als für ihn eine solche Stimme von der erha-

Zu Vers 12: Rö 15, 15; Kol 1, 6; 1 Jo 2, 21; Jud 5
Zu Vers 13: 2 Ko 5, 1. 4
Zu Vers 14: Jo 21, 18. 19; 2 Tim 4, 6
Zu Vers 16: Mt 17, 1. 2; Lk 9, 32. 43; Jo 1, 14; Apg 4, 20
Zu Vers 17: Jes 42, 1; Ps 2, 7; Mt 3, 17; 17,

[35] Dies „Darreichen“ geschieht nach Eph 4, 16; Kol 2, 19 auch durch die Glieder der Gemeinde selbst, die hier einen ganz entscheidenden Dienst aneinander tun, natürlich nicht aus sich selbst, sondern vom Haupt des Leibes her. Geschieht dieser Dienst heute bei ihnen?

benen Herrlichkeit erging: Mein geliebter Sohn ist dieser,
18 **an dem ich Wohlgefallen gefunden habe. * Und diese**
Stimme hörten wir selber vom Himmel her ergehen, als
wir mit ihm zusammen auf dem heiligen Berge waren.
19 *** Und umso fester ist das prophetische Wort, das wir**
haben; ihr tut gut, wenn ihr auf dieses achtet, als auf eine
Lampe, die an finsterer Stätte leuchtet, bis der Tag an-
bricht und der Morgenstern aufgeht in euren Herzen.
20 *** Das aber erkennt zuerst, daß keine Weissagung der**
21 **Schrift eigene** (eigenmächtige) **Deutung zuläßt. * Denn nie**
wurde durch den Willen eines Menschen eine Weissagung
gegeben, sondern vom Heiligen Geist getrieben haben
Menschen von Gott her gesprochen.

Zu Vers 19:
Ps 119, 105
Lk 1, 78 f
Jo 1, 9
Zu Vers 20:
Mk 4, 34
Zu Vers 21:
Apg 2, 1—6; 28, 25
2 Tim 3, 16 f
1 Pt 1, 10—12

12 Im ersten Abschnitt unseres Briefes hat Petrus das Leben der Gemeinde Jesu und aller ihrer wahren Glieder geschildert, wie es sich aus ihrem Glauben durch jene Kette von Haltungen und Handlungen bis zur „Darreichung der Liebe“ (V. 5—7) entfaltet. Das ganze Leben der Gemeinde stand ihm dabei im Lichte der großen Zukunftserwartung. Sehr bedacht und bewußt schreibt er: **Darum will ich immer bedacht sein, euch an diese Dinge zu erinnern, obwohl ihr sie kennt und durch die** (euch) **gegenwärtige Wahrheit gestärkt seid.** Die Apostel wenden sich in ihren Briefen an Gemeinden, die die Botschaft kennen, deren **Wahrheit** in den Gemeinden **gegenwärtig** ist und die Gemeindeglieder **stärkt**. Das haben sie vielfach erfahren. Dieses „Stärken“ ist ein „Festigen“ und „Stützen“, gerade auch in den Anfechtungen, denen die Gemeinde ausgesetzt ist[36]. Aber weil es sich um so wichtige Dinge handelt, will Petrus **immer bedacht sein, euch an diese Dinge zu erinnern.** Wir alle haben dieses **Erinnern** nötig[37], es geht ja nicht um ein natürliches, in sich selbstverständliches „Wissen“. Gottes Wahrheit steht in fundamentalem Gegensatz zu allem, was der Mensch nach dem Sündenfall denkt und will. Gottes Botschaft erscheint dieser Welt als „Torheit“, wie umgekehrt diese Welt bei Gott Torheit ist (1 Ko 1, 21; 3, 18—20). In dieser Lage sind wir ständig in Gefahr, Gottes Wahrheit abzuschwächen, ja zu „vergessen“ und uns dieser Welt anzupassen. So

[36] Auch die Apostel Paulus und Johannes rechnen mit dem „Wissen“ der Gemeinden, an die sie schreiben. Vgl. 1 Joh 2, 20.
[37] Vgl. zu diesem wichtigen biblischen Wort die Auslegung zu Judas 5.

ist das **Erinnern**[38] eine wesentliche Aufgabe der apostolischen Schriften, wie auch aller Verkündigung, die jemals in der Gemeinde des Auferstandenen geschehen ist[39].

Die Notwendigkeit dieser Aufgabe unterstreicht Petrus im 13/14
nächsten Satz: **Ich halte es aber für recht, solange ich in diesem Zelt wohne, euch wachzuhalten durch Erinnerung, da ich weiß, daß der Abbruch** (oder: das Ablegen) **meines Zeltes nahe ist, wie es auch unser Herr Jesus Christus mir offenbart hat.** Die Gemeinde und ihre Glieder müssen immer neu **„wachgehalten“**, ja auch neu „geweckt“ werden durch lebendiges und vollmächtiges Erinnern alles dessen, was sie bereits „kennen“ (1 Ko 15, 1—2). Das „Vergessen“ geschieht durch ein Müdewerden, Schläfrigwerden, Einschlafen, gerade auch im Blick auf die Zukunftserwartung (vgl. Rö 13, 11; 1 Th 5, 6—8).

Bei diesem **Erinnern** fällt den Aposteln eine einzigartige Aufgabe zu. Sie sind die Urzeugen des Retters Jesus Christus und die Träger der ersten Gemeinde gründenden Verkündigung. Petrus konnte von Jesus, von seinen Lehren, Handeln, Leiden, Sterben, Auferstehen sprechen wie kaum ein anderer, er, der „Felsen“, auf den Jesus seine Gemeinde bauen wollte. Es geschah bisher vor allem mündlich; aber das war nur möglich, **solange er in diesem Zelt wohnte.** Diese Zeit nähert sich nun ihrem Ende: **Ich weiß, daß der Abbruch** (oder: das Ablegen) **meines Zeltes nahe ist**[40]. Das hier für „nahe sein“ verwendete Wort kann auch die Plötzlichkeit eines Geschehens bezeichnen. Woher „weiß“ Petrus, daß sein Sterben herannaht und plötzlich kommen kann? Schon seine Lage macht es ihm deutlich. Er ist ja in Rom; dort wächst die Gefahr. Und sein Herr, Jesus Christus, hatte es ihm ja selbst gedeutet, „mit welchem Tode er Gott preisen würde“ (Jo 21, 18f). Ein gewaltsames Ende wird

[38] Nach Joh 14, 26 ist es der Heilige Geist selbst, der durch die Apostel, Prediger und Lehrer heute dieses „Erinnern“ ausübt. Dabei ist dieses Erinnern im biblischen Sinn ein immer neues „Vergegenwärtigen“ dessen, was Gott gesagt und getan hat. Vgl. dazu W. Stb. zu 1 Ko 11, 24 ff.

[39] Auch heute hat Predigt und Unterricht immer neu zu „erinnern“, und niemand darf solches „Erinnern“, Vergegenwärtigen, Wiederholen und Einprägen für überflüssig halten.

[40] So sah es auch Paulus für sich, daß das Ende nahe ist: 2 Tim 4, 6.

es sein, wirklich ein **Abbruch** des **Zeltes**, in dem er jetzt noch weilt[41].

15 Im Blick darauf schreibt Petrus seinen Hörern: **Ich will mich aber bemühen, daß ihr auch jederzeit nach meinem Hingang die Möglichkeit habt, euch dieser Dinge zu erinnern.** Dazu dient ihnen sein Brief[42], indem er für sie **jederzeit**, auch **nach seinem Hingang**[43], das Mittel der Erinnerung an das sein wird, wovon er hier Zeugnis gibt.

16 Und eben um „Zeugnis" von der Geschichte, selbst erlebter Geschichte, nicht um **mit Weisheit ausgedachte Mythen** handelt es sich hier[44]. **Mythen,** seltsame religiöse Erzählungen aus der Frühzeit der Völker gibt es in allen Religionen und Kulturen. Das zur Kennzeichnung der **Mythen** verwendete Wort „ausgeklügelt" muß nicht abwertend gemeint sein. In Mythen hat der Mensch — je nach seiner Kulturstufe gröber oder feiner — sein Weltverständnis, sein Denken über Leben und Tod, sein religiöses Sehnen, sein Ahnen von Gott ausgesprochen; so können sie durchaus tiefsinnig sein und an unser Innerstes rühren. Aber sie haben alle den einen tiefen Schaden: sie sind von Menschen **erdacht**[45]. **Für sie braucht man keinen Augenzeugen.** Sie reden nicht von geschichtlichen Tatsachen, die „bezeugt" werden können und müssen. Sie wandern durch die

[41] Es ist wichtig für uns, wie Petrus hier von seinem Leben und Sterben spricht, ganz übereinstimmend mit dem Apostel Paulus in 2 Ko 5, 1. Daraus ist klar zu ersehen, daß die heute oft als „biblisch" vorgetragene Sicht, beim Tode sterbe nicht nur der Leib, sondern auch die Seele des Menschen, von Petrus und Paulus keineswegs geteilt wird. Sie sehen den Leib als „Zelt", in dem wir eine Zeitlang wohnen und aus dem wir als Person „auswandern", wenn es „abgebrochen wird", bzw. wenn wir es ablegen, wie man in V. 14 auch übersetzen kann (2 Ko 5, 8). Mit dem Abbruch eines Zeltes ist aber dessen Bewohner keineswegs mit vernichtet. (Vgl. dazu auch Phil 1, 23; Kl 23, 43!)

[42] Das Schreiben dieses Briefes ist ein „Bemühen". Oder könnte Petrus vielleicht auch noch daran denken, daß er es war, der nach alter kirchlicher Überlieferung für das Zustandekommen des Markusevangeliums gesorgt hat?

[43] Vielleicht ist das Wort *exodos*, „Ausgang, Auszug" — das 2. Buch Mose heißt ja *Exodos* = Auszug — absichtlich gewählt, um ganz bewußt das Sterben nicht als „Vernichtung", sondern als „Auszug" aus dieser Welt und Zeit und aus dem „Leibeszelt" zu bezeichnen.

[44] Darum ist das schriftliche Zeugnis des Apostels zwar zunächst — wie alle Briefe der Apostel — an einen bestimmten Kreis von Empfängern gerichtet. Aber von ihm leben alle Generationen aller Gemeinden in allen Völkern und Erdteilen. Vielleicht hat das Petrus schon selbst vor Augen gestanden, als er diesem seinem Brief keine bestimmte Adresse gab. Es „gibt für die Apostel keine Nachfolger und für ihre Schreiben keinen Ersatz. Deshalb hat die Kirche am NT ihr Fundament" (Schlatter).

[45] Auf sie trifft Feuerbachs Religionstheorie zu: in der Religion stelle der Mensch die Erfüllung seines Sehnens und Wünschens in phantastischer Weise als Wirklichkeit vor sich hin, wie er in ihr auch seine Ängste und Schrecken personifiziere.

Welt, immer neu aufgenommen und umgebildet und sprechen für sich selbst. Aber im Zeugnis von Jesus handelt es sich gerade nicht um einen Mythos. Darum kann mit Nachdruck betont werden: **Denn nicht mit Weisheit ausgedachten** (oder: ausgeklügelten) **Mythen folgend haben wir euch die Macht und die Parusie unseres Herrn Jesus Christus kundgetan, sondern weil wir Augenzeugen seiner Hoheit geworden sind.** Für einen „Mythos" gibt es keine **Augenzeugen,** wohl aber für **die Macht und die Parusie unseres Herrn Jesus Christus.** Und in Petrus steht einer von diesen Augenzeugen vor der Gemeinde. Er betont das, weil für die damaligen (und die heutigen!) Menschen auch das Evangelium leicht als ein „Mythos" erscheint. Von „sterbenden" und „auferstehenden" Göttern wurde viel gesprochen. Mythen dieser Art wurden sinnbildlich auch von Philosophen verwendet. Aber nie hat ein solcher sterbender und auferstehender Gott je gesehen und geschichtlich bezeugt werden können. Dieses Sterben und Auferstehen wurde auch gar nicht als Geschehen verstanden, sondern nur als „Sinnbild" für den Kreislauf von Vergehen und neuem Aufbruch des Lebens in der Natur. Von Jesus aber bezeugt Johannes für alle Apostel: „wir sahen seine Herrlichkeit" (Jo 1, 14; 1 Jo 1 und 3).

Petrus braucht dafür den Ausdruck **die Macht und die Parusie unseres Herrn Jesus Christus.** Das ist eine seltsame Zusammenstellung. Und ebenso eigen ist es, daß Petrus nun seine Augenzeugenschaft nicht auf die Wunder bezieht, in denen Jesus seine „Macht" bewies, ja, jetzt nicht einmal die Auferstehung Jesu und das Sehen des Auferstandenen nennt, sondern seinen Blick auf ein einzigartiges Erlebnis konzentriert: auf die Verklärung Jesu auf dem Berge (Mt 17, 1—9). Warum tut er das? Ihm liegt in seinem Brief — wie wir schon beobachten konnten — an der Zukunft, der die Gemeinde entgegengeht. Darum faßt er unwillkürlich **Macht und Parusie** fest zusammen. In dem neuen, alles verwandelnden und vollendenden Kommen wird erst Jesus seine Macht, seine **Hoheit** öffentlich erweisen und sein Werk wahrhaft zum Ziel bringen. In der Verklärung auf dem Berge aber sah Petrus den Hereinbruch dieser „Zukunft" in die Gegenwart. So verklärt wird Jesus einmal bei seiner Parusie dastehen. In solcher Herrlichkeit erschien Jesus den Jüngern nach seiner Auferstehung gerade nicht. Kein einziger Osterbericht schildert den Auferstandenen so[46].

[46] Paulus sah vor Damaskus den bereits zum Himmel Erhöhten.

17 Ein Zweites kommt hinzu. Petrus, dem „Zeugen Jesu", liegt an dem gleichen Zeugnis Gottes für Jesus. Er setzt die Kenntnis der Geschichte als solcher in der Gemeinde voraus. Und nun verweilt er nicht bei dem, was an Jesus selbst sichtbar wurde, nicht bei Mose und Elias, sondern das ist für den Glauben an Jesus und für die Erwartung seiner Parusie das Wichtige: **denn von Gott, dem Vater, empfing er Ehre und Herrlichkeit, als für ihn eine solche Stimme von der erhabenen Herrlichkeit erging: Mein geliebter Sohn ist dieser, an dem ich Wohlgefallen gefunden habe.** Darauf hatte Gott selbst die Jünger hingewiesen. Als die Jünger „ihre Augen aufhoben, sahen sie niemand als Jesus allein", aber das „Zeugnis Gottes", das sie gehört hatten, war ihnen geblieben. Das stellt Petrus als Zeuge nun auch vor die Gemeinde hin.

18 **Und diese Stimme hörten wir selber vom Himmel her ergehen, als wir mit ihm zusammen auf dem heiligen Berge waren.** Zeuge vom Zeugnis Gottes will Petrus sein[47]. So sehr er unentbehrlicher „Urzeuge" ist, der sein Zeugnis darum schriftlich festlegt, damit es auch nach seinem Tode weiterlebt, — das entscheidende Zeugnis über Jesus kann nur Gott selber ablegen. Und eben dies h a t er getan: dort auf dem Berge, der dadurch ein „heiliger" Berg wurde.

Uns heutigen Menschen ist eine solche Beweisführung zunächst fremd. Die „Macht Jesu" möchten wir an uns selber unmittelbar erfahren: an der Umwandlung von Menschenherzen oder an Heilungen und in besonderen Gaben. An seiner wesenhaften Gottheit aber ist uns weniger gelegen. Wir sind mehr und mehr anthropozentrisch geworden; der Mensch mit seinem Erleben und Handeln steht für uns im Mittelpunkt. So ist auch das wirkliche Verlangen nach der Parusie Jesu kaum in der Christenheit lebendig. Wir selber wollen mit unserm Einsatz — wenn auch mit „christlichem" Vorzeichen und irgendwie auch mit Liebeskräften, die von Jesus ausgehen — die Welt einem besseren Dasein entgegenführen. Die Bibel aber ist theozentrisch, in ihr ist Gott wirklich das A und das O, der Anfang und das Ende. Er allein spricht das entscheidende Wort und vollbringt die entscheidenden Taten. Nur Er kann die Welt umwandeln und „alles neu machen" (Offb 21). Von Gott dem Vater empfing der Sohn Jesus Ehre und Herrlich-

[47] Dabei befindet er sich in beachtenswerter Übereinstimmung mit Johannes. Vgl. 1 Jo 5, 9.

keit, und allein darin gründet dessen „Macht" und „Parusie", deren wir darum gewiß sein können[48].

Es ist das Merkmal aller ntst Verkündigung, daß ihr die Beru- 19
fung auf das AT, also auf Gottes Handeln mit dem Bundesvolk und sein Reden im Wort der Propheten unentbehrlich ist. In den Evangelien wie in den Reden der Apostelgeschichte und in den Briefen der Apostel stößt jeder Bibelleser fort und fort auf Worte, die aus dem AT zitiert werden. Und das prophetische Buch des NT, die Offenbarung des Johannes, lebt ganz und gar vom atst Pophetenwort. So wird nun auch hier die Gemeinde sofort darauf verwiesen: Und **umso fester ist das prophetische Wort, das wir haben; ihr tut gut, wenn ihr auf dieses achtet als auf eine Lampe, die an finsterer Stätte leuchtet.** Welch einen Dienst tut eine Lampe in der dunklen Nacht! Wie unentbehrlich ist sie uns und wie sehnen wir uns nach dem Licht! So sagt es Petrus auch der Gemeinde Jesu, sie **tue gut,** wenn sie auf dieses Licht des prophetischen Wortes achte, gerade weil es noch so lange in der Welt dunkel ist und Jesu „Macht und Parusie", Jesu „Ehre und Herrlichkeit" zwar von Gott bezeugt, aber doch nicht sichtbar wurde. Die Gemeinde Jesu ist eine wartende, und bei allem, was sie erleben darf, doch noch einmal auf das Licht des Wortes angewiesen **bis der Tag anbricht und der Morgenstern aufgeht in euren Herzen.** Der Tag Gottes bricht an mit der Parusie Jesu. Unvorstellbar Großes wird die Gemeinde dann erleben. Alles Helle und Schöne der gegenwärtigen Welt, was es ja wirklich gibt[49], wird dann nur wie ein Stück „Nacht" erscheinen, weil doch alles von Sünde, Leiden und Tod entstellt und verdunkelt ist. Erst über der neuen Welt Gottes liegt der Glanz des strahlenden Tages. Aber nicht nur um uns her wird der Tag Gottes anbrechen, nein, das helle Zeichen des Tages, der „Morgenstern", wird dann auch in uns selber, „in unsern Herzen", aufgehen. Wir denken daran, daß der erhöhte Herr sich in Offb 22, 16 als den „hellen Morgenstern" bezeichnet. Er, der jetzt schon durch den

[48] Mit „Parusie" meint das NT die neue „Anwesenheit" Jesu, sein neues „Kommen" in Kraft und Herrlichkeit zur Vollendung seines Werkes und des göttlichen Heilsplanes. Es ist für das moderne Denken auch in der Theologie bezeichnend, daß dieser zentrale Punkt der ntst Botschaft am leidenschaftlichsten abgelehnt wird. Bultmann meint, daß „kein zurechnungsfähiger Mensch" im Ernst daran glauben könne.

[49] Die Bibel selber sagt mit Lobpreis und Dank viel davon.

Glauben in uns wohnt (Eph 3, 17), wird dann mit hellem Licht in uns strahlen[50].

20 Die Gemeinde hat an dem prophetischen Wort eine große Hilfe, aber sie muß freilich diese Hilfe auch richtig gebrauchen. Das Wort der Propheten redet ja von Gottes großer Zukunft, also von Herrlichkeiten, die unsere jetzige Vorstellung tausendfach übersteigt. Es redet notwendig in Bildern, die recht verstanden sein wollen, so daß gerade das prophetische Wort der Auslegung bedarf, wie jeder Bibelleser empfindet. Da entsteht die Gefahr eigener und eigenmächtiger Auslegung. Diese Gefahr wird groß, gerade, wenn uns ein ernstes und heißes Verlangen dazu treibt, die Zukunft aus dem prophetischen Wort zu erkennen. Darum wird die Gemeinde an dieser Stelle gewarnt: **Das aber erkennt zuerst, daß keine Weissagung der Schrift eigene** (eigenmächtige) **Deutung zuläßt**[51]. Es gilt, sich zu bescheiden mit dem Licht der Lampe, wie es uns gegeben ist, und nicht eigenmächtig diese Lampe weit hinausleuchten lassen zu wollen, um die Wege Gottes in der Zukunft vorweg zu ergründen. Das prophetische Wort erleuchtet ja die Gegenwart und das, was die Gemeinde jeweils jetzt erlebt[52]. Petrus selbst wird im Kap 3 in solcher Weise von dem weissagenden Wort Gebrauch machen.

21 Diese Bescheidung und Zurückhaltung in der Auslegung ist nötig, weil es sich wirklich nicht um Worte menschlicher Klugheit und Durchschau handelt, die wir uns darum auch selber zu eigen machen und deuten könnten, sondern wirklich um Worte von Gott her: **Denn nie wurde durch den Willen eines Menschen eine Weissagung gegeben, sondern vom Heiligen Geist getrieben haben Menschen von Gott her gesprochen.** Wir modernen Menschen sind erneut in der Gefahr, in den Propheten der Bibel nur die „großen religiösen Persönlichkeiten" zu sehen, die aus eigenen Geistestiefen schöpften und sich deshalb wesensmäßig in ihrem Reden nicht von andern großen Män-

[50] Es ist das nur ein anderes Bild für das, was den Glaubenden für den Tag der Parusie in 1 Jo 3, 2 verheißen ist.

[51] Das erschütterndste Beispiel für eigenmächtige Deutung der Bibel ist Israel selbst, das mit solchem Eifer nach dem Messias ausschaute und die Schriften durchforschte; aber dann, als der Messias in Jesus tatsächlich erschien, erkannte es ihn nicht, sondern verstieß und kreuzigte ihn, weil die viele „eigene Auslegung" der Schrift es blind gemacht hatte. Wie gibt es auch immer neu in der Gemeinde Jesu eigenmächtige Auslegungen des prophetischen und des apostolischen Wortes, die nur zu Streit und Spaltung, zu Verwirrung und bitteren Enttäuschungen führen!

[52] Jesus nennt Johannes den Täufer auch eine „brennende und scheinende Lampe" (Jo 5, 35). Auch Johannes ist nur Prophet und noch nicht Jesus selbst.

nern der Weltgeschichte unterschieden. Darum gilt uns das Wort des Petrus mit Ernst. Noch so edler und religiöser Menschengeist kann niemals Heiliger Geist, Gottes Geist sein. Gottes Propheten dagegen waren ganz schlichte Leute[53], denen es nicht um ihre eigenen Gedanken, Meinungen und Ziele ging; aber über ihrem Reden stand mit großer Gewißheit: „So spricht der Herr“. Der Geist Gottes war es, der sie trieb; sie mußten reden, auch wenn sie nicht wollten und wenn es sie in große Nöte und Leiden stürzte. Nun aber haben wir ihr Wort als dieses Wort **von Gott her** zu ehren und in heiliger Scheu damit umzugehen[54].

Das Auftreten von Irrlehrern

2. Petrus 2, 1—3

1 **Es traten aber auch Lügenpropheten in dem Volk auf, wie**
auch unter euch sein werden Lügenlehrer, welche Verderben
bringende Parteiungen einführen werden. Den Herrn, der
sie erkauft hat, leugnend (oder: verleugnend), **werden sie**
2 **über sich selber jähes Verderben bringen. * Und viele wer-**
den ihren Ausschweifungen folgen, um derer willen der Weg
3 **der Wahrheit gelästert wird. * Und in Habgier werden sie**
euch mit ausgedachten Worten aufkaufen. Für sie ist das
Gericht von altersher nicht müßig, und ihr Verderben
schläft nicht.

Zu Vers 1:
5 Mo 13, 1—6
Mt 24, 11. 24
1 Tim 4, 1
Jud 4
Zu Vers 2:
Jes 52, 5
Apg 20, 28 f
Rö 2, 24
Zu Vers 3:
Rö 16, 18
1 Th 2, 5
1 Tim 6, 3—5

Nachdem Petrus vor eigenmächtiger Auslegung des prophe-
tischen Wortes gewarnt hat, spricht er hier von einer noch 1
viel gefährlicheren Verderbnis der Prophetie: **Es traten aber**
auch Lügenpropheten in dem Volk auf, wie auch unter euch
sein werden Lügenlehrer, die Verderben bringende Partei-
ungen einführen werden. In der Tat: in Israel mußte ein steter
Kampf gegen Pseudopropheten geführt werden, die in dop-

[53] Wie ja auch die Apostel. Vgl. Apg 4, 13.

[54] Auf die Frage ntst Prophetie in der Gemeinde selbst geht Petrus nicht ein. Dagegen gibt Paulus hierfür in 1 Th 5, 20. 21; 1 Ko 14, 29—33 klare Anweisungen. Vgl. auch 1 Jo 4, 1. Prophetische Rede in der Gemeinde muß von dieser, die ja auch den Heiligen Geist innewohnend hat, geprüft werden, so daß „Propheten“ in ihr nicht einfach autoritäre Geltung beanspruchen können.

pelter Weise **Lügenpropheten** waren: nicht nur der Inhalt dessen, was sie verkündeten, war unwahr und irreführend, sondern schon der Anspruch, „Prophet" zu sein, war Lüge[55]. Eigenartig ist aber der Schluß, den Petrus aus diesem Tatbestand zieht: Er spricht nicht wie Johannes (1 Jo 4, 1ff) von „falschen Propheten" in den Gemeinden, sondern von *Pseudodidaskaloi* = **Lügenlehrern,** wobei auch hier die gleiche doppelte Lüge gemeint sein wird: sie geben sich als „Lehrer" aus, ohne von Gott als solche berufen zu sein, und sie bringen inhaltlich Irrlehre. Offenbar spielte die Gnadengabe der Prophetie in den Gemeinden, an die der Brief denkt, keine große Rolle. Wichtig dagegen waren die „Lehrer" und die von ihnen in die Gemeinde getragene Lehre[56]. So gingen auch die großen Nöte in Korinth nicht auf falsche „Prophetie" im engeren Sinn zurück, sondern auf irreführende Verkündigung und Lehre. Dabei kam es ganz typisch, genau wie Petrus es hier warnend sagt, auch in Korinth zu **Parteiungen** (1 Ko 1). Die „Lehre" spielt im NT eine wichtige Rolle und bildet für den Aufbau einer Gemeinde die Grundlage; darum ist sie auch als Gabe und Auftrag von Gott bestimmten „Lehrern" anvertraut (vgl. 12, 7; 1 Ko 12, 28; Eph 4, 11; Jak 3, 1). Wer aber ohne echte Berufung in der Gemeinde lehrt, der ist nicht nur menschlich anmaßend, sondern wird schon dadurch zum „Lügner" wider Gott. Zum „Lehrer" wirft er sich aber auf, indem er einer neuen, abweichenden Auffassung der Botschaft, das heißt aber einem „anderen Evangelium" (Gal 1, 6 f) Bahn brechen möchte.

Petrus sagt zunächst noch nichts vom Inhalt der neuen Lehre; aber eine Wirkung muß der Gemeinde sofort sichtbar sein: die **Lügenlehrer führen Verderben bringende Parteiungen ein.** Das grie Wort *hairesis* = Parteiung bezeichnet zunächst wertneutral die Bildung von bestimmten Gruppen und gleicht unserm Wort „Partei"[57]. Aber aus Parteien werden eben leicht **Parteiungen** und Spaltungen, die eine Gemeinde zerreißen, indem sie Streit und Zwietracht in sie hineinbringen, wie sich deutlich schon in Korinth (1 Ko 1, 10—13; 3, 1—4)

[55] Als Beispiel sei nur auf Jes 28, 7 ff; Jer 6, 13 ff 28; Hes 13, aber auch auf Mt 24, 24 hingewiesen.

[56] Wir müssen dabei beachten, daß schon die alten Propheten keineswegs nur Künder der Zukunft, sondern Boten Gottes in umfassenderem Sinn und darum auch „Lehrer" waren. Vgl. auch 1 Tim 4, 1 und Apg 20, 28.

[57] So ist es auch in Apg 5, 17; 26, 5 gebraucht, wo die rev LÜ leider das hier ganz abwegige Wort „Sekte" stehen gelassen hat.

zeigte. Hier geht es um **Verderben bringende** Spaltungen; das betont Petrus mit dem beigefügten Wort *apoleias* = Verderben, das ausdrücklich beigefügt ist[58]. Zugleich hat das Wort für **einführen** durch die Vorsilbe *parei* den Klang von hinterlistigem „Einschmuggeln"[59].

Eigenartig ist, daß Petrus den ganzen Absatz in der Form der Zukunft schreibt. Ist es so, daß er die Irrlehrer erst kommen sieht, während Judas in seinem Brief die Erfüllung dieser Ankündigung schildert? War damit erwiesen, daß der Judasbrief später als der 2. Petrusbrief geschrieben wurde? Aber im Verlauf des Kapitels spricht Petrus von ihnen durchaus als von gegenwärtigen Verstörern der Gemeinde. So wird er das Futurum unwillkürlich verwenden, weil er diese „Pseudolehrer" in den „Pseudopropheten" Israels vorausgesagt sieht. Vom AT aus gesehen „werden sie" in entsprechender Weise da sein, so wie auch das längst angekündigte Gericht über sie sich entladen „wird". Über das zeitliche Verhältnis des 2. Petrusbriefes zum Judasbrief ist also aus unserer Stelle nichts zu entnehmen. Und nun erfahren wir kurz, aber eindringlich etwas über den Inhalt ihrer Lehre: **Den Herrn, der sie erkauft hat, leugnend** (oder: verleugnend), **werden sie über sich selbst jähes Verderben bringen.** Damit stehen wir unmittelbar bei dem, was auch Johannes als Kennzeichen der „Lügenpropheten" in 1 Jo 4, 2.3; 5, 6 angibt[60]. Auch die christliche „Gnosis" gebrauchte wesentliche biblische Ausdrücke; sonst hätte sie wohl keinen Eingang in den Gemeinden finden können. Und eben in diesem Mißbrauch dieser vertrauten Begriffe liegt das **Einschmuggeln**, das hier anklingt. Aber die zentrale Botschaft von dem Christus, der „in das Fleisch gekommen" ist und uns „erkauft hat mit seinem Blut", war den Gnostikern nebensächlich, wenn nicht peinlich[61]. Als einen wahrhaft Verlorenen, der darum wirklich erkauft werden muß, sahen sie den Menschen nicht an. Aber sie lösen Jesus auf, wie Johannes sagt, indem sie den leugneten, der unser **Herr** wurde, weil er uns „teuer erkaufte" (1 Ko 6, 19—20).

[58] Später wird von da aus das Wort *heiresis*, eingedeutscht „Häresie", einfach zum Fachwort für „Abspaltungen" von der Kirche, verbunden mit gefährlicher Irrlehre.

[59] Es entspricht genau dem Wort, das Paulus Gal 2, 4 von den „Pseudobrüdern" gebraucht. In beiden Fällen geht man nicht offen und klar vor, sondern schiebt Menschen oder Meinungen nebenbei ein.

[60] Vgl. dazu die Auslegung in der W. Stb.

[61] Eigenartig, daß genau hier auch heute wieder die klare Grenzlinie gegen allerlei „anderes Evangelium" verläuft!

Welche praktischen Auswirkungen das haben mußte und auch tatsächlich hatte, werden wir noch sehen. Zunächst stellt Petrus über diese Männer, die sicher sehr stolz auftraten (V. 18), nur fest, daß sie nicht nur die Gemeinde mit Spaltungen zu verderben drohten, sondern **über sich selbst jähes Verderben bringen**. Das muß nicht heißen, daß sie bald von irgendwelchem Unglück betroffen werden, denn das Wort für Verderben *apoleia* bezeichnet immer das „ewige Verderben". Das kann allerdings **jäh** über sie kommen, sei es bei der Parusie des Herrn oder in ihrem Sterben, wann immer dies erfolgt.

2 Genauso wie Paulus und Johannes große Erfolge der neuen Strömungen erleben müssen, so stellt auch Petrus fest, daß die Lügenlehrer in der Gemeinde einen starken Anhang gewinnen: **viele werden ihren Ausschweifungen folgen.** Es sind nämlich gar nicht die religiösen Theorien der Gnosis, die so verführerisch waren: sie mochten von vielen Gemeindegliedern nicht einmal verstanden worden sein. Aber wenn man nicht mehr ein mit Blut Erkaufter sein will, der darum **einem Herrn** gehört und diesem seinem Herrn in Dank und Liebe zu gehorchen hat, dann gerät man in eine „Freiheit" hinein, die Zuchtlosigkeit ist und zu **Ausschweifungen** führt. So war es ja auch in Korinth die „Freiheitsparole", und zwar gerade die der „Freiheit" auf sexuellem Gebiet, welche viele Glieder der Gemeinde gewann[62]. Petrus sieht das gleiche in den Gemeinden vor sich gehen, an die er seinen Brief richtet. **Viele** werden von einer solchen Form des „Christentums" angelockt, wo es ihnen erlaubt ist, sich sexuell auszuleben und dabei noch obendrein als fortgeschrittene, überlegene Christen zu gelten.

Aber was für eine Gefahr bedeuten diese **Vielen** in der Gemeinde für den Dienst des Zeugnisses, der ihr doch aufgetragen ist! Um dieser **Vielen** willen wird **der Weg der Wahrheit gelästert.** Die Christen mit der zügellosen Freiheit zogen zwar viele an; aber sie stießen ebenso viele ernste, suchende Menschen ab, und so waren sie schuld daran, daß das Evangelium **gelästert** wird. Wir werden mit der Vermutung nicht fehlgehen, daß Petrus dabei vor allem an seine israelitischen Volksgenossen denkt. Ihnen lag es besonders nahe, die Botschaft von Jesus im eigentlichen Sinn zu **lästern.** Sie konnten nun mit Fingern darauf weisen: da seht ihr ja, was bei diesem Glauben

[62] Auch hier haben wir die deutliche Parallele heute! Keuschheit wird mitten in der Kirche lächerlich gemacht oder gar als schädlich hingestellt.

an Jesus herauskommt! Schaut euch das doch an, wie diese Jesusjünger leben! Aber auch ernsthaft suchende Heiden, die um ein rechtes Leben rangen, mußten sich mit Abscheu von einer Lehre abwenden, die offenbar Ausschweifungen in jeder Form zuließ. Das konnte nicht der von ihnen gesuchte **Weg der Wahrheit** sein.

Und in Habgier werden sie euch mit ausgedachten Worten 3
aufkaufen. Erkaufte des Herrn wollen sie nicht sein; aber sie selber möchten die Gemeindeglieder für sich **aufkaufen.** Hier steht ein anderes Wort, das wir darum mit **aufkaufen** wiedergeben. Ihr „Kaufen" der Gemeindeglieder ist etwas völlig anderes, als das Erkaufen Jesu, der sein Blut und Leben als Kaufpreis für Verlorene einsetzt, um sie zu erretten. Für die andern etwas dranzugeben, daran denken sie nicht! Im Gegenteil, sie wollen durch ihren großen Anhang für sich selbst etwas gewinnen, und zwar offensichtlich ganz materielle Vorteile. Damals waren ja die Landstraßen des römischen Reiches voll von Menschen aller Art, die als Schausteller, Musikkünstler oder auch als Propagandisten irgendwelcher religiöser Kulte oder Philosophien auf leichte Weise zu Geld zu kommen suchten. Daß nun auch Wanderprediger des jungen Christentums sich von den Gemeinden beschenken oder bezahlen ließen (1 Ko 9, 4—11), war so selbstverständlich, daß sich ein Paulus ausdrücklich gegen die Meinung schützen mußte, er würde auf die gleiche Art und Weise seinen Lebensunterhalt bekommen[63]. So werden auch die neuen Pseudo-Lehrer Geld und Geschenke erhalten und angenommen haben, denn begeisterte Anhänger pflegen gern zu geben. Je mehr Gemeindeglieder die Verführer an sich zogen, umso besser konnten sie leben.

Sie „kaufen" sich die Menschen **mit ausgedachten Worten**, hinter deren schönem Klang sie ihre Habgier verbergen. Der grie Mensch bewunderte die Redekunst und legte auf „hohe Worte und hohe Weisheit" großen Wert. Ein Paulus, der Derartiges ganz bewußt nicht brachte, mußte sich in Korinth sagen lassen, seine Rede sei ohne Gewicht (1 Ko 2, 1; 2 Ko 10, 10). So könnte auch den Gemeinden, an die Petrus schrieb, die apostolische Verkündigung zu einfach und zu ernst erschienen sein, während die geistvollen und wohlklingenden Darlegungen der neuen Männer viele anzogen.

Mochten sie vielleicht Erfolg haben und Anerkenung

[63] Vgl. 1 Th 2, 5; 1 Ko 9, 12; 2 Ko 11, 7—9; 7, 2; 8, 20.

finden, es hilft ihnen nichts: Denn **für sie ist das Gericht von altersher nicht müßig, und ihr Verderben schläft nicht.** Das ist sehr anschaulich ausgedrückt. Während die Irrlehrer sich in ihrem Erfolg noch sonnen und ein üppiges Leben führen, ist das Gericht über sie schon lange bereit und in Wirksamkeit. Sie lächeln noch über alle Warnungen; aber ihr Verderben **schläft nicht.** So ahnen sie in ihrer trügerischen Sicherheit nicht, wie es in Wahrheit um sie steht. Der treue Teil der Gemeinde aber braucht sie nicht heimlich zu beneiden, sondern soll sie sehen wie ein Wild, das von den Jägern schon umstellt ist, so daß es kein Entrinnen mehr gibt.

Das sichere Gericht über alle Unfrommen, die sichere Rettung für die Frommen

2. Petrus 2, 4—13a

Zu Vers 4: 1 Mo 6, 1. 2. 4; Mt 8, 29; Jud 7
Zu Vers 5: 2 Pt 3, 6; 1 Mo 8, 18; Mt 24, 38; 1 Pt 3, 20
Zu Vers 6: 1 Mo 19, 24 f; Mt 10, 15; Jud 7
Zu Vers 7: 1 Mo 19, 16. 29; Lk 17, 28
Zu Vers 8: Hes 9, 4
Zu Vers 9: 1 Ko 10, 13; 2 Tim 4, 18; Offb 3, 10
Zu Vers 10: Jud 7. 8. 16
Zu Vers 11: Jud 9
Zu Vers 12: Jud 10; Ps 49, 13

4 **Denn Gott hat Engel, die gesündigt hatten, nicht ver-**
schont, sondern sie in finstere Höhlen des Tartarus (oder:
mit Ketten der Finsternis in den Tartarus) **gebannt und**
5 **sie aufbewahrt dem Gericht überantwortet. * Und er hat**
die alte Welt nicht verschont, sondern nur Noah zu selbacht
oder: zu acht, also mit 7 anderen) **als Herold der Gerechtigkeit**
erhalten, während er die Flut über die Welt der Unfrom-
6 **men brachte, * und hat die Städte Sodom und Gomorra**
eingeäschert und zum Untergang verurteilt, ein (warnen-
7 des) **Beispiel für künftige Unfromme schaffend. * Er hat**
den gerechten Lot errettet, der von dem ausschweifenden
8 **Wandel der Frevler geplagt wurde. * Denn der unter**
ihnen wohnende Gerechte mußte im Sehen und Hören Tag
für Tag seine gerechte Seele durch ungerechte Werke
9 **quälen lassen. * So weiß der Herr Fromme aus**
der Versuchung zu retten, Ungerechte aber für den Tag
10 **des Gerichtes zur Züchtigung zu verwahren, * am mei-**
sten aber die, die hinter Fleisch in schmutziger Begierde
herlaufen und die Herrschaft verachten. Die Verwegenen
und Eigenmächtigen zittern nicht, Herrlichkeiten zu
11 **lästern, * wo Engel,** (die doch) **an Stärke und Macht**
größer (sind), **nicht gegen sie beim Herrn ein lästerndes**
12 **Urteil vorbringen. * Diese aber, wie unvernünftige Tiere,**

die als Naturwesen zu Fang und Vernichtung geboren sind, lästern, wo sie nichts verstehen, und werden in
13a **ihrem Verderben auch selbst verderben, * geschädigt** (oder: Strafe erleidend) **durch den Lohn der Ungerechtigkeit.**

Dieser Abschnitt ist nicht leicht zu lesen. Im grie Text bilden die Verse 4—8 einen ganzen, mit „Wenn" eingeleiteten und von diesem „Wenn" regierten Satz, dem sich kein eigentlicher Hauptsatz mit einem folgenden „so . . ." anschließt. Wir haben zum leichteren Lesen den „Wenn"-Satz in einfache Aussagesätze aufgelöst. V. 9 ist dann der abschließende Hauptsatz, der aus den vorangegangenen Sätzen in V. 4—8 die Folgerung zieht[64]. Der ganze Abschnitt ist reich an Ausdrücken, die wir sonst im NT kaum finden und die darum nicht mit voller Sicherheit deutsch wiederzugeben sind.

Aber auch inhaltlich ist für uns manches in diesem Abschnitt schwer zu verstehen und zu erklären. Das geht uns in gewisser Weise auch bei großen Briefen des NT nicht anders, einfach deshalb, weil wir die Lage nicht genügend kennen, in die hinein die Apostel reden. Aber bei den kurzen Briefen von Judas und Petrus wird das noch viel stärker spürbar. Die Empfänger damals verstanden jede Andeutung und wußten auch bei den für uns dunklen Aussagen, was gemeint war. Wir aber werden hier und da nicht in Anspruch nehmen können, die einzig richtige Erklärung zu geben. Das freilich, was der Heilige Geist durch Petrus der Gemeinde damals und der Gemeinde aller Zeiten zu sagen hat, wird deutlich genug vor uns stehen.

Unser Abschnitt weist sichtliche Übereinstimmungen mit Judas V. 5—10 auf, weshalb wir gut daran tun, diese Verse dort nachzulesen. Deren Auslegung auf S. 263 ff. dieses Bandes wird uns erlauben, an mancher Stelle des Abschnittes in der Erklärung kürzer zu sein. Beim Vergleich wollen wir aber auch auf die wesentlichen Unterschiede achten, die klar hervortreten. Diese Partien der beiden Briefe sind nicht von einander „abgeschrieben". Die Übereinstimmung bei typischen

[64] Es ist möglich, daß die Verse 4—6 mit dem „Wenn" an der Spitze als ein warnender, in sich geschlossener Aufruf gemeint sind, dem dann die Verse 8—10 als eigene Sätze folgen. Eine Entscheidung ist schwierig, da der grie Text keine Satzzeichen kennt, die Griechen also buchstäblich „ohne Punkt und Komma" schrieben. Für die eigentliche Aussagekraft unseres Abschnittes sind das aber nebensächliche Fragen.

Unterschieden läßt sich leicht auch auf andere Weise erklären[65].

4—6 Es geht um die Wahrheit, die auch Judas in V. 5 vertritt. Dem Gericht Gottes kann niemand entfliehen, auf welchen vermeintlichen Höhen er auch stehen mag. Judas hatte hervorgehoben, daß die Verstörer der Gemeinde „die Gnade Gottes in Ausschweifung verkehren". Darum liegt ihm daran, an dem biblischen Beispiel zu zeigen, wie empfangene Gnade keinesfalls vor dem Gericht Gottes schützt, sondern im Gegenteil die Verantwortung steigert. Petrus aber ist es wichtig, daß neben dem Gericht, das die Schuldigen sicher erreicht, ebenso sicher die rettende und bewahrende Hilfe Gottes für die treuen „Gerechten" steht. Die treubleibenden Glieder der Gemeinde sollen sich nicht einschüchtern lassen, sondern mit voller Zuversicht wissen, daß Gott zu ihnen steht, wenn sie auch jetzt verachtet und lächerlich gemacht werden mögen. Judas hatte darum das Schicksal der Wüstengeneration Israels als erstes biblisches Beispiel gebracht, während Petrus dieses wegläßt und dafür die Flutgeschichte mit der Rettung Noahs aufnimmt, die Judas nicht hat.

Denn Gott hat Engel, die gesündigt hatten, nicht verschont, sondern sie in finstere Höhlen des Tartarus (oder: mit Ketten der Finsternis in den Tartarus) **gebannt und sie aufbewahrt dem Gericht überantwortet.** Von „Engeln, die gesündigt haben", spricht Petrus, aber auch Judas. Im Unterschied zu Judas sagt er aber nicht, worin die Versündigung der Engel bestand. Das hängt sicher damit zusammen, daß er nicht Auslegungen aus der jüdischen Erbauungsliteratur mit in seine Briefe hineinnehmen wollte, was Judas unbedenklich tut. Wir denken bei dem Wort **Engel** zunächst an gute und reine Wesen. Aber gerade darum ist es für uns wichtig, aus der Heiligen Schrift zu lernen, daß es auch Heere gefallener Engel gibt, die unter dem Befehl Satans stehen[66]. Wie sich diese jetzt noch frei wirkenden, bösen Engel und Dämonen zu jenen Engeln verhalten, die Gott bereits **in finsteren Höhlen des Tartarus bannte,** wissen wir nicht. Ob es sich dabei um **Höhlen** oder **Ketten** der Finsternis handelt, ist nicht sicher zu entscheiden, denn die beiden Wörter sind im Grie sehr ähnlich. **Tartarus** nannten die Griechen den Strafort der Unterwelt, — ein Ausdruck, der schon im Judentum mit übernommen wurde.

[65] Vgl. dazu Einleitung S. 188.
[66] So ist es ein Engel Satans, der den Apostel Paulus mit „Fäusten schlägt" (2 Ko 12, 7).

Für Petrus ist der **Tartarus** aber noch nicht der eigentliche „Strafort", sondern das finstere, unterirdische Gefängnis, in dem die gefallenen Engel **aufbewahrt** werden, um erst in der großen Schlußabrechnung Gottes dem Gericht überantwortet zu werden[67].

Und er hatte die alte Welt nicht verschont, sondern nur Noah zu selbacht (oder zu acht, also mit sieben anderen) **als Herold der Gerechtigkeit erhalten, während er die Flut über die Welt der Unfrommen brachte.** Bei der Erzählung der Sintflut ist wie schon in 1 Pt 3, 20 — die Rettung von Menschen so wichtig wie das Umkommen der **alten Welt,** der **Welt der Unfrommen,** durch das Flutgericht. In der rettenden Arche waren mit Noah zusammen nur acht Menschen. Das meint der für uns altertümliche Ausdruck **selbacht,** der so auch im Text steht. Noah stand gegen die ganze damalige Welt als **Herold der Gerechtigkeit.** Als fromm und ohne Tadel, mit Gott wandelnd, ist Noah in 1 Mo 6, 9 ausdrücklich gekennzeichnet. Aber Hbr 11, 7 bezeichnet auch Noahs Gerechtigkeit ausdrücklich als „Gerechtigkeit des Glaubens" und stellt so Noah unmittelbar neben Abraham, der für die paulinische Rechtfertigungsbotschaft in Rö 4 die vorbildliche Gestalt ist. Zum **Herold** aber mußte er notwendig werden, wenn er im Glaubensgehorsam gegen Gott mitten auf dem trockenen Land ein großes Schiff zu bauen wagte. Welches Aufsehen mußte das erregen, mit welchen Fragen mag er bestürmt worden sein! In seiner Antwort mußte er von den Sünden seiner Umwelt sprechen und von Gottes Gerechtigkeit und dem kommenden Gericht ebenso. Das hat Petrus aus dem biblischen Text richtig gefolgert, obwohl es in diesem selber nicht ausdrücklich erwähnt ist.

Gott hat die Städte Sodom und Gomorra eingeäschert und 6/7
zum Untergang verurteilt, ein (warnendes) **Beispiel für künftige Unfromme schaffend. Er hat den gerechten Lot errettet, der von dem ausschweifenden Wandel der Frevler geplagt wurde.** Von Sodom und Gomorra spricht Petrus wie Judas, freilich auch hier kürzer und ohne näheren Hinweis auf ihre Laster. Er braucht die Gemeinde nur an das ihr vertraute Geschehen zu erinnern: **ein warnendes Beispiel für Unfromme.** Auch in den geschichtlichen Erzählungen der Heiligen Schrift geht es ja nicht um „alte Geschichten", sondern um die Offenbarungen des einen und selben Gottes, der heute

[67] In 1 Ko 6, 3 erfahren wir, daß die Heiligen an diesem Gericht über die Engel teilnehmen werden.

8 noch so ist und handelt wie damals[68]. Aber wieder geht es Petrus — nun anders Judas — um die Rettung des **gerechten Lot,** von dem er ausführlicher spricht. Er sieht in ihm **den gerechten Lot, der von dem ausschweifenden Wandel der Frevler geplagt wurde.** Er fügt ausdrücklich hinzu, daß er **im Sehen und Hören Tag für Tag seine gerechte Seele durch ungerechte Werke quälen lassen mußte.** Auch die Erzählung der Bibel selbst zeigt uns in 1 Mo 19 etwas davon. Petrus denkt sich in die inneren Leiden Lots hinein, um die Gemeindeglieder zu stärken, die in ähnlicher Weise unter dem ganzen Treiben leiden müssen, das in die Gemeinde eingebrochen war. In der eigenen Gemeinde als „Fremdling" (1 Mo 19) zu gelten, als rückständig und eng verlacht zu werden, vielleicht sogar von den neuen Männern bedroht zu sein, das war schwer. Seht auf Lot!, ruft Petrus diesem Teil der Gemeinde zu. Stärkt euch an seinem Vorbild und bedenkt, wie er gerettet wurde, während die andern mit ihrem zügellosen Leben und ihren großen Worten schrecklich umkamen!

9 Nun faßt Petrus zusammen, was die biblischen Beispiele uns zeigen: **So weiß der Herr Fromme aus der Versuchung zu retten.** Mögen die Irrlehrer mit ihrem großen Anhang jetzt auch triumphieren, sie gehören mit Leben und Lehre doch zu den **Ungerechten, die für den Tag des Gerichts bewahrt werden.** Die treuen Gemeindeglieder aber dürfen und sollen ihre Lage als **Versuchung,** als „Prüfung" ansehen. Das ist, seit es Menschen Gottes gibt, deren normale Lage in der Welt. Ihr Verhältnis zu Gott muß durch **Versuchungen** hindurch. Sie sind von Gott her „Prüfungen" und Erprobungen, damit der Glaube darin seine Echtheit bewährt, wie das Gold im Feuer. Petrus hat das in seinem 1. Brief der Gemeinde ausführlich gesagt und eindringlich vor Augen gestellt: 1 Pt 1, 6.7; 3, 13—17; 4, 12—19.

10 Von dieser allgemeinen Feststellung aus blickt er nun noch einmal auf die Führer der neuen Bewegung und beginnt, sie zu kennzeichnen. Gottes Gerichte trifft **am meisten aber die, die hinter Fleisch in schmutziger Begierde herlaufen und die Herrschaft verachten.** Petrus hat nicht das Adjektiv „schmutzig" gebraucht, sondern in hebr Sprechweise formuliert: **in Begierde der Befleckung.** Das kann man als „Begierde, die befleckt", auffassen oder als „Begierde nach Befleckung"; das letztere

[68] Darum formuliert auch Paulus in 1 Ko 10, 11: „Solches widerfuhr jenen als ein Vorbild. Es ist aber geschrieben uns zur Warnung, auf welche das Ende der Welt gekommen ist."

aber ist unwahrscheinlich. Jedenfalls sind sie **hinter Fleisch** her. Wie in Korinth, so sind auch hier die Neurer in ihrer sexuellen Zügellosigkeit zu erkennen (vgl. 1 Ko 6 und 2 Ko 12, 21). Dabei verachten sie **die Herrschaft**, wie hier kurz steht. Wohl kann im NT auch eine ganze Engelgruppe als „Herrschaften" bezeichnet werden, aber dann steht folgerichtig das Wort in der Mehrzahl. Da jedoch hier *kyriotes* in der Einzahl steht, wird, wie auch im Judasbrief, die Herrschermacht des Einen, nämlich des *kyrios,* des „Herrn Jesus" gemeint sein. Um ihn, den wirklichen Herrn, und seine klaren, ernsten Weisungen kümmern sie sich nicht, denn sie erkennen keinen „Herrn" und keine „Herrschaft" über sich an, sondern leben nach dem Grundsatz: „alles ist mir erlaubt" (1 Ko 6, 12).

Zugleich sind sie **Verwegene** noch nach einer andern Rich- 11
tung hin: Sie **zittern nicht, Herrlichkeiten zu lästern, wo Engel an Stärke und Macht größer, nicht gegen sie beim Herrn ein lästerndes Urteil vorbringen.** Wieder stimmt Petrus in der Beurteilung der Neuerer mit Judas überein (Ju V. 8b—10a). Aber auch hier vermeidet er den Rückgriff auf eine Schrift der jüdischen Erbauungsliteratur und weist darum nicht auf den Streit Michaels mit dem Satan um den Leichnam des Mose hin. Er spricht ganz allgemein von **Engeln, an Stärke und Macht größer,** die trotzdem nicht gegen **die Herrlichkeiten beim Herrn ein lästerndes Urteil vorbringen.** Umso mehr tritt die Verwegenheit der Irrlehrer hervor, die **nicht zittern, Herrlichkeiten zu lästern.** Was konkret damit gemeint ist, erfahren wir von Petrus so wenig wie von Judas. Wir können hier nur wiederholen,
was zu der Stelle im Judasbrief auf S. 267 ff ausgeführt ist. Petrus 12/13a
nimmt den Vorwurf des Judas auf, daß die Lügenlehrer da **lästern, wo sie nichts verstehen,** und sich gerade damit als anmaßende Lügner erweisen. Sie rühmen sich besonders hoher Erkenntnisse über die jenseitige Welt und stellen sich als kühne Kämpfer gegen böse Geistermächte dar. Dabei verkennen sie aber, daß auch diese gefallenen und bösen Mächte nicht „Fleisch und Blut" sind, sondern immer noch „mächtige und gewaltige Herren der Welt, die in dieser Finsternis herrschen", wie Paulus sie in Eph 6, 10—13 beschreibt. Während sie sich in der Gemeinde als besonders geistvoll darstellen, sind sie in Wahrheit **wie unvernünftige Tiere, die als Naturwesen zu Fang und Vernichtung geboren sind.** Sich so zu überheben und solche Art von Lästerung und Kampf zu wagen, das ist vollendete **Unvernunft** und hat etwas von der Art an sich, wie Tiere auf irgendetwas

losgehen, was sie nicht kennen. Das muß zum Untergang führen. Die Drohung ist in ihrem Sinn nicht ganz eindeutig: **und sie werden in ihrem Verderben auch selbst verderben, geschädigt** (oder: Strafe erleidend) **durch den Lohn der Ungerechtigkeit. In ihrem Verderben,** das kann sich nur auf die **Tiere** zurückbeziehen, die **als Naturwesen zu Fang und Vernichtung geboren sind.** Das Ende der Irrlehrer wird irgendwie solchem Ende und Untergang der Tiere gleichen. V. 13 ist in seinem ersten Satz sprachlich schwierig. *Adikeo* heißt „Unrecht tun", das Passiv müßte entsprechend „Unrecht erleiden" bedeuten. Aber das meint Petrus nicht, daß diese so hart angeklagten Irrlehrer Unrecht leiden. Aber auch in Offb 2, 11 will das Wort nur sagen, daß dem Überwinder „kein Leid geschieht", kein Schaden zugefügt wird (von dem zweiten Tod). Die Irrlehrer dagegen werden gerade **geschädigt durch den Lohn der Ungerechtigkeit** oder **werden Strafe erleiden,** in dem sie **den Lohn der Ungerechtigkeit** empfangen[69]. Es könnte auch bedeuten: sie werden um den Lohn kommen, den sie jetzt von ihrem unrechten Tun zu haben scheinen und den sie einmal endgültig zu erlangen hoffen. Jedenfalls: wie „verwegen und eigenmächtig" sie auf besonderen Höhen zu wandeln scheinen und der Gemeinde versprechen, auch sie von dem angeblich engen und armen apostolischen Christentum weg auf solche Höhen zu führen, in Wahrheit ist ihr Ende doch jammervoll. So braucht sich die Gemeinde von ihnen nicht irreführen zu lassen[70].

Harte Kennzeichnung der Irrlehrer

2. Petrus 2, 13b—22

Zu Vers 13:
Jud 12

13b **Für Vergnügen halten sie die Schwelgerei am** (hellen)
Tag, Schmutz- und Schandflecken, schwelgend in ihren
Betrügereien (oder bei ihren Liebesmahlen), **zusammen mit**
14 **euch schmausend; * mit Augen voll von der Ehebrecherin,**

[69] Gemeint sind: „durch den Lohn, der für die Ungerechtigkeit gezahlt wird" (so G. Schrenk). Vgl. Ki Th W, Bd 1, S. 157; W-B; Bl-De § 351. 2.

[70] Es hat sich in der Kirchengeschichte oft genug gezeigt, wie fast unbegreiflich sich Gemeindeglieder von dem glänzenden Schein falscher Lehrer blenden lassen. Darum führt Petrus hier eine so schroffe Sprache, wie ja auch die Warnungen des Apostels Paulus in Rö 16, 17 f; 2 Ko 11, 13—15; Phil 3, 18 f schroff genug sind, aber offenbar nötig waren.

ruhelos (oder: unermüdlich) **in der Sünde, ungefestigte See-**
len ködernd, mit einem Herz geübt in der Habgier, Kinder
15 **des Fluches. * Sie verließen den geraden Weg und gingen**
irre; sie folgten dem Weg des Bileam, des Sohnes des Beor,
16 **der den Lohn der Ungerechtigkeit liebte, * aber Zurecht-**
weisung für seine Übeltat empfing. Ein stummes Lasttier,
mit Menschenstimme redend, wehrte dem Wahnsinn des
17 **Propheten. * Sie sind Quellen ohne Wasser und Nebelwol-**
ken, die vom Sturm gejagt werden, denen das Dunkel der
18 **Finsternis aufbewahrt ist, * hochtrabend und doch leere**
Worte redend, ködern sie mit den Begierden des Fleisches
durch Ausschweifung die, die kaum denen entflohen sind,
19 **die im Irrtum wandeln. * Freiheit versprechen sie ihnen,**
während sie selbst Sklaven des Verderbens sind. Denn
20 **wem einer unterliegt, dem ist er versklavt. * Denn wenn**
sie den Befleckungen der Welt entflohen durch die Er-
kenntnis des Herrn und Retters Jesus Christus, in diese
aber wieder sich verstricken lassen und ihnen erliegen,
dann ist für sie das Letzte schlimmer geworden als das
21 **Erste. * Besser wäre es ja für sie, den Weg der Gerech-**
tigkeit gar nicht erkannt zu haben, als ihn kennengelernt
zu haben und sich dann wieder abzuwenden von dem ih-
22 **nen übergebenen heiligen Gebot. * Auf sie trifft zu**
(oder: es traf bei ihnen ein), **was das wahre Sprichwort**
sagt: „Ein Hund wendet sich wieder zu seinem eigenen
Gespei" und „ein gewaschenes Schwein wieder zum Wäl-
zen im Kot".

Zu Vers 15 und 16: 4 Mo 22, 7—35 5 Mo 23, 4 f Neh 13, 2 Apg 1, 18 Jud 11 Offb 2, 14
Zu Vers 17: Jud 13
Zu Vers 18: Jud 16
Zu Vers 19: Jo 8, 34 Rö 6, 16 Gal 5, 13 1 Pt 2, 16
Zu Vers 20: Mt 12, 45
Zu Vers 21: Lk 12, 47. 48 Jud 3 Hbr 6, 6; 10, 26
Zu Vers 22: Spr 26, 11

13b

Petrus fährt in der Schilderung und Verurteilung der falschen Lehrer und ihrer Anhänger fort. Wieder finden sich starke Anklänge an den Judasbrief. Aber es wird auch hier deutlich, das die dortigen Sätze nicht einfach übernommen sind. Das merken wir, wenn wir Judas 12 mit dem vergleichen, was hier steht: **Für Vergnügen halten sie die Schwelgerei am** (hellen) **Tag Schmutz- und Schandflecken, schwelgend in ihren Betrügereien** (oder: bei ihren Liebesmahlen), **zusammen mit euch schmausend**. Der Orientale hält seine Hauptmahlzeit am Abend. Bei aller Zuchtlosigkeit der damaligen Welt, kann Paulus es doch als Tatsache feststellen: „Die da trunken sind, die sind des Nachts trunken" (1 Th 5, 7). Ebenso kann Petrus am Pfingsttag den Verdacht der Trunkenheit bei der Jüngerschar mit der einfachen Bemerkung abwehren, daß es doch erst neun Uhr vormittags sei. Die Männer der neuen

Freiheit aber machen sich ein Vergnügen daraus, am hellen Tag ihre Feste zu feiern[71]. Schreibt Petrus tatsächlich **in ihren Betrügereien**[72], so will er wohl sagen, daß sie in betrügerischer Weise an den Mahlzeiten der Gemeinde teilnahmen, obwohl die dort gar nicht mehr hingehörten. Dabei entstellten sie das schlichte, auf die Feier des Herrenmahles zielende Zusammensein bei Tisch zum „Schmausen" und zur **Schwelgerei**[73] es wurden dadurch **Schmutz und Schandflecken.**

14 Den folgenden Vers müssen wir in diesen Zusammenhang mit hineinnehmen: **mit Augen voll von der Ehebrecherin, und ruhelos** (oder: unermüdlich) **in der Sünde, ungefestigte Seelen ködernd, mit einem Herz, geübt in der Habgier, Kinder des Fluches**. Gerade bei der gemeinsamen Mahlzeit schauen sie sich nach Frauen um, mit denen sich ehebrecherische Beziehungen anknüpfen lassen, auch darin wieder **Schmutz- und Schandflecken**, die ihre unreine Gier vergiftend in die Versammlungen hineintragen, **ruhelos** (oder: unermüdlich) **in der Sünde**[74]. Wenn man klare Grenzen erst einmal überschreitet und unter Berufung auf die „Freiheit" seinen Trieben Raum gibt, dann geht es **ruhelos** und **unermüdlich** auf diesem Weg weiter[75]. Dieses Zusammensein bei Tisch ist zugleich die Gelegenheit, **ungefestigte Seelen zu ködern**. Es gab also damals schon wie heute in der Gemeinde ungefestigte Seelen, die von „jedem Wind der Lehre" umgetrieben werden[76]. Petrus sieht die Not noch grundsätzlicher als Judas. Sicher, diese

[71] Haben sie vielleicht in ähnlicher Weise wie die „Unordentlichen" in Thessalonich (2 Th 5, 6—12) Arbeit, besonders Handarbeit, als „unwürdig" für ein Gotteskind und einen Geistesmenschen angesehen und hatten so den ganzen Tag über Zeit? Haben sie zugleich gemeint, der Botschaft des Evangeliums besonders nahe zu sein, wenn sie jeden Tag zum „Festtag" machten?

[72] Der zweite Teil des Satzes ist in seinem Bestand handschriftlich unsicher. Statt *apatais* = „Betrügereien" finden wir in andern Handschriften *agapais* = „Liebesmahle". Schlatter zieht diese Lesart vor, weil sie zunächst besser zum Satzinhalt zu passen scheint. Aber man müßte dann annehmen, daß die Irrlehrer eigene Liebesmahle veranstalten, was wiederum zu der folgenden Feststellung „zusammen mit euch schmausend" nicht passen will und auch sonst unwahrscheinlich ist. Insofern ist doch die Lesart „in ihren Betrügereien" im Sinn unserer Auslegung vorzuziehen.

[73] Auch dieser Satz wird anschaulich durch Vorgänge in Korinth: 1 Ko 11, 20—22.

[74] Welch eine Erniedrigung der Frau liegt hier vor! Sie wird nicht mehr als Person angesehen, zum Bilde Gottes geschaffen, sondern nur noch als Werkzeug für den sexuellen Trieb und dieses durch Männer, die der Gemeinde eine „höhere" Form des Christentums anpreisen.

[75] Die Erwähnung der Augen erinnert daran, daß die verderbliche Stellung zum andern Geschlecht mit dem begehrlichen Blick (MT 5, 28) anfängt, um dann schnell die „Augen mit der Ehebrecherin zu erfüllen" und unermüdlich gierig zu machen.

[76] Vgl. Eph 4, 14; Hebr 13, 9; auch Gal 1, 6.

ungefestigten Seelen sind bei dem ganzen Treiben recht harmlos[77], aber sie sollten es durch ihre Erfahrungen mit dem Wesen und der Macht der Sünde sowie durch ihre feste Einwurzelung im Wort des Herrn und seiner Apostel nicht sein[78]. Es kann einen Seelsorger schon erschrecken, wenn er diesen Harmlosen gegenüber die **geübten Herzen** der Verführer sieht, **geübt** in allen Listen und Tücken, um zum Ziel ihrer **Habgier** zu gelangen. Was wollen sie denn „haben"? Macht und Einfluß in der Gemeinde, gerade bei den Jungbekehrten. Aber darüber hinaus bringt ihnen ja ihr Einfluß, wie wir schon S. 219 sahen, auch klingenden Geldgewinn. Hier wurde der Grundsatz eines Apostels Paulus „ich suche nicht das eure, sondern euch" (2 Ko 12, 14) in sein Gegenteil verkehrt. Darum nennt Petrus ihr Bemühen ein **Ködern.** Er sieht hier den Grund für den „Erfolg" der neuen Strömung. Hier werden Menschen nicht etwa klar und ernst überzeugt und gewonnen, sondern sie werden „geködert", wobei die Parole des freien Sichauslebens als der wahren „Freiheit eines Christenmenschen", eines „starken Pneumatikers" (1 Ko 8, 7—13), dabei wohl der besondere „Köder" ist. Petrus spricht ein hartes Urteil über die Verführer: nicht Segensmenschen sind sie, sondern **des Fluches Kinder** (vgl. Eph 2, 3; 2 Th 2, 3 u. a.). Sie verderben viele in der Gemeinde und kommen außerdem selbst in das Verderben unter dem Fluch Gottes.

Judas kennzeichnete die Irrlehrer mit dem Hinweis auf Kain, Bileam und Korah. Petrus nennt nur Bileam, spricht aber von ihm ausführlicher als Judas. **Sie verließen den geraden Weg und gingen irre; sie folgten dem Weg des Bileam, des Sohnes des Beor, der den Lohn der Ungerechtigkeit liebte, aber Zurechtweisung für seine Übeltat empfing. Ein stummes Lasttier, mit Menschenstimme redend, wehrte dem Wahnsinn des Propheten.** Wie wir aus Offb 2, 14 sehen, ist Bileam in der ersten Christenheit wohl weithin zu einer typischen Gestalt geworden, ohne daß der ganze biblische Be- **15/16**

[77] Auch Rö 16, 18 weist auf ähnliche Nöte in der Gemeinde in Rom.

[78] V. 18 weist darauf hin, daß es sich bei diesen Gemeindegliedern vielfach um eben erst Bekehrte handelt, die darum noch „ungefestigt" und ohne rechtes Unterscheidungsvermögen sind. Wie ernst ist darum die Aufgabe der Gemeinde, sich der zum Glauben Gekommenen anzunehmen! Das gilt in besonderer Weise für die „Nacharbeit" nach Evangelisationen. Der Apostel kann uns selber darin ein Vorbild sein (Apg 20, 31).

richt (4 Mo 22—24; 31, 8.16) berücksichtigt wurde[78a]. An seinem Bild wird deutlich, wie Männer aus der Gemeinde selbst, also „Christen", und z. T. gerade Männer mit prophetischen und anderen „Gaben", zum Verderben der Gemeinde werden können. Die beiden starken Triebe, vor deren Macht die Apostel immer wieder warnen, der Geschlechtstrieb und Besitztrieb, können auch in geistlichen Menschen zur Herrschaft kommen, zumal wenn Ehrgeiz und das Verlangen nach Einfluß dazukommt. Dann wird der **gerade Weg**[79] verlassen. Zuerst ist es nur eine geringe Abweichung, die man vielleicht kaum merkt, die aber doch den Abweichenden ins Verderben führt und durch ihn außerdem Verderben in die Gemeinde hineinträgt. Bileams Gestalt soll uns eine Warnung sein, wie er selber in besonderer Weise durch seine Eselin gewarnt wurde. Wie beschämend, wenn **ein stummes Lasttier** dem **Wahnsinn,** der Tollheit eines **Propheten** wehren muß[80]!

17 Kürzer als bei Judas kennzeichnet Petrus die tiefe Enttäuschung, die die neuen Lehrer allen denen bringen, die ihnen folgen: **Sie sind Quellen ohne Wasser und Nebelwolken, die vom Sturm gejagt werden.** Das sind Bilder, die erst im Morgenland ganz verständlich werden, wo **Wasser** eine große Kostbarkeit darstellt. Wie schlimm, wenn der Wanderer die bekannte **Quelle**, an der er sich laben wollte, **ohne Wasser** findet! Oder wenn die aufsteigenden Wolken nicht den ersehnten Regen bringen, sondern als **Nebelwolken**[81a] **vom Sturm gejagt** vorbeibrausen. So betrügen die Irreführer alle, die gerade von ihnen in besonderer Weise „Wasser des Lebens" erhoffen. Dafür ist ihnen auch selbst **das Dunkel der Finsternis aufbewahrt**[81].

78a Vgl. dazu die Auslegung von Judas V. 11. Bileam ist wie die neuen Lehrer — ein Mann mit prophetischem Anspruch, der an seiner Habgier scheitert und nach seinen wunderbaren Weissagungen für Israel dann doch Balak den schändlichen Rat zur Verderbung Israels gab, weil er „den Lohn der Ungerechtigkeit liebte".

79 Vgl. dazu Apg 13, 10.

80 4 Mo 22, 21—25: Bileam ließ sich zunächst warnen und war dann ein echter Prophet Gottes (V. 23 u. 24). Umso erschreckender, daß er dann doch der Verderber vieler in Israel wurde: 4 Mo 31, 16. So ereilte ihn das Gericht: 4 Mo 31, 7—18; Jo 13, 22. Welch ein warnendes „Beispiel": er sollte „den Tod des Gerechten" sterben (4 Mo 23, 10) und muß nun solch ein Ende finden, weil er „den Lohn der Ungerechtigkeit liebte".

81a Petrus gebraucht mit Absicht ein anderes Wort als Judas, um diese Wolken zu kennzeichnen.

81 Das Wort vom „Aufbewahren" kommt in unserem Brief mehrfach vor. Es ist die Antwort auf die spöttische Frage, wo denn das angedrohte Gericht bliebe. Die Irrlehrer gedeihen und finden Anhang! Aber ihr Gericht ist „aufbewahrt" und wird sich mit Sicherheit entladen (vgl. V. 3): Im „Dunkel der Finsternis" werden sie enden.

Noch merken freilich die Anhänger der neuen Richtung nicht, wie sie betrogen werden. Die Verführer haben Erfolg: **Hochtrabend und doch leere Worte redend, ködern sie mit den Begierden des Fleisches durch Ausschweifung die, die kaum denen entflohen sind, die im Irrtum wandeln.** Wir haben also V. 14 richtig verstanden! Daß hier die „Quelle" gar kein Wasser gibt, das wird durch die großen Worte der neuen Lehrer verdeckt. Im Gegensatz zu der einfachen, ernsten Botschaft der Apostel, reden sie **hochtrabende** Worte. Die Ahnungslosen durchschauen gar nicht, wie „nichtig" und „leer" diese „geistreichen" Predigten in Wahrheit sind. Außerdem merken sie nicht, wie sie bei den **Begierden des Fleisches** gefaßt und durch **Ausschweifungen geködert werden.** Schon in V. 14 hat Petrus von **ungefestigten Seelen** gesprochen. Nicht langjährige, gefestigte Gemeindeglieder sind es, die dem Neuen verfallen, sondern Jungbekehrte, **die kaum denen entflohen sind, die im Irrtum wandeln.** Es gab ja damals noch keine „christliche Umgebung", keine vom Christentum mitgeprägten Völker[82]. Die Hörer kamen zu einem Teil aus altem Heidentum und aus einer Lebenswelt, wo man an größte sexuelle Freiheit und an Reichtum und Luxus als selbstverständlichen Lebenszielen gewohnt war. Aus dem allen haben sie sich herausrufen und für den Weg der Reinheit, der Demut und des Verzichts auf weltliches Hochkommen gewinnen lassen. Nun aber wurde ihnen mit Eifer und Schwung ein „Christentum" verkündigt, bei dem sie auch als „Christen" ihr altes Leben wieder aufnehmen konnten. 18

Ja, sie sollen so gerade erst recht „freie" Gottesmenschen sein, die hoch über den engen und kümmerlichen Gemeindegliedern der alten Art stehen: **Freiheit versprechen sie ihnen.** Wir sehen, es ist die gleiche Freiheitslosung wie in Korinth; es ist also wohl auch die gleiche Bewegung, die hier wie dort zerstörend in die Gemeinden eingebrochen ist[83]. Da legt Petrus sogleich mit scharfer Klarheit den Finger auf den wunden Punkt, 19

[82] Heute verschwinden solche Völker wieder mehr und mehr. Das „christliche Abendland" ist nicht mehr da. Die Gemeinde Gottes wird überall zu einer kleinen Schar in einer total anders denkenden Welt.

[83] Die Schwierigkeit liegt darin, daß Paulus selber entgegen einer neuen Gesetzlichkeit in Galatien ebenfalls einen Ruf zur „Freiheit" erhoben hatte (Gal 5, 1). Deshalb kam alles darauf an, die „Freiheit" richtig zu verstehen. Die gleichen Schwierigkeiten entstanden in der Reformationszeit, als Luthers Verkündigung von der „Freiheit eines Christenmenschen" falsch aufgenommen wurde, was schwere Schäden zur Folge hatte. Vgl. die Auslegung zu Gal 5 in der W. Stb.

auf die innere Unwahrheit dieser Art von „Freiheit". Die von der „Freiheit" schwärmen und sie als den großen Gewinn eines neuen Christentums anbieten, sind selber **Sklaven des Verderbens.** Wieso? **Denn wem einer unterliegt, dem ist er versklavt.** Die Menschen der neuen Richtung **unterliegen** ihren Trieben und sind ihnen versklavt. Sie erfahren die Wahrheit des Wortes Jesu: „Wer Sünde tut, der ist der Sünde Knecht" (Jo 8, 34). Die wahre Freiheit, die der Sohn Gottes uns geben will, nehmen sie gar nicht an[84].

20—22 Die Führer und Anhänger der neuen Richtung waren und sind Glieder der Gemeinde, die durch eine entschiedene Umkehr hindurchgegangen sind, als sie „Christen" wurden. Petrus blickt auf ihren Weg zurück: „denn wenn **sie den Befleckungen der Welt entflohen durch die Erkenntnis des Herrn und Retters Jesus Christus.** Sie, die sich jetzt ihrer **Erkenntnis** als Gnostiker rühmen, hatten einmal jene echte **Erkenntnis** gewonnen, die nicht nur in einer Lehre oder einem religiös-philosophischen Lehrsystem bestand, sondern **Erkenntnisse des Herrn und Retters Jesus Christus** und darum selbst errettende Kraft und Befreiung zu einem neuen Leben war. Aus der Herrschaft der natürlichen Triebe erlöst, waren sie unter die Leitung eines neuen „Herrn" gekommen. Es war „Erkenntnis" einer Person und darum als solche zugleich personale Verbundenheit. Unter dem neuen „Herrn" waren sie den **Befleckungen der Welt entflohen,** wie ein Gefangener seinem Gefängnis entflieht. Nun aber ist es geschehen, daß sie **in diese sich wieder verstricken lassen und ihnen erliegen.** Da geht es also nicht nur um eine etwas andere Auffassung des Christentums, die man ruhig mit ansehen könnte, sondern um eine Existenzveränderung zum Schlimmen, um einen Rückfall, der aber nicht einfach in den früheren Zustand zurückführt. Nein, es ist **für sie das Letzte schlimmer geworden als das Erste.** Das ist so erschreckend und Verderben bringend, daß Petrus erklären muß: **Besser wäre es ja für sie, den Weg der Gerechtigkeit gar nicht erkannt zu haben, als ihn kennengelernt zu haben und sich dann doch wieder abzuwenden von dem ihm übergebenen Heiligen Gebot.** Es gibt keine „harmlose" Abwendung vom eigentlichen Christsein. Mit welchem Ernst spricht der Hbr Brief in 6, 4—8 vom Abfall. Auch bei der neuen Richtung, die Petrus so hart zurückweist, geht es gerade nicht um eine „Richtung" innerhalb echten

[84] Immer wieder bis heute geschieht es, daß die zuchtvoll und keusch Lebenden als „unfrei" verspottet werden. Welche Verkehrung der Wahrheit!

Christentums, sondern um ähnliche Erscheinungen, wie sie Paulus im 1 Tim 6, 3—5; 2 Tim 2, 14—18 kennzeichnet[85]. Wenn Petrus dabei den **Weg der Gerechtigkeit** und **das ihm übergebene heilige Gebot** hervorhebt, dann entspricht das dem ganzen ntst Kampf gegen die Gnosis. Doch weder Paulus noch Johannes noch Petrus lassen sich auf theologische Diskussion über einzelne „Irrlehren" der Gegner ein. Der entschlossene Widerspruch richtet sich gegen **den Weg,** den die neue Bewegung geht und in den Gemeinden anpreist, gegen ihre ganze Lebenshaltung und verurteilt das Fehlen der wirklichen „Liebe". So beklagt Petrus auch hier nicht die Abwendung von einzelnen „Gesetzen", er spricht in der Einzahl von **dem heiligen Gebot,** dem Gebot der Liebe, das dem Wesen Gottes entspricht und darum **heilig ist.** Aus wahrhaft freien, liebevollen, demütigen Jüngern Jesu sind stolze, übermütige, zuchtlose und liebelose Männer geworden, die die Gemeinde verwirren und verstören. Mit zwei Verben, sprichwörtlichen Wendungen, kennzeichnet Petrus am Schluß die „Wendung", die von den Irrlehrern gerühmt und als Wendung zu einem höheren Christentum gepriesen wird. In Wirklichkeit sieht diese „Wendung" ganz anders aus: **Auf sie trifft zu** (oder: es traf bei ihnen ein), **was das wahre Sprichwort sagt: „Ein Hund wendet sich wieder zu seinem eigenen Gespei" und „ein gewaschenes Schwein wieder zum Wälzen im Kot".**

Es geht um die Zukunftserwartung

2. Petrus 3, 1—13

1 **Dies ist bereits der zweite Brief, Geliebte, den ich euch**
schreibe, in welchem ich euren lauteren Sinn durch Erinne-
2 **rung wachhalten will, * eingedenk zu sein der von den**
heiligen Propheten vorher gesagten Worte und das
durch eure Apostel (verkündigte) **Gebot des Herrn und**
3 **Retters. * Dies müßt ihr zuerst erkennen, daß zu den**
letzten Tagen mit Spott Spötter kommen werden, die nach
4 **ihren eigenen Begierden wandeln und sagen: * Wo ist die**
Verheißung seiner Parusie? Denn seit die Väter entschla-

Zu Vers 1: 2 Pt 1, 13
Zu Vers 2: Jud 17
Zu Vers 3: Rö 13, 11 ff; 1 Tim 4, 1; Jud 18
Zu Vers 4: Jes 5, 19; Hes 12, 22; Mt 24, 48

[85] Vgl. dazu W. Stb., auch 1 Jo 2, 18 f ist in diesem Zusammenhang zu beachten.

Zu Vers 5:
1 Mo 1, 2. 6. 9
Ps 24, 2
Mt 24, 38
Zu Vers 6:
2 Pt 2, 5
1 Mo 7, 4. 17—21
Zu Vers 7:
2 Pt 2, 10
Zu Vers 8:
Ps 90, 4
Zu Vers 9:
Hes 18, 23; 33, 11
Hab 2, 3
Lk 13, 8; 18, 7
Rö 2, 4
1 Tim 2, 4
1 Pt 3, 20
Hbr 10, 37
Offb 6, 10
Zu Vers 10:
Jes 24, 19; 66, 16
Mt 24, 2. 35. 43 f
1 Th 5, 2 f
Offb 20, 11
Zu Vers 11:
Kol 2, 20
Zu Vers 12:
Jes 34, 4. 10
Apg 3, 19 f
Zu Vers 13:
Jes 65, 17; 66, 22
Rö 8, 21
Offb 21, 1. 27

fen sind, bleibt alles so vom Anfang der Schöp-
fung an. * Denen, die das wollen (oder: behaupten),
entgeht, daß von altersher Himmel waren und eine Erde,
die aus Wasser und durch Wasser Bestand hatte durch
6 Gottes Wort, * durch welche die damalige Welt (oder:
7 Menschenwelt) von Wasser überflutet zugrundeging. * Die
jetzigen Himmel und die Erde aber sind durch dasselbe
Wort aufgespart für das Feuer, bewahrt zum Tage des
Gerichts und des Verderbens der unfrommen Menschen.
8 * Dies eine möge euch nicht verborgen bleiben, Geliebte,
daß ein einziger Tag vor dem Herrn wie tausend Jahre und
9 tausend Jahre wie ein einziger Tag. * Nicht verzögert
der Herr die Verheißung, wie es einige für Verzögerung
halten, er ist vielmehr langmütig gegen euch, da er nicht
will, daß einige verderben, sondern daß alle zur Umkehr
10 gelangen. * Kommen wird aber der Tag des Herrn wie ein
Dieb; an ihm werden die Himmel mit Sausen vergehen, die
Elemente aber von Glut verzehrt sich auflösen und die
Erde und die Werke auf ihr (im Gericht) erfunden werden
11 (oder: verbrennen). * Da sich dieses so alles auflöst, wel-
cher Art müßt ihr dann sein in heiligem Wandel und
12 Frömmigkeit, * die ihr erwartet und schnell herbei-
sehnt die Parusie des Tages Gottes, um dessen willen die
Himmel sich im Feuer auflösen und die Elemente in Glut
13 zerschmelzen? * Neue Himmel aber und eine neue Erde
erwarten wir nach seiner Verheißung, in welchen Gerech-
tigkeit wohnt.

An dieser Stelle ist in unserem Brief ein deutlicher Einschnitt zu erkennen. Petrus hat die Kennzeichnung der Irrlehrer abgeschlossen. Nun wendet er sich einem anderen Hauptanliegen seines Schreibens zu, das er schon im Anfang (1, 10.11; 1, 19—21) ins Auge gefaßt hatte und jetzt eingehend mit der Gemeinde bespricht. Es geht um die „Eschatologie“, um die Zukunftserwartung biblisch-realistischer Art. Auf sie legte die Gnosis mit ihrer „Erlösungslehre“ ebenso wenig Gewicht wie auf das Kommen Jesu „im Fleisch“ zur Rettung der Verlorenen durch sein Blut am Kreuz. Mit bequemem Spott wird die Enderwartung abgetan, was die Gemeinde offenbar in Not gebracht hat (V. 3 und 4).

1/2 Darum schreibt Petrus überhaupt einen „zweiten Brief“. Es ist von da aus sofort verständlich, daß dieser sich von dem ersten erheblich unterscheiden muß[86]. **Dies ist bereits der zweite Brief, Geliebte, den ich euch schreibe, in welchem ich euren lauteren Sinn durch Erinnerung wachhalten will, eingedenk zu sein der von den heiligen Propheten vorher gesagten Worte und das durch eure Apostel** (verkündigte) **Gebot des Herrn und Retters.** Das kennzeichnet überall die apostolischen Mahnungen, daß sie immer von dem ausgehen, was die Gemeinde bereits hat und weiß[87]. Petrus hatte der Gemeinde nichts Neues zu bringen. Aber das, was Christen „wissen" und „glauben", bleibt nicht von selbst in ihren Herzen lebendig und wirksam. Sie bedürfen der **Erinnerung**[88] und des **Wachhaltens.** Und dieses um so mehr, als sie sich gegen starke Strömungen und Einflüsse anderer Art zu behaupten haben. Petrus setzt dabei einen **lauteren Sinn** voraus, der schon von sich aus Fremdes und Unlauteres abwehrt, der aber mit apostolischer Autorität **wachgehalten** werden muß. Wie Petrus schon in 1, 19 zum Festhalten am prophetischen Wort aufgerufen hat, so mahnt er die Gemeinde auch jetzt, **eingedenk zu sein der von den heiligen Propheten vorher gesagten Worte und das durch eure Apostel** verkündigte **Gebot des Herrn und Retters.** Aus den Schriften des alten Bundes sind gerade die **vorher gesagten Worte** der **heiligen Propheten** wichtig, weil es ganz besonders um die Zukunft geht. Das „Gesetz" als solches ist ersetzt durch das „neue Gebot", das durch unsere Apostel verkündigt ist. Aber dieses „neue Gebot" ist eng mit der Zukunftserwartung verknüpft. Die Verse 11—13 werden das deutlich zeigen. Ja, das Warten auf den wiederkommenden Herrn gehört ganz zentral zu dem **Gebot,** zu der Anweisung und Forderung des Herrn an seine Jünger[89]. Der Ausdruck **durch eure Apostel** weist entweder darauf hin, daß in jenen Gemeinden mehrere Männer aus dem Kreis der „Zwölf" gearbeitet haben, oder das Wort „Apostel" ist hier im weiteren Sinne gemeint, weil ja in mancher der angeschriebenen Gemeinden besonders „Boten" gemeindebil-

[86] Vgl. dazu Einleitung S. 187 f.

[87] Vgl. 1 Ko 15, 1 ff und das häufige „oder wisset ihr nicht?" in den Paulusbriefen; auch 1 Jo 3, 21; 1 Th 4, 9—12.

[88] Vgl. das zu diesem wichtigen biblischen Begriff auf S. 263 f. Gesagte.

[89] Vgl. Lk 12, 35—46; Rö 13, 11—14; Phil 3, 12—21; 1 Th 5, 1—11 (um nur einige entscheidende Stellen zu nennen). Wie nötig wäre es, daß unsere Gemeinden ganz neu begriffen, wie die Ausrichtung unseres ganzen Lebens auf die Parusie des Herrn nicht Liebhaberei, sondern Gehorsam gegen das Gebot des Herrn ist. Die „Eschatologie" ist nicht ein letztes Kapitel am Rande der biblischen Lehre, sondern zentraler Inhalt ntst Botschaft. Das NT ist durch und durch eschatologisch. Es wird Zeit, daß wir das wieder erkennen und bezeugen.

dend wirkten[90]. Was die Apostel brachten, ist das **Gebot des Herrn und Retters.** Ganz gewiß ist Jesus Herr und Retter schon jetzt; jeder zum Glauben gekommene Christ hat das selber erfahren. Aber zugleich weist diese Bezeichnung Jesus immer mächtig in die Zukunft! Wahrhaft **Herr** wird Jesus erst durch seine neue Gegenwart sein. Wie es Phil 2, 9—22 und 1 Ko 15, 24—28 vor uns steht. Sein herrliches Werk als **Retter** wird dann erst vollendet am Ziel sein.

3/4 Wie entscheidend ist diese Zukunftserwartung, von der das ganze NT erfüllt ist! Umso erschreckender ist es, wenn sie angetastet und entleert oder umgedeutet wird! Dann ist nicht nur eine, vielleicht entbehrliche Einzellehre der Botschaft bestritten, sondern dem Evangelium selbst das Herz ausgebrochen. Genau aber dies geschieht mitten in den Gemeinden, an die der Brief geht. **Dies müßt ihr zuerst erkennen, daß zu den letzten Tagen mit Spott Spötter kommen werden, die nach ihren eigenen Begierden wandeln und sagen: Wo ist die Verheißung seiner Parusie? Denn seit die Väter entschlafen sind, bleibt alles so wie vom Anfang der Schöpfung an. Spötter mit Spott** über den Kern der biblischen Botschaft. Es ist eine große Hilfe, daß Petrus in der Formulierung des Satzes andeuten kann, es sei das Auftreten solcher Spötter für die letzten Tage vorausgesagt. Es geht bei dieser Voraussage nicht um einzelne Schriftbeweise, es geht nur darum, daß die Gemeinde bei ihrem erschrockenen Hören des Spottes nicht befürchten muß, daß auch Gott überrascht und erschreckt sei. Dies Auftreten der **Spötter** gehört **zu den letzten Tagen**[91] (vgl. Judas V. 17.18). Und es ist eine Hilfe für die Gemeinde, wenn sie sofort den Durchblick auf den eigentlichen Wurzelgrund dieses Spottes bekommt: Der Spott geht aus von Menschen, **die nach ihren eigenen Begierden wandeln.** Wer unter die Macht seiner natürlichen Triebe geraten ist, der verliert das Ohr für die Verkündigung der Wiederkunft Jesu: sie ist ihm ärgerlich, widerwärtig und wird ihm mehr und mehr unglaubhaft, ja lächerlich[92].

[90] Vgl. die Rolle des Epaphras in Kol 1, 7.

[91] Im grie Text steht darum auch nicht *in*, wie meist übersetzt wird, sondern „*bei* den letzten Tagen". Das Spotten ist „Begleitmusik" dieser Tage. Diese im NT vielfach genannten „letzten Tage" begannen bereits mit der Erhöhung des Gekreuzigten zum Thron des Vaters.

[92] Hinter dem Unglauben steht weit mehr, als viele Ungläubige ahnen, ein bestimmter „Wille". Schiller stellt das in der Eingangsszene des letzten Aktes der „Räuber" heraus. Franz Moor sagt dort „Wer raunt mir das ein? Rächet denn droben über den Sternen einer? Nein, nein! Ja, ja! Nein, nein! es ist nicht, ich befehle, es ist nicht!"

Er will sie nicht wahrhaben, weil er sich vor dem kommenden Gericht und dem Urteil über sein Leben fürchtet, und darum ist es ihm eine triumphierende Erleuchtung, wenn er spöttisch fragen kann: **Wo ist die Verheißung seiner Parusie? Denn seit die Väter entschlafen sind, bleibt alles so vom Anfang der Schöpfung an.**

Die „Väter" der Gemeinde, eine Reihe der ersten Christen, die wie ein Paulus ganz und gar damit gerechnet hatten, das neue Kommen Jesu selber zu erleben[93], waren entschlafen. Wir wissen, wie dieses Sterben in der Gemeinde Thessalonich innere Nöte gebracht hatte[94]. Die Parusie war nicht eingetreten, wie man es als unmittelbar bevorstehend erwartet hatte, ehe noch der Tod Gemeindeglieder erfassen konnte. Hier kam tatsächlich eine tiefgehende Erschütterung auf die Gemeinden zu. Wirklich, **wo ist die Verheißung seiner Parusie**? Es bleibt alles unverändert wie eh und je! Was wird dann aber aus der ganzen Botschaft? Es mag bei den **Spöttern** mancher gewesen sein, der sich in den **Spott** flüchtete,· um mit seiner ganzen Enttäuschung fertig zu werden[95].

Was ist dazu zu sagen? **Denen, die das wollen** (oder: behaupten), **entgeht, daß von altersher Himmel waren und eine Erde, die aus Wasser und durch Wasser Bestand hatte durch Gottes Wort, durch welche die damalige Welt** (oder: Menschenwelt) **von Wasser überflutet, zugrunde ging.** Die „Spötter" beriefen sich auf die unveränderliche Festigkeit der Natur. Es „bleibt alles wie von Anfang der Schöpfung an"[96]. Ist aber wirklich immer alles so geblieben? Habt ihr die Katastrophe der Sintflut vergessen? Es **entgeht** euch überhaupt die ganze Unsicherheit, die von Anfang an über der Schöpfung lag. Ihr **behauptet**, ja, wie es wörtlich im Grie heißt, ihr **wollt** hier 5/6

[93] Vgl. eine Äußerung des Apostels Paulus wie 1 Th 4, 17 mit ihrem fraglosen „Wir".

[94] Vgl. 1 Th 4, 13 u. 15.

[95] Der Gnosis, die eine ganz andere, z. T. von der platonischen Philosophie her kommende „Hoffnung" hatte, erschien die apostolische Eschatologie töricht und falsch. Nach den Gnostikern holt der himmlische Christus die Seinen, die es wert sind, in denen der ursprüngliche, himmlische Lichtesfunke noch glänzte, zu sich in das Reich des Lichtes. Merken wir, in welchem Ausmaß wir Christen seit Jahrhunderten in unserem Zukunftsdenken weit näher bei den Gnostikern als bei den Aposteln stehen? Ist die Erwartung Parusie nicht weiten Teilen der Christenheit völlig fremd geworden, weil man an der persönlichen Unsterblichkeitshoffnung genug hatte?

[96] Das war auch unser Eindruck, wenn wir von den „ewigen, ehernen Naturgesetzen" redeten. Inzwischen aber hat uns die große Wendung in der Physik diese „Sicherheit" zerbrochen.

etwas, was den Tatsachen nicht entspricht[97]. Nach dem Schöpfungsbericht in 1 Mo 1, 2 wurde die Erde erschaffen **aus den Wassern,** über denen der Geist Gottes schwebte. Wieso die Erde auch **durch Wasser Bestand hatte**, wissen wir nicht. Aber wesentlich ist, daß Schöpfung und Bestand der Erde[98] nicht wie in den andern Religionen des Altertums mythologisch ausgemalt, sondern einzig „kraft des Wortes Gottes" da ist. So unveränderlich fest die Welt dem Geschlecht der Sintflut vorkommen mochte, es waren doch die **Wasser da, durch die die damalige Welt** (oder: Menschenwelt) **von Wasser überflutet, zugrunde ging**. Da damals keineswegs die Erde als solche von der Flut zerstört wurde, werden wir in diesem Satz das Wort *kosmos* als „Menschenwelt" wiedergeben müssen, wozu wir auch vom Sprachgebrauch her berechtigt sind[99]. Auch wenn damals durch lange Zeiten hindurch „alles so wie vom Anfang der Schöpfung her" geblieben war und die Menschen sicher machte in ihrem gewohnten Dahinleben (Mt 24, 37—39), so daß ihnen Noahs Ankündigung des Flutgerichtes „lächerlich" erschien, so hatte Gott dennoch Mittel seines Zorngerichtes bereit. Wohl steht jetzt Gottes Zusage nach der Flut über der Welt (1 Mo 9, 11): eine Sintflut kommt nicht erneut über die Erde. Aber das sichert sie nicht vor dem kommenden Endgericht durch das Feuer mit dem totalen Ende des gesamten
7 jetzigen Weltbestandes. **Die jetzigen Himmel und die Erde aber sind durch dasselbe Wort aufgespart für das Feuer, bewahrt zum Tage des Gerichts und des Verderbens der unfrommen Menschen.**

Wohl ahnen auch andere Völker etwas von dem kommenden Weltenbrand[100]. Aber auch hier wird nicht auf Ahnungen und Erwartungen eingegangen, die es damals vielfältig gab, auch wenn sie anklingen, um die Sicherheit der Spötter anzugreifen. Ein ganz anderes Fundament gibt es für den Blick in die Zukunft: das Wort Gottes! Wohl ist es gerade die Zusage Got-

[97] Petrus sieht, was die moderne Tiefenpsychologie wieder neu entdeckt hat, wie sehr hinter unseren scheinbar „objektiven" Behauptungen und Denkvorstellungen ein verborgenes Wollen steht. Weltanschauliche Theorien und Systeme haben ihre eigentliche Wurzel oft in nur halbbewußten Wünschen.

[98] Von den „Himmeln" wird nur gesagt, daß sie „von altersher waren". Ob Petrus die Himmel ebenfalls als aus Wasser entstanden denkt, geht aus dem Satz nicht hervor. Es kann sich dann jedenfalls nur um den Himmel handeln, der innerhalb der irdischen Schöpfung gesehen wird (1 Mo 1, 6). Das „durch Wasser" „Bestand-haben" kann sich auf die Wasser „unter" und „über" der „Feste" beziehen, von denen 1 Mo 1, 7 spricht.

[99] Schlatter sagt „die damals lebende Welt".

[100] Gerade unsere germanischen Väter taten es.

tes, die bisher dem Weltbestand jene Festigkeit gab, auf die sich die Spötter stützten. Aber Gott **spart dabei die Welt auf** zu einem großen Ziel. Und dieses Ziel ist auch **Gericht** und **Verderben** für die **unfrommen Menschen**. Im Zeugnis des AT ist der Zorn Gottes vielfach als „Feuer" geschildert. Und prophetische Worte wie Jes 33, 11ff; Joe 2, 3; Sach 12, 6 und Mal 3, 19 reden klar von dem künftigen Feuergericht. Auch hier bleibt Petrus fest bei dem prophetischen Wort. Das Gericht trifft mit Verderben die **unfrommen Menschen**[101].

Das Gericht, diesmal nicht mit „Wasser", sondern weit 8
schrecklicher und gründlicher mit „Feuer", kommt so gewiß, wie Gottes Wort unumstößliche Wahrheit ist (vgl. Ps 33, 9). Aber wo bleibt es denn? werden die Gegner erneut fragen, so wie auch schon die Spötter z. Z. des Jesaja höhnisch forderten, Gott solle doch endlich all das geschehen lassen, was der Prophet schon so lange androhte (Jes 5, 18f). Petrus stellt sich der Frage, die damals für viele erschreckend aufbrach und Unsicherheit verbreitete, indem er seine Antwort dem 90. Psalm entnimmt. **Dies eine möge euch nicht verborgen bleiben, Geliebte, daß ein einziger Tag vor dem Herrn wie tausend Jahre und tausend Jahre wie ein einziger Tag.** Petrus tut also das gerade nicht, was so oft, entgegen Jesu eigenem Wort in Mt 24, 36.42; 25, 13 versucht worden ist: von bestimmten prophetischen Aussagen her Berechnungen anstellen, um den weit späteren Zeitpunkt der Parusie bestimmen und begründen zu können. Er stellt mit Ps 90 einfach fest, daß Gottes Zeitrechnung völlig anders ist als die unsere. Wenn vor Gott tausend Jahre nur wie ein rasch vergangener Tag sind, so ist das Kommen des Herrn „nahe", nur „ein paar kurze Tage weit", auch wenn es erst nach Jahrhunderten erfolgt.

Es ist aber auch innerlich die ganze Einstellung falsch, wenn 9
in der Gemeinde von einer „Verzögerung" der Parusie gesprochen wird. Das lag zwar menschlich nahe, aber hinter diesem Wort stand eine tiefe Verkennung Gottes. Petrus stellt das richtig. **Nicht verzögert der Herr die Verheißung, wie es einige für Verzögerung halten, er ist vielmehr langmütig gegen euch, da er nicht will, daß einige verderben, sondern daß alle zur Umkehr gelangen.** Gott ist nicht saumselig in der Erfüllung seiner Verheißungen. Wenn er noch mit dem Endgericht „zögert", dann hat das einen andern Grund, der in Gottes tiefstem

[101] Zu dieser meist mit „gottlos" übersetzten Bezeichnung der Menschen, vgl. die Auslegung zu Judas 4.

Wesen, in seiner **Langmut** oder seiner „Großmut" liegt. Die Spötter und im treuen Teil der Gemeinde die Unzufriedenen dürfen nicht vergessen, daß der ersehnte Tag Gottes auch das Gericht bringt! Mit einer „Verzögerung" seines Tages gibt Gott noch Raum zur **Umkehr.** Wenn die Gemeinde ihren Zustand betrachtet, wenn sie auf die angefochtenen, unsicher gewordenen, aufs neue von alten Begierden gepackten Glieder sieht, muß sie dann nicht dankbar sein, daß noch Gnadenzeit bleibt? Würden sonst nicht **einige verderben,** die vielleicht doch noch zu retten sind und zurechtkämen? Wer über **Verzögerung** durch Gott klagt, sieht einseitig nur auf das Heil und einseitig nur auf sich selbst und vielleicht dies auch mit einer falschen Sicherheit. Gerade der Jünger Jesu dürfte doch ein tiefes Erbarmen mit denen haben, die zu verderben drohen, und sich von daher an Gottes großmütigem Warten freuen, das vielleicht auch er selber nötig hat. Bei dieser Aussage ist der Blick des Apostels ganz auf die Gemeinde gerichtet und sie trifft auch nur im Blick auf sie zu. Die **einigen,** die zu verderben drohen, aber bei der Verzögerung des Tages Gottes doch noch zur Umkehr gelangen können, sind ja keine Fernstehenden, sondern Glieder der Gemeinde.

10 **Kommen aber wird der Tag des Herrn**, das bleibt gewiß. Freilich betont Petrus noch einmal die Unberechenbarkeit des Zeitpunkts. **Der Tag wird kommen wie ein Dieb,** also gerade nicht berechenbar, sondern unerwartet und überraschend. Für unser ganzes Denken ist Gewißheit und Ungewißheit gleichzeitig unsere Lage. Jesus hat das sehr betont ausgesprochen (vgl. Mt 24, 42—44), und sein Apostel Paulus hat in 1 Th 5, 2 dies Wort besonders aufgenommen, wie es hier der Apostel Petrus tut. Wie nötig ist uns diese „Ungewißheit", um uns wachsam und bereit zu halten und vor falscher Sicherheit zu bewahren, wie sie dem Knecht in Mt 24, 48—51 zum Verderben wird. Den Ernst der Situation übersehen die neumodischen Spötter, die genau jenem Knecht in ihrem Lebenswandel gleichen (V. 3).

Dabei darf — so hat schon Amos seine Zeitgenossen in 5, 18—20 gewarnt — der Ernst und die Schrecklichkeit des **Tages des Herrn** nicht verkannt werden. **An ihm werden die Himmel mit Sausen vergehen, die Elemente aber von Glut verzehrt sich auflösen und die Erde und die Werke auf ihr** (im Gericht) **erfunden werden** (oder: verbrennen). Wer den „Feuersturm" eines Bombenangriffes „sausen" hörte, wer von „Atomzerfall" und der Auslösung ungeheurer, mit unvorstellbarer Glut zerstörender Kräfte weiß, der wird diese biblischen Schilderungen ganz neu in ihrer Bildkraft verstehen[102]. Wenn neben den Himmeln[103] und der Erde noch besonders die **Elemente** genannt werden, die **von Glut verzehrt sich auflösen**, dann soll das zeigen, wie die Vernichtung wirklich bis in die innersten Bestandteile und bis in die Grundlagen des alten Weltbestandes hineinreicht.

Das Schlußwort des Verses ist schwierig. Am besten bezeugt und darum auch von Nestle in seinen Text aufgenommen ist das Wort **erfunden werden**. Aber was soll das heißen? Man muß dann ein „im Gericht" ergänzen. Dazu hat man ein gewisses Recht, weil „erfunden werden" öfter in „gerichtlichem" Sinn gebraucht wird[104]. Die Lesart bleibt aber schwierig, und es ist nicht verwunderlich, daß in vielen uns vorliegenden Handschriften Änderungsversuche gemacht wurden. Vom ganzen Bild des „Feuergerichtes" aus ist das nächstliegende der Ersatz von **erfunden werden** durch **Verbrennen**, das mit **erfunden werden** im Gericht verhältnismäßig ähnlich klingt[105]. Denn „im Gericht erfunden" werden immer nur die Menschen mit ihren Werken, und dies geschieht doch nach dem biblischen Zeugnis erst später vor dem Großen Weißen Thron (Offb 20, 11). Die „Werke", die dabei aus den aufgeschlagenen Büchern ans Licht kommen, sind die Taten der Menschen und können nicht gut mit dem Ausdruck **die Erde und die Werke auf ihr** erfaßt sein. Hier stellt der Apostel vielmehr all das vor uns hin, was Menschen auf Erden „Großes" geschaffen und gebaut haben, was sie mit viel Stolz und Bewunderung betrachten. Am Tage des Herrn aber wird dies alles verbrennen und ist nichts Bleibendes. So haben wir gewichtige innere Gründe für diese Textänderung.

Da sich dieses so alles auflöst, welcher Art müßt ihr dann 11
sein in heiligem Wandel und Frömmigkeit. Das ist typisch ntst, daß Eschatologie niemals nur dem Wissen und der lehrhaften

[102] Vgl. Bernhard Philbert „Christliche Prophetie und Nuklearenergie" 11. A, Wuppertal 1975.
[103] Die Bibel gebraucht das Wort „Himmel" oft im Plural. Vgl. dazu auch die Auslegung zu 2 Ko 12, 2 in der W. Stb. u. a. Stellen.
[104] Vgl. etwa Gal 2, 17; Apg 5, 39; 1 Ko 4, 2; 2 Ko 5, 3.
[105] Durch die Koine ist dieser Wortlaut auch in unsere LÜ gekommen und auch in der rev. LÜ beibehalten. Auch Schlatter bringt ihn in seinen Erläuterungen. Menge schließt sich mit der Übersetzung „im Feuer aufgehen" an und weist in einer Anmerkung auf eine Lesart hin, die ein „nicht" einschiebt: „Die Erde wird mit allen Menschenwerken, die auf ihr sind, nicht mehr zu finden sein." Die rev. Elberfelder übersetzt: „... die Erde und die Werke auf ihr (nicht) gefunden werden" und verweist in der Anmerkung auf spätere Handschriften, die „auf ihr verbrannt werden" hin.

Klarheit dient, sondern daß die Hörer der Botschaft durch sie sofort auf die praktischen Folgen für ihr Leben hingewiesen werden. Wenn die Zukunft der Welt und der Menschheit so aussieht, **welcher Art müßt ihr dann sein!** Welch ein Antrieb zu **heiligem Wandel und Frömmigkeit** geht von dem klaren Wissen um die Zukunft aus[106].

12 Aber in diesem Satz liegt zugleich eine Frage an die Ungeduldigen, die Gott der Verzögerung beschuldigen. **Die ihr erwartet und schnell herbeisehnt die Parusie des Tages Gottes,** seid ihr denn „in heiligem Wandel und Frömmigkeit" bereit und gerüstet? Das dem „Erwarten" noch beigefügte Wort *speudo* (herbeisehnen) eigentlich „beeilen", „beschleunigen". Vielleicht müssen wir es auch an unserer Stelle so übersetzen. Unter den „Ungeduldigen" könnten solche sein, die nach dem Vorbild jüdischer Theologen[107] tatsächlich meinten, mit ihren sittlich-religiösen Anstrengungen den Tag Gottes schneller herbeiführen zu können. Und ist nicht das dringende Beten und Flehen der Gemeinde, das vom Heiligen Geist selbst emporgetragen wird, um das Kommen ihres Herrn (Offb 22, 17.21) ein wirksames „Beschleunigen" der Endereignisse? Solche Beter sind es jedenfalls, die den Tag nicht nur **erwarten,** sondern **schnell herbeisehnen.** Hat nicht gerade die bedrängte Gemeinde allen Grund zu solchem Sehnen und Beten, das ja dann auch das Rufen „der Braut", d. h. der ganzen glaubenden Gemeinde sein soll? Vgl. Lk 18, 1ff[108]. Aber es gilt nicht in falscher Weise ungeduldig zu sein, sondern den Ernst des ersehnten Tages vor Augen zu haben und bis dahin die Zeit wirklich auszukaufen.

Darum mahnt der Apostel gerade auch sie noch einmal, daran zu denken, wie ungeheuerlich sich die **Parusie des Tages**

[106] Vgl. dazu Rö 13, 11—14; 1 Th 5, 4—11. Wie wird von da aus die Gemeinde bestärkt in der strikten Ablehnung der falschen „Freiheitsparole" der gnostischen Irreführer. Vgl. dazu auch zu Kap. 2, 19.

[107] Wir kennen aus der Schriftgelehrten-Literatur den Satz: „Wenn die Israeliten einen Tag Buße täten, würde sofort der Sohn Davids kommen" (Strack-Billerbeck). In anderer Wendung heißt es auch: Wenn Israel nur einen einzigen Sabbat wirklich hielte, dann wäre der Messias alsbald da.

[108] Ist dieses Beten nicht in erschreckender Weise unter uns verstummt und vergessen? Das ist um so mehr zum Erschrecken, als uns ja der Heilige Geist zu dem Gebetsruf: „Komm, Herr Jesus!" anregen möchte (Offb 22, 16a. 20b) und der Herr selbst ihn von denen erwartet, die richtig zu ihm stehen.

Gottes[109] auswirkt. **Um dessen willen die Himmel sich im Feuer auflösen und die Elemente in Glut schmelzen.** Das Kommen Jesu ist nicht einfach nur eine persönliche Freude der Glaubenden, es führt vielmehr zu einer Weltkatastrophe von unvorstellbaren Ausmaßen[110]. Das macht unser Warten jedenfalls sehr ernst.

Allerdings ist die Katastrophe der Auflösung des alten Welt- 13
gebäudes nicht in sich selbst schon Ziel und Ende des großen göttlichen Planes. Nein, der lebendige Gott, wie er sich uns in Jesus, seinem Gesalbten, offenbart, geht auch bei all seinem Gerichtshandeln auf ein positives und herrliches Ziel zu. Als er den Messias sandte, durch ihn auf Erden wirkte und dann dies Wirken durch seine bevollmächtigten Boten im Heiligen Geist fortsetzte und über alle Länder und Erdteile ausweitete bis heute, ging und geht es um Rettung der Verlorenen, um Befreiung der Gebundenen, um Heilung der Dahinsiechenden, um Heimbringung der Verirrten, — ja um Zurechtbringung des furchtbaren Schadens, den der Teufel in der Menschheit angerichtet hatte. Diese Zurechtbringung soll schließlich zur Durchsetzung vollkommener Gerechtigkeit führen. Das ist das herrliche Endziel, das hier mit den Worten umschrieben wird, die den Höhepunkt des ganzen Abschnitts bilden: **Neue Himmel aber und eine neue Erde erwarten wir nach seiner Verheißung, in denen Gerechtigkeit wohnt**[110a].

109 Wir kennen sonst nur die Formulierung von der „Parusie Jesu". Aber eben indem Jesus wiederkommt, vollzieht sich der Tag Gottes. Und umgekehrt: Jesu neues Kommen ist nicht eine jesuanische Sonderangelegenheit, sondern die Erfüllung der alten prophetischen Ankündigung des „Tages Gottes".

110 Petrus faßt wie die alten Propheten die ganze Ereigniskette des „Tages Gottes" in eine einzige Schau zusammen. Aber wir müssen die gesamte Schau der Schrift uns vor Augen stellen. Dazu schreibt Paulus zunächst im 1 Th 4, 11 ff, wenn Parusie Jesu sein wird, werden die Gläubigen dem Herrn entgegengerückt in den Lufthimmel. Da wird, so schreibt es Paulus 1 Ko 3, 11 ff, das Gericht für die Glaubenden sein, und der Herr prüft ihr Lebenswerk. Was nicht feuerbeständig ist, das verbrennt. Sie werden nach Phil 3, 21 von Jesus dann den Herrlichkeitsleib bekommen und danach richtet Jesus mit den Seinen auf dieser Erde das „Tausendjährige Reich" auf (Offb 20, 1—6). Auch wenn Jesus in einem Jahrtausend zeigt, was unter seiner Herrschaft mit seinen erprobten Heiligen bei der Ausschaltung Satans (Offb 20, 1—3) aus der Menschheit werden kann, wird der Teufel am Ende dieses Jahrtausends noch einmal losgelassen und es kommt zu einem Ansturm der gottfernen Menschheit auf die heilige Stadt. Damit ist erwiesen, wie tief das Verderben im gelösten Menschen wurzelt. Nun ist die Stunde des letzten Gerichtes gekommen, das vor dem Großen Weißen Thron (Offb 20, 11) erfolgt. Danach geschieht die endgültige Auflösung der ganzen bisherigen Welt, so wie Petrus es uns schildert.

110a Auch hier haben wir bei allen persönlichen Unterschieden der Apostel ihre Einheit und Einmütigkeit in der einen anvertrauten Botschaft. Die Größe und Herrlichkeit des Welt-

Wie nötig haben wir Christen von heute das Hören auf diesen Satz! Wir kommen aus Jahrhunderten des Individualismus, wo meist der Einzelmensch — letztlich dann unsere eigene Person — im Mittelpunkt stand. Was wird aus mir in meinem Sterben, werde ich selig werden? Ganz gewiß sind auch das wichtige Fragen, auf die wir Antwort haben müssen und auch bekommen sollen. Aber jetzt, da Petrus von der Zukunft und von der Zukunftserwartung spricht, spielen sie keine Rolle, bzw. sie gehen auf in den großen Dingen Gottes, die auf uns zukommen. Was heißt dann „selig werden"? Ich Einzelmensch kann nur wahrhaft glücklich sein, wenn ich mit unzähligen andern auf einem neuen Himmel und auf einer neuen Erde wohnen darf, in welchen endlich **Gerechtigkeit wohnt**[110b]. In dieser Formulierung werden wir darauf hingewiesen, daß es in der **Gerechtigkeit** um eine eigene, objektive Macht geht, die auf der neuen Erde sozusagen „residiert" und alles auf ihr ordnet und gestaltet. Menschen, die Jesus durch sein Blut von ihrem alten ichhaften Wesen befreite, hat er zugemutet, daß sie mit ihrem weiten und liebevollen Herzen das „Seufzen der Kreatur" (Rö 8, 23) hören und hungern und dürsten nach Gerechtigkeit. Diese große Zukunftshoffnung der jungen Christenheit war es, die in ihrer Umwelt ganz besonders auffiel und Menschen zum Fragen brachte. So hat es Petrus in seinem 1 Brief Kap 3, 15 gesagt. Über diese Hoffnung und ihren Grund Auskunft zu geben, ist der missionarische Auftrag, der freudig zu seiner Erfüllung des Erfülltseins mit dieser Hoffnung voraussetzt[111].

Daß das Alte nichts tauge, daß alles neu werden müsse, das meinen schon lange viele Menschen[112]. Aber wer kann wahrhaft und bis in die innersten Tiefen alles neu machen? Wer kann denn die neue Welt schaffen, in der „Gerechtigkeit" nicht nur ersehnt oder gefordert wird, sondern in der Gerechtigkeit tatsächlich „wohnt" und alles gestaltet? Wie kamen die ersten

planes Gottes, von der Paulus in 1 Ko 2, 7 und die Johannes in den letzten Kapiteln der Offenbarung entfaltet, wird hier auch bei Petrus der Gemeinde vor Augen gestellt.

110b Wie leicht ist unser Verlangen nach „Gerechtigkeit" eine mehr ichhafte Sache. „Mein Recht" soll mir endlich werden; nach meinem Wunsch und Ansichten soll es gerecht um mich her zugehen. Im biblischen Zeugnis aber geht es um Gottes Gerechtigkeit, die endlich zum Sieg und zur Herrschaft kommen soll.

111 Wieviel sind wir der Welt in unserer Verkündigung schuldig geblieben? Ob uns nicht gerade unser Kapitel neu in Bewegung bringen kann? Was würde geschehen, wenn die „Christen" in ihrer Umgebung dadurch auffallen, daß sie mit ganzem Herzen auf die neuen Himmel und die neue Erde warteten?

Christen zu diesem „Erwarten"? Petrus sagt es eindeutig: Wir erwarten diese neue Welt **nach seiner Verheißung.** Auch jetzt erhalten wir wieder keine mythologischen Schilderungen und keine christlichen Verbesserungspläne, sondern werden einzig auf das klare Wort Gottes gewiesen. Ob Petrus diese „seine Verheißung" im AT fand[112], oder ob er an die Verkündigung denkt, die er von Jesus selbst hörte, sagt er uns nicht. Aber nicht von „Mythologie", sondern vom Vertrauen auf das wahrhaftige Wort des lebendigen Gottes leben die Menschen in der Bibel von Abraham bis zur Gemeinde Jesu. Darum fehlt bei Petrus auch jede mythologische Ausfeilung der neuen Welt[113]. Vom Aussehen **der neuen Erde,** von der Art unseres Lebens auf ihr, sagt Petrus kein Wort. Es genügt ihm das eine, es ist Gottes neue Welt, die voll „Gerechtigkeit" sein wird.

Schlußmahnung

2. Petrus 3, 14—18

14 **Deshalb, Geliebte, da ihr solches erwartet, seid bestrebt, daß**
ihr ohne Flecken und Makel vor ihm erfunden werdet in
15 **Frieden. * Und seht in der Langmut unseres Herrn die**
Rettung, wie auch unser geliebter Bruder Paulus nach der
16 **ihm gegebenen Weisheit euch geschrieben hat, * wie auch**
in allen Briefen, in denen er davon spricht. In ihnen ist
einiges schwer verständlich, was die Unwissenden und Ungefestigten verdrehen wie auch die andern Schriftstellen
17 **zu ihrem eigenen Verderben. * Ihr nun, Geliebte, die ihr**
es im voraus wißt, hütet euch, daß ihr nicht durch den Irrwahn der Frevler mitgerissen werdet und aus der eigenen
18 **Festigkeit herausfallt. * Wachset vielmehr in der Gnade und Erkenntnis unseres Herrn und Retters Jesus Christus, Ihm gehört die Herrlichkeit sowohl jetzt wie auch zum Tag der Ewigkeit.**

Zu Vers 14:
1 Ko 1, 7. 8
Kol 1, 23
Jud 24
Zu Vers 15:
Rö 2, 4
1 Ko 3, 10
Offb 2, 21
Zu Vers 16:
2 Ko 4, 3; 10, 10
Zu Vers 17:
Mk 13, 5 f
Hbr 2, 1
Zu Vers 18:
Rö 16, 27
Eph 4, 13
Phil 3, 8
Jud 25

[112] So sprechen auch viele von „Gerechtigkeit" und behaupten, für sie zu kämpfen. Aber wieviel Ungerechtigkeit, Gewalt und Lüge mischt sich schnell in diesen Kampf! Jesus hat es vorausgesagt, daß die „Ungerechtigkeit wird überhand nehmen auf Erden" (Mt 24, 12).

[113] So ist hier wirklich nichts zu „entmythologisieren", — es sei denn, daß jede lebendige und konkrete Zukunftshoffnung als solche schon in den Bereich der „Mythologie" verweist.

14 **Deshalb, Geliebte, da ihr solches erwartet, seid bestrebt, daß ihr ohne Flecken und Makel vor ihm erfunden werdet in Frieden.** Noch einmal geht es Petrus um die notwendige praktische Folgerung aus der eschatologischen Erwartung[114]. So wichtig ist es ihm, daß alle „Hoffnung" der Christen nicht im bloßen „Wissen" steckenbleibt oder gar in beglückende Träumerei ausartet, sondern das wirkliche Leben völlig und durchgehend bestimmt. Petrus weiß, daß kein Christ durch Bekehrung und Wiedergeburt schon „fertig" ist. Er wird die Gemeindeglieder darum in V. 18 zum „Wachsen" ermuntern. Jetzt denkt er daran, wieviel uns auf unserem Glaubensweg zu beflecken droht und auch wirklich verunreinigt. Aber können wir leben in dem Reich der Gerechtigkeit, mit Makel verunreinigt? Wollen wir **vor ihm,** den wir so dringend erwarten und der Augen hat wie Feuerflammen, befleckt erfunden werden? Wir würden dann nicht **in Frieden** vor ihm stehen können. Noch einmal klingt das Wort von **erfunden werden** an, das auch hier einen gerichtlichen Klang hat (vgl. V. 10). Wie wir von **Flecken** und **Makel** gereinigt werden können, mußte der Gemeinde nicht erst gesagt werden. Sie weiß aus dem apostolischen Unterricht, wie das „Reinigen" und Reinhalten geschehen kann (1 Jo 1, 7.9; 3,3). Auch Anweisungen, wie Petrus sie in seinem 1. Brief (1, 13 bis 16. 22; 2, 1—2.11.12) nachdrücklich gegeben hat, müssen wirklich befolgt werden. Dazu gehört ein ernstes „Streben", das sich zugleich auch aufmerksam müht, alle „Befleckung des Fleisches und des Geistes" zu vermeiden[115]. Das geschieht im klaren und festen Bleiben in Jesus (1 Jo 3, 6), im Gehorsam gegen das Leiten des Heiligen Geistes, in der klaren Absage an die Welt und ihr Wesen (1 Pt 4, 4). Das ist eine Haltung, die in totalem Gegensatz steht zur Freiheitsschwärmerei der Verführer. Die Gemeinde soll fest und klar bei der apostolischen Unterweisung bleiben.

15 **Nun** folgt ein Satz, der sich noch einmal an die „Ungeduldigen" wendet und V. 9 aufnimmt: „Wenn das Ende" noch nicht gekommen ist, wollen wir nicht murren und uns beklagen, sondern uns freuen, daß die **Langmut unseres Herrn** für viele Menschen **die Rettung** bedeutet. Und auch wir selbst könnten leicht des Heils verlustig gehen, wenn unser Herr uns nicht mit solcher Geduld tragen und uns mit solcher Großmut aus

[114] Genauso ist es in 1 Jo 3, 3 und 1 Pt 1, 7 u. 8.

[115] Genauso folgert Paulus aus den „Verheißungen" gerade die Reinigung und Heiligung in 2 Ko 7, 1.

mancher Verirrung und vieler Lauheit wieder heraushelfen würde.

Petrus steht mit seinem Mahnen nicht allein. Er setzt mit 15/16
Nachdruck seinen eigenen Worten noch hinzu: **Wie auch unser geliebter Bruder Paulus nach der ihm gegebenen Weisheit euch geschrieben hat, wie auch in allen Briefen, in denen er davon spricht. In ihnen ist einiges schwer verständlich, was die Unwissenden und Ungefestigten verdrehen, wie auch die andern Schriftstellen zu ihrem eigenen Verderben.** Wir können nicht feststellen, ob ein besonderer Grund Petrus veranlaßt hat, dieses Wort über Paulus zu sagen. Es kann aber in den Gemeinden, an die er sich wendet, ähnlich wie in Korinth gewesen sein, wo sich die „Starken" im Glauben für ihre „Freiheit" auf Sätze des Paulus beriefen. Paulus hat sich selbst zu den „Starken" gerechnet (Rö 15, 1), aber er hat zugleich mit aller Klarheit die auch von ihm verkündigte „Freiheit" gegen grobe Mißverständnisse geschützt (vgl. 1 Ko 5, 1—5; 6, 12—20) und sie mit tiefem Ernst durch die „Liebe" begrenzt (1 Ko 8; Rö 14, 14 und 15, 7). In den Gemeinden, die Petrus vor Augen hat, mögen sich die Irrlehrer ebenfalls ausdrücklich auf Äußerungen des Paulus in seinen Briefen gestützt und Gemeindegliedern dadurch Eindruck gemacht haben. Petrus weiß sich aber mit **unserem geliebten Bruder Paulus** ganz einig. Wir führten eben selbst schon 2 Ko 7, 1 an und wiesen in der ganzen Auslegung unseres Briefes wiederholt auf Paulus hin. Freilich, bei aller Einmütigkeit auf dem Apostelkonzil (Apg 15; Gal 2, 6—10), wird Paulus in Kreisen der palästinensischen Urapostel auch in seiner ganzen Eigenart empfunden worden sein. Darum spricht Petrus hier von **der ihm** (Paulus) **gegebenen Weisheit,** die er als solche von Gott geschenkte Gabe anerkennt und achtet[116]. Doch er stellt ohne jeden Vorwurf gegen Paulus sachlich fest, daß in seinen Briefen **einiges schwer verständlich ist.** Jeder aufmerksame Leser der Paulusbriefe wird das bestätigen. Hier konnte darum manches aus dem Zusammenhang gerissen und falsch verstanden werden und Irrlehrern zur Rechtfertigung ihrer Ansicht dienen. Ein solches „Verdrehen" paulinischer Sätze konnte gerade die Unwissenden und Ungeduldigen verwirren und verführen. Das liegt aber nicht nur an Paulus und

[116] Das Urteil des Petrus ist um so schöner, als es zwischen den beiden Aposteln auch zu harten Spannungen gekommen war. Wir sollen bei aller Achtung vor dem Urchristentum Gal 2, 11—14 nicht übersehen. Die ntst Schriften verschweigen nicht die Fehler und Schwächen selbst von Aposteln. Vgl. auch Apg 16, 35—39.

seiner Schwerverständlichkeit. Petrus fügt darum hinzu, daß man **auch die anderen Schriftstellen** mißbrauchen kann[117]. Wir, die wir auf ein langes Stück Kirchengeschichte zurückschauen, haben eine Fülle schmerzlicher Beispiele vor Augen[118]. Was für irrige und gefährliche Meinungen und Lehren hat man „aus der Bibel“ bewiesen. Das hat es also auch damals schon gegeben, und Petrus muß die Gemeinde davor bewahren. Die Männer, die Sätze des Paulus oder andere Stellen der Schrift „verdrehen“, tun es zu ihrer Gefahr und zu ihrem **eigenen Verderben.** Das muß die Gemeinde mit Ernst bedenken.

17 Die Verführung trifft sie nicht unvorbereitet. Paulus vertritt in seinen Briefen die wahre Botschaft des Evangeliums klar genug und hat die Machenschaften gerade der gnostischen Irrlehrer deutlich genug aufgedeckt und bekämpft[119], und jetzt hat Petrus mit seinem Brief die Gemeinde gewarnt. Aber Petrus kennt die „mitreißende“ Macht der Irrlehren, die unseren natürlichen Gefühlen und Trieben entgegenkommt (vgl. 2, 18) und uns in so kühnen Verteidigungen der Zuchtlosigkeit bewundernswerte „Helden“ sehen lassen. Darum warnt er noch einmal: **Ihr nun, Geliebte, die ihr es im voraus wißt, hütet euch, daß ihr nicht durch den Irrwahn der Frevler mitgerissen werdet und aus der eigenen Festigkeit herausfallt**[120]. Noch sind sie „fest“ und von „festen Stützen umgeben“, wie man das grie Wort **Festigkeit** auch verdeutlichen kann. Aus dieser Stütze des apostolischen Wortes und der apostolischen Sitte dürfen sie nicht **herausfallen.**

18 Aber die negative Warnung reicht nicht aus[121]. Es geht auch

[117] Ob die Gemeinden selber schon diese Schriften besaßen oder ob sie nur von den führenden Männern der gnostischen Bewegung benutzt wurden, wissen wir nicht. Da aber im NT „die Schriften“ im allgemeinen der Ausdruck für das AT ist, kann es sich auch um den Mißbrauch von Stellen aus dem AT handeln.

[118] Das gilt für die alte Kirche ebenso wie für die des Mittelalters und der Reformationszeit und bis in die Gegenwart hinein. Dabei ist keineswegs nur an die bekannten Musterbeispiele wie die „Wiedertäufer von Münster“ oder andere schwarmgeistige Bewegungen zu denken, sondern gerade auch an rationalistische Entstellungen der biblischen Wahrheit, wo man sich ebenfalls stets auf die Bibel beruft, wie ja auch die heutigen Auseinandersetzungen zeigen.

[119] Besonders der 2. Korintherbrief ist das Zeugnis dafür.

[120] Das Wort „Frevler“ ist heute weithin unbekannt und zunächst unverständlich. Die ursprüngliche Bedeutung des grie Wortes ist „gesetzwidrig“, wobei nicht an menschliche Gesetze, sondern an heilige Grundgesetze des Lebens gedacht ist, gegen die sich Menschen vergehen.

[121] Wir handeln auch in aller Erziehung falsch, wenn wir nur mit „Verboten“ arbeiten, anstatt den Kindern, den jungen Menschen, den Gemeindegliedern positive Ziele zu zeigen, an die sie ihre Kraft setzen können. Man studiere daraufhin die Bergpredigt oder Rö 12.

nicht nur um ein „Festhalten und Bewahren“, um ein „Stehenbleiben“. Unser Wort „Christenstand“ kann mißverstanden werden. Paulus vergleicht den Christen mit dem Wettläufer im Stadion! Darum fügt auch Petrus der Mahnung, „nicht aus der eigenen Festigkeit herauszufallen“, sofort die Aufforderung hinzu: **Wachset vielmehr in der Gnade und Erkenntnis unseres Herrn und Retters Jesus Christus.** Es ist ein kurzes Wort mit einem mächtig das ganze Leben füllenden und vorwärtsführenden Inhalt. **Wachsen** geschieht verborgen, ruhig, stetig. Nicht um hastige Anstrengungen geht es, Jesus hat das stille Wachsen in seinem Gleichnis Mk 4, 26—29 anschaulich gezeigt. Was bedeuten doch für eine Gemeinde die Männer und Frauen, die so ohne großes Aufsehen still wachsen und gereift sind! Sie gerade sind es auch, die gegen Irrlehren gefeit sind, weil sie nicht steckenblieben, sondern **wuchsen,** und zwar **in der Gnade und Erkenntnis unseres Herrn und Retters Jesus Christus.** Das ist wichtig. Die Irrlehrer betrachten die Glieder der apostolischen Gemeinden als „rückständig“. Erkenntnis, Erkenntnis, immer neue Erkenntnis! ist ihre Losung. Petrus aber stellt sehr bewußt vor das **Wachsen in der Erkenntnis** das **Wachsen in der Gnade.** Das ist kein Wachstum in die „Höhe“, sondern immer in die Tiefe. In den eigenen Augen immer kleiner werden, der **Gnade unsres Herrn und Retters** immer bedürftiger, und darum dann auch diese **Gnade** immer höher schätzen, immer dankerfüllter lieben — das ist das echte „Wachstum“, zu dem die Gemeinde aufgerufen werden muß. Gerade dann und nur dann ist es auch das wirkliche **Wachsen in der Erkenntnis,** nämlich in der Erkenntnis Jesu Christi als des **Herrn und Retters.** Nicht in der Aufnahme interessanter und aufregender Neuigkeiten besteht das Wachsen, das wir brauchen; vielmehr eröffnet die alte Wahrheit, die wir schon in der Umkehr und Wiedergeburt erfahren und ergriffen haben, immer neue Tiefen, und das alte „Wort vom Kreuz“ zeigt Herrlichkeiten, von denen wir am Anfang noch nichts wußten. Die Irrlehrer aber lösen und entfernen sich immer wieder von Jesus und seinen Weisungen, um ihre Freiheit „zu genießen“. Demgegenüber vollzieht sich das echte Wachsen der Erlösten dadurch, daß Jesus sich ihnen immer mehr offenbart und sie ihn auf diese Weise immer besser kennenlernen. So werden sie ihn nicht nur immer williger als ihren Herrn anerkennen, sondern ihn als solchen auch immer brennender lieben, ihr Denken, Reden und Tun immer bewußter auf ihn ausrichten, das aber heißt: ihm immer entschiedener nachfolgen. Nicht daß uns neben Jesus noch allerlei anderes wichtig wird, ist das, was wir zum Wachsen brauchen, sondern in Wirklichkeit wachsen wir innerlich dadurch, daß er selbst, unser Herr Jesus, uns immer größer, unentbehrlicher und herrlicher wird.

Darum schließt Petrus seinen Brief mit dem Satz: **Ihm gehört die Herrlichkeit sowohl jetzt wie auch zum Tag der Ewigkeit.** Daß Jesus der „Herr" ist, das wird der **Tag der Ewigkeit** zum Schrecken der Irrlehrer, zur anbetenden Freude der Gemeinde offenbar machen. Auch dann wird er, wie Johannes es sah, das Lamm Gottes sein, der **Retter,** zu dessen **Herrlichkeit** gerade seine Wundmale gehören. Wenn Jesu Gnade uns ganz groß geworden ist, wenn wir von ihr allein leben und wenn Jesus uns „einzig liebenswert und groß" wurde, dann wird uns die kommende Welt mit dem Tag Gottes, dem **Tag der Ewigkeit** nicht beschämen und enttäuschen, sondern nur über alles Denken hinaus bestätigen, daß Jesus die Herrlichkeit gehört.

Der Judasbrief

Der Eingangsgruß

Judas Vers 1—2

1 **Judas, Jesu Christi Sklave, Bruder aber des Jakobus, den in**
Gott Vater geliebten und für Jesus Christus bewahrten Be-
2 **rufenen: * Erbarmen werde euch zuteil und Friede und Lie-**
be in reichem Maße!

Zu Vers 1: Mt 13, 55; 1 Jo 5, 18
Zu Vers 2: 2 Pt 1, 2

1

Auch unser kleiner Brief folgt der antiken Briefform. Darum wird zuerst der Name dessen genannt, der im Brief zu uns redet. Es ist **Judas, Jesu Christi Sklave, Bruder aber des Jakobus.** Weil **Judas** ein sehr häufiger Name im jüdischen Volk[1] ist, stellt sich der Verfasser sofort noch näher vor. Es geschieht in einer eigentümlichen Weise. Zunächst folgt eine „Amtsbezeichnung", die uns freilich sehr befremdlich klingt: **Judas, Jesu Christi Sklave.** Die Leser des Briefes hörten diesen Ausdruck viel sachlicher als wir. Es gab Sklaven in Mengen und gab solche auch unter den Gemeindegliedern. Ein „Sklave" ist ein Mensch, der mit Leib und Leben, mit aller seiner Kraft und Leistungsfähigkeit einem andern, seinem Herrn, gehört. Judas sagt es voll Freude der Gemeinde, ebenso wie auch Paulus sich gerade in seinem frohen und herzlichsten Brief als „Sklave Jesu Christi" (Phil 1,1) bezeichnet. Judas gehört ihm als „Herrn", der ihn „erkauft" und damit herausgerissen hat aus dem „Machtbereich der Finsternis"

[1] Auch im NT kommt er mehrfach vor. Im Apostelkreis finden wir Judas-Ischarioth, aber auch „Judas, Sohn des Jakobus". Lk 6, 16; Apg 1, 13; Jo 14, 22. Außerdem hören wir von „Judas aus Galiläa" Apg 5, 37, „Judas Barsabas" Apg 15, 22. 32 und einem „Judas in Damaskus", der Saul von Tarsus aufgenommen hat: Apg 9, 11. Zur Person des Verfassers vgl. Einleitung S. 191.

(Kol 1,13), aus der „Gewalt Satans" (Apg 26,18), des „Fürsten dieser Welt", und dafür mit seinem Blut und Leben bezahlt hat. Ihm gehört Judas aus Dank und Liebe. Im Anschluß an atst Stellen[2] nannten sich Männer so, die in besonderer Weise im „Dienst" für ihren Herrn stehen, obwohl ja alle, die dem Ruf Jesu wirklich gefolgt sind, nicht mehr sich selbst gehören, sondern als teuer Erkaufte nun mit Leib und Leben Gott preisen dürfen (1 Ko 6,19f). Judas ist kein „Apostel". Aber die Leser seines Briefes sollen auch nicht einfach irgend einen Mann der Christenheit in ihm sehen, der hier seine persönliche Meinung äußert. Er schreibt im höchsten Dienst und Auftrag.

Er möchte aber die Geltung seines Wortes noch unterstreichen und sich den Empfängern seines Briefes besonders bekanntmachen, so fügt er mit einem betonenden „Aber" hinzu: **Bruder aber des Jakobus.** Dieser Name hat in der ganzen Urchristenheit bis in heidenchristliche Gemeinden hinein einen guten Klang. Paulus nennt ihn in seinem Bericht über das Apostel-Konzil an erster Stelle vor Petrus und Johannes (Gal 2,9). Er begegnet uns auch in Apg 21, 18ff als der bestimmende Mann: er war der leibliche Bruder Jesu, der ihm nach seiner Auferstehung eine persönliche Begegnung schenkte und den vorher Ungläubigen dadurch zum Glauben führte. Wer als **Bruder des Jakobus** schreibt[3], darf des Gehörs bei den Lesern sicher sein.

Jakobus und Judas sind Brüder Jesu selbst! Aber darauf weisen beide in ihren Briefen ganz bewußt nicht hin. Einst waren sie wirklich Jesu leibliche „Brüder", die nicht an ihn glaubten, sondern ihn mehr oder weniger „brüderlich" zurechtwiesen (Jo 7,3—5). Nun aber glauben sie an Jesus, und eben damit wird Jesus für sie zum *Kyrios,* zum Herrn, vor dem sie nicht mehr als „Brüder", sondern nur als „Sklaven" stehen können. Sie vollziehen damit von ihrer Seite die Abweisung jeder irdisch-verwandtschaftlichen Zusammengehörigkeit, die Jesus in aller Schroffheit selber ausgesprochen

[2] Wir sind gewohnt, das hebr Wort, das den „Sklaven" bezeichnet und in der LXX auch mit „doulos = Sklave" übersetzt wird, als „Knecht" wiederzugeben und kennen die Stellen vom Gottesknecht, besonders im Jesaja. In den ersten Reden der Apostel wird diese Bezeichnung auf Jesus selbst angewendet, wie auch bereits Abraham in Ps 105, 6 und Josua in Jos 24, 29 diesen Ehrentitel tragen.

[3] Mk bestätigt diese Bezeichnung; auch hier werden Jakobus und Judas miteinander als Söhne der Maria genannt (6, 3).

hatte (Jo 2,4; Mt 12,46—50). Sie sind wie alle anderen Menschen „von unten her" und dadurch total geschieden von dem, der „von oben her" ist. Jede „Verwandtschaft" hört hier auf[4].

Der Nennung des Absenders folgt die Bezeichnung der Briefempfänger. Sie sind ohne jede Angabe ihres Wohnortes nur nach ihrem inneren Wesen beschrieben. Darum können wir nicht konkret wissen, wohin Judas seinen Brief sandte. Nur daß er an eine Gemeinde (bzw. Gemeinden) gerichtet war, ergibt sich aus dem Inhalt, denn „Liebesmahle" gibt es nur in „Gemeinden"[5]. Wo immer sich diese Gemeinden befanden, es werden Gemeinden gewesen sein, für die der Name *Jakobus* einen starken Klang hatte, sie werden also in besonderer Verbindung mit der Urgemeinde in Jerusalem gestanden haben. Zwar hat auch ein Paulus das Ansehen des Jakobus gekannt und anerkannt, aber schwerlich wird sich Judas an eine „paulinische" Gemeinde gewandt und dabei seine Beziehung zu Jakobus hervorgehoben haben. Wir werden beim Lesen des Judasbriefes die Empfänger in judenchristlichen Gemeinden des Orients zu suchen haben[6].

Aber innerlich müssen wir dabei keinen weiten Schritt tun. Judas sieht eine „Gemeinde Jesu" nicht anders als Paulus. Ihre Kennzeichnung ist „theozentrisch", zentral auf Gott ausgerichtet. Was an der Gemeinde hervorgehoben wird, sind nicht ihre Eigenschaften oder Leistungen. Sie ist, was sie ist, durch Gottes Tun. Darauf allein fällt der Blick[7]. Ihre Glieder sind **Berufene.** Nicht durch „Werke" und „Verdienste" kamen sie in die Messias-Gemeinde hinein, sondern durch Gottes „Ruf", hinter dem für Judas gewiß ebenso wie für Paulus das „Erwählen" und „Verordnen" Gottes stand (Rö 8, 30). Und ebenso wie bei Paulus (1 Th 1,4) kommt dieses göttliche Erwählen und

[4] Diese Tatsache, daß Jakobus und Judas den so naheliegenden Hinweis auf ihre Herrenbruderschaft streng meiden, ist historisch wichtig. Sie zeigt, daß nicht erst die Gemeindetheologie unter hellenistischen Einflüssen den „Menschen Jesus" zum „Kyrios" emporgesteigert hat, sondern daß sofort auch die menschlich Nächststehenden den totalen qualitativen Unterschied im Wesen Jesu als des Auferstandenen erkannten.

[5] Die Mehrzahl „eure Liebesmahle" (V. 12) kann einfach die häufigen Mahlzeiten meinen, die in einer einzelnen Gemeinde stattfinden; sie könnte freilich auch ein Hinweis darauf sein, daß Judas an eine ganze Gruppe von Gemeinden schrieb.

[6] Darauf weist auch die Vertrautheit mit dem AT und mit jener erbaulichen Literatur, wie sie besonders im Buch Henoch vorlag. Diese Vertrautheit wird von Judas offensichtlich vorausgesetzt. Vgl. zu der ganzen Frage der Empfänger des Briefes die Einleitung.

[7] Das geht freilich gegen unsere Natur, sollte aber gerade darum auch von uns im Blick auf Gemeinden, Kirchen, Werke und Häuser wieder neu gelernt werden.

Berufen auch für Judas aus Gottes Liebe: diese **Berufenen** sind **in Gott Vater Geliebte**[8]. Auch hier ist der Geist Gottes bis in die einzelnen Formulierungen hinein wirksam. Die Gemeindeglieder sind nicht nur „von“ Gott geliebt; das konnte in der Verbindung mit ihrem Berufensein so klingen, als stünde Gottes Liebe nur am Anfang des Christenstandes. Nein, sie sind dauernd und immer **in** Gott geliebt. Wie tröstlich ist das für Gemeinden, die in großen Nöten und Anfechtungen stehen[9]!

Sie dürfen zugleich wissen, daß sie durch alle Schwierigkeiten hindurch **für Jesus Christus bewahrt** werden. Wer von uns käme an das große Ziel, wenn nicht die „bewahrende“ Treue und Geduld Gottes unser Leben in fester Hand hielte! Aber es ist dabei wichtig, den Wortlaut ganz zu erfassen. Es geht nicht nur um unsere Bewahrung als solche und darum, daß wir selber „ans Ziel kommen“. Wir werden **„für Jesus Christus“** bewahrt! Wir dürfen also auch bei dieser tröstlichen und uns persönlich betreffenden Bewahrung uns selber vergessen und von **a**ller frommen Eigensucht frei werden. Jesus Christus ist auch hier der Mittelpunkt. Daß sein Anspruch an uns zum Ziel kommt und der Lohn seiner heißen Arbeit an uns nicht verloren geht, dazu bewahrt uns Gott. Das ist freilich zugleich unser eigener Gewinn, weil unser Leben darin besteht, für Jesus Christus dazusein. Diese Aussage „für Jesus Christus bewahrt“ ist zugleich „eschatologisch“[10] ausgerichtet. Wir sollen am Tage der Wiederkunft Jesu für ihn bewahrt sein. Damit greifen Anfang und Schluß des Briefes ineinander. V. 24 wird noch einmal ausdrücklich eschatologisch auf das „Bewahrtwerden vor jedem Straucheln“ und damit auf das letzte große Ziel Gottes hinweisen.

2 Und nun verbindet sich der Absender nach schöner Sitte der Zeit den Briefempfängern mit dem Zuspruch des Segens: **Er-**

[8] Die Handschriften der Koine-Gruppe (8.—9. Jh. n. Chr.) lesen hier: „In Gott Vater geheiligte Berufene.“ Aber das wird unwillkürlich oder gewollte Angleichung an 1 Ko 1, 2 sein.

[9] Mit diesem Wort von Gottes Liebe und Gottes Ruf an uns weist Judas auf die „Freiheit“ hin, die unsere völlige Zugehörigkeit zu Gott als „Sklaven Jesu Christi“ kennzeichnet. Gott macht uns nicht gewaltsam zu seinen Knechten. Liebe sucht die Gegenliebe, die ihrem Wesen nach nur freiwillig sein kann. Und ein „Ruf“ kann angenommen oder abgelehnt werden. Erst in unserer eigenen, freien Entscheidung dem Ruf des Evangeliums gegenüber werden wir in vollem Sinn „Berufene“.

[10] Die „Eschatologie“ ist die Kunde von den *eschata*, von den „letzten Dingen“; also von der die ganze Menschheitsgeschichte abschließenden Endgeschichte. Alle Aussagen, die auf diese Endgeschichte ausgerichtet sind, nennen wir „eschatologisch“.

barmen werde euch zuteil und Frieden und Liebe in reichem Maße. Für einen Mann wie Judas war das mehr als ein „frommer Wunsch". Biblisches Segnen geschieht ja in der Gewißheit, daß Gott das gibt, was betend im Aufblick zu ihm Menschen zugesprochen wird. Die Segensgabe wird hier nicht nur in zwei, sondern in drei Worten beschrieben[11], wobei das **Erbarmen** betont voran steht. Es ist die grundlegende Zuwendung Gottes zu uns, nicht nur ein Mitempfinden, sondern der zur Tat gewordene Retterwille Gottes, wirklich geschichtlich im Opfertod Jesu für uns. Das Wort **Friede** hat für uns heutige Christen etwas von seinem ursprünglichen, umfassenden Inhalt wiederbekommen, seit wir uns das hebr *schalom* auch selber wieder als Segenswunsch zuzurufen beginnen. Wir erfahren dabei, daß man Worte nicht eigentlich „übersetzen" kann. „Frieden" ist für uns von einer langen Geschichte her zu leicht nur der stimmungsmäßige Herzensfriede. *Schalom* ist viel leibhaftiger und realer gemeint. Bei Nennung der **Liebe** können wir fragen, ob Gottes Liebe zu uns gemeint sei oder unsre Liebe zum Herrn und untereinander. Für ntst Denken gehört beides eng zusammen. **Liebe** ist immer unteilbar! Liebe zu Gott ist nicht wirklich ohne Liebe zum Bruder, diese aber auch nicht möglich ohne die Liebe zu Gott. Vgl. 1 Jo 4,7.11.

Der Segensspruch als solcher zeigt schon, daß wir die großen Güter, die er nennt, nicht einfach als „Besitz" haben. Viel Christentum siecht dahin, weil es das verkennt. O ja, es ist alles unser, wir sind reiche Leute. Aber wir sind es nur, indem es uns immer neu **zuteil wird.** Das echte „Haben" läßt uns nicht selbstzufrieden stehen bleiben, sondern bringt uns in ein lebendiges Wachstum, bei dem wir das in noch viel reicherem Maße haben möchten und auch empfangen werden, was uns grundlegend bereits zuteil wurde. An Gottes Willigkeit, **in reichem Maße** zu schenken, ist jedenfalls nicht zu zweifeln. So hat auch Paulus die frohe, dankende Anerkennung dessen, was die Gemeinde schon besitzt, mit der dringenden Aufforderung verbunden, darin „noch völliger zu werden" (1 Th 4,10) und „immer zuzunehmen" (1 Ko 15,58). So wünscht es Judas auch für die Gemeinde, an die er schreibt, und so ist es ihr vom Herrn zugedacht.

[11] Ebenso auch in 2 Ko 13, 13; 1 Tim 1, 2; 2 Tim 1, 2. Meist aber nennt der Apostel Paulus nur „Gnade und Friede" in der Vereinigung des grie und hebr Grußes.

Anlaß und Ziel des Briefes

Judas Vers 3—4

Zu Vers 3:
2 Tim 4, 7
2 Pt 5
Zu Vers 4:
Mt 10, 33
Apg 4, 28
Gal 2, 4
2 Pt 2, 1 f

3 **Geliebte, indem ich allen Eifer daran wende euch zu schrei-
ben betreffs unseres gemeinsamen Heils, empfing ich die
Notwendigkeit, euch zu schreiben und zu ermahnen, für den
Glauben zu kämpfen, der ein für allemal den Heiligen über-**
4 **geben worden ist. * Denn es schlichen sich einige Menschen
ein, die seit langem vorher aufgeschrieben sind für dieses
Urteil: Unfromme, die die Gnade unseres Gottes verkehren
zur Ausschweifung und den alleinigen Herrscher und unse-
ren Herrn Jesus Christus** (oder: unsern alleinigen Herrscher
und Herrn Jesus) **verleugnen.**

3 Judas sagt den Briefempfängern sogleich, warum er ihnen überhaupt schreibt, mit welchem Ernst er es tut und was das Ziel seines Schreibens ist: **Geliebte, indem ich allen Eifer daran wende, euch zu schreiben, betreffs unseres gemeinsamen Heils, empfing ich die Notwendigkeit, euch zu schreiben.** In der Anrede **Geliebte** bewährt sich, was wir eben von der „Unteilbarkeit" der Liebe sagten. Sie sind **Geliebte** zuerst einmal, weil Gott sie in seine Liebe eingeschlossen hat (V.1). Aber darum gilt ihnen auch, was Paulus den Thessalonichern in 1 Th 2,8 sagte: sie sind „Geliebte geworden" auch für die Boten. Sie dürfen gewiß sein, daß Judas ihnen bei allem Ernst seiner Worte in herzlicher Liebe schreibt[12].

Aber diese Liebe ist nicht allein schon der Grund dafür, daß Judas seinen Brief schreibt. Er tut es nicht nach eigenem Gutdünken oder aus irgendeiner Stimmung heraus. Sein Brief ist weit ernster begründet: **Ich empfing die Notwendigkeit** (d. h. ich sah mich genötigt), **euch zu schreiben.** Dieses Wort **Notwendigkeit** steht auch in 1 Ko 9,16 im Blick auf die ganze Verkündigungsarbeit des Apostels Paulus: eine innere Notwendigkeit liegt auf ihm; deshalb m u ß er evangelisieren. Ähnlich ist es auch bei Judas, er *muß* den Brief schreiben. Ein solches „Müssen" liegt im Alten und Neuen Testament auf allen Männern und Frauen, denen wir dort im Dienst Gottes

[12] Wir empfinden die früher übliche Anrede in Predigten „In dem Herrn geliebte Gemeinde" als barock und verwenden sie schwerlich noch. Der Sache nach ist sie wahr und richtig, wenn es um Prediger und Gemeinde recht bestellt ist.

begegnen[13]. Es liegt mit letztem Ernst gerade auch auf Jesus und bedeutet nicht etwa eine Widerlegung, sondern geradezu die Bestätigung und Erfüllung seiner wahren Gottessohnschaft[14].

Judas *muß* schreiben. Wie ist dabei die vorangehende Aussage zu verstehen? Wollte er eigentlich der Gemeinde mit „allem Eifer" etwas ganz anderes schreiben, einen Lehrbrief, eine Abhandlung **betreffs unseres gemeinsamen Heils?** Wurde er darin unterbrochen, weil er eine ganz andere Notwendigkeit empfing? Oder ist mit dem **gemeinsamen Heil** der Inhalt des vorliegenden Briefes gemeint, nur daß der Brief durch eine empfangene **Notwendigkeit** eine andere Zielsetzung erhielt? Wir können vom Wortlaut des Satzes her keine Entscheidung treffen[15]. Judas kann die Anwendung **allen Eifers** bei seinem Schreiben gerade damit begründen, daß ihm dabei die **Notwendigkeit** immer deutlicher wurde, die ihn zum Schreiben trieb. Es ist doch zu beachten, daß es im ersten Satzteil *poiumenos* und nicht *poiaesamenos* **heißt** = also nicht: „indem ich allen Eifer daran *wandte*", sondern: *„wende"*[16].

Es geht um **unser gemeinsames Heil.** Das **Heil,** = die **Rettung** ist das Wichtigste, das es überhaupt für uns geben kann. Dabei steht unsere ewige Zukunft auf dem Spiel. Betont heißt es: **unser gemeinsames** Heil. Es geht also nicht um das Sonderinteresse eines einzelnen oder um die besondere Lehre eines Kreises und einer Richtung. Das Heil, die Rettung der Menschen, geht alle gleichermaßen an. Darin ist sich Judas mit

[13] Wer hier nicht einer „Notwendigkeit" folgt, dient noch nicht wirklich Gott und wird wenig Vollmacht haben. Die *Vollmacht* gehört mit der *Notwendigkeit* des Dienstes eng zusammen. Und gerade erst die *Notwendigkeit* verleiht uns die ganze *Freiheit,* deren wir im Dienst bedürfen.

[14] Das in seinem Leben vielfach vorkommende „Ich muß" ist ein Zeichen seiner messianischen Sendung und Gottessohnschaft. Vgl. das „muß" in Mt 16, 21; 26, 54; Lk 2, 49; 4, 43; 9, 44; 12, 50; 13, 33; 19, 5; 24, 26; Jo 9, 4; 13, 18; 20, 19.

[15] Das im Grundtext stehende Wort *„grapsai"* kennzeichnet einen bestimmten Augenblick der Schreibhandlung, hier sicherlich den erneuten Einsatz des Schreibens. Im Deutschen können wir sinngemäß sagen: „Empfing ich die Notwendigkeit, das Schreiben fortzusetzen mit Ermahnen", oder „indem ich euch ermahne, daß ...".

[16] Allerdings ist die Lesart *„poiaesamenos"* = *wandte* im Papyrus Bodmer VII (P 72) aus dem 3. Jh. bezeugt.

allen Aposteln[17] ebenso wie mit der Gemeinde selbst ganz einig. Diese Gemeinsamkeit ist die Grundlage für das rechte Verstehen zwischen dem Briefschreiber und den Empfängern.

Eben dieses Heil aber ist bedroht, nicht von außen her, sondern von innen her in der Gemeinde selbst. Darum muß die Gemeinde aufgerufen, „gemahnt“, aufgeweckt und gestärkt werden zum Kampf. Das ist das Ziel des Briefes: **Euch zu ermahnen, für den Glauben zu kämpfen, der ein für allemal den Heiligen übergeben worden ist.** Nicht für das Heil selbst hat die Gemeinde zu kämpfen. Das Heil hat der Sohn Gottes erkämpft, als er sterbend seinen Siegesruf ertönen lassen konnte „Es ist vollbracht“. Aber es geht um die Botschaft vom Heil und ihre Geltung, **den Glauben, der den Heiligen[18] übergeben worden ist.** In dieser Formulierung ist freilich die objektive Seite des Glaubens stark hervorgehoben. **Übergeben** werden kann immer nur der Glaubensinhalt als solcher. Das Ergreifen und Aneignen dieses Inhalts und der Glaubensvollzug muß von jedem einzelnen grundlegend und im Leben als Christ immer neu geschehen. Aber es setzt das Vorhandensein des Glaubensinhaltes und Glaubensgrundes voraus. Das Wertlegen auf den Glaubensinhalt und dessen treue und richtige Bewahrung und Weitergabe ist darum völlig berechtigt. Es ist an dieser Stelle ein Zeichen dafür, daß unser Brief geschichtlich spät anzusetzen ist und in eine Zeit der „Verkirchlichung“ und des „Traditionalismus“ fällt[19]. Auch Paulus konnte von „dem Glauben“ als einer festen Größe sprechen, die zu ihrer von Gott vorgesehenen Zeit (Gal 3,23; Rö 3,21) „kam“. Und auch er kennt die klare „Tradition“ des Glaubensinhaltes, an der nichts zu drehen und zu deuteln ist (1 Ko 11,23; 15,1—4). Von wem wird „der Glaube“ in diesem Sinn „den Heiligen übergeben“? Zunächst von den Aposteln. Letztlich aber ist

[17] Paulus definiert in Rö 1, 16 das Evangelium selbst als „Kraft Gottes zur Rettung, zum Heil“. Das Evangelium ist seinem Wesen nach „Heilsbotschaft“. Wer es zu etwas anderem macht, reißt ihm das Herz heraus. Das gerade geschieht durch die „Gnosis“, der es nicht um die Rettung verlorener Menschen durch das Kreuz des Fleisch gewordenen Christus, sondern um ganz andere „Erkenntnisse“ ging. Insofern kann sich die erste Satzhälfte durchaus auf den vorliegenden Brief beziehen.

[18] „Heilige“, das ist im NT eine oft gebrauchte Bezeichnung der Gemeindeglieder. Vgl. Rö 1, 7; 8, 27; 12, 13; 16, 2; 1 Ko 6, 1. 2; 14, 34; 16, 15; 2 Ko 1, 1; Eph 1, 1; 3, 18; 4, 12; Phil 1, 1; Kol 1, 2. Es sind in allen diesen Stellen alle Gemeindeglieder als solche gemeint und als „Gottes Eigentum“ gekennzeichnet. „Heilig“ ist das, was Gott gehört. Besondere „Heilige“ im Unterschied zu einfachen Gemeindegliedern kennt das NT nicht.

[19] Vgl. dazu die Einleitung S. 191.

es — vgl. 1 Ko 11, 23 — Gott selber, der uns den Grund und Inhalt des Glaubens bereitet und schenkt. Gott hat wie einst in der Geschichte Israëls so jetzt abschließend in der messianischen Sendung seines Sohnes, gehandelt; **ein für allemal** gültig ist geschehen, was er am Kreuz vollbracht hat für uns, wie der Hbr-Brief immer wieder betont. So ist **der Glaube den Heiligen ein für allemal übergeben worden** als das Zeugnis von den großen Taten Gottes.

Freilich muß dieser objektive Glaube nun subjektiv angenommen und festgehalten werden[20]. Nur dadurch finden wir Rettung und werden zu „Heiligen", die zu Gott gehören und das Heil erlangen. Und dieses „Festhalten des Glaubens" wird in bestimmten Situationen zum **Kampf.** Denn dieser „Glaube" wird erfahrungsgemäß mitten in der Gemeinde oft beiseite gesetzt, ja, sogar bestritten und abgelehnt. Darum haben wir auch bei Paulus die großen „Kampfbriefe", vor allem den Galater- und den 2. Korintherbrief. Und sogar mitten im Brief von der Freude, dem Philipperbrief, wird in 3,17—19 mit großem Ernst zum Kampf gerufen. Solcher Aufruf ist nun auch in den Gemeinden notwendig, an die sich Judas wendet.

Denn es schlichen sich einige Menschen ein, die seit langem 4
vorher aufgeschrieben sind für dieses Urteil: Unfromme, die die Gnade unseres Gottes verkehren zur Ausschweifung und den alleinigen Herrscher und unseren Herrn (oder: unseren alleinigen Herrscher und Herrn) **Jesus Christus verleugnen.** Wie nah steht hier Judas einem Paulus und einem Johannes! Genau wie diese Apostel nennt Judas keine Namen von seinen Gegnern. Es findet sich bei ihm nur das unbestimmte, aber sehr kennzeichnende *tines* = „einige" oder „gewisse Leute" (LÜ „etliche"), das auch 1 Ko 4,18; 15,12; 2 Ko 10,2; Gal 1,7 steht.[21] Diese **schlichen sich ein,** so sagt es auch Paulus von seinen Gegnern in Gal 2,4. Offenbar sind die Leute, die Judas vor Augen hat, nicht sofort offen und klar mit ihren neuen Ansichten vor die Gemeinde getreten, sondern haben sich zunächst als rechte Brüder aufnehmen lassen, um allmählich Einfluß zu gewinnen und für ihre Anschauungen zu werben. Vielleicht kommen sie z. T. aus der Gemeinde selbst, und es gilt von ihnen das, was Johannes in 1 Jo 2,13 sah und Paulus in seiner Ansprache an die Ältesten von Ephesus Apg 20,

[20] So sagt es Paulus den Korinthern 1 Kor 15, 1.
[21] Bei Paulus und Johannes kann auch von „vielen" gesprochen werden, die aber auch da anonym bleiben: 2 Ko 12, 21; Phil 3, 18; 1 Jo 2, 18; 4, 1.

31 meinte[22]. Was nun diesen Leuten vorzuwerfen ist, wird zunächst in einem grundlegenden, zusammenfassenden Satz ausgesprochen. Es steht ein klares „Urteil" über sie fest: sie sind **unfromm.** Fast alle Übersetzer geben das Wort mit „gottlos" wieder, aber das ist bedenklich. Es handelt sich ja in keiner Weise um Gottesleugner. Sie stehen in der Christengemeinde und meinen sogar das Christentum erst auf seine wahre Höhe zu führen. Es geht hier auch gar nicht zuerst um ihre Theorien und Gedanken, sondern um ihr praktisches Leben, um ihre „Frömmigkeit", um ihre *pietas*[23]. Der Vorwurf gegen ihr Leben lautet: Sie **verkehren Gottes Gnade zur Ausschweifung.** Sie sind so wenig „gottlos", daß sie sogar die Botschaft von Gottes Gnade auf ihre Weise bejahen. Nun ist bei ihnen eine „Verkehrung" dieser Botschaft erfolgt, die ihr allerdings immer droht. Paulus hat diese Verkehrung und Mißdeutung in Rö 6,1 selber schroff formuliert: „Sollen wir denn in der Sünde beharren, auf daß die Gnade desto mächtiger werde?" Auch die Freiheitsapostel in Korinth mit der Freiheitslosung: „Alles ist mir erlaubt!" = „Alles steht mir frei" (1 Ko 6,12), sahen die volle Verwirklichung des Lebens „aus Gnade allein", „aus Glauben allein", ohne „Werke", gerade darin, daß das leibhaftige Leben, vor allem auf dem geschlechtlichen Gebiet, der unbegrenzten Verfügung des Menschen überlassen war. Was ging es hohe Geistesmenschen noch an, was ihr vergänglicher Körper tat? Mochte er seinen Trieb befriedigen![25] Genauso steht es mit der „Ausschweifung", die sich auf die „Gnade

[22] Wenn wir hier und auch sonst mehrfach in unserer Auslegung auf die klaren Parallelen bei Paulus und auch bei Johannes hinweisen, dann tun wir es nicht, um den Judasbrief herabzusetzen und mit den Paulusbriefen gleichsam zuzudecken, sondern im Gegenteil, um seine Herabsetzung als eines späten und geringwertigen Briefes abzuweisen. Es ist wichtig, daß der Leser die Einheit des apostolischen Zeugnisses sieht, in die auch der Judasbrief bei aller geschichtlich begründeten Eigenart hineingehört. Die kurzen Andeutungen des kleinen Briefes werden uns anschaulich, wenn wir sie von den Vorgängen besonders in Korinth her verstehen.

[23] Das grie Wort *asebaes* ist von *sebo* = „fromm-wirken" abgeleitet. Die Vorsilbe *a* = *un* verneint solche Verneinung. *„Asebaes"* ist auch ein Mensch, der es an der Gott gebührenden Ehrfurcht vor Gott fehlen läßt. Eine theoretische Leugnung der Existenz von Göttern braucht dabei nicht vorzuliegen. Schmoller in seiner grie „Handkonkordanz" gibt das Wort daher mit „impius" wieder. Wir denken mit einem gewissen Recht an die Vorwürfe des „Pietismus" gegen ein Christentum, das Gott durchaus nicht leugnete, aber praktisch weltlich und heidnisch lebte. Vgl. auch W. Stb. zu 2. Tim/Titus S. 175.

[25] Paulus sah die Auswirkungen solcher Anschauungen in Korinth an denen, die „nicht Buße getan haben für die Unreinigkeit und Unzucht und Ausschweifung, die sie getrieben haben" (2 Ko 12, 21). Sie lehnten offenbar eine solche „Buße" als unnötig, eng und rückständig bewußt ab.

Gottes" beruft und diese „freie Gnade" dadurch besonders herauszustellen meint[26].

Judas stellt mit klarer Härte fest, daß alle solche Gedanken ein gefährliches **Verkehren** der **Gnade unseres Gottes** sind. Wohl ist er **„unser Gott"**, der Gott, der sich unser mit seiner ganzen, wunderbaren Gnade annimmt. Aber es geht um den wirklichen, lebendigen Gott, von dem Hbr 12,29 ausdrücklich sagt, auch „unser Gott" sei ein verzehrendes Feuer. Er bleibt der Heilige, der die Sünde haßt, auch in seiner Gnade. Seine „Gnade" gibt darum nicht Freiheit zur Sünde, sondern mit Ernst Freiheit von der Sünde.

Sie tut es, indem sie sich an Jesus Christus, den Träger und Sühner unserer Sünde bindet und damit zugleich uns an ihn als unsern „Herrn" weist. Die **Gnade unseres Gottes** entläßt uns nicht in eine Freiheit der Herrenlosigkeit und also der Selbstherrlichkeit, sondern macht uns „frei" durch die Übergabe an die Herrschaft Jesu Christi. Darum **verleugnen** die, die Gottes Gnade verkehren, zugleich auch **den alleinigen Herrscher und unsern Herrn Jesus Christus.** Es macht dabei keinen wesentlichen Unterschied, ob wir in dem **„alleinigen Herrscher"** Gott den Vater im Unterschied zu **„unserem Herrn Jesus Christus"** sehen oder beide Bezeichnungen zusammenfassen und Jesus als „unsern alleinigen Herrscher und Herrn" bezeichnen[27]. In 2 Pt 2,1 ist das Wort despotaees eindeutig auf Jesus Christus bezogen. Das werden wir auch hier zu beachten haben. Das Wesentliche ist, ob wir unser Unterstelltsein unter diesen „Herrscher" und „Herrn" willig mit Dank anerkennen oder ob wir es verleugnen und uns ihm entziehen. Wieder geht es dabei nicht so sehr um ein gedankliches, dogmatisches „Leugnen", wie um das „Verleugnen" der Herrschaft Jesu in der Praxis des gelebten Lebens.

Vielleicht weist Judas mit seinem Satz noch in besonderer Weise auf die Gnosis hin, wenn er betont Gott bzw. Jesus Christus als unsern „alleinigen" Herrscher bezeichnet. Die Gno-

[26] Wir sind nicht weit davon entfernt, wenn in modernen christlichen Kreisen durch kirchliche Mitarbeiter die „Einehe" als veraltete menschliche Sitte bezeichnet und der voreheliche und außereheliche Verkehr als selbstverständliches Recht auch für Christen proklamiert wird.

[27] Es stehen hier die Worte *despotaes* und *kyrios* nebeneinander. *Despotaes* hatte damals noch nicht den abschreckenden Sinn, den es in unserm Lehnwort „Despot" angenommen hat. Es bezeichnet einfach den, der die „Herrschaftsmacht" besitzt. Das Wort *Kyrios* hatte bereits einen religiösen Klang und wurde gern als Titel von Götternamen gebraucht. Vgl. 1 Ko 8, 5 f.

sis kannte göttliche „Emanationen", „Ausflüsse" oder auch göttliche Zwischenwesen zwischen Gott und der Welt. Das lag der Religiosität der hellenistischen Welt nahe, die in vielfachen Kulten und Heiligtümern viele *Kyrioi,* viele „Götter" und „Herren" kannte und nebeneinander gelten ließ. So mochten sich auch die „modernen" Kreise in den Gemeinden gegen den „engen und einseitigen Absolutheitsanspruch" der apostolischen Verkündigung wenden und damit den eigentlichen Herrschaftsanspruch Jesu Christi verleugnen[28]. Jesus Christus ist bei den neuen Lehrern nicht wirklich der bestimmende „Herr" ihres Daseins, er gestaltet und erfüllt nicht ihre Existenz. Bei ihnen ist gerade nicht in Wort und Werk und allem Wesen „nur Jesus und sonst nichts zu lesen".

Wieso aber sind diese Verderber der Gemeinde **seit langem vorher aufgeschrieben für dieses Urteil?** Manche Ausleger, die den 2. Petrusbrief für früher geschrieben halten als den Judasbrief, meinen, daß Judas hier auf 2 Pt 2,1 zurückgreife und die drohende Weissagung dieser Stelle als nun erfüllt ansehe. Andere denken, er beziehe sich auf typische Beispiele der Sünde und ihrer Verurteilung in der Geschichte des Alten Bundes, wie er sie in V. 5—11 sogleich selber bringen wird. Hier sei in der Bibel das **Urteil** über die gegenwärtigen Irrlehrer schon **seit langem vorher aufgeschrieben.** Darum werde es **dieses Urteil** genannt. Aber genau genommen sagt Judas nicht, daß Urteil und Gericht für die Irrlehrer, sondern umgekehrt, daß die Irrlehrer selbst für das Urteil schon lange „aufgeschrieben" seien. Gottes Voraussehen wird im AT wie im NT unter dem Bild des Aufschreibens in ein Buch dargestellt[29]. Judas wendet dieses ihm vertraute Bild hier an, um die Gemeinde in ihrem Kampf mit den Irrlehrern zu stärken. Nicht allein und verlassen steht sie diesen Männern gegenüber. Gott kennt diese Leute und hat sie schon seit langem **aufgeschrieben** in seinem „Buch" und zwar **für dieses Urteil**[30].

28 Vgl. dazu 1 Ko 8, 5 f.

29 Es sei nur an 2 Mo 32, 32; Ps 40, 8; 139, 16; Mal 3, 16; Lk 10, 20; Offb 5, 1; 13, 8 erinnert.

30 So tröstet auch Petrus die angefochtene Gemeinde in 1 Pt 2, 8. Gott wird von seinen Feinden nicht überrascht und in Verlegenheit gebracht. Sie sind ihm schon lange bekannt und von ihm selbst zum Fallen und Scheitern verurteilt.

Drei alttestamentliche Gerichtsbeispiele

Judas Vers 5—7

5 **Erinnern aber will ich euch, die ihr ein für allemal alles
wißt, daß der Herr wohl ein Volk aus Ägypten errettete,
doch das zweite Mal die vernichtete, die nicht glaubten.**
6 *** Und Engel, die nicht bewahrten ihren Herrschaftsbereich,
sondern ihren eigenen Wohnsitz verließen, hat er zum Gericht des großen Tages mit dauernden Fesseln unter Finster-**
7 **nis verwahrt. * So liegen Sodom und Gomorra und die Städte
in ihrer Umgebung, die in ähnlicher Weise wie diese Unzucht trieben und fortliefen hinter fremdem Fleisch her, als
Beispiel dafür, indem sie die Strafe ewigen Feuers erdulden.**

Zu Vers 5:
4 Mo 14, 35
1 Ko 10, 5
2 Pt 1, 12
Hbr 3, 16—19
Zu Vers 6:
1 Mo 6, 2—4
Offb 20, 1
Zu Vers 7:
1 Mo 19, 4—2
Mt 10, 15
2 Pt 2, 4—10

Erinnern aber will ich euch, die ihr ein für allemal alles 5
wißt. Bei dem Stichwort „gedenken“ zeigt uns jede Konkordanz, welche Rolle das „sich erinnern“ schon im AT spielt. Das hat seinen Grund in der Offenbarung Gottes in geschichtlichen Taten. Von ihnen lebt der Glaube. Er hat sich darum immer neu dieser Taten zu erinnern, um aufs neue solche Taten nach den Verheißungen Gottes zu erwarten. Darum finden wir das „Gedenken“ und „Erinnern“ auch im NT. Es geht in der apostolischen Belehrung vielfach um ein Erinnern an längst Gelerntes und Gewußtes[31]. Ein solches Erinnern ist wichtig und notwendig, weil gerade Bekanntes und Vertrautes leicht seinen Einfluß auf uns verliert und innerlich keine Rolle mehr bei uns spielt[32]. Die Gemeindeglieder, an die Judas schreibt, **wissen ein für allemal alles,** natürlich nicht im Sinn irgendeiner Allwissenheit, sondern des Wissens um alles Wesentliche der atst und der apostolischen Verkündigung[33]. Aber darum geht es, daß sie jetzt in einer besonderen Lage,

[31] Vgl. dazu Lk 24, 6; Jo 2, 17; Rö 15, 15; 1 Ko 15, 1; 4, 17; 2 Th 2, 5; 2 Tim 1, 6; 2, 14. Hier hat auch das „Sakrament“ des Alten und Neuen Bundes, das Passamahl, das Herrnmahl seinen Platz. Es soll *erinnern* (1 Ko 11, 23. 26), indem es das göttliche Handeln immer neu *vergegenwärtigt.* Das ist *erinnern* im biblischen Sinn. So gehört es auch zu den wesentlichen Aufgaben des Heiligen Geistes, die Jünger zu „erinnern alles des, was ich euch gesagt habe“ (Jo 14, 26).

[32] Auch wir haben in unserer Verkündigung und Seelsorge die Gemeindeglieder zu „erinnern“. Auf jedem Lebensgebiet ist es so, daß Erlerntes wiederholt und neu angewendet werden muß. Warum sollte es beim Allerwichtigsten, bei unserer Erkenntnis Gottes in unserem Leben mit Gott anders sein?

[33] Vgl. dazu 1 Jo 2, 20. 21.

im Kampf gegen irreführende Strömungen und Menschen ihr Wissen anwenden und es als Waffe gebrauchen. Darum wie es wörtlich heißt, „will" Judas, daß „sie sich erinnern", daß alles Gewußte wieder in die Gegenwart hineinwirkt.

Es ist biblisches Wissen, an das sie sich erinnern sollen. Drei biblische Geschichten stellt er vor sie hin, an denen der ganze Ernst Gottes sichtbar wird. Und zwar gerade sein Ernst gegenüber solchen, die von ihm reich beschenkt und begnadigt waren, diese Gnade aber „verkehrten" und darum dem Gericht verfielen. Es hilft den Irreführern nicht, daß sie doch auch „Christen" waren, in der Gemeinde der Heiligen lebten und Gottes Gnade erfahren haben. Im Gegenteil, das gerade machte ihre Verantwortung um so größer und ihre Schuld um so schwerer[34].

Das erste Beisipel dafür ist klar biblisch und in 4 Mo 14, 20—25 zu finden[35]. Die Briefempfänger „wissen", daß der Herr wohl (sein) **Volk aus Ägypten errettete,** doch dann die vernichtete, **die nicht glaubten**[36]. Also auch die Männer, die Gottes grundlegende Heilstat des Alten Bundes, die Rettung aus Ägypten, selber erlebt haben, können noch im Gericht umkommen, ohne in das verheißene Land zu gelangen. So ernst nimmt es Gott. Es geht dabei stets um den Glauben. Die Erinnerung an das Geschehen damals mußte die Gemeinde anspornen, mit ganzem Einsatz „für den Glauben zu kämpfen" und an dem ihnen „übergebenen Glauben" festzuhalten (V. 3).

6 Ein zweites Beispiel folgt: **Und Engel, die nicht bewahrten ihren Herrschaftsbereich, sondern ihren eigenen Wohnsitz verließen, hat er zum Gericht des großen Tages mit dauernden Fesseln unter Finsternis verwahrt.** Das hat seinen biblischen Grund in der kurzen Erzählung 1 Mo 6,1—4. Wir würden freilich das, was Judas sagt, nicht ohne weiteres aus dieser Bibelstelle herauslesen. Judas versteht sie im Sinne einer bestimmten Auslegung, wie wir sie aus dem sogenannten „Buch Henoch" kennen. Es gab im Judentum jener Zeit eine Fülle erbaulicher Schriften, die an biblische Gestalten oder Ereignisse anknüpften, um von da aus besondere religiöse Gedanken zu

[34] Das ist auch allen heutigen Irreführern in Theologie und Kirche mit Ernst zu sagen.

[35] In ähnlicher Weise, nur eingehender, stellt auch Paulus in 1 Ko 10, 1—11 diese Berichte aus dem Wüstenzug Israels vor eine ntst Gemeinde hin, die von Irreführern bedroht ist. Vgl. auch Hbr 3.

[36] Hier steht im Grie die Zeitform des *effektiven Aorist,* durch den der Endeffekt hervorgehoben werden soll.

entwickeln. Es kann uns nicht verwundern, daß solche Schriften gern gelesen und in das ganze Denken des Judentums aufgenommen wurden. Auch wir lesen ja nicht nur einzig die Bibel selbst, sondern haben eine ausgedehnte „Erbauungsliteratur". Damals jedenfalls gehörte es mit zur amtlichen Schriftgelehrsamkeit, Sätze und Worte des AT bedeutungsvoll auszulegen. Dunkle Stellen, kurze, geheimnisvolle Andeutungen waren dafür besonders geeignet. So sah Judas auch die Stelle 1 Mo 6,1—4 im Licht der ihm vertrauten Auslegung des Buches Henoch. Danach handelt es sich bei den „Göttersöhnen" in 1 Mo 6 um **Engel**[37]. Sie sind besonders begnadete Wesen, die ihren **Wohnsitz** in der Himmelswelt haben und denen ein **Herrschaftsbereich** anvertraut ist[38]. Aber auch „Engel" können fallen, so hoch sie auch vor Gott gestellt waren. Diese Engel also **bewahrten ihren Herrschaftsbereich nicht** und **verließen ihren eigenen Wohnsitz.** Warum? Von Vers 7 aus müssen wir antworten: „Sie trieben Unzucht" und „liefen fort hinter fremdem Fleisch her". Das ist in 1 Mo 6,2 von der Schrift selbst bezeugt. Aber während diese Schriftstelle nur in allgemeinen Andeutungen von einem Gericht über die Menschen jener Tage spricht, weiß Judas etwas von dem Ernst des Vorgehens Gottes gegen die schuldigen Engel, von dem die Bibel selbst nicht spricht. Jedenfalls **bewahrten** sie das nicht, was ihnen von Gottes Gnade anvertraut war, sondern suchten ihre „Freiheit"; nun werden sie dafür **verwahrt,** und zwar **zum Gericht des großen Tages.** Ihr Los entspricht dem der abgefallenen Christen nach Hbr 10,26f. Das letzte, endgültige Urteil wird erst an dem „großen Tage" Gottes gesprochen, aber eine harte Bestrafung hat schon begonnen. Schon jetzt liegen diese Engel, die in der Höhe des lichten Himmels wohnten, in **dauernden Fesseln,** befinden sich „unter Finsternis" oder **unten in der Finsternis.** Wieder will Judas warnen: so heilig ist Gott, keine Beweise seiner Gnade sichern uns vor seinem Gericht, wenn wir diese Gnade „verkehren zur Ausschweifung". Niemals darf die Gemeinde unter Berufung auf die Gnade Gottes das leichtnehmen, was in ihrer Mitte an Sünde geschieht.

Das dritte Beispiel, das die Gemeinde selbstverständlich 7

[37] Bereits die LXX in der Handschrift A schreibt statt „die Söhne Gottes" vielmehr „die Engel Gottes".

[38] Von diesem *Herrschaftsbereich* = *archae* her werden auch bei Paulus bestimmte Engelscharen *Herrschaften* = *archai* genannt, neben denen andere stehen als „Throne" oder „Fürstentümer", „Mächte" oder „Gewalten" bezeichnete (Rö 8, 38; Kol 1, 16 u. a. Stellen).

kennt, aber neu bedenken muß, ist **Sodom und Gomorra und die Städte in ihrer Umgebung** (1 Mo 18,16—19.23)[39]. Eine besondere „Begnadigung“ dieser Städte durch Gott wird freilich in der Bibel nicht berichtet, darum auch hier nicht erwähnt. Man könnte sie aber in 1 Mo 13,10 ebenso finden wie in der Tatsache, daß ja ein Mann, der den lebendigen Gott kannte, in ihrer Mitte lebte. Die Sünden Sodoms sind sprichwörtlich geworden. Es geht um eine **Unzucht** von besonderer Schrecklichkeit: die Männer Sodoms **liefen hinter fremdem Fleisch her** wie es in 1 Mo 19,11—14 geschildert ist und was man noch heute „Sodomie“ nennt. Nun **liegen sie als Beispiel da.** Jeder Blick auf das seltsame Tote Meer erinnerte an den Untergang von Sodom und Gomorra durch Feuer und Schwefel vom Himmel. Die Bibel erzählt zwar nur von dem damaligen, geschichtlichen Feuer, das die Städte vernichtete. Aber „Feuer vom Himmel“, Feuer Gottes, ist gleichzeitig **ewiges Feuer,** das diese Städte als **Strafe erdulden.** Es geht also hier nicht nur um eine sattsam bekannte Geschichte aus alten Zeiten, sondern um ein **Beispiel,** das der Gemeinde heute in ihrer Bedrohung durch Irreführung vor Augen stehen soll[40]. In Lehre und Praxis der neuen Strömung spielte offenbar sexuelle „Freiheit“ eine große Rolle. Soweit grie Menschen in Frage kamen, mochte selbst die im Griechentum weit verbreitete gleichgeschlechtliche Erotik von den Irrlehrern verharmlost und in diese „Freiheit“ mit einbezogen worden sein. Die Gemeinde aber soll sich nicht beirren lassen. Jegliche Unzucht und besonders ein **Herlaufen hinter fremdem Fleisch** bringt über die Schuldigen unweigerlich die **Strafe des ewigen Feuers.**

[39] Daß es dabei auch um „die Städte in der Umgebung“ ging, kann mit Recht aus 19, 21 geschlossen und aus 19, 25 klar ersehen werden.
[40] Auch hier meint das Erinnern ein Vergegenwärtigen.

Die Schilderung der Verführer

Judas Vers 8—16

8 **In gleicher Weise beflecken auch diese Träumer das Fleisch,**
setzen aber die Herrschaft beiseite und lästern Herrlich-
9 **keiten. * Dagegen wagte Michael, der Erzengel, als er, mit**
dem Teufel streitend, einen Wortwechsel mit ihm hatte
über den Leib Moses, nicht, ein lästerndes Urteil zu fällen,
10 **sondern sagte: Es schelte** (oder: strafe) **dich der Herr. * Die-**
se aber lästern, was sie nicht kennen; was sie aber auf na-
türliche Weise wie die vernunftlosen Lebewesen verstehen,
11 **darin verderben sie sich. * Wehe ihnen, denn sie gehen auf**
dem Weg des Kain und haben sich dem Trug Bileams um
Lohnes willen völlig hingegeben und gehen durch die Auf-
12 **lehnung Korahs unter. * Diese sind es, die bei euren Liebes-**
mahlen als Schmutzflecken (oder: als Klippen) **mit Schmau-**
sen ohne Scheu, nur sich selbst weiden, Wolken ohne Was-
ser, von Winden vorbeigejagt, spätherbstliche Bäume ohne
13 **Frucht, doppelt erstorben, entwurzelt, * wilde Meereswo-**
gen, die ihre eigenen Schandtaten ausschäumen, Irrster-
ne, denen das Dunkel der Finsternis in Ewigkeit aufbe-
14 **wahrt ist. * Geweissagt hat aber auch für diese der Sie-**
bente von Adam her, Henoch, indem er sagte: Siehe, es
15 **kommt der Herr mit seinen Myriaden, * Gericht zu halten**
über alle die Unfrommen wegen aller Werke ihrer Un-
frömmigkeit, die sie unfromm begangen haben, und we-
gen all der harten (Worte), **die sie gegen ihn geredet haben**
16 **als unfromme Sünder. * Diese sind Murrende, mit ihrem**
Los Hadernde, nach ihren Begierden wandelnd, und ihr
Mund redet Übermütiges, und sie bewundern Personen um
des Vorteiles willen.

Zu Vers 8:
Lk 10, 16
2 Pt 2, 10. 13. 21
Zu Vers 9:
Dan 12, 1
2 Pt 2, 11
Offb 12, 7
Zu Vers 10:
2 Pt 2, 12
Zu Vers 11:
1 Mo 4, 8
4 Mo 31, 16
5 Mo 23, 4 f
2 Pt 2, 15
Zu Vers 12:
Hes 34, 8
Mt 12, 33; 15, 13
1 Ko 11, 21
2 Pt 2, 13. 17
Zu Vers 13:
Jes 57, 20
Zu Vers 14:
Sach 14, 5
Mt 25, 31
Zu Vers 15:
Mt 12, 36
Zu Vers 16:
3 Mo 19, 15
2 Pt 2, 18

Nach dem kurzen zusammenfassenden „Urteil" über die Menschen[41], die die Gemeinde von innen her bedrohten (V.4), und nach dem Hinweis auf den Ernst der Gerichte Gottes (V. 5—7) gibt Judas nun eine Schilderung dieser Irreführer in den Versen 8—16. Alles bisher Gesagte trifft sie, denn sie handeln **in gleicher Weise.** Eine Darlegung ihrer Lehren und

[41] Vielleicht ist der Ausdruck „Mensch" (V. 4) auch darum gewählt, weil es sich nicht nur um Männer handelt, sondern auch Frauen eine gewisse Rolle spielten. Vgl. Offb 2, 20.

Anschauungen erhalten wir dabei nicht[42]. Wir sind von der Reformation her einseitig an der *Lehre* interessiert, während es Judas wie Paulus — und im Grunde auch Johannes und Petrus — um die *Praxis* der Lebensführung geht, die freilich meist mit verkehrten Lehren in engem Zusammenhang steht. Die Verse, mit denen wir uns jetzt zu beschäftigen haben, entfalten die beiden Grundurteile von Vers 4.

8 **In gleicher Weise beflecken auch diese Träumer das Fleisch, setzen aber die Herrschaft beiseite und lästern Herrlichkeiten.** Die Erinnerung an die früheren Gerichte Gottes ist aktuell für „gewisse Leute" in der Gemeinde, die von Judas **Träumer** genannt werden. Der Ausdruck stammt aus 5 Mo 13, 2—6: wo er die falschen Propheten kennzeichnet, die ihre eigenen „Träume" an die Stelle des Wortes Gottes setzen. Das war ein Frevel, der mit dem Tode bestraft werden sollte. Daran muß die Gemeinde denken, wenn die Irrlehrer in ihrer Mitte mit „prophetischem" Anspruch auftreten und ihre Visionen und „Träume" über die apostolische Verkündigung stellen[43]. Sie setzen sich mit ihren gnostischen[44] Gedanken und Anschauungen über die Wirklichkeit hinweg, vor allem über den Ernst Gottes und seiner Gerichte. Wer von der nüchternen Klarheit der biblischen Botschaft abweicht, ist immer auch ein „Träumer", wie überlegen er auftreten mag.

Diese Versündigung gegen Gott und sein heiliges Wort wird im praktischen Leben offenbar. Während nach der apostolischen Botschaft dem „Fleisch" der Tod gebührt (Rö 8, 13; Gal 5, 24), **beflecken** die Neueren **das Fleisch** und sehen gerade darin ihre Freiheit und Überlegenheit. Das können sie aber nur, weil sie die **Herrschaft beiseite setzen. Die Herrschaft** (*Kyriotæs*) in der Einzahl[45] wird die Herrschaft des Einen meinen, der für die Gemeinde allein „der Herr" (der *Kyrios*) ist: Jesus Christus. Um ihn und seine klaren Weisungen und Gebote kümmert man sich nicht. Beides hängt eng zusammen, wenn

[42] Das ist aber bei den Gegnern in Korinth nicht anders, wie die vielen, sehr unterschiedlichen Abhandlungen über „die Irrlehrer in Korinth" zeigen.

[43] Vgl. dazu 1 Jo 4, 1.

[44] Von der großen Bewegung der „Gnosis" und ihren wesentlichen Gedanken und Anschauungen hörten wir in der „Einleitung" zum 2. Petrusbrief S. 190 f.

[45] Der Sinaitikus gibt hier die Mehrzahl; es sollten dann auch hier schon bestimmte Engelheere gemeint sein. Aber es wäre doch schwer verständlich, warum die eine Art der Engel „beiseite gesetzt" und die andere „gelästert" würde. Auch ist die Verschreibung in die Mehrzahl leichter zu erklären als eine Umwandlung einer im Text stehenden Mehrzahl in die Einzahl.

wir 1 Jo 4, 2+3 zur Erklärung mit heranziehen. Den Gnostikern war der „ins Fleisch gekommene Jesus“ gleichgültig, ja anstößig. Ihr „Geist-Christus“ hatte mit dem „Fleisch“ nichts zu tun. Darum brauchte man auch als „Geistesmensch“ auf das „Fleisch“ gar nicht zu achten; es konnte ruhig seinen natürlichen Trieben überlassen werden. Von einem gar nicht ins Fleisch gekommenen Messias wäre allerdings ohnehin nichts zu befürchten.

Zugleich stellt Judas fest: **Sie lästern Herrlichkeiten.** Wir können nicht feststellen, was Judas damit konkret meinte. Immerhin legt der folgende Satz über Michael, der kein Schmähurteil gegen den Teufel wagte, nahe, unter den *doxai* = „Herrlichkeiten“ jenseitige Geistermächte zu sehen[46]. Vielleicht meinten gnostische Kreise — sehr im Unterschied zu dem nüchternen Aufruf des Paulus in Eph 6, 10ff — eine Aufgabe darin zu haben, mit Lästerungen gegen böse Geistermächte vorzugehen. Der sofort folgende Satz legt eine solche Auffassung nahe. Aber wie immer es gewesen sein mag: „lästern“ ist niemals die Aufgabe eines Jüngers Jesu!

Judas sieht in diesem **Lästern** eine gefährliche Überhebung. 9
Was sind das für stolze Geister, die damit etwas wagen, wozu sich nicht einmal einer der ganz großen Engelfürsten berechtigt sah: **Dagegen wagt Michael, der Erzengel, als er, mit dem Teufel streitend, einen Wortwechsel mit ihm hatte über den Leib Moses, nicht, ein lästerndes Urteil zu fällen, sondern sagte: „Es schelte** (oder: strafe) **dich der Herr“**[47]. Michael hat im Auftrag des Herrn den siegreichen Kampf gegen Satan zu führen (Offb 12, 7—9). Deshalb ist es um so bedeutsamer, daß Michael sich damals, als es um den Leib des Mose ging, nicht mit einem **lästernden Urteil** gegen den Teufel wandte, sondern das „Schelten“, das als Gottes Schelten von stärkster Wirkung ist

[46] Sonst wird im NT dieses Wort nirgends unter den vielfältigen Benennungen von Engelabteilungen gebraucht.

[47] Die Engel sind in der Bibel in verschiedene Engelheere gegliedert, die durch Namen wie „Throne, Herrschaften, Reiche, Gewalten“ (Kol 1, 16) gekennzeichnet sind. Es gibt unter ihnen besondere „Engelfürsten“, die z. T. mit Personennamen genannt werden (Dan 10, 13; 8, 16 9, 21; Lk 1, 19. 26). Wenn in der Offenbarung 12, 7 von „Michael und seinen Engeln“ gesprochen wird, ist ihm damit deutlich eine Führungsrolle zuerkannt. *Michael* = *Mi-ka-el* = „Wer-wie-Gott?“ zeigt mit seinem Namen an, daß er Satan und seinem Trachten nach Gottgleichheit („ihr werdet sein wie Gott“) mit seiner richtenden und triumphierenden Frage entgegengetreten ist. Die Bezeichnung **„Erzengel“** findet sich in der Bibel nur noch 1 Th 4, 16. Vgl. zum Ganzen den Artikel **„Engel“** im LzB, wo allerdings unter IV der Hinweis auf 1 Th 4, 16 merkwürdigerweise fehlt. Vgl. auch R. Pache „Welt der Geister“, Linienbuch 6, R. Brockhaus Verlag Wuppertal 1973.

(Ps 18, 16; 104, 7; 106, 9) und darum auch als „Strafen" wiedergegeben werden kann, ganz und gar dem Herrn überließ. Wie können dann Menschen es wagen, **Herrlichkeiten zu lästern,** selbst wenn es gefallene und gottfeindliche sind.

An dieser Stelle wird wieder deutlich, wie Judas in Auslegungen des AT lebte, die wir nicht mehr kennen, die aber zu seiner Zeit weit verbreitet und anerkannt gewesen sein müssen. Die alte kirchliche Auslegung weist hier auf eine apokryphe Schrift *Assumption Mosis* hin. Wir haben davon nur ein Bruchstück, in dem aber die Stelle nicht vorkommt, auf die sich Judas bezieht. Der Bericht der Bibel über Moses Tod und Begräbnis in 5 Mo 34, 5.6 ist in sich selbst einfach und nüchtern. Aber gerade in seiner Kürze konnte er Anlaß zur Ausschmückung geben[48].

10 Aber es geht Judas nicht um das damalige Geschehen als solches. Er hat es ja mit den jetzigen Irrlehrern zu tun. Ihr „Lästern der Herrlichkeiten" scheint eine genaue Kenntnis der unsichtbaren, jenseitigen Welt zu verraten, welche die knappen Andeutungen der apostolischen Verkündigung weit übertrifft. Da muß Judas ihnen vorwerfen: **Diese aber lästern, was sie nicht kennen.** Paulus warnt die Gemeinde in Kolossä: „Laßt euch niemand das Ziel verrücken, der sich gefällt in falscher Demut und Verehrung der Engel und sich mit seinen Geschichten rühmt ohne Ursache aufgeblasen in seinem fleischlichen Sinn" (Kol 2, 18). So wirft auch Judas den Gnostikern vor, daß sie sich in Gebiete begeben, die sie in Wahrheit gar nicht kennen[49]. Paulus sah in den scheinbar so hochgeistigen Erlebnissen der Irrlehrer den „fleischlichen Sinn". So sieht auch Judas den seltsamen Widerspruch. Die Menschen, vor denen er dringend warnen muß, versteigen sich in falsche Höhen und führen zugleich ein Leben, von dem man feststellen muß: **was sie aber auf natürliche Weise wie die vernunft-**

[48] Konnte Gott seinen Knecht eigenhändig begraben? War das nicht zu „menschlich" von Gott gedacht? Schon der jüdische Denker Philo schrieb in seinem „Leben Mose" 2, 291, unsterbliche Engelsmächte hätten Mose begraben. In der *Assumption Mosis* aber wird berichtet sein, daß Satan als „Verkläger" Anspruch auf den Leichnam Moses um seiner Versündigung willen erhob und bei der Bestattung dem Erzengel Michael entgegentrat. Bei diesem Streit begnügte sich Michael mit dem Zuruf: „Es schelte (oder: strafe) dich der Herr." Dieser Zuruf ist im gleichen Wortlaut auch in Sach 3, 2 zu finden.

[49] Würden sie sie wirklich kennen, dann würden sie wie ein Paulus wissen, daß man davon nicht reden und sie nicht zum Gegenstand der Verkündigung machen darf. Vgl. 2 Ko 12, 1—4. Das ist bei aller Hochachtung vor Sadhu Sundar Singh auch seinen Schilderungen der himmlischen Welt gegenüber festzuhalten.

losen Lebewesen verstehen, darin verderben sie sich. Sexuelles Leben mit seiner Lust kennen auch die Tiere. Wer sich aber hier als Mensch einfach seinen Trieben überläßt, denen das Tier in naturhaften, festen Ordnungen folgt und folgen darf, verdirbt sich[50]. Es hat eine unheimlich verführende Gewalt, wenn sich sinnliches Ausleben mit dem Glanz besonders hoher Geistlichkeit und Religiosität verbindet. Hier scheinen sich „freie Geister" gegen die „Enge" und „Rückständigkeit" des apostolischen Gemeindelebens aufzulehnen. Wie verlockend, wenn man in Erlebnissen in die Welt der Engel eindringen und zugleich mit gutem Gewissen das Recht auf freie Sexualität für sich in Anspruch nehmen kann! Judas stellt nur kurz und hart fest: **darin verderben sie sich.**

Er bleibt aber nicht bei dieser Feststellung stehen. Er 11
schließt einen Weheruf an, der nicht weniger real ist als eine Seligpreisung. **Wehe ihnen, denn sie gehen auf dem Weg des Kain und haben sich dem Trug Bileams um Lohnes willen völlig hingegeben und gehen durch die Auflehnung des Korah unter!** Im grie Text stehen alle diese Aussagen im Aorist: „Sie gingen ... und ergaben sich ... und gingen unter." Tatsächlich aber sind sie noch ganz und gar nicht „untergegangen". Sie bedeuten ernsteste Gefahr für die Gemeinde, in deren Mitte sie einflußreich leben. Die Gemeinde muß zum Kampf gegen sie aufgerufen werden. Aber Judas ist seiner Sache so gewiß, daß er wie von dem schon vollzogenen Gericht aus zurückblickt[51] und das abschließende Urteil fällt.

Das Urteil ist tatsächlich auch schon gesprochen, nämlich über Kain und Bileam und Korah, denen die Verführer der Gemeinde gleichen. **Sie gehen auf dem Weg des Kain.** Natürlich haben sie keine Brüder in der Gemeinde äußerlich totgeschlagen, aber sie werden in einem ganz anderen Sinn zu „Mördern" an Brüdern: Durch Verführung auf böse Wege bringen sie Gemeindeglieder um das ewige Leben[52]. Sie ziehen Brüder

[50] Da gilt das Wort aus Goethes Faust: „Er nennts Vernunft und brauchts allein, um tierischer als jedes Tier zu sein." Das sieht Judas bei „diesen Menschen", die die Gemeinde von innen her bedrohen.

[51] Das wurde ihm durch den Briefstil der Antike erleichtert. Der Schreiber versetzte sich in die Lage des Empfängers und Lesers, für den „Vergangenheit" sein kann, was der Schreiber jetzt in der „Gegenwart" gerade tut oder zu tun vorhat. So kann Paulus in 2 Ko 8, 16 ff schreiben, „wir haben Titus und die Brüder mit ihm gesandt", obwohl er tatsächlich jetzt gerade erst Titus senden und ihm den Brief mitgeben wird.

[52] Paulus sagt das in 1 Ko 8, 11 so: „Und so wird über deinem Wissen der Schwache ins Verderben kommen, der Bruder, um deswillen doch Christus gestorben ist."

(und Schwestern) von dem wahren Heil im Kreuz Jesu ab und machen sie durch ihre klugen und überlegenen Reden im Glauben irre. Streit und Spaltungen in der Gemeinde werden vielen zur Anfechtung. Oder Judas konnte wie der Apostel Johannes meinen: „Wer seinen Bruder haßt, der ist ein Totschläger" (1 Jo 3, 15). Die Neuerer mochten unverhohlen ihre Verachtung und ihren Haß gegen diejenigen ausdrücken, die ihnen in der Gemeinde widerstanden.

„Bileam" ist auch im Sendschreiben an Pergamon (Offb 2, 14) der „Typos" eines falschen Propheten, der mit seiner Verführung gerade darum so gefährlich ist, weil er zunächst wirklich ein Mann war, „dem die Augen geöffnet sind" (4 Mo 24, 3). Welch herrliche Wahrheit hat er über Israel ausgesprochen! Aber dann will er den **Lohn** nicht verlieren, den klingenden Lohn, den ihm Balak angeboten hat, und so „lehrte" er Balak, zu verführen die Kinder Israels, daß sie Götzenopfer aßen und Unzucht „trieben" (Offb 2, 14)[53]. Judas urteilt, die Irrlehrer haben sich **dem Trug Bileams um Lohnes willen völlig hingegeben.** Ist hier „Trug" aktiv oder passiv zu verstehen? Lassen sich die Irreführer wie Bileam betrügen oder handeln sie selber trügerisch und betrügend wie er? Es wird wohl das Letztere gemeint sein, da auch Bileam gerade als listiger Betrüger wirkte. Daß sie dabei „betrogene Betrüger" sind, ist anzunehmen; aber sie sind es mit Leidenschaft. Das ist das Gefährliche an ihnen. Das grie Wort sagt eigentlich: sie haben sich diesem Trug „ausgeschüttet"; damit soll die Stärke der Hingabe anschaulich ausgedrückt werden. „Dabei tritt dasselbe wie bei Bileam ans Licht: ein geknechteter Wille, der nach dem greifbaren Vorteil hascht und die angeblich himmlischen Kräfte dazu benutzt, um für sich selbst zu sorgen" (Schlatter).

Das ganze Reden und Tun dieser Menschen war notwendig zugleich **Auflehnung** gegen die Gemeinde und ihre Leitung, zuletzt aber gegen die Apostel und die apostolische Verkündigung und Lebensordnung[54]. Ein solches Aufbegehren gegen die leitenden Männer und ihren Anspruch auf Geltung hatte es aber auch schon in Israel gegeben. 4 Mo 16 steht für

[53] Freilich kann dieses Bild Bileams nur an die kurze Notiz in 4 Mo 31, 16 anknüpfen, deren Ernst 4 Mo 31, 8 bestätigt.

[54] Die Ablehnung der apostolischen Autorität als solcher auf Grund einer eigenen, unmittelbaren Beziehung zu Christus steht vermutlich auch hinter der „Christuspartei" in Korinth (1 Ko 1, 12), die in 2 Ko 10, 7 noch einmal erscheint.

Judas nicht umsonst in der Heiligen Schrift[55]. Auch dieses Kapitel ist nicht nur eine interessante Erzählung aus alter Zeit, sondern „typisch" und darum ein erhellendes und richtendes Wort für die Gegenwart. Die Gemeinde, die durch solche **Auflehnung** in ihrer Mitte bestürzt und unsicher geworden ist, soll es vor Augen haben: es ist *die Auflehnung des Korah* und braucht darum die Gemeinde nicht ratlos zu machen. Sie kann es in der Schrift nachlesen, wohin solche Auflehnung führt. Wer mit Korah gegen göttliche Autorität[56] aufbegehrt, der wird auch mit Korah **untergehen.**

Nach diesem Urteil kennzeichnet Judas noch einmal die 12
Leute, gegen die er sich wendet. Auf ihre besonderen Lehren und Anschauungen geht er nicht ein, er mag an das Wort seines Herrn über die falschen Propheten denken: „An ihren *Früchten* sollt ihr sie erkennen" (Mt 7, 15f). Die Gemeinde kann es doch mit eigenen Augen sehen: **Diese sind es, die bei euren Liebesmahlen als Schmutzflecken** (oder: als Klippen) **mit Schmausen ohne Scheu, nur sich selbst weiden.**

In den Gemeinden, an die Judas schreibt, haben sich noch die „Agapen", die „Liebesmahle" erhalten, wie sie in der Urgemeinde ganz von selbst entstanden waren. Die gemeinsame Mahlzeit war ja einst im Orient noch viel mehr als bei uns heute Ausdruck inniger Zusammengehörigkeit[57]. Darum war es für den Vorwurf gegen die Gemeinschaft Jesu mit den „Zöllnern und Sündern" die letzte Zuspitzung, wenn festgestellt werden konnte: „und er ißt sogar mit ihnen!" Die Mahlgemeinschaft mit ihrem Herrn gehörte entsprechend so ganz hinein in das Leben der Jünger. Die Erneuerung solcher Tisch-

[55] Korah warf Mose und Aaron Überhebung über die Gemeinde vor, die doch ebenso „heilig" sei und den Herrn in ihrer Mitte habe. Genauso werden die neuen Lehrer herausfordernd gefragt haben, warum nur die Apostel mit ihren Lehren und Weisungen ausschlaggebend sein sollten, während doch sie selber als Geisterfüllte mindestens den gleichen Anspruch auf Gehör und Gefolgschaft hätten. Vgl. dazu auch den Kampf in der Reformationszeit. Der Losung „Geist, Geist!" in den schwärmerischen Bewegungen setzte Luther beharrlich sein „das Wort, das Wort!" entgegen. Vgl. Luthers Schrift: „Wider die himmlischen Propheten" WA Bd 18 S. 62 „Das Wort, das Wort, das Wort (hörst du Lügengeist auch?) das Wort tuts"! Vgl. in Luthers Schrift besonders WA 18 S. 136—138.

[56] Paulus hat es mit völliger Gewißheit den Galatern gegenüber betont: „Ein Apostel, nicht von Menschen, auch nicht durch einen Menschen, sondern durch Jesus Christus und Gott, den Vater" (Gal 1, 1). Und den Korinthern schreibt er: „Paulus, berufen zum Apostel Jesu Christi durch den Willen Gottes" (1 Ko 1, 1).

[57] Wir kennen noch die Redewendung „das Tischtuch entzweischneiden" für den ausdrücklichen Bruch der Gemeinschaft zwischen Menschen. Und auch bei uns eröffnet es eine nähere Verbindung, wenn wir Menschen zu uns an den Tisch einladen.

gemeinschaft nach Ostern war die besondere Besiegelung der Auferstehung ihres Herrn und seiner ganzen Vergebung für sie (Lk 24, 31f; Jo 21, 3—13; Apg 10, 40.41). Auch die Einsetzung des Herrnmahles war ja im Rahmen einer Mahlzeit erfolgt. So war es für die erste Gemeinde ein ganz natürlicher Vorgang, daß sie nicht nur täglich einmütig im Tempel waren, sondern auch das Brot hin und her in den Häusern brachen und die Speise mit Freude und lauterem Herzen nahmen (Apg 2, 46f)[58]. Es war Tischgemeinschaft, Liebesmahl, bei dem zugleich das Herrnmahl gefeiert wurde. Dieser Brauch war von den Gemeinden wahrscheinlich übernommen worden[59]. Die neuen Lehrer und ihre Anhänger aber nahmen **ohne Scheu** an den Liebesmahlen teil. So völlig rechnen sie sich noch zur Gemeinde, in der sie den maßgebenden Einfluß gewinnen möchten. Aber sie sind dabei **Schmutzflecken** oder **Klippen**. Beide Bedeutungen sind für das hier stehende, seltene grie Wort möglich. Die innige Gemeinschaft bei dem gemeinsamen Essen und Trinken machte ein zuchtvolles Verhalten untereinander unentbehrlich. Die „Freiheit", wie sie jetzt von den neuen Auffassungen her propagiert wurde, machte zuchtlos[60]. Das schlichte Essen wird zum „Schmausen", und der Genuß tritt so in den Vordergrund, daß auch Paulus mit harten Ausdrücken davor zu warnen sich genötigt sieht (Rö 13, 13; 14, 17; Gal 5, 21). Dabei werden nötige Grenzen des Umgangs überschritten. Es kommt „Schmutz" hinein, wo eine klare und geheiligte Atmosphäre herrschen sollte. Damit werden diese Teilnehmer an den Agapen zu **Klippen**[61], an denen Gemeindeglieder scheitern können, zumal die Gnostiker dabei eine besondere Gelegenheit bekamen, ihre Irrlehren vorzutragen. Es wird auch hier wieder jener Grundzug sichtbar, den Paulus in Korinth an den Freiheitsaposteln ebenso mit großem Ernst bekämpft: sie denken nur an sich selbst und kümmern sich nicht um den

[58] Schön sagt Schlatter: „Sie setzten der Liebe keine Schranken, sondern sorgten für alles, was der Mensch nötig hat. Darum beteten sie miteinander und aßen miteinander, nicht nur das eine und nicht nur das andere."

[59] So geschah es auch in einer weitgehend heidenchristlichen Gemeinde wie Korinth: 1 Ko 11, 17—22. Freilich, die Worte des Apostels Paulus machten zugleich etwas von dem deutlich, was auch Judas als Befleckung der Agapen vor sich sieht.

[60] Es sei nochmals erinnert an 1 Ko 11, 21, das mit 1 Ko 6, 12 eng zusammengehört.

[61] Das Wort bezeichnet unter dem Wasser verborgene Riffe, die dadurch Schiffen besonders gefährlich werden. Durch ihre Teilnahme an den Liebesmahlen und durch eine betonte Herzlichkeit dabei ließen sie harmlose Gemüter gar nicht erkennen, welche „Klippen" hier verborgen lagen, an denen man „Schiffbruch am Glauben" (1 Tim 1, 19) erleiden konnte.

Bruder (vgl. 1 Ko 8, 9—11; Rö 15, 1.2; 1 Ko 11, 21—22). Judas sagt es in Anlehnung an das Gerichtswort Gottes in Hes 34, 2.8.10: sie sind **„nur sich selbst weidend“**.

Damit sind sie **Wolken ohne Wasser, von Winden vorbeigejagt.** Wie schaute doch gerade der Mensch des Orients nach dem Wasser aus! Nun steigen Wolken auf; werden sie den ersehnten Regen bringen? Nein, der Wind jagt sie vorüber, sie erquicken die durstigen Fluren nicht. So spielen die neuen Männer sich großartig auf als Leiter zu neuen Höhen, aber in Wahrheit haben sie nichts, womit sie die Gemeinde wirklich beschenken und durstige Herzen erquicken können. Den gleichen Tatbestand meint ein zweites Bild: sie sind **spätherbstliche Bäume ohne Frucht, doppelt erstorben, entwurzelt.** Im Herbst erwarten wir am Baum die nährenden Früchte. Nun ist es Spätherbst, aber da sind **Bäume ohne Frucht.** Wieder denkt Judas an Worte seines Herrn in Mt 7, 9.19; 21, 18f; Lk 13, 6—8. Rechte Christen stehen in der Gemeinde als fruchttragende Bäume, zumal wenn sie lehrend und leitend hervortreten. Jene Männer aber sahen zwar aus wie **Bäume**, ja, sie waren wohl einmal wirklich solche gewesen, aber nun sucht man vergeblich an ihnen **Frucht**. Sie sind **doppelt erstorben.** Sie waren aus dem „Tode“ des natürlichen Wesens herausgerettet worden zum Leben; aber nun sind sie zum zweiten Mal **erstorben**[62], und zwar deshalb, weil sie **entwurzelt** sind. Sie sind nicht mehr, wie Paulus es von den Kolossern sagt, „verwurzelt in dem Herrn Jesus Christus“ (Kol 2, 7; auch Eph 3, 17). Nun können sie so wenig Frucht bringen wie die vom Weinstock gelösten Reben.

Freilich, sie sehen ganz besonders „lebendig“ aus; sie sind 13
doch sehr aktiv und wollen viel in Bewegung bringen, aber sie sind darin nur wie **wilde Meereswogen, die ihre eigenen Schandtaten ausschäumen**[63]. Die Meeresbrandung kann sehr kraftvoll und wirksam erscheinen, aber was sie hervorbringt, ist doch nur „Schaum“ ohne jeden Nutzen, und dazu noch Schaum, der Unrat ans Ufer spült. Ein anschauliches Beispiel ist jener Mann in Korinth, der die Frau seines Vaters heiratete, um seine Freiheit zu demonstrieren, und auf den wohl ein Teil der Gemeinde auch noch stolz gewesen zu sein scheint (1 Ko 5, 1f). Ähnliche Äußerungen der neuen „Freiheit“ mögen

[62] Oder kennt auch Judas den „zweiten Tod“ (Offb 21, 8) und hat ihn hier im Blick als das schreckliche Schicksal der Irreführer?

[63] Das gleiche Bild finden wir schon Jes 57, 20.

Judas auch aus den Gemeinden bekannt geworden sein, an die er seine ernste Mahnung richtet. Unter viel Getöse kommt doch nur ans Licht, was in reinen Augen schändlich ist.

Noch ein Bild setzt Judas hinzu: Die Verführer sind **Irrsterne, denen das Dunkel der Finsternis in Ewigkeit aufbewahrt ist**. Auch wir kennen die Beziehung „Stern" („Star") zur Kennzeichnung besonderer Leistung. Die Vertreter der neuen Richtung meinen, leuchtende „Sterne" in der Gemeinde[64] zu sein und haben vielleicht die Weissagung von Dan 12, 3 besonders für sich in Anspruch genommen, daß „die, die da lehren, leuchten werden wie die Sterne immer und ewiglich". Aber sie führen in die Irre wie Sterne, die die von Gott geordnete Bahn verlassen haben. Und während sie besonders zu leuchten und Licht zu verbreiten meinen, ist **„das Dunkel der Finsternis in Ewigkeit"** der Ort ihres Endes[65].

14/15 Noch einmal kommt Judas auf das Buch Henoch zurück, das ihn tief beeindruckt hat. Was darin von der Zukunft zu lesen war, das sieht er jetzt in der Gegenwart erfüllt. Es war ihm wichtig, daß schon Henoch als **der Siebente von Adam her**[66] das Gericht angekündigt hatte. Es stand also von Anfang an fest, darum ist sein Vollzug um so gewisser. **Es hat aber geweissagt auch für diese der Siebente von Adam her, Henoch, indem er sagte: Siehe, es kommt der Herr mit seinen Myriaden, Gericht zu halten über alle die Unfrommen wegen aller Werke ihrer Unfrömmigkeit, die sie unfromm begangen haben.** Der wiederkommende Herr als der Weltrichter kommt[67] nicht allein. Die „heiligen Myriaden"[68], gewaltige Engelheere, begleiten ihn[69]. Das Gericht vollzieht sich nicht verborgen in

64 Phil 2, 15 bezeugt auch Paulus den Philippern, daß sie „wie Lichter leuchten". Das Wort für „Lichter" („Leuchtkörper") meint auch dort die Sterne.

65 Zur Frage, wie sich diese harten Urteile zum Liebesgebot Jesu verhalten, vgl. die Ausführungen zu 2 Pt S. 202 f.

66 Vielleicht ist nicht nur betont, daß „schon" der siebente Nachkomme Adams die Zukunft so voraussah. Die Zahl „sieben" ist als solche schon früh eine bedeutsame Zahl, die eine abschließende Vollkommenheit ausdrückte. Vgl. den „siebenten Tag der Woche" oder die „sieben Siegel" an Gottes Buch, die „sieben Hörner und Augen des Lammes", die „sieben Geister Gottes" in Offb 5, 1—6.

67 Wieder wie in V. 11 steht im Text auch hier die Vergangenheitsform des Aorist (also wörtlich: gekommen ist), um die ganze Gewißheit dieses Kommens auszudrücken. Vor dem Blick des Propheten steht das Geschehen des Gerichtes schon als vollendete Tatsache. Vgl. zu V. 11 aus S. 271.

68 Auch wir gebrauchen den Ausdruck „Myriaden" als Lehnwort aus dem Griechischen. *Myrias* bedeutet wörtlich „Zehntausend", meint aber nicht diese genaue Zahl, sondern eine unübersehbare Menge. Durch die Mehrzahl „Myriaden" wird das noch unterstrichen.

69 So auch Mt 25, 31; 16, 27; 2 Th 1, 7.

der Stille, sondern in aller Öffentlichkeit. Ungezählte leuchtende Wesen sind Zeugen der Schuld und der Schande derer, die sich jetzt vor den schlichten Gemeindegliedern so großartig und überlegen gebärden. Welch furchtbarer Eindruck muß das sein für alle, die vor diesem Richter stehen müssen. Judas häuft in diesem Satz das Wort *asebæs* = „unfromm"[70]. Gerichtet werden Menschen — die Unfrommen — nicht wegen gedanklicher Irrtümer als solcher, sondern **wegen aller Werke ihrer Unfrömmigkeit, die sie unfromm begangen haben.** Freilich ist unser Denken die Quelle unserer Taten, so wie umgekehrt unsere praktische Lebenseinstellung auch unser Denken verdirbt. Aber im Gericht Gottes geht es um die **Werke**[71], um die von keinem zu leugnenden und zu verharmlosenden Verwirklichungen ihrer „Unfrömmigkeit" und Sündhaftigkeit, von denen sich die Taten bestimmen lassen. Das ist besonders schwerwiegend für solche, die in der Gemeinde Jesu lebten, die Gnade Gottes kannten und sich doch nicht von ihr erretten und umwandeln ließen, sondern „die Gnade unseres Gottes verkehren zur Ausschweifung" (V. 4).

Zu den Werken gehören aber auch die **Worte,** wie schon Jesus selbst jedem gesprochenen Wort der Menschen eine entscheidende Bedeutung für das Gericht beigemessen hat: Mt 12, 36.37; Lk 19, 22. So fügt auch Judas hier hinzu: die „Unfrommen" werden gerichtet **wegen all der harten** (Worte), **die sie gegen ihn geredet haben als unfromme Sünder.** Inwiefern, das braucht nicht näher erläutert zu werden, denn die Briefempfänger wissen es schon. Es kann durchaus sein, daß gnostische Kreise der apostolischen Christologie Äußerungen über Jesus entgegensetzten, die als lächerlich empfunden wurden. Jesus war für sie eine an sich belanglose Größe, mit der sich der wahre Geistchristus nur vorübergehend verbunden hatte. Oder es fand sich bei den neuen Lehrern bereits jene Anschauung, die später etwa bei dem Gnostiker Marcion[72] zur vollen Entfaltung kam. Danach ist der Gott des AT der „Macher" dieser schrecklichen, leidvollen Welt, völlig zu verwerfen von allen, die den wahren Gott der Liebe in Christus erkannt hätten. Hier kann es zu „harten Worten" gegen den gekommen

[70] Vgl. Anmerkung 20

[71] Das ist die einheitliche Botschaft des NT. Paulus bezeugt es in Rö 2, 5; Gal 5, 19. Petrus sagt es in 1 Pt 1, 17; Johannes in Offb 9, 19; 3, 1. 8. 15 und besonders 20, 12; 22, 12.

[72] Marcion lebte und wirkte in der 1. Hälfte des 2. Jahrhunderts. Aus der Kirche ausgeschlossen, gründete er eigene Gemeinden, die sich weit verbreiteten.

sein, der für die apostolische Verkündigung als der Schöpfer der Welt und der Gott Israels „heilig" und mit dem Vater Jesu Christi identisch war. Darum galten für die Neuerer die Gebote nichts, die der harte „Demiurg" oder „Weltenmacher", wie sie Jahwe, den Gott Israels, abfällig nannten, den Menschen quälend und drückend auferlegt hatte[73].

16 Auf diese Stellung der neuen Richtung zu dem Gott des AT kann sich der folgende Satz noch mitbeziehen, auch wenn er zugleich eine neue Seite am Wesen der Männer aufzeigt, die die Gemeinde gefährden. **Diese sind Murrende, mit ihrem Los Hadernde, nach ihren Begierden wandelnd.** War diese Welt mit ihren Leiden und Nöten das Machwerk eines unguten „Demiurgen", dann war das „Murren" gegen den gegenwärtigen Lebensstand voll berechtigt. Man durfte freimütig **mit seinem Los hadern** und sich empört gegen den Erbauer dieser schlechtesten aller Welten wenden. Das haben die neuen Lehrer und ihre Anhänger offenbar reichlich getan. Das ging ja dem natürlichen Menschenherzen auch leicht ein. Aber welche Gefahr lag darin für die Gemeinde! Das „Murren" und „Hadern mit Gott" war die besondere Form der Sünde Israels auf dem Wüstenzug nach seiner wunderbaren Befreiung durch Gottes starke und gnädige Hand (2 Mo 16, 1—8; 4 Mo 14, 26—30; 20, 13.24). Hier bricht Unglaube und Undankbarkeit hervor! Soll die Gemeinde des Neuen Bundes, die Gottes rettende Liebe noch ganz anders erlebt hat, in die gleiche Sünde fallen[74]? Judas sieht deutlich, worin das „Murren" und „Hadern" seinen letzten Grund hat. Es kommt aus dem Herzen solcher, die **nach ihren Begierden wandeln.** Die Gestalt dieser Welt mit ihren Nöten, Engen und Härten setzt unseren **Begierden** unüberschreitbare Grenzen; vor allem aber stehen ihnen Gottes Gebote im Wege. Der Mensch ist in dem freien Ausleben seiner Begierden gehindert, darum hadert er mit seinem Los und schilt den Gott, der an diesem Los schuld sei. Gottes Liebe in der Hingabe des eigenen Sohnes für verlorene Menschen ist hier völlig vergessen oder mißachtet[75].

Ihr Mund redet Übermütiges. Wieder ein Anklang an das Buch Henoch, in dem es in Kap. 5 heißt: „Und ihr habt durch

[73] Darum erkannte Marcion nur Paulus als wahren Apostel an — freilich einen völlig mißverstandenen Paulus, den er als „Gegner des Gesetzes" ansah.

[74] Vgl. die Warnung des Propheten in Jes 45, 9 und des Apostels in 1 Ko 10, 10!

[75] Es hängt bei den Irreführern alles eng miteinander zusammen. Die gleichen Zusammenhänge finden sich bis heute auch bei uns.

trotzige und hochmütige Worte aus eurem unreinen Mund seine Majestät geschmäht." Es war bei den Neuerern tatsächlich und sicher auch ganz bewußt die Ablehnung jener Haltung zu sehen, die wir bei allen biblischen Menschen finden und die Petrus in das Wort faßt: „So demütigt euch nun unter die gewaltige Hand Gottes" (1 Pt 5, 6). Weg mit dieser elenden „Demut" — das war die neue Losung, wie sie auch Paulus in bestimmten Kreisen Korinths begegnete. Dazu kam die Redegewandtheit und der blendende Gedankenreichtum, wogegen die apostolische Verkündigung eng und kümmerlich wirken konnte[76]. Auch ein Paulus mußte in Korinth hören, sein persönliches Auftreten sei schwach und seine Reden ohne Gewicht (2 Ko 10, 10). Ja, gegenüber den großen „Geistträgern" erschien er manchem als „fleischlich" (2 Ko 10, 2). Judas läßt sich nicht beirren und mahnt auch die Gemeinde, sich nicht falsch imponieren zu lassen, sondern klar zu erkennen: **Ihr Mund redet Übermütiges**[77].

Noch etwas scheint kennzeichnend zu sein: **Sie bewundern Personen**[78] **um des Vorteiles willen.** In der apostolischen Unterweisung war das ausdrücklich ausgeschlossen worden (Jak 2, 1—4; 2 Ko 3, 12b), weil es bei Gott „kein Ansehen der Person gibt" (Rö 2, 11). Aber freilich, wer „nach seinen Lüsten wandelt" und auf seinen „Vorteil" aus ist, der wird zusehen, wie er zu einflußreichen und wohlhabenden Leuten Verbindung bekommt, und wird ihnen entsprechend seine „Bewunderung" zeigen und ihnen schmeicheln. Das ganze „gnostische" Denken und Leben war eine Form des Christentums, die gerade in den oberen Kreisen der Bevölkerung beifällig aufgenommen wurde. Geistvolle interessante Gedankengänge ohne Verbindlichkeit und darum mit der gleichzeitigen „Freiheit" für das Ausleben der natürlichen Triebe, das war etwas für Menschen, die neben ihrem materiellen Lebensstandard

[76] Es ist die Not so mancher treuen Zeugen Gottes, daß Sektierer und Schwarmgeister wortgewaltiger wirken und scheinbar ganz anders „Geist" und „tiefere Erkenntnis" aufzuweisen haben. Zum Trost solcher Zeugen ist aufgeschrieben, was selbst ein Paulus an überheblicher Abwertung in der von ihm selbst begründeten Gemeinde in Korinth ertragen mußte.

[77] Nach dieser Richtung weist die ursprüngliche Bedeutung des mit „übermütig" wiedergegebenen Wortes. Es bezeichnet etwas von übermäßigem Umfang, etwas „Geschwollenes", Auch wir bezeichnen ja manches Reden als „geschwollen".

[78] Die Redewendung *thaumazein prosopon* = das Angesicht, die Person bewundern (Menge umschreibt es mit: ins Gesicht schmeicheln) ist atst, meint aber an Stellen wie 5 Mo 10, 17 nicht ein eigentliches „Bewundern", sondern das „Ansehen der Person" Spr 24, 23; 28, 21; 2 Chro 19, 7.

auch gewisse geistige und religiöse Interessen hatten. Darin lassen sie sich gern von den Vertretern der neuen Richtung **bewundern** und wenden diesen dafür manchen **Vorteil** zu.

Vielleicht zielt der Satz aber auch auf die „Bewunderung" und das „Ansehen", die hier — wie immer in sektiererischen und schwarmgeistigen Kreisen — einzelnen, führenden Persönlichkeiten erwiesen werden. „Namen" erklingen, und Menschen werden gefeiert. Es ist vorteilhaft, da mitzumachen und sich in den Anhängerkreis solcher Größen mit einzureihen. Aber es ist das genaue Gegenteil zu dem, was Jesus seiner Gemeinde als wesentliche Regel gab: Mt 20, 25—27; Jo 13, 1—7; Mt 23, 8—12.

Rat und Weisung an die Gemeinde

Judas Vers 17—23

Zu Vers 17:
2 Pt 3, 2
Zu Vers 18:
1 Tim 4, 1
2 Pt 3, 3
Zu Vers 19:
1 Ko 2, 14
Jak 3, 15
Zu Vers 20:
Eph 6, 18
Kol 2, 7
1 Th 5, 11
Zu Vers 21:
2 Tim 1, 18
Zu Vers 23:
Sach 3, 2—5
Amo 4, 11
Mt 22, 11
1 Ko 3, 15
Jak 5, 19 f
Offb 3, 4

17 **Ihr aber, Geliebte, erinnert euch an die Worte, die schon**
zuvor von den Aposteln unseres Herrn Jesus Christus ge-
18 **sprochen worden sind, * daß sie euch sagten: Am Ende**
der Zeit werden Spötter sein, die nach ihren eigenen Be-
19 **gierden der Unfrömmigkeit wandeln. * Diese sind es, die**
Scheidung vornehmen (oder: die sich absondern), **Seelische**
20 (Psychiker), **die den Geist nicht haben. * Ihr aber, Geliebte,**
euch selbst aufbauend auf euren hochheiligen Glauben, im
21 **Heiligen Geist betend, * bewahrt euch selbst in der Liebe**
Gottes, wartend auf das Erbarmen unseres Herrn Jesus
22 **Christus zum ewigen Leben. * Und der einen, die mit sich**
23 **im Streit sind, erbarmt euch, * rettet sie, indem ihr sie aus**
dem Feuer reißt. Der anderen erbarmt euch mit Furcht, in-
dem ihr auch den vom Fleisch befleckten Rock haßt (oder:
Und die einen, die da streiten — die mit sich im Streit lie-
gen, die Zweifelnden — überführt; die anderen rettet, indem
ihr sie aus dem Feuer reißt; der dritten erbarmt euch in
Furcht, indem ihr auch den vom Fleisch befleckten Rock
haßt).

Mit einem immer wiederholten „diese" hat Judas in V. 8—16 die Verstörer der Gemeinde in einer bilderreichen Schilderung, aber ohne Nennung von Namen, gekennzeichnet. Er hat sein „Wehe“ über sie ausgerufen und das sichere Gericht Gottes über sie angekündigt. Aber was soll nun die Gemeinde tun? Wie soll sie sich verhalten? Worin besteht ihre Aufgabe? Diesen Fragen wendet sich nun der Brief mit einem **Ihr aber, Geliebte** zu, nachdem er sofort am Anfang die Aufgabe der Gemeinde schon kurz als „Kampf für den Glauben“ im Sinn der apostolischen Überlieferung charakterisiert hatte (V. 3).

Ihr aber, Geliebte, erinnert euch an die Worte, die schon 17
zuvor von den Aposteln unseres Herrn Jesus Christus gesprochen worden sind. Die wichtigste Waffe „im Kampf“ ist die bewußte „Erinnerung“, wie wir es sofort in V. 5 vor uns sahen. In dieser Situation, da neue Strömungen in die Gemeinde eingebrochen sind, und ein neues Christentum propagieren, ist der Gemeinde nicht mit irgend etwas „Neuem“ geholfen, sondern gerade nur mit der Erinnerung an das, was sie „ein für allemal wissen“ (V. 5). Nur das erneute, bewußte Stehen auf dem alten Glaubensgrund macht sie fähig zur klaren Abwehr. Dabei sind **die Worte, die schon zuvor von den Aposteln unseres Herrn Jesus Christus gesprochen worden sind**, ihr fester Rückhalt[79].

Sie sind es in einer ganz besonderen Weise. Es konnte schon 18
die Herzen tief erschrecken und verzagt machen, wenn die Verstörung des Gemeindelebens nicht von außen, sondern von innen aus der Gemeinde selbst kam. „Die Christenheit pries ja Jesus als den Erlöser vom Bösen, den Glauben als ihre Gerechtigkeit, die Kirche als die Stätte des Heiligen Geistes, ihre Gemeinschaft als das Mittel, durch das der Mensch vom Bösen bekehrt und geheiligt werde, und nun kam das Böse in ihrer eigenen Schar mit solcher Verderblichkeit ans Licht“ (Schlatter, Erläuterungen zum Neuen Testament, S. 78). Mußte man davor nicht ratlos stehen und in Zweifel hineingeraten? Nein! Denn dies alles geschieht nicht unerwartet, sondern ist in der Verkündigung der Apostel ausdrücklich vorausgesagt worden: **Am Ende der Zeit werden Spötter sein, die nach ihren eigenen**

[79] Wir denken daran, wie auch M. Luther den Römischen wie den Schwärmern gegenüber das Wort der Schrift als letzte Instanz und als seine eigene Zuflucht gerühmt hat. Vgl. Anmerkung 55.

Begierden der Unfrömmigkeit wandeln[80]. Die biblische Offenbarung versteht die **Zeit** nicht als ewigen Kreislauf von Werden und Vergehen, sondern als einen Zeitablauf auf ein Ziel und „Ende" hin. Seit dem Kommen Jesu stehen wir schon in der „Endzeit". Sie ist aber nicht eine Siegeszeit für das Christentum, sondern führt zum Weltreich des Antichrist, darum tritt das Böse, das es immer in der Menschheitsgeschichte gab, je länger desto unverhüllter hervor. „Spott" über göttliche Dinge war auch früher zu hören, jetzt aber erheben sich „**Spötter**" mitten in der Gemeinde Gottes. Dabei ist der Ausdruck „Spötter" gewichtiger, als wir ihn heute zunächst auffassen. In den Leidensweissagungen Jesu und in den Passionsberichten wird das „Verspottetwerden" ernst hervorgehoben. Es ist die höhnische Abweisung dessen, was von Gott kommt, mit der Bereitschaft, dieser Abweisung auch brutalen Ausdruck zu verleihen. Dabei wird das „Wandeln nach den eigenen Lüsten" noch einmal hervorgehoben. Der Ausdruck „Begierden der Unfrömmigkeit" kann Lüste meinen, die in der ganzen „unfrommen" Haltung ihre Wurzel haben; er kann aber auch aussagen, daß sich hier die Begierden auf vielerlei (Plural!) richten, was mit echter Frömmigkeit unvereinbar ist. Welche Ruhe gibt das der Gemeinde, wenn sie sich daran „erinnert"! Daß diese erschreckenden Erscheinungen, die sich selber ja als Ausdruck besonderer, moderner Frömmigkeit verstanden, schon von den Aposteln vorausgesagt sind. Wie besonnen und klar kann ihre Haltung von da aus sein!

19 Es sind zuvor schon angekündigte Gestalten, die jetzt in der Gemeinde aufgetreten sind: **Diese sind es, die Scheidung vornehmen** (oder: die sich absondern), **Seelische** (Psychiker), **die den Geist nicht haben.** Der kurze Satz ist zum rechten Verständnis der Gegner von entscheidender Wichtigkeit. Wir würden den Ernst der Lage und die Schwere der Auseinandersetzungen verkennen, wenn wir in den neuen Predigern und ihren Anhängern einfach „Gottlose" sehen würden, die in

[80] Vgl. 1 Tim 4, 1. 2; Apg 20, 29 f; 1 Tim 6, 3—5; 2 Tim 2, 16—18; 3, 1—5. Darum hat auch Jesus selbst in seinen eschatologischen Reden mit solchem Ernst zur Wachsamkeit gegenüber der Verführung durch falsche Propheten aufgerufen. Auch die schwersten inneren Erschütterungen, welche die Gemeinde Jesu in ihrer Geschichte wieder und wieder — auch heute — erlebt, können sie nicht beirren, als habe der Herr die Zügel aus der Hand verloren und könne seine Zusagen nicht erfüllen. Nein, der Kapitän hat den Passagieren seines Schiffes die schweren, gefahrvollen Stürme schon sofort beim Antritt der Fahrt vorausgesagt, die gerade nahe vor dem Ziel hereinbrechen werden. Darum können die Schiffsgenossen getrost sein.

grober Sittenlosigkeit dahinleben und von der christlichen Lehre überhaupt nichts mehr wissen wollen. Mit solchen Menschen wäre die Gemeinde wohl schnell fertig geworden, denn einen verführerischen Einfluß hätten sie schwerlich ausgeübt. Nein, in der neuen Bewegung wurde ein „höheres", „freies" Christentum propagiert, demgegenüber das apostolische Denken und Leben eben als alt, rückständig, eng und kümmerlich erscheinen muß. Das kam in bestimmten Schlagworten zum Ausdruck. Die neue Bewegung nannte sich *Gnosis* = Erkenntnis[81]. Die Christen alter Art waren nur „Pistiker", denn sie hatten nur *pistis* = Glauben. Die neuen Lehrer aber brachten „Erkenntnis", religiöse Weltanschauungssysteme, in denen alles „erklärt", jedes Rätsel gelöst und über alles ein helles Licht gegossen schien. Wie interessant war das alles! Was war dagegen die Verkündigung, die einen nur auf den „Glauben" verwies und von dem Thema „Verlorenheit und Errettung" nicht loskam.

Noch in einer anderen Weise wurde **eine Scheidung vorgenommen**. Drei Klassen von Menschen wurden unterschieden. Die meisten sind „Hyliker", das heißt solche, die ganz in der *Hylæ* = „Materie" aufgehen; sie verfallen dem Verderben. Dann kam eine höhere Stufe: die „Psychiker", die sich nicht von der Materie, sondern von der *Psyche* = „Seele" bestimmen lassen; darum können sie schon auch eine gewisse Form von „Christentum" haben, dabei allerdings nur niedrige untere Stufen der Seligkeit[82] erlangen. Zu ihnen gehören die Christen alter Art, die „Pistiker"; sie sind zugleich „Psychiker". Hoch über ihnen stehen jene der dritten und obersten Klasse: die „Pneumatiker", die vom *Pneuma* = „Geist" erfüllten Menschen. Die neuen Lehrer und die, die sich ihnen anschlossen, waren stolz darauf, angeblich unter dem wahren Christus aus dem Geist zu leben. Sie fühlten sich frei von aller engen Moral, frei vom „Gesetz des Juden-Gottes", sogenannte freie Kinder des Vaters, die den Trieben des vergänglichen Leibes nachgeben konnten und davon auf den Höhen ihres geistlichen Lebens nicht berührt wurden[83]. War es nicht ver-

[81] Vgl. Einleitung S. 190 f.

[82] Ein „Stufenbau" in der göttlichen Welt war für die Gnosis kennzeichnend. Es gab „Stufen" in den „Emanationen" (Ausflüssen) aus der Gottheit und umgekehrt „Stufen" im Aufsteigen der Seele zur Gottheit hin.

[83] Es muß aber auch gesagt werden, daß es in der „Gnosis" Kreise mit strengster „Askese" gab, wie wir es aus 1 Tim 4, 1—4 ersehen.

lockend, sich zu solchem Leben rufen zu lassen? War das nicht das Christentum, das die moderne Welt brauchte?

Und nun tut Judas etwas ganz Kühnes: er kehrt diese ganze Vorstellungswelt genau um! Gerade die Anhänger des neuen Christentums sind in Wahrheit **Seelische** (Psychiker), **die den Geist nicht haben**[84]! Das erweist sich gerade an der **Scheidung** der Menschen, die sie **vornehmen**[85]. Für sie wären Zachäus und die große Sünderin „Hyliker" gewesen, um die sich zu kümmern gar nicht lohnte. Mit der Geringschätzung der schlichten „Glaubenden" trugen sie einen Riß in die Gemeinde hinein und verkannten damit das wichtigste Werk des Heiligen Geistes, das gerade in der Erweckung und Vertiefung des Glaubens und in der Sammlung der Gemeinde der Glaubenden in herzlicher Einheit und Eintracht besteht. Wie widerspricht es dem Geist Gottes, wenn sich die „Pneumatiker" mit diesem Selbstbewußtsein über die andern stellen, während die Frucht des Geistes doch Liebe und Demut ist![86] Hochmütige „Geistträger", die zugleich eine zuchtlose „Freiheit" in Anspruch nehmen, erweisen sich damit als „Psychiker", als Menschen, die nur von den natürlichen seelischen Trieben nach Geltung und Genuß bestimmt werden, mag der Genuß auch mit in einer Fülle religiöser Gedanken und Gefühle bestehen[87]. Ja, seelisch und „religiös" sind sie, aber den Geist haben sie nicht!

20/21 Noch einmal wendet sich Judas an die Gemeinde und zeigt ihr nun positiv den Weg, den sie in all dieser Verwirrung zu gehen hat. **Ihr aber, Geliebte, euch selbst aufbauend auf euren**

[84] Man wird dabei nicht übersehen dürfen, daß der Apostel Paulus in 1 Ko 2, 14—16 den „pneumatischen" und den „psychischen" Menschen einander entgegenstellt, ohne daß ein unmittelbarer Bezug auf den gnostischen Gebrauch dieser Begriffe erkennbar wird. Bei der Lage in Korinth und bei der offensichtlichen polemischen Art des ganzen Abschnittes ist aber ein solcher Bezug auch nicht auszuschließen. Wir stehen in Korinth am Anfang von Bewegungen, die sich erst später begrifflich ausformten. Wie sehr schon in Korinth „Scheidungen vorgenommen wurden", zeigt 1 Ko 1, 10—15; 11, 18.

[85] Die Übersetzung, „die sich absondern", ist der Verbform nach unwahrscheinlich. Sie träfe sachlich nur in dem Sinne der inneren Selbsterhebung über die andern Gemeindeglieder zu. Das Gefährliche an ihnen war ja gerade, daß sie sich *nicht* „absonderten", sondern in der Gemeinde blieben, bei den Liebesmahlen „ohne Scheu mit schmausten" (V. 12) und den maßgebenden Einfluß in der Gemeinde erringen wollten.

[86] Genau darum ging es dem Apostel Paulus auch in Korinth: 1 Ko 3, 1—4; 1 Ko 8, 1—13; 13, inmitten von Kap 12 und 14.

[87] Es sind dies alles Wahrheiten, die immer wieder in der Christenheit zur Geltung gebracht werden müssen, weil die Versuchung zu einer falschen „Geistlichkeit" vom Wesen des Menschen her groß ist. Wie leicht lassen wir uns da täuschen und merken nicht, wie „seelisch" oft gerade diejenigen sind, die sich selbst besonders „geisterfüllt" vorkommen!

hochheiligen Glauben, im Heiligen Geist betend, bewahrt euch selbst in der Liebe Gottes, wartend auf das Erbarmen unseres Herrn Jesus Christus zum ewigen Leben. Das ist der klare Gegensatz gegen alles, was die Anhänger der neuen Richtung sagen und in ihrem Leben tun. Die Gemeinde soll nicht „trennen" und zerreißen, sondern **aufbauen.** Das im NT viel gebrauchte Bild des „Baues" ist gerade nicht „erbaulich", sondern noch ganz im ursprünglichen, schlichten Wortsinn gemeint. Der Bau der Gemeinde soll vorangehen, in dem ein „lebendiger Stein" zu dem andern gefügt wird[88]. Der Grund aber, auf dem gebaut wird und allein gebaut werden kann, ist der von den „Modernen" geringgeschätzte „Glaube". Wenn Judas ihn hier **euren hochheiligen Glauben** nennt, dann ist das nicht ein Zeichen von Traditionalismus und „Orthodoxie", obwohl der objektive Glaubensinhalt im Vordergrund steht. Was die neuen Lehrer verachten und höchstens als „Unterstufe" gelten lassen, das gerade ist das wahre Fundament, Gottes Gabe durch seine Offenbarung[89] und also **hochheilig,** unantastbar. Mit ganzer Überzeugung und Freude soll die Gemeinde zu diesem Fundament stehen und sich darauf gründen.

Zugleich weist das Bild des „Aufbauens" darauf hin, daß der Gegensatz zu der neuen Bewegung nicht Stillstand und bloßes „Ausruhen" auf dem „ein für allemal den Heiligen übergebenen Glauben" (V. 3) meint. „Bauen" ist nicht Ruhe und Beschaulichkeit, sondern ist steter Fortschritt in Einsatz und Arbeit. „Die Gemeinde ist kein Schauplatz, sondern ein Bauplatz."

Worin aber besteht ihr wesentlicher Dienst bei diesem „Bau"? Darin, daß die Gemeindeglieder **betend im Heiligen Geist** sind, dessen Wirken sich nicht in absonderlichen Dingen und auffallenden Vorgängen zeigt. „Ich will ausgießen den Geist der Gnade und des Gebets" hatte Gott durch Sacharja versprochen (12, 10). Beten mag gering aussehen und ist doch das Wichtigste und Größte, was ein Mensch auf dieser Erde

[88] Vgl. besonders 1 Pt 2, 4. 5; 1 Ko 3, 11—15; Eph 2, 19—21.

[89] Wir sahen schon in V. 3, daß für Judas der Glaubensinhalt im Vordergrund steht. Das wird auch hier der Fall sein. Aber auch der „Glaube" als subjektive Annahme des Glaubensinhaltes ist Gottes Gabe und Wirkung: Kol 2, 12; Glaubensinhalt und Glaubensvollzug sind wohl zu unterscheiden, aber nie zu trennen.

tun kann[90]. Aber wahrhaft gebetet werden kann nur im **Heiligen Geist**[91]. Gemeinden, Häuser, Werke und auch einzelne Christen, bei denen das Beten im Zentrum des Lebens steht, zeigen damit, daß sie „voll Geistes" sind.

21 **Bewahrt euch selbst in der Liebe Gottes.** Judas hat die Gemeindeglieder als „von Gott Vater Geliebte" in V. 1 angeredet. Die neue Richtung dagegen rühmte die „Erkenntnis" und meinte damit mancherlei neue und kühne Gedankengänge über Gott und die Welt. Judas ermutigt die Gemeindeglieder, die ganz andersartige Größe ihres Besitzes zu bedenken. Sie haben **die Liebe Gottes** erfahren, wie sie sich einzigartig in dem Opfer des Sohnes Gottes für verlorene Menschen offenbart hat[92]. Diese Erfahrung ist unendlich mehr als alle „Gnosis". Das muß die Gemeinde festhalten und darf sich nicht von dem stolzen Rühmen der neuen Lehrer beirren lassen. Wie anders sähe deren ganzes Leben und Verhalten aus, wenn sie von Gottes Liebe überwunden wären zu eigenem Lieben! Die **Liebe Gottes** ist aber nicht eine „Erkenntnis", die man wie andere Erkenntnisse und Gedanken einfach besitzen kann. Sie ist ein Lebensstrom aus Gottes Herzen, in dem wir „uns selbst bewahren" müssen. Wer sich auf Spekulationen über Gott einläßt, entfernt sich von diesem Lebensstrom[93]. Die Satzkonstruktion im Grie mit ihren 3 Partizipien „aufbauend, betend, erwartend" weist darauf hin, daß das **sich bewahren in der Liebe Gottes,** zu dem Judas die Gemeinde aufruft, eben in diesen drei Tätigkeiten geschieht. Judas zeigt dabei, daß er „evangelisch" und nicht „gesetzlich" denkt. Die **Liebe Gottes,** die uns von Gott her zuteil wird, ist das Entscheidende. In ihr zu bleiben, darauf kommt alles an. Wir bleiben aber dadurch in ihr, daß wir uns auf dem heiligen Glaubensgrund aufbauen,

[90] Alle nach außen hervortretenden Werke, Siege, Erfolge haben ihre eigentliche verborgene Quelle im Beten. Vgl. auch die kleine Schrift über „John Hyde, der Beter".

[91] Wir wollen beachten, daß Judas hier schreibt: „im" Heiligen Geist und nicht „um" den Heiligen Geist. Wir müssen den Heiligen Geist bereits „haben", wenn wir recht beten wollen. Das hebt auch Paulus in Rö 8, 15. 26, Gal 4, 6; Eph 6, 18 hervor. Vgl. „Die Frage nach dem Heiligen Geist" W. de Boor, Linien-Buch 12.

[92] Vgl. dazu 1 Jo 3, 16; 4, 9. 10. 16. Auch der Apostel Johannes stand mit solchen Sätzen gegen die Gnostiker. Und der Apostel Paulus rühmt in 1 Ko 13 die Liebe gegen alle Erkenntnis und alle auffallenden Gaben.

[93] „Wie ich nämlich oben mehrmals erinnert habe, sollen wir nicht über die göttliche Majestät spekulieren, sondern unsere vergänglichen und immer wieder durchfurchten Erkenntnisse im Schoß des Wortes gewinnen. Wer allerdings fort und fort lauernd Nichtiges ergreift, stürzt sich kopfüber in den Tartarus. Und deshalb laßt uns festhalten am einfachen Wort . . ." Martin Luther in seiner Jesaja-Vorlesung zu Kap. 38, 11. WA 25, 244.

wenn wir im Heiligen Geist beten und wenn wir in echter Hoffnung auf die Parusie des Herrn warten.

Judas weiß zugleich, daß das Christenleben jetzt nur ein „Anfang“ ist, „Stückwerk“, wie Paulus in 1 Ko 13 sagt. Darum gehört die lebendige Erwartung der Parusie zur Aufgabe der Gemeinde. Auch das steht im Gegensatz zu der neuen Strömung, die leicht im Rühmen erreichter Höhen aufging. **Wartend auf das Erbarmen unseres Herrn Jesus Christus zum ewigen Leben.** Schon im V. 2 war **Erbarmen** das erste, was Judas den Hörern seines Briefes zusprach. Nun wird **das Erbarmen unseres Herrn Jesus Christus** als das genannt, worauf die Gemeinde „wartet“. Aber genau dies ist die Haltung des ganzen NT. Es ist alles schon grundlegend da, und doch liegt es zugleich noch vor uns. Wirklich mit Verlangen auf das Erbarmen „warten“ können wir nur darum, weil wir es schon „geschmeckt haben“[94]. Aber noch in anderer Weise ist die Formulierung dieses Satzes sehr auffallend. Judas hat viel von den Gerichten Gottes gesprochen, müßte er nicht jetzt auch mahnen: „Wartet mit Furcht und Zittern auf den Weltenrichter“? Nein, die Gemeinde, die in so viel Not und Anfechtung steht und für den Glauben zu kämpfen hat, darf in froher Hoffnung warten auf ihren Herrn. Sein „Erbarmen“, am Kreuz erwiesen und durch die erfahrene Errettung der Glaubenden bewährt, wird sein Werk mit dem neuen Kommen Jesu vollenden, und die, die auf ihn warten, **zum ewigen Leben** führen. Jetzt gehört noch Unfertigkeit, Unvollkommenheit, viel Not und Kampf zum Leben der Gemeinde. Aber gerade darum ist sie mit ganzem Ernst eine wartende Schar, die sich nach der alles vollendenden Gnade ihres Herrn sehnt[95].

Aber hat Judas der Gemeinde nichts zu ihrem Verhalten 22/23
gegen die Anhänger der neuen Strömung zu sagen, die noch mitten in ihren Reihen leben, sogar an den Liebesmahlen teilnehmen und in keiner Weise an einen „Austritt“ aus der Gemeinde denken? Ein Wort dazu war unerläßlich und folgt nun in V. 22/23. Das rechte Verständnis dieser Verse wird durch Abweichungen in der Überlieferung der Handschriften er-

[94] Sehr deutlich ist das Zusammengehören von „Gegenwart“ und „Zukunft“ in Rö 8, 23 bis 25 dargelegt.

[95] Judas und die Christen, an die er schreibt, leben offensichtlich in der sogenannten „Naherwartung“. Aber gibt es im Ernst eine andere „Erwartung“? Auf etwas, was in ferner Zukunft sich einmal ereignen mag, „warten“ wir nicht wirklich! Vgl. die Ausführungen über „Naherwartung“ bei A. Pohl in seiner Auslegung der Offb in der W. Stb. I S. 38.

schwert. Man kann ihren Inhalt mit dem Nestle-Text zweigliedrig fassen[96]. Es ist aber auch möglich, daß Judas drei Gruppen der Neuerer unterschieden und der Gemeinde dementsprechend ein dreifaches Verhalten angeraten hat.

Und der einen, die mit sich im Streit sind, erbarmt euch. Bei diesem Verständnis des Satzes wäre daran gedacht, daß es innerlich hin- und hergerissene Gemeindeglieder gibt, die noch unschlüssig waren, wem sie folgen sollen. Ihnen soll das Erbarmen der Gemeinde gelten. Wir dürfen die harten Sätze und schroffen Ausdrücke und Gerichtsdrohungen des Judas nicht falsch verstehen. Gerade weil Gottes Gericht so ernst ist, kann das Erbarmen so groß sein in Menschen, die doch selbst allein von dem rettenden Erbarmen Gottes leben. Dieses Erbarmen kann freilich nicht im „Verharmlosen"[97] bestehen, sondern nur im entschlossenen, zufassenden Retten: **„Rettet sie, indem ihr sie aus dem Feuer reißt!"** Es kann sein, daß Judas dabei an das „Feuer" des göttlichen Gerichtes gedacht hat. Es kann aber auch ganz allgemein ein Bild notwendigen, dringenden und nicht ungefährlichen „Rettens" sein, wie wenn man jemanden aus einem brennenden Haus herausreißt[98].

Es ist aber nicht sicher, ob das grie Wort *diakrinomai* hier heißen soll: **mit sich im Streit sein,** also zweifeln oder unschlüssig sein. Es kann auch einfach **streiten** bedeuten[99]. Dann ginge es um Anhänger der neuen Richtung, die noch in Diskussion mit Gemeindegliedern stehen. Anstelle von „erbarmt euch" würden wir hier die gleichfalls gut bezeugte Lesart **überführt sie** bevorzugen. Es wäre dann mit diesem kurzen Satz die erste von drei Gruppen bekannt, und die Gemeinde würde dazu ermutigt, von ihrem klaren Glaubensgrund her im Blick auf die rettende Liebe Gottes das „Überführen" der Irrenden und Diskutierenden zu versuchen. Die Mahnung zum „Überführen" würde auch dann passen, wenn wir bei dieser

[96] Diese Fassung stützt sich vor allen Dingen auf B, den „codex Vaticanus". Vgl. die Hinweise zu den ntst Handschriften auf S. 6.

[97] Bis heute ist es immer wieder die gefährliche Meinung, „christliche Liebe" bestehe in solchem „Verharmlosen" und freundlichen Geltenlassen. Nein, gerade die Liebe sieht die tödliche Gefahr, in der der andere mit seinen Irrtümern und Sünden steht, und versucht das oft hart erscheinende „Herausreißen".

[98] Vgl. dazu auch Sach 3, 2; Am 4, 11; 1 Ko 3, 15; allerdings geht auch in diesen Stellen der Blick auf die Gerichte Gottes.

[99] Es darf nicht übersehen werden, daß das Wort an wesentlichen Stellen des NT (Mt 21, 21; Rö 4, 20; Jak 1, 6) einfach das „Zweifeln" meint. Anderseits bezeichnet es gerade in unserem Brief in V. 9 die streitende Diskussion.

ersten Gruppe an die Unschlüssigen, mit sich selbst im Streit Liegenden zu denken haben.

Mit V. 23 würde bei der Dreiteilung des Satzes eine zweite Gruppe beginnen: **Die andern rettet, indem ihr sie aus dem Feuer reißt.** Dabei wäre über ihren inneren Stand nichts Näheres gesagt, aber um so eindrücklicher der Gemeinde gezeigt, daß sie die Ausführungen nicht mißverstehen und sich nicht auf ein bloßes Verurteilen und Ablehnen zurückziehen darf. Es gibt auch bei denen, die sich der neuen Bewegung aufgeschlossen haben, noch solche, die gerettet werden können. Das kann freilich nicht durch Halbherzigkeit geschehen. Es erfordert eine Liebe, die von dem eigenen festen Stand aus zuzufassen und herauszureißen wagt.

Der Schlußteil des Verses 23 meint auf jeden Fall eine besondere Gruppe, die je nach der Fassung und Einteilung der Mahnung mit „die andern" oder „die dritten" zu bezeichnen ist. **Der anderen** bzw. **der Dritten erbarmt euch in Furcht, indem ihr auch den vom Fleisch befleckten Rock haßt.** Wie dabei das „Erbarmen" aussehen sollte, was es noch „tun" kann, hat Judas nicht gesagt. Ist es nur der innere Schmerz um solche Gemeindeglieder? Denkt er an ein letztes fürbittendes Hoffen, weil Gott an ihnen doch noch ein Wunder der Gnade tun kann? Oder haben die Ausleger recht, die in dem Ausdruck **indem ihr auch den vom Fleisch befleckten Rock haßt**[100] die völlige Aufhebung jeder Gemeinschaft sahen, die keine Berührung mit den andern, keine „Tuchfühlung" mehr zuläßt? Judas würde damit zu den Irrlehrern, die dann hier vor allem gemeint sein müßten, ähnlich stehen wie Joh in seiner ernsten Mahnung im 2. Brief V. 10: Bringer einer falschen Lehre soll man nicht ins Haus aufnehmen und nicht einmal grüßen. Aber Johannes sagt dabei folgerichtig kein Wort mehr von „Erbarmen". So werden wir hier bei dem eben versuchten Verständnis bleiben müssen, wobei dann die Mahnung zur Furcht und zum klaren Haß des „befleckten Rockes" besonders wichtig wird. Die Gemeinde muß von nur menschlichem „Mitleid" ebenso fern bleiben wie von selbstgerechter Kälte.

[100] Das Bild des „befleckten Kleides" kennt auch die Offenbarung (3, 4). Wer in Schmutz und Unordnung lebt, kann dabei kein „weißes Kleid" behalten. Aus naheliegenden Gründen sagt darum auch Offb 7, 14 von der großen Schar vor dem Thron, daß sie nicht sich, sondern „ihre Kleider gewaschen und hell gemacht haben im Blut des Lammes".

Abschließende Doxologie

Judas Vers 24—25

Zu Vers 24:
Rö 16, 25 f
Phil 1, 10
1 Th 5, 23
2 Pt 3, 14
Zu Vers 25:
Rö 16, 27
1 Tim 1, 17
2 Pt 3, 18

24 **Dem aber, der die Macht hat, euch zu bewahren vor dem
Straucheln und zu stellen vor seine Herrlichkeit untadelig
25 mit Jubel, * dem alleinigen Gott, unserem Retter durch
Jesus Christus, unsern Herrn,** (eignet) **Herrlichkeit, Majestät, Kraft und Macht vor jedem Äon und jetzt und bis in alle die Äonen, Amen.**

Unter „Doxologie" verstehen wir das lobpreisende Rühmen Gottes. Die Lieder Israels, die Psalmen, sind davon erfüllt. Aber der Jude war auch sonst daran gewöhnt, in seine Reden und Gespräche Doxologien einzuflechten. Von allen Erfahrungen seines Lebens aus ging sein Blick zu Gott empor, dem unter allen Umständen das Lob seines Namens gebührt. So antwortet ein Hiob selbst auf die Unglücksbotschaften, die ihn treffen, mit einer Doxologie (Hiob 1, 21); und Paulus wird mitten in der Schilderung der menschlichen Sünde dazu geführt, gerade dabei Gott mit einem lobpreisenden Ausruf zu ehren (Rö 1, 25). Er beschließt auch seinen Brief an die Römer mit einer Doxologie, die in ihrem Aufbau den abschließenden Worten des Judasbriefes auffallend ähnlich ist[101].

24 Die Doxologie empfängt bei Judas ihre Besonderheit dadurch, daß sie sich überraschend und eindrucksvoll von seinem harten Schreiben abhebt. Sie wird in unserem Brief durch die Hinwendung des Blickes auf Gott zu einem helfenden und stärkenden Wort an die Gemeinde, noch weit wirksamer, als ein Segenswunsch es sein könnte. Die Gemeinde steht in einem schweren Kampf. Ihre Aufgabe ist ihr in den Versen 20—23 gezeigt worden. Wird sie diese Aufgabe erfüllen können? Wird sie den Sieg über die zerstörende Irreführung erringen? Wird sie nicht selbst ins **Straucheln** kommen auf dem schwierigen Weg? Wenn sie auf sich selbst sieht und die Verführungsmacht der neuen Bewegung erlebt, könnte ihr bange werden. Aber sie ist ja nicht allein! Sie darf im Glauben fest mit Gott

[101] Paulus beendet seine anderen Briefe mit Grüßen und Segenswünschen. Es finden sich aber auch ähnliche Doxologien in Eph 3, 20; 1 Tim 1, 17; 6, 15. 16; 1 Pt 4, 11. Sie zeigen, daß sie nicht nur feierliches Schlußwort sein müssen, sondern mitten im Leben stehen können. Daß sich dabei überall bestimmte Worte und Wendungen wiederholen, ist naheliegend.

rechnen. Wer ist dieser Gott, und was vermag er für die Gemeinde zu tun? Judas sagt es der Gemeinde mit den stärksten Worten: Denkt doch daran, Gott ist der, **der die Macht hat, euch zu bewahren vor dem Straucheln**[102] **und zu stellen vor seine Herrlichkeit untadelig mit Jubel.** Jesus selbst hatte die Verführungsmächte der Endzeit so ernst als solche geschildert, die, „wenn es möglich wäre, auch die Auserwählten" verführen würden (Mt 24, 24). Irgendwelche Selbstsicherheit ist hier fehl am Platz! Wenn die Gemeinde mit ansehen mußte, wer alles in ihrer Mitte der modernen Strömung erlag, welches Gemeindeglied konnte dann sagen: Mir kann das nicht passieren? Aber der lebendige Gott, der „die Macht zur Errettung" hat (Rö 1, 16), hat auch **die Macht zur Bewahrung.** Hier gibt es eine volle Gewißheit. Das schließt den ganzen Ernst des eigenen Einsatzes nicht aus, sondern ein. Die Mahnung von Vers 21 „bewahrt euch selbst in der Liebe Gottes" bleibt gültig, auch wenn sie erst in der Zusage „Gott will und kann euch bewahren" ihr unerschütterliches Fundament erhält.

Der Blick nach oben ist zugleich der Blick nach vorwärts. Judas denkt heilsgeschichtlich. So ernst das Heute mit seinem Kampf ist, es geht dem großen Tag entgegen, von dem schon V. 6 sprach. An diesem Tage wird Gottes **Herrlichkeit** offenbar werden. Das grie Wort *doxa* hat hier noch etwas von seiner ursprünglichen Bedeutung „Lichtglanz". An jenem Tag steht alles klar im durchdringenden Licht der Ewigkeit. Aller Schein und aller falsche Glanz, der jetzt Menschen bezaubern mag, ist dann dahin. Für die Verwirrer der Gemeinde, die Gottes Gnade verkehren und unseren alleinigen Herrscher und Herrn Jesus Christus verleugnen (V. 4), wird das der Tag des Gerichtes. Aber die treugebliebenen Gemeindeglieder werden das Wunderbare erleben, daß Gottes Gnade sie **vor seine Herrlich-**

[102] Es steht hier nicht das Zeitwort *straucheln,* sondern ein nur hier im NT vorkommendes Eigenschaftswort *aptaistous.* Es ist abgeleitet von ptaiein, das von der Grundbedeutung her „anstoßen, anprellen", dann aber auch irreführen, sündigen heißen kann; so finden wir das Wort in Rö 11, 11; 2 Pt 1, 10; Jak 3, 2a; 2, 10; 3, 2b. In unserem Brief geht es aber nicht so sehr um einzelne Sünden, sondern um den „Stoß" einer Irrlehre, die Gemeindeglieder bedroht. Gott kann sie bewahren, so daß dieser „Aufprall" der falschen Lehre sie nicht umwirft. Wir könnten darum übersetzen: Gott hat die Macht, euch zu bewahren, als solche, die sich nicht umstoßen lassen. „Sündlosigkeit" hat Judas sicher nicht gemeint, aber „Bewahrung" vor dem Erliegen der verführerischen Lehre gegenüber.

keit untadelig[103] **mit Jubel** stellen wird. Sie werden also nicht nur mit Mühe und Not so gerade davonkommen. Nein, Judas beschließt seinen Satz von der bewahrenden Macht Gottes in starker Betonung mit dem Wort **Jubel, Frohlocken, Jauchzen.** Wenn die Gemeinde das vor sich sehen darf, was sind dann noch alle Nöte der Gegenwart? Was macht es dann noch aus, wenn sie als „rückständig", „eng" und „kümmerlich" verhöhnt wird[104]?

25 Warum hat Gott **die Macht**, uns so zu bewahren und uns so ans Ziel voll Jubel zu bringen? Judas häuft die Aussagen, um uns die ganze Größe Gottes zu zeigen. **Dem alleinigen Gott, unserem Retter durch Jesus Christus, unsern Herrn, (eignet) Herrlichkeit, Majestät, Kraft und Macht vor jedem Äon und jetzt und bis in alle die Äonen, Amen.** Er ist **der alleinige Gott**[105], der, dem es einzig und allein zukommt, angebetet zu werden. Dieses „der Herr allein" erklang schon in jenem Grundbekenntnis Israels von 5 Mo 6, 4; in dem „Höre, Israel ...", das jeder Israelit täglich betete. Dieses Bekenntnis richtete sich gegen die Vielzahl der Götter, die in den Völkern um Israel her angebetet wurden: sie sind nur „Götzen" und „Nichtse". Dagegen lautete das Bekenntnis Israels: „Der Herr ist unser Gott, Jahwe allein." Gerade dieser von vielen Gnostikern verachtete und geschmähte Gott Israels ist der allein wahre Gott und der Vater Jesu Christi (Jo 17, 3)[106]. Darum fügt Judas aller Gnosis ins Angesicht hinzu: **unser Retter, durch Jesus Christus, unsern Herrn.** Der Gnosis ging es nicht

[103] Das Wort „untadelig" ist zunächst kultisch gemeint. Ein Opfer mußte *tamim = fehlerfrei, vollkommen* sein. Dieser kultische Moment schwingt noch mit, wenn hier wie auch 1 Th 5, 23 Menschen in ihrem letzten Stehen vor Gott „untadelig, unsträflich" genannt werden. Vgl. W. Stb. z. St. und auch Kol 1, 22.

[104] Es besteht ein tiefer und notwendiger Zusammenhang zwischen Tragkraft, Kampfesmut, Leidenswilligkeit und lebendiger Eschatologie. Wenn die Christenheit heute weithin jeden Kampf und oft schon die kleinsten Leiden und Opfer scheut, dann hängt das wesentlich damit zusammen, daß sie schon lange das biblische Zukunftsbild und das Wissen um den herannahenden Tag Gottes aus dem Herzen verloren hat. Die Urchristenheit war in ihrem ganzen Denken und Sehnen durch und durch „eschatologisch" (auf die letzten Dinge ausgerichtet). Wer den „großen Tag Gottes" nicht mehr vor Augen hat, verfällt dem kleinen Tag heute mit seinen Lockungen und Drohungen.

[105] Handschriften der Koine lesen hier „dem allein weisen Gott". Dadurch kam diese Fassung in unsere Lutherbibeln. Vielleicht soll dadurch der „Weisheit" der Gnostiker die wahre Weisheit entgegengestellt werden, die Gott allein besitzt, und zwar gerade der von gnostischer Seite beargwöhnte und abgelehnte Gott des Alten und Neuen Bundes. Aber dem Nestle-Text ohne das Wort „weise" folgt jetzt mit Recht auch die rev. LÜ.

[106] Vielleicht richtet sich der Satz auch gegen die „Emanationen" aus der Gottheit, von denen die Gnosis sprach. Vgl. dazu S. 190.

um „Rettung“, schon gar nicht um Rettung durch das Blut des Sohnes Gottes. Sie sah nicht die unergründliche Tiefe der Schuld und Verlorenheit des Menschen. Ihr ging es um „Geistbesitz“ und „Erkenntnis“. Die Gemeinde aber soll dieser Entleerung der Botschaft gegenüber[107] klar an dem Zentrum der apostolischen Botschaft, an dem „Wort vom Kreuz“, festhalten und Gott als ihren **Retter durch Jesus Christus** bezeugen und rühmen[108].

Es wird an dieser Stelle auch etwas geschichtlich Bedeutsames sichtbar. Wie immer Judas zum „Gesetz“ gestanden haben mag — und der „Bruder des Jakobus“ wird gesetzestreu gedacht und gelebt haben —, er hat das Evangelium in seinem Zentrum erfaßt und festgehalten, auch als „Judenchrist“[109]. Der eine und allein wahre Gott ist für ihn nicht zunächst und wesenhaft der Geber des Gesetzes, sondern **unser Retter durch Jesus Christus.** Er ist dies, obwohl — nein, *weil* er ohne Ansehen der Person richtet mit so erschreckend ernsten Gerichten, wie Judas sie in seinem Brief der angefochtenen Gemeinde in Erinnerung gebracht hat. Es kann von Gott immer nur zugleich als von dem Heiligen und dem Erbarmenden, dem Richter und dem Retter gesprochen werden. Lösen wir das eine von dem andern, so haben wir nur noch einen Gott unserer eigenen Gedanken und nicht mehr den wirklichen, lebendigen Gott in seiner Offenbarung. Judas hat in seinem Brief keine „Widersprüche“ geschrieben, sondern diese Zusammengehörigkeit von „Ernst“ und „Güte“ Gottes genau wie der Heidenapostel Paulus in Rö 11, 22 („Schau aber an ...“) bezeugt.

107 Schon am Anfang der Wirren in Korinth warnte Paulus davor, daß durch die neue redefertige „Weisheit“ das Kreuz des Christus „entleert“ werde: 1 Ko 1, 17. Wir sehen, wie es sich überall um die gleiche, gefährliche Strömung handelt. Um das Kreuz und seine rettende Macht oder seine Entleerung geht es zuletzt auch in den theologischen Auseinandersetzungen der Gegenwart.

108 Rein sprachlich könnten die Worte „durch Jesus Christus, unsern Herrn“ auch zu dem folgenden Lobpreis gezogen werden. Aber der Gedanke, daß Gott schon vor jedem Äon „Herrlichkeit, Majestät, Kraft und Macht durch Jesus Christus“ gehabt habe, mag vielleicht in den Spekulationen einer späteren Dogmatik aufgetaucht sein, aber schwerlich einem Judas nahegelegen haben. Die manchmal dafür angeführten Parallelstellen Rö 16, 27; Kol 3, 17; 1 Pt 4, 11 sind doch sehr anderer Art. Dagegen die Tatsache, daß Gott „unser Retter durch Jesus Christus“ ist, leuchtet hell durch die ganze Botschaft des NT hindurch.

109 Ein „Judenchrist“ mußte also nicht „unpaulinisch“ und Paulus nicht ein Gegner des „Judenchristentums“ sein. Das NT ist einheitlicher, als oft gemeint worden ist. Vgl. Gal 2, 7—10.

Und nun wird aufgezählt, was diesem Gott (eignet). Wie unbedingt es diesem wahren, einzigen Gott „eignet", drückt Judas gerade dadurch aus, daß er hier im Grie kein „gehört" oder „gebührt", also kein Prädikat, hinzufügt, sondern unmittelbar an die Nennung Gottes anschließt. Lapidar heißt es diesem Gott **Herrlichkeit, Majestät, Kraft und Macht.** Es wäre seltsam, wenn wir Menschen von uns aus feststellen wollten, daß Gott schon „vor jedem Äon" Herrlichkeit ... „gebühre" oder „gehören soll"[110]. **Das Wort** für **Herrlichkeit** (*doxa*) wird im Grie nicht von „Herr" abgeleitet, sondern bedeutet zunächst, wie wir schon sahen, „Lichtglanz"[111]. Das Wort *megalosynae* = **Majestät** oder „Erhabenheit" wird im NT nur von Gott gebraucht. Die Begriffe **Kraft** und **Macht** sind im Grie nicht so bedeutungsähnlich wie im Deutschen: Das Wort *kratos* bezeichnet eindeutig die **Kraft**, besonders in ihrer aktiven Anwendung. Mit **Macht** ist *exousia* wiedergegeben, das die „Vollmacht", die „Freiheit zum Machtgebrauch" betont. Gott hat eine **Macht,** die er frei anwenden kann, ohne daß jemand ihn fragen dürfte „Was machst du da?"[112].

Dies alles aber gehört unserem Gott **vor jedem Äon und jetzt und bis in alle die Äonen hinein.** Es ist kennzeichnend für das israelitische Denken, daß es grundsätzlich nicht wie das Grie „Stockwerke" vor sich sieht: Himmel, Erde, Unterwelt oder „Diesseits" und „Jenseits"[113]. Israel denkt auf Grund der ihm gewordenen Offenbarung „geschichtlich" und darum in Zeitaltern — Äonen. Allerdings hindert es unser rechtes biblisches Verstehen, wenn **Äon** vielfach mit „Welt" übersetzt wird. Die Existenz der „Welt" (grie *kosmos*) vollzieht sich in „**Äonen**", die aufeinander folgen. Der ewige Gott aber lebt **vor jedem Äon** und besitzt dabei die ganze Fülle alles dessen, was ihm eignet. Es gibt keine „Geschichte Gottes", auch wenn

110 Wir werden von hier aus fragen müssen, ob unser „Ehre sei dem Vater ..." ganz biblisch ist. Es wird an vielen von Gottes Lob und Ehre handelnden Stellen das übliche „sei" durch ein klares „ist" zu ersetzen sein, wie auch das Vaterunser mit der eindeutigen Feststellung schließt: „Denn dein *ist* das Reich und die Kraft und die Herrlichkeit in Ewigkeit." So auch Offb 5, 13; 7, 12.

111 Vgl. zu Vers 8 und die Aussagen 1 Jo 1, 5 und Jak 1, 17.

112 Vgl. dazu Rö 9, 20. 21. Hier steht für „Macht" (LÜ) ebenfalls das Wort „exousia"; vgl. zur Sache selbst auch Jes 45, 9; Jer 18, 1—6; Weish 12, 12.

113 Natürlich müssen wir notgedrungen manches auch in solchen Formeln sagen. Vgl. etwa Phil 2, 10. Wir mögen so klug und wissenschaftlich gebildet sein, wie wir wollen, immer werden wir Gott und alles Gute „oben" suchen und alles Böse und Dunkle „unten" lokalisieren, so wie auch der modernste Astronom vom „Aufgang" oder „Untergang" der Sonne sprechen wird.

Gott aufs intensivste an allem Geschehen in den „Äonen" gestaltend teilnimmt und so durchaus ein „Gott der Geschichte" wird. An Gottes Lichtglanz und Majestät, an seiner Kraft und Freiheit wird darum auch jetzt = heute nichts gemindert, wenn Menschen ihn verkennen und lästern, wenn seine Gemeinde in Not und Verwirrung gerät[114]. Welch ein Trost und fester Halt ist das für die angefochtene Gemeinde!

Vor ihr liegt eine ewige Zukunft. Das NT spricht nicht von einer abstrakten „Ewigkeit", sondern von neuen **Äonen.** „In die Äonen der Äonen" oder wie in unserem Vers **in alle die Äonen hinein** — das ist der biblische, realistische, lebensvolle Ausdruck für „Ewigkeit". Von der Inhaltsfülle dieser kommenden Äonen kann nur in unzulänglichen Bildern gesprochen werden. Sie übersteigt jede irdische Vorstellungsmöglichkeit. Es geht, wie ein bekanntes Lied sagt, um „Zeit ohne Zeit" und dementsprechend um „Räume" ohne Raum, wie wir ihn jetzt kennen. Um so wichtiger ist es für uns zu wissen, daß „der alleinige Gott" durch alle Äonen hindurch derselbe bleibt in seinem Wesen, so wie wir ihn jetzt als „unseren Retter durch Jesus Christus" kennen. Judas würde es sicher im Blick auf die vor uns liegenden „Äonen" von Gott ebenso wie der Apostel Paulus sagen: „Auf daß er erzeigte in den kommenden Äonen den überschwenglichen Reichtum seiner Gnade durch seine Güte gegen uns in Christus Jesus" (Eph 2, 7).

Judas schließt seine Doxologie und damit auch seinen ganzen Brief mit dem **Amen.** Grie *amæn.* Das ist ein hebr Wort, abgeleitet vom Wortstamm *aman* = festsein. Es bestätigt eine Aussage als „feststehend" oder eine Bitte als „gewiß" erhört[115]. Was Judas in seiner Doxologie lobpreisend ausgesprochen hat, das ist gewaltig und übersteigt all unser Denken; aber es steht fest, es gilt. Dieses **Amen** ist als letztes Wort des Briefes zugleich auch die Bestätigung seines ganzen Inhaltes. Mögen die Empfänger des Briefes nach seiner Verlesung in der Gemeindeversammlung in dieses Amen mit einstimmen und sich so alles zu eigen machen, was Judas ihnen mit „Notwendigkeit" (V. 3) im Auftrag des Herrn zu schreiben hatte.

[114] Vgl. den Lobpreis der Seraphine Jes 6, 3.

[115] Darum kann es auch *vor* einer Aussage stehen, um dieser Aussage von vornherein Gewißheit zuzuschreiben und sie dadurch besonders wichtig und hörenswert zu machen. Luther hat das *amaen, amaen* im Munde Jesu gut mit „Wahrlich, wahrlich" wiedergegeben. Die Aussage, die so eingeleitet wird, mag noch so erstaunlich sein, aber sie ist doch „wahr und gewiß".

SACHREGISTER

für den 1. und 2. Petrusbrief und Judasbrief